国学新读本

焚 书

李竞艳 注说

河南大学出版社

国学新读本编辑委员会

总策划 马小泉

主　编 李振宏

编　委（以姓氏笔画为序）

马小泉　王　健　朱绍侯　刘小敏

李中华　李振宏　苏凤捷　何晓明

张云鹏　张富祥　宋会群　杨天宇

杨寄林　杨朝明　赵国华　郑慧生

姜建设　袁喜生　曹　峰　曹础基

曾振宇　戚良德　龚留柱　熊铁基

目　录

序 ······································ 李振宏（1）
《焚书》通说 ································ （1）
　一　《焚书》与李贽其人 ···················· （1）
　二　《焚书》的思想内容 ···················· （20）
　三　《焚书》以及李贽思想的影响 ············ （84）
　四　如何读《焚书》 ························ （105）
　五　校注说明 ······························ （120）
《焚书》简注 ································ （121）
　自序（李贽） ······························ （121）
　卷一　书答 ································ （123）
　　答周西岩 ································ （123）
　　答周若庄 ································ （124）
　　与焦弱侯 ································ （126）
　　答邓石阳 ································ （128）
　　又答石阳太守 ···························· （130）
　　答李见罗先生 ···························· （132）

答焦漪园……………………………………………（134）
复丘若泰……………………………………………（139）
复邓石阳……………………………………………（140）
复周南士……………………………………………（148）
答邓明府……………………………………………（151）
答耿中丞……………………………………………（154）
又答耿中丞…………………………………………（157）
与杨定见……………………………………………（158）
复京中友朋…………………………………………（160）
又答京友……………………………………………（163）
复宋太守……………………………………………（165）
答耿中丞论淡………………………………………（166）
答刘宪长……………………………………………（168）
答周友山……………………………………………（170）
答周柳塘……………………………………………（171）
与耿司寇告别………………………………………（172）
答耿司寇……………………………………………（175）
答邓明府……………………………………………（194）
复周柳塘……………………………………………（199）
寄答耿大中丞………………………………………（201）

卷二 书答……………………………………………（204）
与庄纯夫……………………………………………（204）
复焦弱侯……………………………………………（206）
又与焦弱侯…………………………………………（212）
复邓鼎石……………………………………………（215）
寄答京友……………………………………………（216）
与曾中野……………………………………………（218）

与曾继泉……………………………………（220）
答刘方伯书…………………………………（221）
答庄纯夫书…………………………………（223）
与周友山书…………………………………（223）
又与周友山书………………………………（225）
与焦漪园……………………………………（226）
与刘晋川书…………………………………（227）
与友朋书……………………………………（227）
答刘晋川书…………………………………（228）
别刘肖川书…………………………………（229）
答友人书……………………………………（230）
答以女人学道为见短书……………………（231）
复耿侗老书…………………………………（233）
与李惟清……………………………………（234）
与明因………………………………………（236）
与焦弱侯……………………………………（237）
与弱侯………………………………………（239）
与方伯雨柬…………………………………（240）
与杨定见……………………………………（241）
与杨凤里……………………………………（242）
又与杨凤里…………………………………（242）
与梅衡湘答书二首附………………………（243）
复麻城人书…………………………………（245）
与河南吴中丞书……………………………（247）
答陆思山……………………………………（248）
与周友山……………………………………（249）
与友山………………………………………（249）

寄京友书………………………………………………(251)
与焦弱侯书……………………………………………(252)
复士龙悲二母吟………………………………………(254)
复晋川翁书……………………………………………(256)
书晋川翁寿卷后………………………………………(257)
会期小启………………………………………………(257)
与友人书………………………………………………(258)
复顾冲庵翁书…………………………………………(260)
又书……………………………………………………(261)
又书使通州诗后………………………………………(262)
附　顾冲老送行序(顾养谦)…………………………(263)
复澹然大士……………………………………………(265)
为黄安二上人三首……………………………………(266)
复李渐老书……………………………………………(271)
答李如真………………………………………………(271)
答何克斋尚书…………………………………………(274)
与焦从吾………………………………………………(275)
又与从吾………………………………………………(276)
又与从吾孝廉…………………………………………(277)
复耿中丞………………………………………………(280)
答周二鲁………………………………………………(282)
答周柳塘………………………………………………(284)
寄答留都………………………………………………(291)
书常顺手卷呈顾冲庵…………………………………(294)
与管登之书……………………………………………(295)

卷三　杂述………………………………………………(297)

卓吾论略滇中作………………………………………(297)

论政篇 为罗姚州作 …………………………………… (303)

何心隐论 ……………………………………………… (305)

夫妇论 因畜有感 ……………………………………… (309)

鬼神论 ………………………………………………… (311)

战国论 ………………………………………………… (315)

兵食论 ………………………………………………… (317)

杂说 …………………………………………………… (321)

童心说 ………………………………………………… (323)

心经提纲 ……………………………………………… (326)

四勿说 ………………………………………………… (328)

虚实说 ………………………………………………… (329)

定林庵记 ……………………………………………… (332)

高洁说 ………………………………………………… (335)

三蠢记 ………………………………………………… (337)

三叛记 ………………………………………………… (338)

《忠义水浒传》序 …………………………………… (341)

子由《解老》序 ……………………………………… (343)

高同知奖劝序 高系土官父祖作逆 …………………… (344)

送郑大姚序 …………………………………………… (348)

《李中丞奏议》序 代作 ……………………………… (350)

《先行录》序 代作 …………………………………… (353)

时文后序 代作 ………………………………………… (355)

张横渠《易说》序 代作 ……………………………… (356)

《龙谿先生文录抄》序 ……………………………… (357)

关王告文 ……………………………………………… (358)

李中谿先生告文 ……………………………………… (360)

王龙谿先生告文 ……………………………………… (363)

罗近谿先生告文……………………………………（365）
祭无祀文 代作……………………………………（371）
篁山碑文 代作……………………………………（374）
李生十交文………………………………………（376）
自赞………………………………………………（378）
赞刘谐……………………………………………（379）
方竹图卷文………………………………………（379）
书黄安二上人手册………………………………（381）
读律肤说…………………………………………（383）

卷四　杂述……………………………………（384）

解经题……………………………………………（384）
书《决疑论》前……………………………………（385）
解经文……………………………………………（387）
念佛答问…………………………………………（390）
《征途与共》后语…………………………………（391）
批下学上达语……………………………………（392）
书方伯雨册叶……………………………………（394）
读若无母寄书……………………………………（395）
耿楚倥先生传……………………………………（397）
附　周友山为僧明玉书法语（周思敬）…………（400）
题关公小像………………………………………（402）
三大士像议………………………………………（403）
代深有告文 时深有游方在外……………………（408）
又告………………………………………………（409）
礼诵药师告文……………………………………（410）
移住上院边厦告文………………………………（411）
礼诵药师经毕告文………………………………（413）

代常通病僧告文………………………………(414)

安期告众文…………………………………(415)

告土地文……………………………………(417)

告佛约束偈…………………………………(418)

二十分识……………………………………(419)

因记往事……………………………………(421)

四海…………………………………………(424)

八物…………………………………………(427)

五死篇………………………………………(434)

伤逝…………………………………………(437)

戒众僧………………………………………(438)

六度解………………………………………(439)

观音问十七条………………………………(440)

豫约小引并六条……………………………(454)

寒灯小话计四段……………………………(476)

玉合…………………………………………(482)

昆仑奴………………………………………(483)

拜月…………………………………………(485)

红拂…………………………………………(486)

卷五　读史………………………………(488)

曹公二首……………………………………(488)

杨修…………………………………………(490)

反骚…………………………………………(491)

史记屈原……………………………………(493)

渔父…………………………………………(494)

招魂…………………………………………(494)

诫子诗………………………………………(496)

非有先生论·····················(498)

子虚·························(498)

贾谊·························(499)

晁错·························(502)

绝交书·······················(505)

养生论·······················(505)

琴赋·························(506)

幽愤诗·······················(509)

酒德颂·······················(510)

思旧赋·······················(511)

杨升庵集·····················(512)

蜻蛉谣·······················(513)

唐贵梅传·····················(514)

茶夹铭·······················(517)

李白诗题辞···················(518)

伯夷传·······················(519)

岳王并施全···················(520)

张千载·······················(522)

李涉赠盗·····················(522)

封使君·······················(523)

宋统似晋·····················(524)

逸少经济·····················(526)

孔北海·······················(526)

经史相为表里·················(527)

钟馗即终葵···················(527)

段善本琵琶···················(529)

樊敏碑后·····················(530)

诗画……………………………………………(531)

党籍碑………………………………………(533)

无所不佩……………………………………(533)

荀卿李斯吴公………………………………(534)

宋人讥荀卿…………………………………(535)

季文子三思…………………………………(535)

陈恒弑君……………………………………(537)

王半山………………………………………(538)

为赋而相灌输………………………………(539)

文公著书……………………………………(540)

《闇然堂类纂》引…………………………(542)

朋友篇………………………………………(543)

阿寄传………………………………………(544)

孔明为后主写申韩管子六韬………………(546)

参考书目 ……………………………………(551)

序

最近一些年来，一股"国学热"的思潮强劲涌动，在文化学界以至于整个社会上，引起了强烈反响。为什么在这样一个社会的大变革时代，在从传统社会向现代社会的转型期，最为传统的国学，却能引起国人的极大兴趣，这的确是一个值得思考和研究的问题。

"国学"作为一个学术文化概念，产生于近代。从渊源上讲，"国学"概念的产生，与"国粹"有些关联，并且是从对抗西学侵入的角度提出来的。今天，中华民族早已是一个独立于世界民族之林的自立自强的民族，全球经济一体化所带来的世界文化的汇合与交融，也早已是历史发展的必然趋势，而在这样的历史大势中，却会有"国学热"的产生，乍一看来，确有不可思议之处。但实际上，国学的当代走红，则与我们今天所处的历史时代有着一定的关系。

随着改革开放的迅速推进，随着市场经济的强劲发展，传统道德受到了强烈冲击，传统文化与现代文化观念的碰撞也日益强烈。于是，如何看待传统文化的问题，就严峻地提到了国人的面前。传统文化的出路何在，它从何而来，要走向何方，如何对之进行价值重估，一切关心文化问题、有着强烈历史责任感的人们，无不把关注的目光投向中国的传统学术。当然，也不排除一些对改革开放和市场经济所带来的冲击无法理解和接受，对现代经济发展对传统道德的亵渎强烈抗议的人们,自然而然地发出向传统文化复归而倡导国学的呼声。总之,不论是出于积极的思考,还是抱着一种向后看的心态,对国学的重视则成了最近十多年来一种普遍的文化选择。

于是,对待"国学热"就需要有一个分析的态度。对于任何一个民族的发展来说,传统文化都是其牢固的根基,是其一切历史的出发点,摒弃传统,甚至全盘否定传统文化,都是幼稚可笑的,不可取的。但一遇到问题就求助于传统,甚至一味狂热地提倡向传统复归,也是走不通的,过去那句常说的"倒退是没有出路的"话,虽说不是什么至理名言,却也还是有些道理的。这些年来,一些地方出现的中小学生,甚至幼儿园小朋友的读经热,就是一种值得注意的倾向。国学,毕竟是一种学术,需要有一定的文化基础,有一定的分析批判能力,才能对之进行识读、鉴别而决定其取舍。所以,严格地说,对于国学,尤其是经学,在当代中国,需要的是研究以及在此基础上的批判继承,而不是再像传统社会中那样采取唱诗班的方式,对青少年一代进行无分析地灌输。因此,如何弘扬传统文化,就是一个需要思考的问题。

正是基于以上考虑,为着弘扬优秀传统文化的需要,也为着对社会上盲目崇尚读经的风气有所引导,我们组织了这套"国学新读本"丛书,选择一些在中国传统文化中影响较大的国学典籍,对之进行简明扼要的注释,然后在读本前边,用较大篇幅解读该典籍的基本思想文化内涵,评述其在中国文化史上的地位和影响,并对如何阅读该典籍做出读书方法上的引导。通过这样一个较为翔实的导读内容,以批判分析的态度,给青年人的国学典籍阅读提供一个健康的思想导向。根据这样的宗旨,这套丛书,在大的结构上,每本都分为"通说"和"简注"两个部分,"通说"是导读的性质,"简注"在于疏通文字,希望这样的安排,能够为青年朋友和一般社会读者提供一个国学入门的向导。果能如此,也就实现了撰著者和出版者的愿望。

　　国学所以是国学,就在于它是我们祖国优秀民族文化和民族精神的载体。在这些国学典籍中,包含着民族文化的基因,蕴藏着民族精神的范型。衷心期待这套丛书能够成为广大读者学习国学精华、体认民族精神、继承祖国优秀文化遗产的良师益友。

李振宏

2008年2月28日

《焚书》通说

一 《焚书》与李贽其人

（一）《焚书》书名的由来

"焚书"即"要焚毁之书"或"必焚毁之书",也就是说《焚书》一旦刊刻必会遭来被焚毁之祸,这是作者李贽在刊刻之前就已经料到的事情,所以干脆自名其为《焚书》。这不禁让手捧此书的读者对本书的内容和作者之性情产生了无限遐想。

关于《焚书》的具体内容在后文中会详细阐述,此处只征引作者对书名由来之说明以作交代:"答知己书问,所言颇切近世学者膏肓,既中其痼疾,则必欲杀我矣,故欲焚之,言当焚而弃之,不可留也。"① 由于书中许多内容是"对近世学者之弊病"进行揭露和批判,势必会惹怒他们,他们有可能动用政府力量将其"焚而弃之"。这在思想专制的封建社会似乎也并不是稀罕事。对于一般人而言,正因为可能会遭焚毁,更应该给其命个能遮人耳目的名字,让

---

① 《焚书·自序》。

那些被切中膏肓者们不那么容易就发现其中的问题，从而使其能够在世上多留存一些时间。然而李贽既然敢在书中直言不讳、毫不客气地"颇切近世学者膏肓"，就敢在书名上大胆地直抒其胸臆，直名《焚书》，显示其大义凛然、决不妥协、决战到底的决心和勇气。这是由于李贽"快口直肠，目空一切，愤激过甚"之性情使然。

除了这种酣畅淋漓的情感发泄以外，李贽还有另一层寓意，即使一时被当局所焚，但愈焚社会上传之愈烈。这有前贤为例："宋元丰间，禁长公之笔墨，家藏墨妙，抄割殆尽，见者若祟。不逾时而征求鼎沸，断管残渖，等于吉光片羽。"①宋代元丰年间，苏轼的书籍和手稿被禁行，不允许社会上任何人私藏和传抄。但没过多长时间，社会上需求此类书籍和手稿达到了"鼎沸"之状，大家争相传抄，用来抄写的笔不知断了多少，墨不知用干了多少，被禁行的书籍或手稿简直成了珍贵文物。李贽当时对其好友焦竑也表达了此意，即不担心立即被焚，相信此书一定会像长公之笔墨一样虽禁反兴。所以焦竑感慨地说："焚不焚，何关于宏甫（李贽），且宏甫有何尝利人之不焚以为重者。今焚后而宏甫之传乃愈广。"②焚毁不焚毁，对于李贽来说没有什么影响，本来李贽就没有对该书不被焚毁寄予厚望。此书越被焚毁李贽的名声会被传得越广。而且，"此书之焚，其布之有火浣哉"！③当局焚毁此书，反而使得李贽不与假道学家们同流合污的思想和精神表现得更加鲜明，就像石棉纤维织物经过火烧后更加洁白如新一样。

（二）李贽其人

李贽，本姓林，原名载贽，后改姓更名为李贽，号卓吾，是晚明

---

① 焦竑：《李氏〈焚书〉序》。
② 焦竑：《李氏〈焚书〉序》。
③ 焦竑：《李氏〈焚书〉序》。

时期著名的思想家、文学家和史学家。其卓越的思想与其丰富的经历密不可分,欲探究其思想,必先捋顺其生平经历。将其生平经历与思想演变结合起来研究,将会还李贽以有血有肉、有言有行有思想之具体灵活之形象。

1. 孤苦而又灵动的幼年时期

嘉靖六年(1527)农历十月三十日,李贽出生于福建省泉州府晋江县县城。父亲李白斋,母亲徐氏。在李贽六七岁时母亲徐氏去世,这时他已经能够自己料理自己的生活。之后随其父亲读书,学习诗歌,研习礼仪。可能是受其父亲的影响,李贽从小就表现出不同世俗的个性特征。李贽曾在《卓吾论略》中这样描述其父亲:"身长七尺,目不苟视,虽至贫,辄时时脱吾董母太宜人簪珥以急朋友之婚,吾董母不禁也。"虽然自己也很贫困,却还要想方设法,甚至把李贽继母的头饰拿去救人之急。李贽由此感叹道,哪能用世俗观念来评价其行为?正是在极具个性的父亲的培养下,李贽十二岁时的一篇作文便写得不同凡响。当时父亲要他以《论语》中的《老农老圃论》为立论基础作一篇文章,李贽便在文中将孔子的意图一针见血地指了出来。《卓吾论略》中如此记载,"吾时已知樊迟之问,在荷蒉丈人间。然而上大人丘乙己不忍也,故曰:'小人哉,樊须也。'则可知矣。"大意是说,樊迟问孔子如何种粮食和蔬菜的事情,但孔子对这些并不擅长,无奈,只有说自己不如老农和老圃。但在樊迟离开后,孔子却骂樊迟为"小人",李贽认为这是因为樊迟明知道孔子对种粮种菜之事不擅长,还要明知故问,犹如荷蓧丈人讽刺孔子"四体不勤,五谷不分"一样,直击孔子的软肋,孔子哪能容忍?人们觉得李贽这个年仅12岁的孩子能把孔子的心理分析得如此透彻,实在是不简单,以后必定会高中科举,博取人间富贵。为此纷纷祝贺他的父亲说:"白斋公有子矣。"而李贽却并不满意,认为这些人不了解他的父亲,以他父亲的个性绝不会认为这是对他的祝贺,因为他的父亲从没有把富与贵作为人生的最大追求。可见,李贽年幼时期虽然家境并不富裕,但有性格耿直、淡泊富贵的父亲的教诲和影响,为其奠定了淡泊名利、一心求道的精神基础。也正因为此,才会使他在小小年纪便表现出灵动脱俗的思维特质。

2. 幸运而又困惑的青年时期

李贽成年后回忆自己的幼年时代,也认为当时自己是有一定灵性的,但是这种灵性随着年龄的增长在慢慢消退,"稍长,复愦愦,读传注不省"①,对于一些经典的注解之意不能明了,由此怀疑自己对儒家经典的理解能力,所以不断地变换研读对象,自幼研习《易》,后改为《礼》,到14岁时,又改为《尚书》。

在读书苦闷的同时,李贽还要面临到经济上的窘迫局面。由于其父亲重情义不重物质,作为长子的他在20岁时就不得不离开家乡独立谋生了。他后来在给焦竑的信中说:"弟自弱冠糊口四方,靡日不逐时事奔走。"②

然而四处奔波并没有给李贽带来丰厚的物质回报。虽然平生不愿受人约束,但迫于现实,不得不勉强自己去做官,以换取官俸养家糊口。先前读书时的苦闷再加上四处奔波的无果,迫使李贽屈从于现实,去做看似光鲜但有违己愿的事情——背诵科举时文,应付考官。他曾如此戏谑考官也戏谑自己说:"此直戏耳,但剽窃得滥目足矣,主司岂一一能通孔圣精蕴者耶?"③意思是说,选拔治理国家之人才的科举考试如同儿戏,考生只要会"剽窃"别人做好的时文糊弄住考官的眼睛便能中第,那些考官哪里精通孔子的真

---

① 《卓吾论略》,《焚书》卷三。
② 《与焦弱侯》,《续焚书》卷一。
③ 《卓吾论略》,《焚书》卷三。

正思想？而且，李贽也就是这样做才中了举人的。他挑选了 500 篇能够糊弄考官眼目的八股文，每天背诵数篇，考试时把满脑子曾经背诵过的时文东拼西凑，像是做"誊录生"一样，便幸运地中了举人。这让后人听起来也觉得科举考试很可笑，完全没有为国家选拔栋梁之材的严肃和庄重感。所以即使中了举人，李贽也完全没有像范进中举那样兴奋，他认为从此失去了个性和独立思考的空间，只做一些"前犬吠形，随而吠之"的事情。可以想见，李贽当时内心的痛苦和两难，一边想追求个性，保持自己的独立人格，一边还要为了生计而不得不去做一些自己不情愿的事情。青年时期的困惑和辛苦源于其不愿受人束缚的性格和必须面对的现实，同时又为其后的仕途生活的苦闷埋下了隐患。

3. 清贫而又纠结的中年时期

李贽从 29 岁开始做官，一直到 54 岁，中间除了为父亲、祖父丁忧和等候补缺以外都在任上。历任共城教谕、南京国子监教官、北京国子先生、礼部司务、南京刑部主事、姚安太守等职。

对于自己的为官生涯，李贽并没有感到游刃有余、豪情万丈，而是感觉到有些内疚，"一官三十余年，未尝分毫为国出力，徒窃俸余以自润"①，其中不乏抑郁之情。之所以如此，与其所担任的官职大多是一些官阶较低的闲散官职，没有多少实际事务，未能发挥自己的才华，当然也没有多少政绩可言有很大关系。唯有在做姚安太守时，有一定的执政权力，但云南当时特殊的地理和政治特点，李贽采取无为而治的策略，充分尊重土著民族的风俗。虽然他这样做使当地获得了自由发展，但表面看起来依然没有什么特殊而显著的政绩。

这种抑郁的为官情绪再加上他不愿受人管束的性格，使他在

---

① 《复邓石阳》，《焚书》卷一。

为官中多次与同事或上级发生矛盾。如在他做县博士时，与县令、提学发生矛盾；做太学博士时，与祭酒、司业不和；做司礼曹务时，与高尚书和殷尚书等皆不和。特别是在做员外郎时，与本来很正义的大理寺卿董和汪也谈不拢；最后在做郡守时，又与王巡抚、骆守道不和。与如此多人的触忤，使李贽的为官生活更加沉重，本来为官就不是其最佳的人生道路选择，而为了以官俸养家糊口才被迫走上科举做官的道路，结果又与这么多人结怨，最终给其造成了强大的心理负担。而在其心中隐隐作痛的不仅仅如此，还有明代的低廉薪职待遇使其解决生计的初衷不能实现而带来物质和精神方面的双重压力。当然，以李贽的价值观而言，他不会把物质利益看得过为重要，但他是想通过做官养家，自己则可以有更多的自由去实现交友求道的理想，然而现实却处处跟他开玩笑：在共城做教谕五年，薪水低廉，刚刚擢升为南京国子监，又遇上父亲去世，不得不千里迢迢回家奔丧丁忧。为父亲丁忧结束，又不远千里拖家带口进京等候补缺，期间所有积蓄全部花完，只好暂时设馆授徒。这样勉强维持了十个多月，等到了一个缺位——北京国子先生。岂料，没过几天，又接到祖父去世的消息，紧接着次子又去世。因念及父亲、曾祖父、曾祖母都未入土为安，顾不上丧子之痛，毅然决定重返家乡，让先辈入土为安，以免担负不孝的罪名。但低廉的薪水，使他没有钱作返乡路费和安葬长辈，只有将同僚和朋友们赠送的赙金拿来救急。为了节省开支，不能再带家眷返乡，决定把他们暂时安排在自己曾经供职的共城，用赙金的一半给他们买几亩地，另一半充作办丧事的费用。妻子黄氏听说不能一同返乡，想起因为思念自己而哭瞎了双眼的孀居的母亲，心如绞割，但因囊中羞涩只好听从丈夫的安排，忍痛让丈夫一人回去奔丧。这是多么凄惨的一景，做官十余年，身无分文，只能靠赙金奔丧，而且还要从赙金中拿出一半充作家用。这样窘迫的生活状况对李贽后来决然离开官场也不无关系。更凄惨的是,在李贽离开家眷后,其二女儿和三女儿都因生活原因而不幸夭折。等李贽为祖父丁忧三年之后,再度与妻子团聚得知这一消息时,简直肝肠寸断,为官之意更为淡漠了:

> 居士曰:"吾时过家葬毕,幸了三世业缘,无宦意矣。回首天涯,不胜万里妻孥之想,乃复抵共城。入门见室家,欢甚。问二女,又知归未数月,俱不育矣。"此时黄宜人,泪相随在目睫间,见居士色变,乃作礼,问葬事,及其母安乐。居士曰:"是夕也,吾与室人秉烛相对,真如梦寐矣。乃知妇人势逼情真。吾故矫情镇之,到此方觉'履齿之折'也!"①

十余年为官时低廉薪水、家事不断的纠缠使李贽精神雪上加霜,落寞无比。然而其后的北京礼部司务一职,薪水更是低廉到连外人都为之捏把汗,"人或谓居士曰:'司务之穷,穷于国子;虽子能堪忍,独不闻"焉往而不得贫贱"语乎?'"无奈,李贽只好撇开物质利益而专注精神追求,"吾所谓穷,非世穷也。穷莫穷于不闻道,乐莫乐于安汝止。吾十余年奔走南北,祇为家事,全忘却温陵、百泉安乐之想矣。吾闻京师人士所都,盖将访而学焉。"②李贽说这些话时恐怕也是言不由衷的,因为生计还需维持,二女儿和三女儿因缺粮而夭折的阴影在其心中或许还未散去,因盘缠匮乏未能让妻子与哭瞎眼的孀居的母亲见上最后一面的凄惨景象还萦绕在脑海,怎能如此洒脱地说"穷莫穷于不闻道,乐莫乐于安汝止"?想必这也是他的无奈之举吧。

如果说之前的教谕、国子监教官、国子先生、礼部司务、南京刑部主事等职都没有使李贽如愿地获得生计自由的话,姚安太守一

---

① 《卓吾论略》,《焚书》卷三。
② 《卓吾论略》,《焚书》卷三。

职将是其最后的希望了。在他去做姚安太守时,途经黄安,会见好友耿定理兄弟,将女儿及女婿托付给他们,并与其相约说:"待吾三年满,收拾得正四品禄俸归来为居食计,即与先生同登斯岸矣。"① 可见这次他对这一正四品俸禄有多么期待!然而现实还是令他失望了,最终还是囊中羞涩。此时他去意已决,再不相信俸禄能为自己的个性自由带来些许帮助,还不如一身无碍、彻彻底底地轻松逍遥而去。在姚安太守任上满三年后,他便立刻向侍御提出辞呈,侍御虽然一再挽留,但发现他去意已决,便不得不接受其辞呈。自此,李贽仕途生涯结束。参加科举走仕途之路本不是他理想的人生之路,为了生计不得已而为之。最终还是事与愿违,这也更坚定了他放弃仕途生活的决心,晚年毅然决然地走上问学求道之路。

4. 执意求道而终遭迫害的晚年时期

万历九年(1581),李贽从姚安太守任上辞职后,从西蜀出发,穿过三峡,游览了瞿塘、滟滪之胜,遍访途经的相知故人,而后到达黄安,开始了交友、论战、著述、问学求道的晚年生活。

在黄安,李贽投靠在挚友耿定理兄弟家中。耿定理和耿定向兄弟二人论学观点不和,李贽更倾向于耿定理,虽然自己与耿定向学术观点时有相左,但在其初还没有根本性冲突。这在李贽看来,已经是一种理想的生活状态了。因为在这里不仅可以与有三年之约的挚友促膝畅谈,同时还有其他挚友的来访和不断结交新的志同道合的朋友,共同切磋道义。如当时焦竑听说李贽辞官到了黄安,便急速从南京溯江而上,千里迢迢奔赴黄安去看望他。同时,李贽在黄安和麻城还结识了周思久、周思敬兄弟,梅国祯、梅国楼兄弟,梅国祯之女梅澹然,僧无念和弟子杨定见等。这些朋友在李贽晚年生活中从物质上和精神上都给予了他极大帮助,使其孤独

---

① 《耿楚倥先生传》,《焚书》卷四。

的晚年生活得以寄托,有所安然。

万历十二年(1584)耿定理病逝,李贽顿感莫大的无助,"既三年,余果来归。奈之何聚首未数载,天台即有内召,楚倥亦遂终天也!"①三年之约,李贽甘愿抛弃"加恩"、"升迁"的诱惑,毅然地前来赴约,没想到相聚没几年,挚友就先行逝去,挚友其兄也因升迁而离家外行,这让谁也会有些怅然,更何况视朋友至上的李贽?

然而真正的无助感还不止此,耿定理逝世后的第三年,李贽与耿定向之间的感情隔阂日渐突显。这种感情隔阂主要源于二人学术思想上的差异。"人伦之至"与"未发之中",是耿定向与耿定理兄弟之间的思想差异,同时也是耿定向与李贽之间的思想差异。在耿定理去世后,二人因此屡次发起论争。李贽曾说:"公之所不容已者,乃人生十五岁之前《弟子职》诸篇入孝出弟等事;我之所不容已者,乃十五成人以后为大人明《大学》,欲去明明德于天下等事。"②表面上看起来是学术观点上的差异,但实质上是二人人生观之间的差异,甚至在为官的耿定向看来是政治问题,绝不可轻视。

这种隔阂越积越深,直到一年后,两人彻底分道扬镳,李贽从黄安耿定向家中搬至麻城龙潭。这下,他不再为因住在耿家而不好与其展开辩论而烦恼;同时他还遣散家人,妻子黄宜人返乡,仅有的一女和女婿回乡照看黄宜人。至此,他再无后顾之忧,因为除了黄宜人、一女和女婿,再无其他至亲值得牵挂。与其说这一切是李贽为思想自由而做出的理性安排,不如说是残酷现实对他的深刻教诲。四男三女只剩下一女还活在世上,白发人送黑发人的凄苦有几人能够承受?更何况他已经承受了六次这种悲痛欲绝之

---

① 《耿楚倥先生传》,《焚书》卷四。
② 《答耿司寇》,《焚书》卷一。

苦,这怎不让人肝肠寸断?但人们会问,失去四男两女,难道他的妻子黄宜人不悲痛欲绝吗?至此再将其遣散回老家泉州,使其与自己的夫君相隔数千里,生死两茫茫,不更悲痛吗?他何尝没有想过这种苦楚,只不过他更了解自己的妻子,"贱眷思归,不得不遣"①。然而他知道,即将进行的孤独思考和与当世伪道学家们的激烈论战会影响到妻子本应安静的生活,所以只有忍痛割爱,将这仅有的两位至亲遣散回老家,而留下自己孤军奋战。生活的磨难使李贽更理性地去思考人生,遣散家人,绝不代表他逃避人生,这样的举措是其在当时的情况下兑现家庭责任的最好方式,正如他所言,自己绝未曾自弃于人伦之外:

> 年来每深叹憾,光阴去矣,而一官三十余年,未尝分毫为国出力,徒窃俸余以自润。既幸双亲归土,弟妹七人婚嫁各毕。各幸而不缺衣食,各生儿孙。独余连生四男三女,惟留一女在耳。而年逼耳顺,体素羸弱,以为弟侄已满目,可以无歉矣,遂自安慰焉。盖所谓欲之而不能,非能之而自不欲也,惟此一件人生大事未能明了,心下时时烦懑;故遂弃官入楚,事善知识,以求少得。盖皆陷溺之久,老而始觉,绝未曾自弃于人伦之外者。②

为了使自己能够"事善知识,以求少得",真正思考人生和社会,他决然地剃发为僧,因为这样可以减少许多世俗烦扰:

> 其所以落发者,则因家中闲杂人等时时望我归去,又时时不远千里来迫我,以俗事强我,故我剃发以示不归,俗事亦决然不肯与理也。又此间无见识人多以异端目我,故我遂为异

---

① 《与耿司寇告别书》,《焚书》卷一。
② 《复邓石阳》,《焚书》卷一。

端以称彼竖子之名。①

当然,落发这一突然之举,令其友人也有些难以理解,他如此诉其良苦用心:

> 我在此落发,犹必设尽计校,而后刀得临头。邓鼎石见我落发,泣涕甚哀。又述其母之言曰:"尔若说我乍闻之,整一日不吃饭,饭来亦不下咽,李老伯决定留发也。且汝若能劝得李老伯蓄发,我便说尔是个真孝子,是个第一好官。"呜呼!余之落发,岂容易哉!②

李贽将世俗的一切纷扰收拾停当以后,开始完成"以前未能明了"的"惟此一件人生大事",在龙潭过起了清净而又充实的生活。他自叙说:

> 今世龌龊者皆以余猖狷而不能容,倨傲而不能下。谓余自至黄安,终日锁门,而使方丹山有好个四方求友之讥。自住龙湖,虽不锁门,然至门而不得见,或见而不接礼者,纵有一二加礼之人,亦不久即厌弃。是世俗之论我如此也。殊不知我终日闭门,终日有欲见胜己之心也。终年独坐,终年有不见知己之恨也。此难与尔辈道也!③

在龙潭的绝大部分时间里,李贽都用来读书、著述和交友论道。据袁中道记载,李贽在龙潭"与僧无念、周友山、丘坦之、杨定见聚,闭门下键,日以读书为事……所读书皆抄写为善本,东国之秘语,西方之灵文,《离骚》、马、班之篇,陶、谢、柳、杜之诗,下至稗官小说之奇,宋元名人之曲,雪藤丹笔,逐字雠校,肌擘理分,时出

---

① 《与曾继泉》,《焚书》卷二。
② 《豫约·感慨平生》,《焚书》卷四。
③ 《高洁说》,《焚书》卷三。

新意"。① 李贽在读书、抄书、校勘的基础上，编纂了《初潭集》。将南朝宋刘义庆的《世说新语》和明代焦竑的《焦氏类林》重新分类编辑，同时加入了自己的批点和评论，将儒家"五伦"进行了重新诠释。之后，《四书评》很快出炉，书中以讥讽、嘲弄的笔调揭露儒学的弊端和道学家的虚伪。之后，"所言颇切近世学者膏肓"的《焚书》初稿完成，并很快刊刻出版。这可能就是他最想要的生活了。

然而在龙潭的清静日子没过多久就被打破了，其主要原因是与耿定向之间的矛盾。李贽原本视耿定向为朋友，而且还为其当年照顾自己的女儿和女婿而感激不尽，但后来因为学术观点上的不同，两人之间产生隔阂，之后又因为何心隐之死，李贽认为耿定向本来可以顺手相救以免其死，但耿为了自己利害打算，怕得罪张居正，最终对何没能施救。为此李、耿思想隔阂加深。耿定向认为李贽是因为与他所持学术观点不同，便执意跟他过不去，所以趁他退官之际"造谤书"攻击他。为此，耿定向便写了一份《求儆书》，由其门生蔡毅中刊行。在《求儆书》中，耿如此表述其"良苦"用心：

念客（指李贽）之间关万里来也，原为余仲（指耿定理），仲逝也，无能长其善，而救其缺。即今恶声盈耳，宁忍闻哉？且今后学承风步影，流毒于百世之下，谁执其咎？为是曲解婉讽，斯心良苦。②

耿定向还一再申明，此《求儆书》绝不是为了自己的利害而写，而是为了不让"里中少年"受李贽蛊惑走上邪路而写：

言论虽有牴牾，为天下人，争所以异于禽兽者几希界限耳。……唯恐诸英俊，于此几希界限，为彼（指李贽）涸渚，是

---

① 袁中道：《珂雪斋近集·文钞·李温陵传》，转自厦门大学历史系编《李贽研究参考资料》（第一辑），福建人民出版社1976年版，第12页。
② 耿定向：《天台全书》卷四，转自《李贽研究参考资料》（第一辑），第121页。

为大苦。又虑诸英俊，或惩彼所为如是，并吾人之所生生者，此心此理，一切视为谩幻语，终不循省，是尤所大苦。为是不能忘言耳，非为己辨谤自明也。①

二人之间的论争已经超越了个人恩怨，耿定向认为"两家门徒，标榜角力"，"髡首（指李贽）日游巷陌，人人骇异，谤声四起"，这其实是将李贽推向了儒家纲常名教的对立面，最终导致黄安郡守诬告李贽"左道惑众"，要急于逮捕他。为了避开当局迫害，李贽"去衡州，过武昌"。之后在武昌一待就是三年。虽然没有了在龙潭时的清静，却有了更多云游以及与志同道合的朋友结识、相聚的自由，这对于以"求友问道"为人生志趣的李贽而言是最大的收获。如他与"公安三袁"的结识就是在此时，袁中道曾在《柞林纪谭》中如此记载：

柞林叟，不知何许人，遍游天下，至于郢中。常提一篮，醉游市上，语多颠狂。庚寅春，止于村落野庙。伯修（指袁宗道）时以余告，寓家入村共访之。扣之，大奇人，再访之，遂不知所在。予仿佛次其语，以传于后。②

李贽寓居武昌三年，主要得益于友人刘东星的庇护。时任湖广左布政使的刘东星得知李贽被逐的消息，急忙前往相救，不仅为其化解被逐之险，还为其提供住所和交友之平台：

闻有李卓吾先生者，弃官与家，隐于龙湖。龙湖在麻城东，去会城（指武昌）稍远，予虽欲与之会，而不得。……会公安袁生（指袁宏道）令吴令者，与之偕游黄鹄矶（在黄鹤楼之下）。而栖托于二十里外之洪山寺。予就而往见焉，然后知其

---

① 耿定向：《天台全书》卷四，转自《李贽研究参考资料》（第一辑），第122页。

② 潘曾纮：《李温陵外纪》卷二，转自《李贽研究参考资料》（第二辑），第7页。

果有道者。……嗣后或迎养别院，或偃息官邸，朝夕谈吐，始恨相识之晚云。儿相时亦在侧，闻其言，若有默契者。一时吾乡赵新盘、王正吾参政楚藩，皆获见其面，李克庵时抚三楚，亦获读其书，三公者，遂皆信之，以为真人矣。①

由于刘东星的款待，使武昌其他士人也争相向李贽请教并与之交往，一时间，他在武昌很受欢迎：

过武昌，藩司刘东星抠延入会城馆之。士翕然争拜门墙。江夏潘广文延主讲席，勉赴席，不交一言出。过肆，群少年聚饮酣歌，手招之入，与畅饮而归。②

这对李贽精神上是一种极大的安慰。虽然黄安当局对其进行迫害，但其学说却得到很多士人的追捧，这使其更加坚信自己率性而为的价值取向，但这同时也为其日后遭受更大的迫害埋下了隐患。

在武昌的最后一年，因为刘东星要到保定去，在武昌的另一个知己梅国祯也要去宁夏，为了保证李贽的安全，刘东星劝其迅速离开武昌，以防不测。这也许是李贽离开武昌回龙湖的原因之一，但并不是主要原因。更主要的原因是，龙湖芝佛院为其所盖的藏骨之室及相关建筑已经基本完工：

龙湖芝佛院佛殿之后，因山盖屋，以为卓吾藏骨之室。盖是屋时，卓吾和尚往湖广会城（指武昌）。居士杨定见及常住僧常中、常通等，告神为之。③

藏骨之室完工的消息很快传到李贽那里，再加上此时他痢疾

---

① 刘晋川：《书道古录首》，转自《李贽研究参考资料》（第一辑），第122～123页。

② 《泉州府志》卷五十四《文苑传》，转自《李贽研究参考资料》（第一辑），第123页。

③ 《移住上院边厦告文》，《焚书》卷四。

缠身，不想再在外漂泊。同时也是因为他认为在武昌是"困于"此地，是为了避开黄安当局的追捕而暂时在此栖身，自己真正的居所是龙湖芝佛院，那儿才是自己最终的归宿。这样的心愿曾在其写给女弟子梅澹然的信中已有充分表露：

> 《易经》未三绝，今史方伊始，非三冬二夏未易就绪，计必至明夏四月乃可。过毒暑，即回龙湖矣。回湖唯有主张净土，督课西方公案，更不作小学生钻故纸事也。参禅事大，量非根器浅弱者所能担。今时人最高者，唯有好名，无真实为生死苦恼怕欲求出脱也。日过一日，壮者老，少者壮，而老者又欲死矣。出来不觉就是四年，只是怕死在方上，侍者不敢弃我尸，必欲装棺材赴土中埋尔。今幸未死，然病苦亦渐多，当知去死亦不远，但得回湖上葬于塔屋，即是幸事，不须劝我，我自然来也。来湖上化，则湖上即我归成之地，子子孙孙道场是依，未可谓龙湖蕞尔之地非西方极乐净土矣。①

可以看出，李贽此时已经悟透人间真道，超然于世俗之上，心无旁骛，只求清静释然于龙湖之上。也不知是这样的释然使他放下了世间恩怨，特别是与耿定向之间的恩怨，还是他与耿定向的和解加速了他的释然，总之，此时他从内心深处与耿定向之间的私怨基本已经了结。为此，他在《与友山》中如此表述：

> 我于初八夜，梦见与侗老（指耿定向）聚，颜甚欢悦。我亦全然忘记近事，只觉如初时一般，谈说终日。……我想日月定有复圆之日，圆日即不见有蚀时迹矣。果如此，即老汉有福，大是幸事，自当复回龙湖，约兄同至天台无疑也。若此老终始执拗，未能脱然，我亦不管，我只有尽我道理而已。②

---

① 《复澹然大士》，《焚书》卷二。
② 《与友山》，《焚书》卷二。

正如李贽认为的那样，不管耿定向是否已经"脱然"，反正自己坚定"日月定有复圆之日"，而且，到了复圆那一天，曾经的缺痕都将会被岁月和宽广的胸怀给磨平，使"圆日即不见有蚀时迹"。如果耿定向没有真正的释然，"我只有尽我道理而已"。面对曾经帮助过自己，但又驱逐过自己，甚至又因其而使自己遭受迫害的人，李贽都能释然以对，可见他此时的心胸已经如何宽广和坦然。用如此坦然的心态看待世间万物时，就不会拘于一己之见，而能够使自己的思想自由地驰骋在天地宇宙间，从而使自己获得真正的解放。正如此时来访的袁宏道在离别时，虽身为男儿也泪眼朦胧，曾写诗表达心中无限的惆怅和不舍："十日轻为别，重来未有期。出门余泪眼，终不是男儿。"①李贽却坦然回诗道："无会不成别，若来还有期，我有解脱法，洒泪读君诗。"②越是坦然，越见真情。一边安慰挚友不要过于感伤，将来肯定还会有相聚的那一天；一边说服自己，要用解脱法克服此次离别之苦，谁知自己此时也已泪眼朦胧。

如果说挚友的离别还有再会之期，自己可以用解脱法来安慰自己的话，面对远在千里之外的妻子的辞世，除了用"悽然"可以表达自己心情外，再无它词："结发为夫妇，恩情两不牵。今朝闻汝死，不觉情悽然。"之所以如此悽然，是因为自己与妻子的感情甚好："不为恩情牵，含悽为汝贤。反目未曾有，齐眉四十年。"③四十年未曾反目的妻子，为了使丈夫能够实现志在四海的心愿，自己回到远在千里之外的故乡，独自承受孤独之苦。面对如此贤能的妻

---

① 袁宏道：《袁中郎集》卷三十一《别龙湖师八首》，转自《李贽研究参考资料》（第一辑），第129页。
② 袁宏道：《袁中郎全集》卷三十一《龙湖〈答诗〉》，转自《李贽研究参考资料》（第一辑），第130页。
③ 《哭黄宜人八首》，《焚书》卷六。

子的离世,李贽能做的只能是让女婿替他焚烧书信告慰其在天之灵:"等我寿终之时,一来迎接,则转转相依,可以无错矣"。① 如此情真意切的情感,正是其人生坦然的真实写照。

李贽心中还留有的少许世俗牵挂随着妻子的离世也画上了句号,这使其更能坦然面对生死。为了使自己去世后弟子、友人及亲人不以世俗之礼安排他的后事,同时不使他们为自己的离世而悲伤,所以作了《豫约》以表达自己的坦然生死之念:

> 余年已七十矣。旦暮死皆不可知。……我死不在今日也,自我遣家眷回乡,独在此落发为僧时,即是死人也。已欲他辈以死人待我了也。是以我至今,再不遣一力到家者,以谓已死无所用顾家也。……我死既不在今日,何为封塔而乃以死待我也? 则汝等之当如平日又可知也。②

以自己在世也不恋俗事为念,让友人不必为他的离世而悲伤,这真可谓是"真人"之念。而连死都不畏惧的"真人"唯一放不下的就是自己的爱书,他认为书是自己思想的承载和延续,见其书如见其人,有书在世,自己的思想即有所托付。因为视书如命,所以他特意嘱托对其书要倍加爱惜和珍视:

> 我爱书,须牢收我书,一卷莫轻借人。时时搬出日头晒晒,干便收讫。虽庄纯甫近来以教子故,亦肯看书,要书但决不可与之。且彼亦不知我死,纵或于别处闻知我死而来,亦不可与以我书。③

这或许是李贽料到自己将要面临的不测而写下的遗嘱,此时他已是古稀之年,对待生死已很坦然,面对当局迫害一点都不畏

---

① 《与庄纯夫》,《焚书》卷二。
② 《豫约·早晚守塔》,《焚书》卷四。
③ 《豫约·早晚守塔》,《焚书》卷四。

惧，反而是迎头而上，以示自己以身殉道的勇气。所以，正当他准备受刘东星之邀前去山西沁水时，友人梅国楼说麻城当局有可能"以法治之"，故而劝他赶快离开麻城。他不但没有马上离开，反而决定暂缓山西之行。他在《答梅琼宇》中说："本约以是月初十往，开春便回，不意又闻史道欲以法治我，是又天不准我往山西去也，理又当守候史道严法，以听处分矣。"①又在回复耿定理儿子耿克念的劝避信中说："若要我求庇于人，虽死不为也。历观从古大丈夫好汉尽是如此……可以知我之不畏死矣，可以知我之不怕人矣，可以知我之不靠势矣。盖人生总只有一个死，无两个死也，但世人自迷耳。有名而死，孰与无名？智者自然了了。"②也许是这种大义凛然之气，使想治其罪的史旌贤退而却步了，没再继续追究。他也因此而躲过一劫，继续赴约前去山西上党沁水。在此除了教授刘东星子、侄外，还与刘东星谈古论今、探讨哲理。之后又受友人梅国祯和焦竑之邀，分别在大同和南京居住，这实际上是友人对其进行竭力保护而采取的行动。

然而当局对李贽的迫害在暗中一直都没有停止，只不过是在寻找到合适的机会和冠冕堂皇的理由才肯下手。终于在万历三十年（1602），对其真正的迫害降临了：最终以"惑世诬民"之罪被拿捕，已刻未刻之书遭焚毁。友人马经纶不遗余力实施营救，曾写信给当路者，甚至冒着被同批为异端的风险为李贽辩冤。马经纶曾为其辩解说，任性而为有什么不好，不比那些虚伪之士更好吗？那些虚伪之士贪图做官的好处，几天不近女色就要死，甚至故意涂染发须，在外以取悦于上级官员，在内则取媚于姬妾半刻之欢。而且这种行为沿袭成风，那些平常被认为是贤能的人也难逃此习。这

---

① 《答梅琼宇》，《续焚书》卷一。
② 《与耿克念》，《续焚书》卷一。

些人与李贽相比的话,难道不感觉到惭愧吗?辩解之辞真可谓犀利。或许是马经纶的积极奔走起了作用,当局没有把已拿捕入狱的李贽马上处死。然而被称为异端的李贽却做出了不同寻常的举动——愤极自裁,以身殉道。他趁着监狱人员为他理发之际,夺过剃须刀结束了自己艰苦而卓绝的生命。这样的举动让许多人不解,包括与其关系甚密的友人马经纶。之后马经纶说:

> 先生视死生平等;视死之逆顺平等;视一死之后,人之疑信平等。且不刎于初系病苦之日,而刎于病苏之后。又不刎于事变初发,圣怒难测之日,而刎于群喙尽歇,事体渐平之后,此真不可思议。①

在李贽的晚年生活中与其关系最密的弟子汪本钶对老师的自刎除了痛惜以外,也有许多不解,"夫不肯病死,竟引决而死",但似乎也从其师之前的著述中找到了自刎的答案:"此向者《五死篇》之所由作邪!"②在《五死篇》中李贽曾言:"既无知己可死,吾将死于不知己者,以泄怒也!"③这是对那些视自己为"异端"而加以迫害的伪道学家们的控诉,也是对当世不容个性自由的专制社会的控诉。这种控诉不为己,而专为人,这种控诉在采取一些温和手段如著书立说不能奏效时,唯有以死为念,方见成效。也正如其友人佘永宁在解释其自刎行为时所言:

> 先生古之"为己"者也。为己之极,急于为人。为人之极,至于无己。则先生者,今之为人之极者也。吾方意先生将为

---

① 马经纶:《温陵外记》卷四《答张又玄先生书》,转自《李贽研究参考资料》(第一辑),第 160~161 页。
② 汪本钶:《哭李卓吾先师告文》,转自《李贽研究参考资料》(第一辑),第 160 页。
③ 《五死篇》,《焚书》卷四。

万乘宾、著之东方生,而毒斯人。而先生其遂没乎?①

又说:

先生尝以士为知己者死。然不死温陵,不死秣陵,而竟死燕京者,燕京故多知己乎? 乃有相亲如马公,业已知先生矣。②

李贽之所以选择自杀,除了认为自己已经了却宿怨,如最后奋力完成自己的著述《九正易因》;一生以求友问道为上,结交友人众多,特别是在自己生命的最后一段日子里,马经纶始终伴其身边,切磋探讨,患难与共,可谓挚友已觅得。更重要的理由是要以身殉道,以无所不及的方式控诉当局之罪行,同时激发后来者的斗志和勇气。这些或许是这位一生都在为追求真道的"异端"人以自刎结束自己人生的真正原因吧! 他一生以追求个性自由为念,以求友问道为生,最终,也如所愿。更可贵的是,其一生追求独立、自由之真道精神也一直激励着后来人。

二 《焚书》的思想内容

《焚书》作为李贽著述中重要的一部,其思想内容极其丰富,诸如哲学思想、史学思想、文学思想、政治经济思想、伦理道德思想等在本书中皆有体现。

(一) 以"童心说"为本源的哲学思想

李贽诸多思想之基础即哲学思想:人人皆有"童心"、"人即道"

---

① 佘永宁:《温陵外纪》卷一《李卓吾先生告文》,转自《李贽研究参考资料》(第一辑),第161页。

② 佘永宁:《温陵外纪》卷一《李卓吾先生告文》,转自《李贽研究参考资料》(第一辑),第162页。

之人学本体论、实践为先之认识论、社会变动不居之辩证思想等在《焚书》中有全面论述。而支撑起这一哲学体系的基础——童心说,可以说是李贽思想的核心和灵魂。

1."童心"为本的人学本体论

(1)"童心"乃"最初一念之本心"

李贽说:"童心者,真心也。若以童心为不可,是以真心为不可也。"①"童心"就是"真心",如果说"童心"不可取的话,也就是说"真心"不可取。而"真心"似乎是宋明道学家们一直在追求的人体论之本源。宋明道学家曾以凸显"真心"来证明天理之不可违抗。如程颢讲"人须识其真心",湛甘泉强调"随处体认天理"的"真心",唐枢讲要"讨真心"等等。至于说什么是宋明理学家们所谈的"真心",他们要讨得什么样的"真心",黄宗羲对此作了详细的解释:"夫曰真心者,即虞廷之所谓道心也。曰讨者,学问思辨行之功,即虞廷之所谓精一也。随处体认天理,其旨该矣。"②可见,宋明道学家们所讲的"真心"是"人心",是与"道心"相对立的,是受制于"道心"的。所谓的道德教化就是要改变"人心",使之符合于"道心"。而这正是李贽所极力批判的。他极力批判为了追求虚无的"道心"而将"真心"奴役。在他看来,每一个"真心"代表的是一个"真人",改变了"真心"就使"真人"变成了"假人":"若失却童心,便失却真心,失却真心,便失却真人。人而非真,全不复有初矣。"③其心已假,其人必假;其人已假,其事必假;其事已假,无所不假。所以说,"童心说"是李贽建立人学本体论的基础。

所以,李贽所谈的"真心"与宋明道学家们所讲的"真心"是有

---

① 《童心说》,《焚书》卷三。
② 黄宗羲:《明儒学案》卷四十《甘泉学案》(四)《主政唐一菴先生枢》,中华书局1985年版,第950页。
③ 《童心说》,《焚书》卷三。

本质区别的。李贽之"真心"是人作为"真人"的最本质特征,不会轻易改变和失却。"童心者,心之初也。夫心之初曷可失也!"①作为"心之初"的"真心"怎么会说变就变、说失就失呢?而宋明道学家们所言的"真心"(即"人心")是要进行适时调整,调整到符合"道心"要求的程度,是必须要改变的。如果不改变,则拥有此"心"的人是不符合社会道德规范的不正常的人。

按照李贽的逻辑,"童心"是不会轻易被改变的,然而在宋儒思想影响下,这种"童心"却很容易丢失,而且会丢失得越来越严重,最终变成"满场是假"。他分析其中的原因,认为主要是由于人们受宋儒思想"道理闻见"的迷惑所致:

> 然童心胡然而遽失也?盖方其始也,有闻见从耳目而入,而以为主于其内而童心失。其长也,有道理从闻见而入,而以为主于其内而童心失。其久也,道理闻见日以益多,则所知所觉日以益广,于是焉又知美名之可好也,而务欲以扬之而童心失;知不美之名之可丑也,而务欲以掩之而童心失。②

人们随着年岁的增长,接触外界事物的范围逐渐扩大,受外界事物影响也越来越大,此时,原初的"童心"便会逐渐丧失,"真人"便会变成"假人"。从表面上看来,这似乎表明李贽彻底否定人们后天环境影响的积极作用。然而,如果仔细分析他对"道理闻见"的来源和根据,便会发现其否定和批判的只是宋明理学所营造的社会环境和规定的社会知识:"夫道理闻见,皆自多读书识义理而来也。"③明代科举考试的教科书是朱熹的《四书集注》,将儒家经典按照"天理至上"的原则进行注解,参加科举考试的考生只是

---

① 《童心说》,《焚书》卷三。
② 《童心说》,《焚书》卷三。
③ 《童心说》,《焚书》卷三。

"誊录生",没有任何思想自由可言,而且遵循模仿得越好,科举考试成功的可能性就越大。"存天理、灭人欲"是理学家们的思想主旨,超越了其范围就被认为是异端而遭受打压。如此以来,谁还敢保持自己"最初一念之本心"？所以,他认为,人的后天培养关键不在于读不读书,而在于要以不遮掩"童心"为前提：

  古之圣人,曷尝不读书哉！然纵不读书,童心固自在也,纵多读书,亦以护此童心而使之勿失焉耳,非若学者反以多读书识义理而反障之也？①

  李贽认为真正的圣人著书立说供后人学习,是要以"护此童心"为要旨,否则就会使后来读书人越读其书,偏离人性本质就越远。然而宋明道学家们推崇的所谓的经典实质上并非圣人的真言真义,而是"其迂阔门徒,懵懂弟子,记忆师说,有头无尾,得后遗前,随其所见,笔之于书"的"伪作"。宋明道学家们对此不加辨察,"便谓出自圣人之口也,决定目之为经矣,孰知其大半非圣人之言乎"？即便说这些所谓的经典是出自圣人之口,也不过是圣人"因病发药,随时处方",而非万世都要遵循的真理。这些情况,那些伪道学家们未必不知晓,只不过他们是想借圣人之名,为"道学之口实,假人之渊薮",迷惑民众罢了。这种心、行不一之举确实"不可以语于童心之言明矣"②。理学家们都未能执行"童心"之则,那么读其书并遵循其思想的人们如何能保持"童心"呢？不仅如此,理学家们还为了自身的利益而故意曲解圣人之意、遮掩"童心",欺骗民众。

  既然宋明理学从思想根源上就遮掩了"童心",那么他们著书立言只能"障学人",读书人读其书渐渐失却"童心"也就在所难免

---

① 《童心说》,《焚书》卷三。
② 《童心说》,《焚书》卷三。

了。这样,本来是"绝假纯真,最初一念之本心"的"童心",便被宋明理学之假"真心"(即"道心")给遮蔽住了。所以,读这样的书越多,"童心"就丧失得越严重。

而人的言行都是由心而发出的,"童心"指导下的言行是自由的,是因各自的"真心"而各具特色的,但如果"童心"被理学家们统一规定的"道心"所取代,那么人的言行也就会受到了巨大约束,所做的一切事情就不会朝着事物本质的方向发展了:

> 童心既障,于是发而为言语,则言语不由衷;见而为政事,则政事无根抵;著而为文辞,则文辞不能达。非内含于章美也,非笃实生辉光也,欲求一句有德之言,卒不可得。①

"童心"一旦被遮蔽,言语也就会言不由衷。表现在政事上,就会因失去真实根据而变得虚假,表现在文学上,也就不能真正表达和抒发人们的真实情感。所以,"童心"是一切真实的基础,是使人成为"真人"的前提,是构成人学本体论的根基,失却了"童心",人成其为"真人"的根基就会坍塌,人也就会失去作为真正自己的自由,成了别人掌控中的玩偶而已。所以,李贽通过"童心说"坚持人的个性和自由,为人的个性解放和思想自由寻找理论根据。

(2) "人外无道,而道外亦无人"之"人道"观

李贽说只要持有"童心"就可谓是"真人",由"真心"而生发的言行才是真言行,才是事物之本质。如果失却了"童心",生发的言行就是假言行,这是违背事物本质规律的,不是万物真正之"道"。"人即道也,道即人也,人外无道,而道外亦无人。"②所以,"真心"才是人的本源,而非理学家所宣扬的先验的"天理"。为此,李贽进

---

① 《童心说》,《焚书》卷三。
② 李贽著,张建业、张幼生主编:《李贽文集》第七卷《道古录》(卷下),中国社会科学文献出版社 2000 年版,第 372 页。

一步论证"人即道"的源头:

> 夫妇,人之始也。有夫妇然后有父子,有父子然后有兄弟,有兄弟然后有上下。夫妇正,然后万事无不出于正。夫妇之为物始也如此。极而言之,天地一夫妇也,是故有天地然后有万物。然则天下万物皆生于两,不生于一,明矣。①

"夫妇"作为"人之始",是一切社会关系的开端。而且,从根本上说,"天地"如同人之"夫妇"一样,阴阳相合而生万物。所以,无论是自然界还是人类社会,都源于"两",而非理学家所说的"一"之"理":

> 夫厥初生人,惟是阴阳二气,男女二命,初无所谓一与理也,而何太极之有。以今观之,所谓一者果何物,所谓理者果何在,所谓太极者果何所指也?若谓二生于一,一又安从生也?一与二为二,理与气为二,阴阳与太极为二,太极与无极为二。反覆穷诘,无不是二,又乌睹所谓一者,而遽尔妄言之哉。②

世间万物产生与发展都是"二"的概念与形态,理学家所言的超乎于"二"之上的先验的绝对的"理"(即"一")是他们的主观臆断,绝不能够说明和解释事物发展规律的"道"之本质。这样就从根本上否定了理学思想的正当性。

"人即道"中的"人"是指"真人"。而"真人"是要有自己正常的生存需求的,这种生存需求只有他自己最清楚,天寒思暖、肚饥思粮,而不是为了理学家所言的虚无的"道德"而舍弃作为"真人"最基本的生存条件。所以凡是"真人"为了生存而产生的正当欲望皆是"道":

---

① 《夫妇论》,《焚书》卷三。
② 《夫妇论》,《焚书》卷三。

> 穿衣吃饭,即是人伦物理;除却穿衣吃饭,无伦物矣。世间种种皆衣与饭类耳,故举衣与饭而世间种种自然在其中,非衣饭之外更有所谓种种绝与百姓不相同者也。①

这里的"人伦物理"其实就是"道",李贽认为真正的"人伦物理"就是人的穿衣吃饭如此基本而简单的事情,与人的基本生存紧密联系在一起,所以说"道"其实就是人的穿衣吃饭等基本生存问题。那么由此看来,人们最基本的穿衣吃饭之生存欲望是正当的,而非理学家所言的"饿死事小,失节事大",将"节操"这一人类基本生存之外的事情置于基本生存之上,那样做是对人性的扭曲,同时也是对"道"的歪解。

(3) 殊途同归之儒、释、道思想

李贽认为"人即道",人的基本生存条件"穿衣吃饭"之"人伦物理"就是"道"。关注人的现实生存,使人保持"真人"状态,即是"道"的真谛。然而现实中人们往往容易被一些乱象所迷惑,口头上说在追求、探寻"道",而实际上却总是在求道的过程中迷了路。

李贽认为,如果从"真心"出发,儒、释、道三家学说的主旨是相通的,都是为了解决人的现实问题,追求"道"之真谛。所以就这一本质而言,儒、释、道三家本质是一致的,所表现出来的不同只不过是通向"道"的途径不同而已。如李贽在回答若无和曾继泉时说:

> 人谓佛氏戒贪,我谓佛乃真大贪者。唯所贪者大,故能一刀两断,不贪恋人世之乐也。非但释迦,即孔子亦然。孔子之于鲤,死也久矣,是孔子未尝为子牵也。鲤未死而鲤之母已卒,是孔子亦未尝为妻系也。三桓荐之,而孔子不仕,非人不用孔子,乃孔子自不欲用也。视富贵如浮云,唯与三千七十游行四方,西至晋,南走楚,日夜皇皇以求出世知己。是虽名为

---

① 《答邓石阳》,《焚书》卷一。

在家,实终身出家者矣。故余谓释迦佛辞家出家者也,孔夫子在家出家者也,非诞也。①

真正的"道"不在于其形式,而在于其本质。人经过了大是大非的历练,便不会再受人世间的小恩小惠、小灾小难等俗念的束缚,从而达到一种无所挂碍的心安状态,达到"真人"的状态,最终水到渠成地得到"道"。在这一点上,儒家的创始人孔子与佛家的创始人释迦牟尼没有本质区别。孔子虽名义上没有出家为僧,但其思想境界实则已经挣脱了尘世的束缚,达到了出家的境界,他与释迦牟尼之间的区别只是形式上的区别。所以,不管是主张出世的佛家,还是主张入世的儒家,其最终目的都是为了探寻人今世如何达到心安。因为只有今世的人才是真正的人,才是真正的"道",对于前世和后世的探讨都是为了今世的人不苦恼、不忧虑。李贽如此说:

> 今黄安二上人来此,欲以求出世大事,余何以告之?第为书释迦事,又因其从幼业儒,复书孔子生平事以为譬。欲其知往古,勉将来,以不负此初志而已也。②

李贽认为只要不忘超脱世俗束缚之"初志",出家、在家之形式都不重要。

在李贽的"道"学里,儒家与佛家没有本质区别。同时,儒家与道家也无本质区别,李贽以南北人饮食习惯之不同作比喻来阐述此理:

> 食之于饱,一也。南人食稻而甘,北人食黍而甘,此一南一北者未始相羡也。然使两人者易地而食焉,则又未始相弃也。道之于孔、老,犹稻黍之于南北也,足乎此者,虽无羡于

---

① 《书黄安二上人手册》,《焚书》卷三。
② 《书黄安二上人手册》,《焚书》卷三。

彼，而顾可弃之哉！何也？至饱者各足，而真饥者无择也。①

食物在果腹方面本质是一样的，无论南之稻还是北之黍，在真正饥饿者面前没有本质区别。因为生存是第一位的，在危及生命的时刻人们根本就来不及对食物好恶进行选择。这就好比孔子之儒学与老子之道学一样，对于真正迫切追求"道"的人而言来不及区别孰高孰低、孰好孰坏，因为两者在"道"面前是一致的。真正的儒家和道家都是为了探究人之道的真学问。之所以有儒、释、道三家之别，李贽说，这只是个名目形式而已：

> 夫所谓仙佛与儒，皆其名耳。孔子知人之好名也，故以名教诱之；大雄氏知人之怕死，故以死惧之；老氏知人之贪生也，故以长生引之。皆不得已权立名色以化诱后人，非真实也。②

所以，求真正之"道"不要局限于儒、释、道之形式上的区别，只要"真心"在，"真人"就在。"真人"在，无论信佛、信儒、信道，皆不重要。正如李贽所言："公但直信本心（真心，童心），勿顾影，勿疑形，则道力固自在也，法力固自在也，神力亦自在也。"③所以，儒、释、道三家就像通向"道"的三驾马车，合力在于"人之道"，即人在今世的安然之道，这是"道"的最高境界，也是"道"的本质。为了探究"道"的本质，他将儒、释、道三家平等看待，这在以宋儒为正统思想的明代社会显然是一种"异端"思想的表现。但他顾不了这么多，宁可将自己置于"众人之所恶"的境地，也要将儒学从神圣不可侵犯的殿堂拉入到"道"之三驾马车之一的平凡境地。所以有现代学者认为李贽信佛斥儒、信道斥儒，这其实是不理解李贽论"道"之真义。他是想通过批判被政治伦理化的儒学而使其达到可以与

---

① 《子由〈解老〉序》，《焚书》卷三。
② 《答耿司寇》，《焚书》卷一。
③ 《李中谿先生告文》，《焚书》卷三。

佛、道平起平坐之势,从而使三者平等对话,相得益彰,最终凸显"人即道"之真谛。

2. 以实践为先的认识论

以"童心"为本源的人学本体论使李贽坚信,只有坚守"童心"方可成为"真人"。而"真人"必须作真事、实事。是否是真事、实事,他认为判断的重要标准之一就是实践。

李贽将君子所立之言进行分类:"言一也,有先行之言,有可行之言,又有当行之言。"从总体上来说,立言可以分为"先行之言"、"可行之言"、"当行之言"三类,并以此来判断君子之是非。对于"先行之言",他说:"既已先行其言矣,安有言过其行之失乎?"既然已经实践过了,由此而发表的言论还会有多大失误吗?而"可行之言",则不仅"远言皆可行",而且"迩言皆可行",即"天地之间之言皆可行也",但是要达到如此"言行合一,先后并时,虽圣人亦不能置先后于其间故也"。而"当行之言"则更难,"虽今日言之,而明日有不当行之者,而况千百世之上下哉!"所以,三言相较,他取"先行之言",因为"既先行其言矣,又何不当行之有?又何不可行之有?"他并且拿中丞李渭为例来论证"先行之言"的合理性,"见其在朝在邑,处乡处家",都能做到"先行其言",所以"知公之学,实学也,其政,实政也"①。他称赞李渭无论是在朝廷做官还是回到家乡,无论是对待乡人还是对待家人,都能够做到先行后言,由此可以推断李渭所做学问一定是真正的实学,所行之政,也一定是掷地有声的实政。

"先行之言"之论体现了李贽的"实践为先"的认识论思想。只有建立在实践基础上的言论才是经得起考验的言论,因为实践才是检验事物是非的正确标准,而非那些所谓的固定不变的圣贤之

---

① 《〈先行录〉序》,《焚书》卷三。

言。正如他在批判不顾实际、单单以孔子之是非为是非的荒谬性时,以戏谑的口吻嘲讽道:

> 有一道学,高履大履,长袖阔带,纲常之冠,人伦之衣,拾纸墨之一二,窃唇吻之三四,自谓真仲尼之徒焉。时遇刘谐。刘谐者,聪明士,见而哂曰:"是未知我仲尼兄也。"其人勃然作色而起曰:"天不生仲尼,万古如长夜。子何人者,敢呼仲尼而兄之?"刘谐曰:"怪得羲皇以上圣人尽日燃纸烛而行也!"其人默然自止。然安知其言之至哉!李生闻而善曰:"斯言也,简而当,约而有余,可以破疑网而昭中天矣。其言如此,其人可知也。盖虽出于一时调笑之语,然其至者百世不能易。"①

这里的"道学"人物暗指朱熹。朱熹曾鼓吹"天不生仲尼,万古长如夜",以孔子学说作为判断事物是非的唯一标准,凡是违背这一标准者皆被视为异端。而李贽借刘谐之口讽刺说,难不成孔子以前的人们因为没有孔子的指点,白天都必须点着纸烛走路吗?结果显然不是如此。所以,李贽由此而"破疑网",破除人们心中那种先验的绝对的伪标准。

李贽注重实践的认识论思想,是其能够坚持客观、务实作风的坚实基础。万历时期,张居正作为一位务实的政治家,曾遭到保守派的反对,特别是他死后,保守派对其名誉、家族以及改革成果的打击极其巨大,还把何心隐之死归罪于他。李贽对何心隐极其推崇,按理应该借机对张居正进行控诉和批判。然而他却公允地说:"何公死,不关江陵(即张居正)事。"人们之所以把何心隐之死归罪于张居正,是因为"偶攻江陵者,首吉安人,江陵遂怨吉安,日与吉安缙绅为仇。然亦未尝仇何公者,以何公不足仇也,特何公自为仇

---

① 《赞刘谐》,《焚书》卷三。

耳"①。攻击张居正的人是吉安人，所以张居正对吉安人有怨恨，但他未尝对何心隐有仇恨，因为以他当时的身份，不足以对何心隐产生仇恨。而一些别有用心之人借何心隐当时曾说张居正必定会成为宰相，之后必会杀他这样的言论，嫁祸于张居正。李贽认为事实上是张居正的下属想讨好张居正，曲解了张居正的意图，误杀了何心隐，从本质上来说，这并非是张居正的错。他对张居正极力维护，不仅表现在何心隐之事上，在晚明西南边境出现危机，而朝廷不能重用有用之才进行抵御时，他对张居正这位实政家的深深思念也足见他的理性和对张居正这类务实政治家的尊重。

李贽最大的务实精神体现在对人生的执著上，虽然遭受了两男两女夭折的痛苦和道学家们对其迫害的磨难，但他对人生从未看空。虽然削发长居寺院，但他这样做的主旨是为了减少世俗不必要的烦扰，使自己更好地著书立说。因为他清楚，自己年岁已高，活在世上的时间已经不多了，必须抓紧时间完成自己对"道"的探寻。而非像当世人和后来研究者认为李贽遁入佛门、绝缘尘世。我们从其对待弟子曾继泉削发为僧之事的态度便可窥见一斑，他极力劝阻，并从实际情况出发对其进行开导：

> 闻公欲薙发，此甚不可。公有妻妾田宅，且未有子。未有子，则妻妾田宅何所寄托；有妻妾田宅，则无故割弃，非但不仁，亦甚不义也。果生死道念真切，在家方便，尤胜出家万倍。②

李贽说曾继泉不仅有妻妾田宅之挂碍，另外还没有完成"生子"这一人生大事，实际情况不允许他剃发为僧。又因为他田地不多，家业也不大，又正好过日子，不像大富大贵之人，家计满目，无

---

① 《答邓明府》，《焚书》卷一。
② 《与曾继泉》，《焚书》卷二。

半点闲空去探寻"道"。这样的情况更适合在家修行,何必落发出家去学"道"呢?

除了劝导别人要从实际出发安排自己的人生,李贽自己一生也在实践着其积极务实的人生态度,在完成了人生中必须要完成的重要事情以后,方才选择一种自适的生活方式——著书立说、交友论道。李贽曾言:"既幸双亲归土,弟妹七人婚嫁各毕。各幸而不缺衣食,各生儿孙。独余连生四男三女,惟留一女在耳。……以为弟侄已满目,可以无歉矣,遂自安慰焉。"①他将仅剩的一女及妻子妥当安排之后,才毫无挂念地削发住寺,潜心求道。正如他对其弟子所说:"后因寓楚,欲亲就良师友,而贱眷苦不肯留,故令小婿小女送之归。然有亲女外甥等朝夕伏侍,居官俸余又以尽数交与,只留我一身在外,则我黄宜人虽然回归,我实不用牵挂,以故我得安心寓此,与朋友嬉游也。"②所以,李贽的一生是为家人、为朋友、为自己的充实一生,而非不顾实际、遁入空门的虚无一生。

(二)"变动不居"史观下的史学思想

1."变动不居"的历史观

李贽总结晋人论《易》之精要,认为有三点,即"易简"、"不易"、"变易"。"易简"即平易而简约;"不易"即(规律)不随时势的改变而改变;"变易"即事物经常变动迁移而不固定。三点之间,"至简故易,不易故深,变易故神"③,"神"与"深"相比,"神"略胜一筹,所以"变易"显得更为突出和重要。虽然"深则无有不神,神则无有不易",即规律无不存在于"变动不居"的历史中,"变动不居"本身

---

① 《复邓石阳》,《焚书》卷一。
② 《与曾继泉》《焚书》卷二。
③ 《张横渠〈易说〉序》,《焚书》卷三。

无不透着规律性的东西。所以,"变动不居"是常态,如果将历史看做是固定不变的话,就无规律可循。这便是李贽坚持"变动不居"历史观的原因所在。

他认为由于历史具有"变动不居"的特点,因此,对待历史事件及人物就应该关注不同历史时期的差异性及特殊性。在对待历史问题时,不可简单套用前人成功之举而作为当世英明之措。如他在对《战国策》的评论中如此说:

> 余读《战国策》而知刘子政之陋也。夫春秋之后为战国。既为战国之时,则自有战国之策。盖与世推移,其道必尔。如此者,非可以春秋之治治之也明矣,况三王之世欤!①

刘向认为战国因"捐礼让而贵战争,弃仁义而用诈谲",所以导致"道德大废,上下失序",社会不稳,由此而崇尚西周"崇道德,隆礼义","仁义之道,满乎天下"之盛世。而李贽认为刘向之见是鄙陋之见,是把历史看做是静态的事物,完全忽视了历史的变动性。战国时期相对于春秋时期而言,已经发生了很大变化,更何况距离更为久远的"三王之世"呢。李贽如此分析春秋与战国的不同:

> 五霸者,春秋之事也。夫五霸何以独盛于春秋也?盖是时周室既衰,天子不能操礼乐征伐之权以号令诸侯,故诸侯有不令者,方伯、连帅率诸侯以讨之,相与尊天子而协同盟,然后天下之势复合于一。此如父母卧病不能事事,群小构争,莫可禁阻,中有贤子自为家督,遂起而身父母之任焉。是以名为兄弟,而其实则父母也。虽若侵父母之权,而实父母赖之以安,兄弟赖之以和,左右童仆诸人赖之以立,则有劳于厥家大矣。管仲相桓,所谓首任其事者也。从此五霸迭兴,更相雄长,夹辅王室,以藩屏周。百足之虫,迟迟复至二百四十余年者,皆

---

① 《战国论》,《焚书》卷三。

管仲之功,五霸之力也。①

春秋时期,周王室权威严重下降,无法再号召各诸侯国,于是就有些诸侯国不听从周王室的号令而侵扰别的诸侯国,使时局动乱,民众遭殃。这时就有一些诸侯国为了维持大局稳定,联合其他诸侯国以天子的名义讨伐那些有侵扰行为的诸侯国。"从此五霸迭兴",社会大局基本稳定,前后延续了二百四十余年。而战国时期就不同了,从综合实力而言,"诸侯又不能为五霸之事者",天下又陷入混乱局面,"于是有志在吞周,心图混一,如齐宣之所欲为者焉"。即使出现了"晋氏为三,吕氏为田"等事件,但整个社会还是处于动荡混乱之中。如果没有一种强大的势力将各个分散的诸侯国统一起来,乱势就不可避免。战争本身就是为了大局的稳定。

而刘向并未看到春秋和战国的时代本质,作为一名西汉末年的知识分子,看到社会混乱、西汉王室岌岌可危之时,认为西汉末年与战国有极大的相似性,都是处于社会混乱状态。社会责任感促使他去通过分析战国而寻找救国之道。李贽认为刘向这种精神虽可嘉,但可悲的是他"徒知三王之盛,而不知战国之宜,其间固已左矣"②。刘向最主要的错误就是在他不懂得历史是变动的,不同历史时期虽然表面上看起来具有很大相似性,但由于综合因素的影响,其实差别很大。

由于历史的变动性和特殊性,所以"识时务"很重要,因为"时务"代表了事物本质变化的关键时机,稍纵即逝。李贽在《〈李中丞奏议〉序》中说:

传曰:"识时务者在于俊杰。"夫时务易识耳,何以独许俊杰为也?且夫俊杰之生,世不常有,而事之当务,则一时不无,

---

① 《战国论》,《焚书》卷三。
② 《战国论》,《焚书》卷三。

若必待俊杰而后识,则世之所谓时务皆非时务者欤?抑俊杰之所识者,必俊杰而后识,非俊杰则终不能识欤?吾是以知时务之大也。①

不是每个人都可以准确把握时机、妥善应对,使事物朝着设想的方向发展。在"识时务"方面,李贽认为"奏议者"特别重要,因为他可以"议一时之务而奏之朝廷,行之邦国,断断乎不容以时刻缓焉"。就奏议者而言,李贽极其推崇唐代的陆贽,认为他能抓住当时时代特点和唐德宗之特性,使奏议真正起效:

盖德宗时既多艰,又好以猜忌为聪明,故公宛曲及之,长短疾徐,务中其肯綮,以达乎膏肓,直欲穷之于其受病之处,蠹弊之源,令人主读之,不觉不知入其中而不怒,则奏议之最也。②

同样,李贽认为汉代晁错对西汉社会当务之论、苏轼对宋哲宗之言,都是"识时务"之论。然而,如果将他们的这些言论放在其他历史时期,就未必如此了,"在坡公时当务之急耳,过此而徽、钦,则无用矣。亦犹晁、贾之言,只可对文、景、武三帝道耳,过此则时非其时,又易其务,不中用也"。由此,李贽不禁感叹"时务"的重要:"时者如鸷鸟之趋时,务者如易子之交务,稍缓其时,不知其务则殆,孰谓时务可易言哉!"③时务论深刻体现了李贽"变动不居"之历史观,这也是他反对道学家借助"道统"进行思想钳制的有力武器。

李贽的历史观承认历史不仅是"变动不居"的,而且是不断向前推进的,"以今视古,古固非今;由后观今,今复为古"④。以今天

---

① 《〈李中丞奏议〉序》,《焚书》卷三。
② 《〈李中丞奏议〉序》,《焚书》卷三。
③ 《〈李中丞奏议〉序》,《焚书》卷三。
④ 《时文后序》,《焚书》卷三。

来看,过去已是"古","古"与"今"确实不同;那么以将来再来看待今天时,今天又变成了将来的"古",这实际上是承认历史是变动的,发展的。承认历史事物是发展的,就会用一种发展的眼光看待新鲜的事物,同时也会为变革旧事物提供理论依据。这也是李贽对万历改革的总设计师张居正推崇并追念的原因所在。在"变动不居"史观的基础上,为研究新事物诸如新的文学形式和理念、新的学术观点、新的经济发展形式等提供了理论根据。

2. 六经皆史

由于李贽坚持"变动不居"之史观,认为"与世推移,其道必尔",随着世代的推移演变,"道"也随之发生变化,怎么还会有世代都尊奉的儒家经典?那些被奉为经典的著作——《诗》、《书》、《礼》、《易》、《乐》、《春秋》,实质上就是其所处时代的史书。所以,"经、史一物也"。经典著作本质上就是史书,两者其实是一个事物的两种称呼而已。"史而不经,则为秽史矣,何以垂戒鉴乎?经而不史,则为说白话矣,何以彰事实乎?"①研究历史要尊重其真实性,如果歪曲历史本来面目,还怎么发挥历史"垂戒鉴"之功用?如果经典著作与当时时代的历史没有关系,就是在说白话,又怎么能"彰事实"呢?"经"之所以称其为"经",是因为书中所载皆是经得起推敲的史实,而且又用文学笔法来"彰事实",是史书中的高层次之作,但本质还是史书。六经皆是其同时代史书中的精品,"《春秋》一经,春秋一时之史也。《诗经》、《书经》,二帝三王以来之史也"。"而《易经》则又示人以经之所自出,史之所从来,为道屡迁,变易匪常,不可以一定执也"。《易经》本身就阐述了经与史的关系,并进一步劝导人们不可对一时一事执一定见。所以,李贽最后

---

① 《经史相为表里》,《焚书》卷五。

总结说:"六经皆史可也。"①

李贽"六经皆史"之理论在当时有其重要的政治功能。儒学被政治化、神圣化,统治阶级将儒学经典著作作为维护君主专制统治的制胜法宝。李贽提出"经、史一物"、"六经皆史",意在破除世人对"六经"的迷信,揭去"六经"之政治用书的虚假面纱,还其史书之本来面目。李贽提出"六经皆史"之理论,在很大程度上对君主专制的理论根基起到了解构作用。这一理论对后来袁枚、章学诚等人的经史研究奠定了坚实基础。

3. 史学之"垂戒鉴"功用

李贽特别注重历史对现实的"戒鉴"功能。史学要发挥其"戒鉴"功能,需保证用来"戒鉴"现实的历史不是"秽史",没有歪曲历史本身,然后再寻找历史"变易"中之"不易"(即规律),从而达到史学对现实的"戒鉴"功能。

发挥历史对现实的"戒鉴"功能,就将现实置于历史长河中,联系地看待人与事,于人可以完善修养,于事可以合理解决,少走弯路。如李贽的友人潘士藻善于通过历史进行鉴戒,不随波逐流,意志弥坚,甚为李贽叹服:

> 夫余之别潘氏多年矣,其初直谓是木讷人耳,不意其能刚也。大抵二十余年以来,海内之友寥落如晨星,其存者或年往志尽,则日暮自倒,非有道而塞变,则盖棺犹未定也。……乃去华之于今日,其志益坚,其气益实,其学愈造而其行益修,断断乎可以托国托家而托身也。非其暗室屋漏,暗然自修,不忘鉴戒,安能然乎?②

一个人如果不注重历史的鉴戒,就像孤零漂浮在大海上,茫然

---

① 《经史相为表里》,《焚书》卷五。
② 《〈闇然堂类纂〉引》,《焚书》卷五。

不知所措。或似置身于涌动的人潮中,没有自我。李贽希望自己也能如友人潘士藻一样"不忘鉴戒",从而完善自我。

虽然历史有鉴戒之功能,但如何充分发挥这种功能也是值得探讨的问题。李贽说:"夫鉴戒之书,自古有之,何独去华?"他进而分析说:"盖去华此纂皆耳目近事,时日尚新,闻见罕接,非今世之士人所常谈。譬之时文,当时则趋,过时则顽。又譬之于曲则新腔,于词则别调,于律则切响,夫谁不侧耳而倾听乎?是故喜也。喜则必读,读则必鉴必戒。"[①]不是把所有的历史记载下来就可以对后人起到鉴戒作用,因为人们没有那么多时间去看浩如烟海的历史记载,如此历史就不会起到鉴戒的作用。同时,按照所记载历史事件或人物同时代的价值取向去拣选历史进行记载,也未必会使历史实现其鉴戒作用,因为那个时代的价值取向未必与当代价值取向相吻合,当代人们未必会有兴趣去阅读这些历史记载。所以,对于历史学家和历史著述者们而言,就必须有聪慧的眼光和一定的历史判断力,合理拣选并进行记载,使后世人喜欢读,才能真正起到"必鉴必戒"之功效。

(三)"情性自然"之文学观

李贽追求"自适"之人生。"自适"贵在自然,注重真性情,表现在文学方面,即必须要注重作者"真心"的表露。他一生著述颇多,每一部文学作品都是自己"真心"之表达。而真正好的文学作品不仅要有"真心"作指导,还要有很好的创作契机,使作者某种情感得以点燃,从而产生创作的激情和灵感。当然这种激情和灵感是自然而然产生的,是触景生情,而非故意做作。同时,在评定文学作品的优良等次上,李贽提出了"化工"与"画工"之理念,揭示了

---

① 《〈闇然堂类纂〉引》,《焚书》卷五。

"真心"与创作技巧之间的关系。在"真心"、灵感和恰到好处的创作技巧等综合作用下,文学作品不仅使作者本人的真情实感得以顺畅表达,同时可以发挥其"载道"功能,对广大阅读者起到"鉴戒"作用,最终实现文学作品的社会功能。

1. "化工"与"画工"说

李贽在阐述其思想的核心和灵魂——"童心说"时是从阐述其文学思想开始的,所以,其文学思想坚持"童心"即"真心"之事实是不容置疑的。在论及"童心"与文学作品之间的关系时,李贽说:"天下之至文,未有不出于童心焉者也。""童心"即"真心",一旦被遮掩,"著而为文辞,则文辞不能达"。这里的"达"是"达于道",即符合事物本相。"苟童心常存,则道理不行,闻见不立,无时不文,无人不文,无一样创制体格文字而非文者。"①只要"真心"不被所谓先验的道理所蒙蔽,任何人任何时候都可将自己的情感诉诸文字,无论这种文字以何种体裁形式表示出来,都可以被称为是真正的文学作品。

李贽认为"童心"是"绝假纯真",所以,在文学作品的创作方面也要求"绝假纯真",顺其自然,不掺杂任何虚情和刻意。如果是内心真实情感的表达,自然会有巧夺天工之效,即李贽所谈的"化工"。而如果主观上想要有巧夺天工之效,则往往会适得其反,即李贽所谈的"画工"。为什么主观上强烈渴望达到巧夺天工之效,反而会落入"画工"之嫌呢?李贽说:"夫所谓画工者,以其能夺天地之化工,而其孰知天地之无工乎?今夫天之所生,地之所长,百卉具在,人见而爱之矣,至觅其工,了不可得,岂其智固不能得之欤!要知造化无工,虽有神圣,亦不能识知化工之所在,而其谁能

---

① 《童心说》,《焚书》卷三。

得之?由此观之,画工虽巧,已落二义矣。"①真情感是一种自然而然的表达,如果刻意去追求要表达的情感,那么这种情感就已经是加工过的情感,就已经不是真实的表达了。这就好比一个真正懂得尊重生命的人,即使面对一丛野菊花也会有一种怦然心动的情怀。这种情怀自然而然地产生,是内在尊重生命的情感的迸发,而非一种刻意追求。而如果刻意去追求这样一种情怀,认为见了野菊花就应该怦然心动,那就不是一种内在情感的真实、自然流露了,其结果可能就不会有怦然心动之感。

如果没有真情实感,而只是主观上刻意追求,即使"作者穷巧极工,不遗余力",但最终会"语尽而意亦尽,词竭而味索然亦随以竭"。李贽曾对追求"化工"而终落"画工"结局的《琵琶》如此评述:"吾尝揽《琵琶》而弹之矣:一弹而叹,再弹而怨,三弹而向之怨叹无复存者。此其故何耶?岂其似真非真,所以入人之心者不深耶!"那么,为什么不会深入人心呢?原因在于,"盖虽工巧之极,其气力限量只可达于皮肤骨血之间"②。所以,如果创作者"真心"不足,作品的影响力就只能"达于皮肤骨血之间",而不能感人肺腑。而且,有时不仅不会深入人心,甚至还会迷惑读者。如范晔在《后汉书》中对一些人物的记述,李贽认为有些失真,"不敢谓此书诸传皆已妥当"。因为"魏、晋诸人标致殊甚,一经秽笔,反不标致。真英雄子,画作疲软汉矣;真风流名世者,画作俗士;真啖名不济事客,画作褒衣大冠,以堂堂巍巍自负。岂不真可笑"③!

而"化工"之作,真情实感浸染其间,似乎"宇宙之内,本自有如此可喜之人",让你感觉作品中的人物和事件是现实中确有其人和

---

① 《杂说》,《焚书》卷三。
② 《杂说》,《焚书》卷三。
③ 《答焦漪园》,《焚书》卷一。

其事。究其实,那是作者思想的影子,借影子来表达自己的情感。由于作者情感是真实的,所以其影子也变得有形有声了起来。正如李贽在评"化工"之作《拜月》、《西厢》时说:"当其时必有大不得意于君臣朋友之间者,故借夫妇离合因缘以发其端。于是焉喜佳人之难得,羡张生之奇遇,比云雨之翻覆,叹今人之如土。"①作品中的主人公其实都是作者情感的影子,因为确有作者其人,所以让人感觉书中主人公在现实中真实存在。

在真情实感促使下,平时的经历会在作者写作的瞬间聚集起来,变成了写作的必要素材。正如李贽所言:"其胸中有如许无状可怪之事,其喉间有如许欲吐而不敢吐之物,其口头又时时有许多欲说而莫可所以告语之处,蓄极积久,势不能遏。"②"见景生情,触目兴叹,夺他人之酒杯,浇自己之块垒;诉心中之不平,感数奇于千载。"当这些蓄积起来的素材一旦遇到良好的契机时,情感便一发而不可收,"既已喷玉唾珠,昭回云汉,为章于天矣,遂亦自负,发狂大叫,流涕恸哭,不能自止。宁使见者闻者切齿咬牙,欲杀欲割,而终不忍藏于名山,投之水火"③。情景交融,不吐不快,妙语连珠,文采灿烂,自己被自己感动得痛哭流涕,不能自已。这表面上似乎只是李贽文学思想的表达,但试想一下,这种将喜怒哀乐之情感尽情释放的勇气,将是一种如何强烈的精神解放?这实质上是他在对当时道学思想钳制的抗争和反叛,是对只为赢取科举考官喜欢的内容空洞的时文的极力批判。

2."神圣在我,技不得轻"

李贽强调文学创作方面须有真实的素材和真实的情感做基

---

① 《杂说》,《焚书》卷三。
② 《杂说》,《焚书》卷三。
③ 《杂说》,《焚书》卷三。

础,但这并不代表他对文学形式的忽视或轻视。他曾在《时文后序》中提到"苟行之不远,必言之无文",文章仅流行于一时而不能传于后世,不具有强劲生命力,一定是缺乏文采。这在一定程度上表明他对文学创作形式即创作技巧的重视。创作技巧运用得当与否,直接影响了作者情感的抒发程度以及作品意境的高低。当论及诗人的情感抒发与诗歌的格律之间的关系时,他说:"淡则无味,直则无情。"情感表达得太浅则显得不及,而太强烈又会显得太过,过犹不及,二者都不是情感表达的最好程度。"宛转有态,则容冶而不雅;沉着可思,则神伤而易弱"。所以,"欲浅不得,欲深不得"。情感有喜怒哀乐之别,而且表达起来深浅不同,恰到好处的"度"既能直抒胸臆,又能取得一定境界。在诗歌创作中这个"度"其实就是对"律"的合理使用问题。他说:"拘于律则为律所制,是诗奴也,其失也卑,而五音不克谐;不受律则不成律,是诗魔也,其失也亢,而五音相夺伦。"①"诗奴"和"诗魔"都不是真正的好诗,一个是完全受制于"律",一个是完全无视于"律",都没有真正遵循"律"的一般使用规律。这就好比对儿童的教育,太严格了就会限制他自由性情的发挥,就会使其唯唯诺诺,信心不足;如果放任自流,则会使其为所欲为,害人害己。如何处理?李贽说,"发于性情,由乎自然",不可"牵合矫强"。这里所谓的"自然"不是不可捉摸、玄而又玄的空洞说法,而是"不可以一律求之"的真实情感的自然而然的表达。人的情感丰富而又复杂,不可用"一律"即一种形式进行限制和约束,因为不同的情感表达程度和表达方式也会不同,"性情清彻者音调自然宣畅,性格舒缓者音调自然疏缓,旷达者自然浩荡,雄迈者自然壮烈,沉郁者自然悲酸,古怪者自然奇绝。有是格,

---

① 《读律肤说》,《焚书》卷三。

便有是调,皆情性自然之谓也"①。感情的多样性会使文学样式也呈现多样性特征,而且每一种文学形式都有其独特之处,都是感情的自然表现,不能以固定不变的形式来规范和约束。如果一定要找一种统一的规律的话,除了遵循"情性自然"别无他者。而且,"所谓自然者,非有意为自然而遂以为自然也"。不是刻意去追求自然就能达到自然的效果。只有做到真正顺其自然,即有什么样的情感就用适合它的文学形式来表达,而非刻意地去为它寻找一种方式来表达,因为刻意去寻找就已经不是自然而然了,情感的表达程度也会因此而受到限制。而且因性情不同而产生的不同文学样式会随着时代发展而不断产生新形式,不必固执于旧有的文学形式而不变。所以,李贽说:"诗何必古选,文何必先秦。降而为六朝,变而为近体;又变而为传奇,变而为院本,为杂剧,为《西厢曲》,为《水浒传》,为今之举子业,皆古今至文,不可得而时势先后论也。"②只要是出自"真心",遵循"自然而然"之律,一定是好作品。这为明代出现新的文学形式如直抒胸臆的小品文和戏曲、杂剧等寻找理论依据,对一统天下的儒学经典之神圣地位起到颠覆性作用,也为反对虚伪的道学学说奠定了基础。

出自"真心"、遵循"自然"是包括文学创作在内的所有艺术创作的最佳形式和最高境界。李贽说:"东坡先生曰:'论画以形似,见与儿童邻。作诗必此诗,定知非诗人。'升庵曰:'此言画贵神,诗贵韵也。然其言偏,未是至者。'晁以道和之云:'画写物外形,要物形不改;诗传画外意,贵有画中态。'其论始定。卓吾子谓改形不成画,得意非画外,因复和之曰:'画不徒写形,正要形神在;诗不在画

---

① 《读律肤说》,《焚书》卷三。
② 《童心说》,《焚书》卷三。

外,正写画中态。'"①前人对于艺术创作内容与形式关系的认识,要么只关注内容而忽视形式,要么是虽然注意到了形式的重要性,但还达不到足够重视的程度,将内容与形式协调起来,使"形""神"俱在。因为"形"和"神"在文学创作中同样重要,各自担负着不同作用,艺术创作缺一不可。"诗不在画外,正写画中态",诗的意境不在画外之意,正是画中之物与诗人的真实情感交融在一起,方为诗人直抒胸臆之作,也才能真正达到诗人创作的真正意境。这样的形式与意境相统一的创作理论,不仅关注到了创作者的情感抒发,同时也为阅读者和欣赏者搭建了理解的桥梁。试想,在读者与创作者之间没有面对面交流机会的情况下,而只借助文字或画作的形式来理解作者所要传递的情感信息时,如果诗歌完全是画外之意,而非"正写画中态",读者怎么会捕捉到作者真实的情感信息呢? 所以,无论是文学作品还是艺术作品,其形式本身不仅是传递作者真实情感的媒介,同时也是连接作者与读者之间情感交流的不可或缺的桥梁和纽带。

只有承认和肯定创作形式即技巧对于创作意境的重要性,才能客观对待不同技巧水平下的艺术作品水平。对于技巧运用达到炉火纯青程度的作品,表面上看起来似乎没有任何技巧在其中,从而否定技巧的作用。但恰恰相反,越是技巧运用得不留痕迹,越说明技巧在创作中的重要性。这正是李贽所说的"艺通于道"、"技道合一"理论,凸显了艺术创作形式的重要作用。他说:

> 镌石,技也,亦道也。文惠君曰:"嘻! 技盖至此乎?"庖丁对曰:"臣之所好者道也,进乎技矣。"是以道与技为二,非也。造圣则圣,入神则神,技即道耳。技至于神圣所在之处,必有

---

① 《诗画》,《焚书》卷五。

神物护持,而况有识之人欤! ……神圣在我,技不得轻也。①

真正的技巧、技艺是一种自然而然的表达形式,如果掺杂了刻意之念,反倒达不到技巧的最高境界。"道"是"自然",得"自然"则得"神圣",拥有了"神圣",也就达到了创作技巧的最高境界。为了阐述如何获得自然而娴熟的技巧,从而获得艺术的神圣境界,李贽借唐代琵琶手康昆仑与琵琶家段善本比赛琵琶一事,道出了其中真谛。唐贞元年间,"街东有康昆仑,琵琶号为第一手,自谓街西无己敌也。登楼弹新翻调《绿腰》。及度曲,街西亦出一女郎,抱乐器登楼弹之,移在枫香调中,妙技入神。昆仑大惊,请于相见,欲拜之为师。女郎更衣出,乃庄严寺段师善本也。德宗闻知,召加奖赏,即令昆仑弹一曲。段师曰:'本领何杂耶?兼带邪声。'昆仑拜曰:'段师神人也。'德宗诏授康昆仑。段师奏曰:'请昆仑不近乐器十数年,忘其本领,然后可授。'"②正如琵琶家段善本所言,"本领何杂",真正的技巧是纯正本心使然,不得掺杂其他。要想学会真正的入神妙技,必须将那些自以为是的雕虫小技统统忘掉,回归本初之心,回归到事物本初的原意精髓,才能悟得技艺的真谛。

琵琶艺术的真正技巧得之"真心"、"真意",其他艺术形式无不如此。在琴技方面,伯牙可谓是顶级大师,但这位大师在学习弹琴技艺时,也曾经历了小技困扰、回归自然、醍醐灌顶、悟得琴技真谛之过程。李贽说:

> 伯牙于成连,可谓得师矣,按图指授,可谓有谱有法,有古有今矣。伯牙何以终不得也?且使成连而果以图谱硕师为必不可已,则宜穷日夜以教之操,何必移之海滨无人之境,寂寞不见之地,直与世之矇者等。……设伯牙不至于海,设至海而

---

① 《樊敏碑后》,《焚书》卷五。
② 《段善本琵琶》,《焚书》卷五。

成连先生犹与之偕,亦终不能得矣。唯至于绝海之滨,空洞之野,渺无人迹,而后向之图谱无存,指授无所,硕师无见,凡昔之一切可得而传者,今皆不可复得矣,故乃自得之也。①

曾经有成连大师按照图谱悉心指导,但伯牙只学得一些弹琴的一般技巧,而终不得琴技之真谛。最后成连将他放在"海滨无人之境,寂寞不见之地",让伯牙独自感悟,反倒终成绝学。这正应了李贽的"声音之道,原与心通"之论,出于"真心"的技艺方为真正的技艺。

由此可以看出,李贽在对待文学作品及其他艺术作品的内容与形式之间的关系问题时,没有顾此失彼、顾彼失此,也没有将两者作用均等对待,而是强调二者关系的协调性,最终达到形神合一,这与其辩证的思维方式密不可分,同时他所强调的内容和形式最后都应归于"自然"之一物,这也是他将"童心说"贯穿其所有思想、以一颗"真心"对待万事万物的明证。

3. "文以载道"说

以"童心"、"真情"为基础、以"自然而然"为最高技巧的文学作品,承载了作者尽情表达情感,如实描写自然的忠实愿望,发挥着其"文以载道"的社会功能。李贽所言的"文以载道"与道学家们所言有明显区别,区别的源头在于他所言的"道"与道学家所言的"道"有本质区别。前文谈到,李贽曾言"童心即道",强调发自"真心"方可为道。而道学家所言之"道"是建立在先验基础上的纲常伦理。所以,李贽所言的"文以载道",是文学作品(或艺术创作)能够真实传递作者的真情实感,使读者从中得到共鸣,受到启发,彰显"真心"、"真情"。他否定《论语》、《孟子》等所谓儒家经典的社会作用,正是以此为理论基础的。他认为孔子、孟子虽然都是出众之

---

① 《〈征途与共〉后语》,《焚书》卷四。

人,但《论语》、《孟子》并非是作者本人思想感情的真实表达,而是其弟子"记忆师说,有头无尾,得前遗后,随其所见,笔之于书"①,而后来人对这些所谓的经典也没有很好考究,便认为是出自孔子、孟子本人之口。他们哪里知道《论语》、《孟子》大半都不是孔、孟本人的思想。即便有一些言语出自孔、孟之口,也是孔子、孟子就当时某件事而发的言论,而这些引发言论的事件却没有被记载下来,所以后人往往会对这些言论断章取义,不能完全尊重孔、孟当时发表这些言论时的真实情景和真实想法。也就是说,书中所言皆非"语于童心"。所以,道学家所谓的经典著作只不过是"道学之口实,假人指渊薮也"。李贽不禁感叹:"吾又安得真正大圣人童心未曾失而与之一言文哉!"由于不是孔、孟等人真情实感的表达,所以他否认这些经典能真正称为"文",同时也就否定了其"文以载道"的社会功能。

李贽认为只要能够称得上是文学作品,就一定具有"文以载道"的社会功能,因为出自"真心"而作的"文"与"道"本就是一回事儿。他曾借评《史记》中《伯夷传》表达了其"文即道"的理念:

> 真西山(即真德秀)云:"此传姑以文取。"杨升庵(即杨慎)曰:"此言甚谬。若道理有戾,即不成文,文与道岂二事乎?益见其不知文也。本朝又有人补订《伯夷传》者,异哉!"又曰:"朱晦翁谓孔子言伯夷'求仁得仁,又何怨',今太史公作《伯夷传》满腹是怨,此言殊不公也。"卓吾子曰:"'何怨'是夫子说,'是怨'是司马子长说。翻不怨以为怨,文为至精至妙也。何以怨?怨以暴之易暴,怨虞、夏之不作,怨适归之无从,怨周土之薇之不可食,遂含怨而饿死。此怨曷可少也?"②

---

① 《童心说》,《焚书》卷三。
② 《伯夷传》,《焚书》卷五。

李贽借杨慎之口批评真德秀对《伯夷传》这一文学作品社会功能的低估,其实是在就此进一步证明自己所谈之"道"与道学家所谈之"道"的不同。道学家认为既然孔子都认为伯夷"求仁得仁,又何怨"?那你司马迁怎么在《史记·伯夷传》中又说伯夷满腹是怨呢?显然是违背了圣人之意,所以不符合"道"。因此,真德秀认为《史记·伯夷传》只能"以文取",而不能论其"道"。李贽与杨慎一致认为,既然承认《伯夷传》是文学作品,就说明其具有"载道"之功能,因为,"文与道岂二事乎"?伯夷没有什么怨那只是孔子的看法,而司马迁从伯夷当年的处境来谈伯夷有许多可怨之事,而且这些可怨之事都是真实存在的,李贽由此认为《伯夷传》有它存在的"道"之价值,因为它向读者展示了真实的历史场景,以供后人鉴戒,所以这篇传文"至精至妙"。他借此还进一步批判当时的学者因为不敢对抗权威,故不敢发怨,最终也成不了什么大事。为了扭转这种唯道学家是从的现象,他激励学者们对于当时社会该怨可怨之现象要大胆发表自己的真实看法,以便作出真正能够载道的文学作品。

文学作品因其真实而具有了"载道"的社会功能,所以,李贽虽然也将自己的文稿拿给友人进行切磋、请教,但他很看重自己著述原意的完整性,不想被别人轻易删改,否则就不是他"本心"之表达。正如他请好友焦竑为他的《藏书》题词时所言:"年来有书三种,惟此一种系千百年是非,人更八百,简帙亦繁,计不止二千叶矣。……欲与知音者一谈,是以呈去也。……望兄细阅一过,如以为无害,则题数句于前,发出编次本意可矣,不愿他人作半句文字于其间也。何也?今世想未有知卓吾子者也。然此亦惟兄斟酌行之。弟既处远,势难遥度,但不至取怒于人,又不至污辱此书,即为爱我。中间差讹甚多,须细细一番乃可。若论著则不可改易,此吾精神心术所系,法家传爱之书,未易言也。"①因《藏书》是他对"千百年是非"和众多历史人物的再次解读和评价,代表了自己的价值观、历史观和哲学观。而且,他认为"今世想未有知卓吾子者",没有多少人能真正理解他的全部思想,即使是他认为是知己的焦竑也不例外。所以他只允许焦竑就《藏书》而发表他的看法,但不允许对此书原文作任何改动。他担心此书一旦被焦竑改动,就未必是自己"真心"所表达的那样,此书一旦传于后世,后人可能会对他的思想产生误解或曲解,此书的载道功能也就荡然无存了。

正是因为文学作品有"载道"的社会功能,所以那些有社会责任感的人才会孜孜不倦地著书立说,使自己的思想和理念不仅仅影响当代人,还能够代代相传,激励后人。李贽曾称赞王畿的《龙谿先生集》说:"先生学问融贯,温故知新,若沧州瀛海,根于心,发于言,自时出而不可穷,自然不厌而文且理也。"②如此好文理应得以刊刻,使王畿之思想得以传承。后来何继高决定在此文集中选择一部分先行刊刻,目的是"以嘉惠山东、河北数十郡人士",真正发挥此集"文以载道"之功能。何继高邀请李贽帮助其遴选书中最精要篇章并为此选集作序,他都欣然答应。因为他由此看到了王畿思想得以传承的机会,不由地激动地说:"将见泰宁(何继高)学问从此日新而不能已,断断乎其必有在于是!断断乎其必有在于是!"③不仅何继高会从中得到学习提高的机会,而且不久的将来,将会有无数个像何继高一样的读者都会从中得到启发,得到王畿之真传。

"文以载道"的文学理论意识也促使李贽一生笔耕不辍,他想

———————

① 《答焦漪园》,《焚书》卷一。
② 《〈龙谿先生文录抄〉序》,《焚书》卷三。
③ 《〈龙谿先生文录抄〉序》,《焚书》卷三。

将自己的思想尽可能完整地诉诸笔端，形成文字，留给后人作鉴戒。因为他相信"文以载道"，所以即使当世人不理解其良苦用心也无妨。其著述《藏书》、《焚书》的命名就是出于这种思想理念："一曰《藏书》，上下数千年是非，非易肉眼视也，故欲藏之，言当藏于山中以待后世子云也。一曰《焚书》，则答知己书问，所言颇切近世学者膏肓，既中其痼疾，则必欲杀我矣，故欲焚之，言当焚而弃之，不可留也。"①李贽视当世人的短浅眼光为"肉眼"，当世人未能理解，所以藏于深山以待后世有眼光的人来解读。李贽本意《藏书》是专为后来人读，将"道"传于后世人；《焚书》抨击了当世道学家们，可能会被焚毁，连传"道"于当世人的可能也未必能有，更不要说传"道"给后来人了。但实际结果是，不仅《焚书》起到了传"道"于当世的效果，而且，《藏书》也在当世引起了学者们的关注，使他的思想在他认为没有多少真正知己的当世就已经发散开去了。《说书》、《焚书》、《藏书》等著述在社会上的广泛影响，给了他很大的鼓舞，使他更加不知疲倦地著书立说，目的就是为了使自己的思想能在社会上有更大影响，使更多人能够从理学思想的束缚中解放出来。他将儒、释、道三家思想打通，为了提高人们对释、道两家思想的认识，曾写下《三经解》，即《庄子解》、《老子解》和《心经提纲》。他说这三部著述，本来"欲以自娱，不意遂成木灾"②，本来想用来自娱自乐，没想到都刊刻成书后，在社会上引起极大反响，使自己所谈之"道"影响了更多人。

（四）政治经济思想

李贽虽被视为"狂禅派"代表人物，但他绝不是遁入空门、逍遥

---

① 《焚书·自序》。
② 《答焦漪园》，《焚书》卷一。

无为，而是以一颗"真心"积极入世，始终都未放弃对现实的真切观照，特别是他在政治、经济等方面的不断探索，将其务实精神体现得淋漓尽致。

1."因时势定术数"

李贽的政治思想注重"术"，即执政方略、策略，针对不同时势采用不同之"术"。因为他坚持"变动不居"之历史观，认为"与世推移，其道必尔"，随着世代的推移演变，"道"也随之发生变化。对于已经变化了的"道"，就需要用变化了的"术"来对待。所以说，"治国之术多矣，若谓人尽不知术数，必欲其皆就己之术数，则岂得谓之知术数哉？"①治国的策略有很多，不同的执政者会根据自己所处的时代特征采用不同的治国方略，我们不能用一种固定不变的观点来评判这些治国方略之对错。如"汉文有汉文之术数也，汉高有汉高之术数也，二五帝霸又自有二五帝霸之术数也。以至六家九流，凡有所挟以成大功者，未常不皆有真实一定之术数"②。当然，六家九流之术与儒家政治策略一定是有很大区别的，但即使这样，只要实际效果能够"成大功"，就都可以被称为是成功的治国策略。之所以有些治国策略不被正统思想所认可，主要原因是那些儒学家自己都不懂得政治术，怎么可以谈论治理国家。所以，真正的治国策略不应以儒家政治思想为标准，而是应以社会实际效果为准则。就像后世所谈的不管黑猫白猫，只要捉住老鼠就是好猫，道理是一样的。当然无论是白猫还是黑猫，只要能捉住老鼠，它一定是在分析了自己所遇实际情况的基础上采取了行之有效的捉鼠技巧才获得成效的。所以李贽以社会实际效果来评判策略得当与否，实质上是强调"因时势定术数"的政治理念。在此理念基础上，

---

① 《晁错》，《焚书》卷五。
② 《晁错》，《焚书》卷五。

他将治国策略分为不同等级：

> 是故因其时,用其术,世无定时,我无定术,是之谓与时消息而已不劳,上也。执其术,驭其时,时固无常,术则有定,是之谓执一定以应于无穷,次也。若夫不见其时,不知其术,时在则术在,而术不能违时；术在则时在,而时亦不能违术。此则管夷吾诸人能之,上之上也。①

随着形势变化而变化的策略是上策；不随形势变化而变化的策略为下策；时势与治国策略互不矛盾的策略是上上策。李贽说管仲等人就是采用上上策的谋臣,而晁错却采用一家一派之策略,对不同形势下不同的治国思想加以否定,甚为不妥。他因此这样评价晁错说:"若晁错者,不过刑名之一家,申、商之一术,反以文帝为不知学术,而欲牵使从己,惑矣!"②想用一家学说通解各种形势下的治国策略,真是糊涂的想法啊!

李贽不仅在思想上坚持"因时势定术"的政治理念,同时也将这种政治理念运用到自己的政治实践中。他在做云南姚安知府时,因为姚安地处边远,又是少数民族聚集的地区,他在任三年使这个地区经济发展,政治稳定。之所以会取得如此成果,他说:"边方杂夷,法难尽执,日过一日,与军与夷共享太平足矣。仕于此者,无家则难住；携家则万里崎岖而入,狼狈而去。尤不可不体念之!但有一能,即为贤者,岂容备责?但无人告发,即装聋作哑,何须细问?"③他说治理一个地区要根据当地特殊情况,因地制宜,不要按照死板的规章制度求全责备,这样不仅使远道而来的自己及家眷能够安稳于此,又可使当地人发挥其贤能。对待当地人,只要他有

---

① 《晁错》,《焚书》卷五。
② 《晁错》,《焚书》卷五。
③ 《豫约·感慨平生》,《焚书》卷四。

任何一方面的贤能就要加以肯定和鼓励,其他事情只要没有人告发就装聋作哑,不要去管太多。李贽凭着这种特殊的政治策略,使姚安这一生活习惯和思想感情都很特殊的边远地区得到了很好治理,实践了他的"因时势定术数"的治政理念。

李贽特殊的政治策略虽然使他的政治实践取得了一定成效,但却对当时的思想专制形成了极大挑战,所以被道学家视为"异端",并遭到他们的迫害和追杀。正如他在《蜻蛉谣》中所说:"某也从少至老,原情论势,不见有一人同者……大概读书食禄之家,意见皆同,以余所见质之,不以为狂,则以为可杀也。"①最初他还曾对自己的"原情论势"思想产生过怀疑,"故余每每惊讶,以为天何生我不祥如此乎!"②但当他读了《杨升庵集》中有关姜龙之事时,发现姜龙在对待少数民族问题时没有按照儒家传统的严酷统治做法,而是"原情论势",主张和少数民族和平相处。好友杨慎对姜龙的这种民族策略极为赞成。李贽感觉遇到了知音,进而坚定了自己"原情论势"的治政策略。

2."因性牖民"之论

李贽主张"童心说",重在自然而然,而非刻意做作,反映在其政治理念上便是"因性牖民"的治政理念。他说:

> 夫道者,路也,不止一途;性者,心所生也,亦非止一种已也。有仕于土者,乃以身之所经历者而欲人之同往,以己之所种艺者而欲人之同灌溉。是以有方之治而驭无方之民也,不亦昧于理欤!且夫君子之治,本诸身者也;至人之治,因乎人者也。本诸身者取必于己,因乎人者恒顺于民,其治效固已异矣。夫人之与己不相若也。有诸己矣,而望人之同有;无诸己

---

① 《蜻蛉谣》,《焚书》卷五。
② 《蜻蛉谣》,《焚书》卷五。

者,而望人之同无。此其心非不恕也,然此乃一身之有无也,而非通于天下之有无也,而欲为一切有无之法以整齐之,惑也。①

治政之道,就如同道路一样并非一条;心性也绝非一种。所以,用固定不变的方法去治理生活习惯和思想感情千差万别的百姓,是有违于常理的。真正的政治之道是要根据百姓的实际特点,采取符合百姓的政策和措施。因为人与人有很大不同,强迫别人勉强接受自己的主张,并不是施政者存心不合乎恕道,而是他希望别人与自己相同,但实际情况却并不是如此,这样做只能说是一种糊涂的做法。李贽进一步分析说,要求别人与自己齐同有无,最终的结果就是产生"条教之繁"、"刑法之施",使"民日以多事矣"。根据听从教化与否将民众分为君子和小人,最终将导致民众相争,社会混乱。然而真正懂得治政的人则不然,他们"因其政不易其俗,顺其性不拂其能。闻见熟矣,不欲求知新于耳目,恐其未瘳而惊也。动止安矣,不欲重之以桎梏,恐其縶而颠且仆也"②。不轻易改风易俗,根据本地民众之本性尽量做到不违反他们。让他们觉得新的施政措施与自己熟悉的习俗和制度没有多大区别,同时使他们劳动和休息都很安全,不用"条教"和"刑法"去限制他们的行为,从而使他们获得自由发展。这便是李贽"因性牖民"政治理念的直接体现。

"因性牖民"的治政理念是最大程度地尊重民众的实际情况,从民情出发,而非从执政者个人意愿出发。而道学家所崇尚的治政理念却是从执政者个人意愿出发,希望做到"其身正,不令而行";"庄以莅之,动之不以礼,未善也。"这显然没有将民众意愿放

---

① 《论政篇》,《焚书》卷三。
② 《论政篇》,《焚书》卷三。

在最基本的位置上。李贽对这种执政理念持反对意见。他以曹参和汲长孺为例,阐述"因性牖民",从而达到"使民自治"效果的治政理念:

> 昔者曹参以三尺剑佐汉祖平天下,及为齐相,九年而齐国安集。严助谓汲长孺任职居官无以逾人,至出为东海,而东海大治。今观其所以治齐治东海者,实大不然。史称汲黯戆,性倨少礼。初授为荥阳令,不受,耻之;后为东海,病卧闺阁内,岁余不出。参日夜饮醇酒,不事事。吏舍日饮歌呼,参闻之,亦取酒张坐饮歌呼,与相应和。此岂有轨辙蹊径哉!要何与于治而能令郡国以理也?①

曹参曾协助汉祖平定天下,而且能使齐国九年安定,汲长孺能使东海大治,可谓都是政绩卓著。但两人都不是能按照宋儒们希望的那样恪守礼制,轻易发号施令之人,而是表面看起来无所为,终日不理政事,但治政效果很好。所以,李贽感叹说,难道他们都有固定的路子不成,否则怎么都会不慌不忙地把郡国就治理好了呢?李贽进一步探究其中原因:

> 不庄不正,得罪名教甚矣。而卒为汉名相,古之社稷臣者,何也?岂其所以致理者或自有在,彼一切观美之具有不屑欤?抑苟可以成治,于此有不计欤?将民实自治,无容别有治之之方欤?是故恬焉以嬉,遨焉以游,而民自理也?夫黄帝远矣,虽老子之学,亦概乎其未之闻也。岂二子者或别有黄、老之术,未可以其畔于吾之教而非诋之欤?吾闻至道无为,至治无声,至教无言。②

曹、汲二人能够将郡国治理好的真正原因是不被固定的规矩

---

① 《送郑大姚序》,《焚书》卷三。
② 《送郑大姚序》,《焚书》卷三。

或法度约束,也就是说,二人的治理方法在已经成形的儒学、黄老之学等学说中都找不到现成的方法依据,他们成功的关键就是尽可能尊重民众的实际情况,而不是以同一的行政命令去施政,最终达到了"至治无声"的效果。

可以说"因性牖民"是一种无声胜有声的政治策略,李贽也正是以这种理念为基础,"一切持简易,任自然,务以德化人,不贾世俗能声。"①以一种简约易行的执政策略,顺应民情,不追求世俗的声誉,从而使"自僚属、士民、胥吏、夷酋"等,无不受到他的感化。但他却表面上一副若无其事的样子,不用花费太大力气去办事而事情却办得很好。

李贽不仅自己践行"因性牖民"的治政理念,也以这种理念激励和赞扬同行官员,他对当时姚安府大姚县知县如此评价道:

> 观君魁然其容,充然其气,洞然不设城府。其与上大夫言,如对群吏,处大庭如在燕私,偃倨似汲黯,酣畅似曹参。此岂儒者耳目所尝睹记哉!君独神色自若,饮啖不辍,醉后耳热,或歌诗作大字以自娱,陶陶然若不以邑事为意,而邑中亦自无事。嗟夫!君岂亦学黄、老而有得者耶!抑天资冥契,与道合真,不自知其至于斯也!不然,将惧儒者窃笑而共指之矣,而宁能遽尔也耶!②

郑大姚表面上好像不以政事为念,虽然道学家们暗暗嘲笑其言行举止,而他却能泰然处之。实际效果却能使"邑中"自"无事",实现"因性牖民"、无为而治的政治理想。

3. 不拘于世俗的人才观

执政理念再好,如果没有真正的人才在自由的社会空间里去

---

① 《顾冲老送行序》,《焚书》卷二。
② 《送郑大姚序》,《焚书》卷三。

实施，那也终将只是纸上谈兵，毫无实效。所以，李贽极其注重对人才的荐举和培养。他认为真正的人才观必须符合三方面的要求：首先，要有真知灼见；其次，社会要为有真知灼见的人才提供足够的施展才华的自由空间；再次，要有审时度势的能力，根据时势和自己的性格选择合适的施才之道。三者缺一不可。

李贽认为，自古以来"世间惟才不易得，故曰'才难'"，人们都认为人才难得，故而感叹"才难"。因为真正的人才须具有名副其实的真才能，"若无其才而虚有其名，如殷中军以竹马之好，欲与大司马抗衡，以自附于王、谢，是为不自忖度"①。如果没有真正的才能而徒具虚名的话，就像东晋的殷浩，想与桓温抗衡而自附于王坦之和谢安，其实是自不量力，最终将身败名裂。所以，真正的人才是要有真知灼见之才能方可有大鹏展翅的可能。而这样的人却并不是随处可得的。

虽然真正的人才很难得，但李贽认为，问题的关键还不在此，而是专制制度下的选人和用人制度出现了问题。他认为是科举考试将大量人才扼杀，因为参加科举考试的考生只不过是誊录生而已，将考前背诵好的时文范文在考试时誊写在试卷上，蒙混过主考官的眼睛便可以中第了。而且认为他自己就是这样侥幸地中举的。而许多真正有才能的人却未能被选拔上来。他进一步分析说，其实统治者并不是没有看到这种人才选拔的弊端，而是出于维护专制统治的需要，故意将人才压制，所谓的选拔人才，"不过诱你作他奴才耳"。如此腐朽的用人制度怎能将真正的人才选拔上来，而且即使选拔上来的人中有些许人才存在，其才能也会因统治者"选奴才"的初衷而被扼杀。不仅科举制度在选拔人才这一关将很多有真知灼见者挡在了门外，使国家损失了大量治世栋才，而且在

---

① 《复周南士》，《焚书》卷一。

接下来的用人环节上,晚明时期存在严重的任人唯亲、排斥异己、卖官鬻爵的制度漏洞,使仅有的少量真正人才也不能施展自己的才华,致使晚明政治环境极其恶劣。李贽用"欲在井中钓大鱼"之寓言讽刺晚明社会用人之弊端:

> 人犹水也,豪杰犹巨鱼也。欲求巨鱼,必须异水;欲求豪杰,必须异人,此的然之理也。今夫井,非不清洁也,味非不甘美也,日用饮食非不切切于人,若不可缺以旦夕也。然持任公之钓者,则未尝井焉之之类。何也?以井不生鱼也。欲求三寸之鱼,亦了不可得矣。……今若索豪士于乡人皆好之中,是犹钓鱼于井也,胡可得也!则其人可谓智者欤!何也?豪杰之士决非乡人之所好,而乡人之中亦决不生豪杰。古今贤圣皆豪杰为之,非豪杰而能为圣贤者,自古无之矣。今日夜汲汲,欲与天下之豪杰共为贤圣,而乃索豪杰于乡人,则非但失却豪杰,亦且失却贤圣之路矣。所谓北辕而南其辙,亦又安可得也!①

他提出造就豪杰的用人主张,认为真正的豪杰之士"决非乡人之所好"。想在"乡人之所好"的人中选取豪杰之士,就好比"钓鱼于井",这怎么可能呢?而如今"索豪杰于乡人",不仅会失去得到豪杰的机会,同时也失去了贤圣治世的良机。李贽的这种用人标准明显表现出了反传统精神,对当时任人唯亲、排斥异己的用人政策进行了无情抨击。

可以看出,世上并不是真的没有人才存在,主要是缺乏发现人才的伯乐和为人才提供施展才华的平台。李贽以姜尚为例对此理念进行阐述:

> 今观渭滨之叟,年八十矣,犹把钓持竿不顾也。使八十而

---

① 《与焦弱侯》,《焚书》卷一。

死,或不死而不遇西伯猎于渭,纵遇西伯而西伯不尊以为师,敬养之以为老,有子若发不武,不能善承父志,太公虽百万韬略,不用也。①

姜尚还是那个姜尚,只因在八十岁时遇到了周文王,从此命运改变。但假如当时就算遇到了周文王,而周文王不尊其为师,不以老者对其敬仰,而且如果没有周武王承继父志,即使姜尚有再高的才能,也终归没有用武之地。所以真正的伯乐要真正做到"惜才"并为之提供施展才华的平台,才能使人才真正实现其拯救时弊的政治理想。而李贽认为当世的"惜才"令人堪忧:

> 才到面前竟不知爱,幸而知爱,竟不见有若己有者,不见有称喜赞扬不啻若自其口出者,如孔北海之荐祢正平,跣足救杨彪也,何也? 以其非真惜才也;虽惜才,亦以惜才之名好,以名好故而惜之耳。则又安望其能若己有、不啻若口出如孔北海然也? 呜呼! 吾无望之矣! ②

当世者不是不知道"惜才",就是把"惜才"当作为自己赚取名利的工具,怎还能奢望有真正的伯乐去发现人才并重用他们? 李贽借此表达了自己对当时统治者压抑人才的强烈不满。同时借孔子惜才不得来表达自己对才不得惜的无助感:"孔子惜才矣,又知人之才矣,而不当其位。入齐则知晏平仲,居郑而知公孙子产,闻吴有季子,直往观其葬。其惜才也如此,使其得志,肯使之湮灭而不见哉! 然则孔子之叹'才难',非直叹才难也,直叹惜者之难也。"③孔子虽然发现了许多人才,但他连自己的志向都无法实现,更不用说为发现的人才提供施展才华的平台了。李贽何尝没有这

---

① 《复周南士》,《焚书》卷一。
② 《寄答京友》,《焚书》卷二。
③ 《寄答京友》,《焚书》卷二。

样的沉重感？自己因为与当世者观念不同而被视为"异端"并受到打压，哪还有能力将自己视为豪杰的"异人"推介出去，使其得以重用呢？所以即使自己有真正惜才之念，而往往因为世俗的用人标准的局限，而使有才之人终无出头之日，正如李贽所言：

> 夫才有巨细，巨才方可称才也。有巨才矣，而肯任事者为尤难。既有大才，又能不避祸害，身当其任，勇以行之，而不得一第，则无凭，虽惜才，其如之何！幸而登上第，有凭据，可藉手以荐之矣，而年已过时，则虽才如张襄阳，亦安知听者不以过时而遂弃，其受荐者又安知不以既老而自懈乎？①

有的人虽有治世之才和发现人才之眼力，却因自己没有科举中第而失去了被重用的机会，其荐举人才的机会也随之丧失。即使自己中第了，但也会因不在显要位置而失去话语权利，荐举人才的机会也同样会付之东流。就这样，由于用人制度的不合理，使一代人才得不到重用，但这还不仅仅是这一代人才不得重用这么简单的问题，还会危及这一代人才能否有能力荐举下一代人才的问题。就这样循环往复，一代代的人才终将会被埋没。这也正如现代学人钱理群认为的那样，知识分子在精神上的希望，往往因为缺乏把希望变成现实的物质手段和物质力量，幻想、希望变成了妄想。这种意识上的觉醒被现实击得粉碎的悲壮感早在晚明李贽那里就已经表现得淋漓尽致。

李贽认为，要做到真正惜才，不仅要独具慧眼，同时必须有一种宽容之态度，不可求全责备。但现实往往因缺乏这种宽松的用人环境而使大量人才流失，令人为之叹息：

> 夫凡有大才者，其可以小知处必寡，其瑕疵处必多，非真具眼者与之言必不信。当此数者，则虽有大才，又安所施乎？

---

① 《寄答京友》，《焚书》卷一。

故非自己德望过人,才学冠世,为当事者所倚信,未易使人信而用之也。然非委曲竭忠,真若自己有,真不啻若口出,纵人信我,亦未必能信我所之人,憾不得与之并时,朝闻而夕用之也。①

然而,面对晚明社会用人方面任人唯亲、排斥异己、卖官鬻爵,真正的人才受到沉重压抑的局面,李贽表示极其愤恨。然而他并没有因此而完全消沉和失望,而是最大可能地激励那些有真正才能的人不要就此浑噩度日,而应该根据时势以及自己的性格选择适当的施才之道,从而实现拯救时弊的政治理想。他曾激励友人周南士说:"公壮年雄才,抱璞未试者也。……如公大才,际明世,正宜藏蓄待时,为时出力也。"②有真才实学者不要担心一时不被赏识,要懂得"善藏其用",积蓄才力,等待时机。他赞赏那些懂得顺应历史发展和时代要求的人才是真正的"大有用之才":

若夫严子陵、陈希夷,汲汲欲用之矣,而有必用之心,无必用之形,故被裘堕驴,终名隐士。虽不避心,而能避迹;虽不见用才,亦见隐才矣。黄、老而下,可多见耶!又若有大用之才,而能委曲以求其必用,时不必明良,道不论泰否,与世浮沉,因时升降,而用常在我,卒亦舍我不用而不可得,则管夷吾辈是也。此其最高矣乎!③

不能被当世重用时,要"避迹"而"不避心",不要消沉,要等待时机。时机真的来了,不管世道是否清明,只要顺应历史、时代发展要求,就要根据实际情势,将自己的才华尽情绽放,像管仲那样,实现自己的政治理想。否则,就会是这样一种情况:

---

① 《寄答京友》,《焚书》卷二。
② 《复周南士》,《焚书》卷一。
③ 《复周南士》,《焚书》卷一。

> 若乃切切焉以求用，又不能委曲以济其用，操一己之绳墨，持前王之规矩，以方枘欲入圆凿，此岂用世才哉！徒负却切切欲用本心矣。①

如果过分追求自己被重用，往往会不顾情势变化，以固定不变的标准去勉强应对，结果会白白辜负了当初渴望被重用的初心。李贽认为这样的迂腐之举正是当下儒者的用世行为。甚至连这些儒者所崇尚的孔子也没有想明白，他不顾天下形势变化，"削迹伐木，饿陈畏匡"，勉强保住了性命已经是万幸之事了，而想受到列国的重用，并非是明智之举。

4. 丰衣足食乃立国之本的经济思想

李贽坚持以满足民众衣食需求为主的经济问题是支撑人类社会生存和发展的基础问题，经济问题解决的好坏决定着民众对统治者的信服程度，决定着社会的稳定程度。这在一定程度上体现了李贽的唯物主义思想。所以，解决危及到民众温饱的灾荒问题实际上是"救时之策"的重要组成部分，必须慎重对待。同时，对于社会上所出现的新型经济形式——商品经济，他认为只要有利于民众生计，就应该积极鼓励，这对传统的重农抑商经济思想具有极大的反叛精神。同时，他对商品经济的鼓励和支持也是其追求自由、平等等启蒙主义思想的极大体现。

（1）"养其生者，食也"

人类从诞生那天起就离不开食物，而且无论历史发展到何种程度，食物始终是维护人类生存的最基本的要素，发生变化的只是食物的品种和形式而已。这在现在看来是很浅显而且毋庸置疑的道理，然而在宋儒们看来，先验的非物质的"天理"是立国的最高准则，他们提出的"存天理、灭人欲"的理论命题，实际上是否定了人

---

① 《复周南士》，《焚书》卷一。

的基本生存之需这一根本性问题。为了批判宋儒们的"天理"论的虚无性,李贽首先从"食"谈起,强调"食"对人类生存和发展的重要性:

> 民之初生,若禽兽然:穴居而野处,拾草木之实以为食。……夫天之生人,以其贵于物也,而反遗之食,则不如勿生,则其势自不得不假物以为用,而弓矢戈矛甲胄剑楯之设备矣。盖有此生,则必有以养此生者,食也。……食之急,故井田作。①

通过一定途径获取食物以养此身,是人最基本的需求。井田制就是人类社会初期为了解决人们迫切需要的食物而采用的一种经济形式,对于解决人们必需的粮食问题起到了重要作用。

食物可以解决人们的饥饿问题,保证人能够生存下去,这不仅是一个经济方面的问题,同时也是一个政治方面的问题。李贽认为统治者是否能取信于民,关键在于是否能够满足民众对食物以及安全方面的需求:

> 夫为人上而使民食足兵足,则其信而戴之也何惑焉。至于不得已犹宁死而不离者,则以上之兵食素足也。其曰"去兵"、"去食",非欲去也,不得已也。势既出于不得已,则为下者自不忍以其不得已之故,而遂不信于其上。而儒者反谓信重于兵食,则亦不达圣人立言之旨矣。②

如果统治者能够保证民众的温饱和安全,则会很自然地获得民众的信任和拥戴。如果统治者迫不得已需要去掉"足食、足兵、民信"中的前两项,那老百姓也只好不得已去掉"民信"这一项了。然而儒者却一味错误地认为信任比兵事更重要,这是没有真正理

---

① 《兵食论》,《焚书》卷三。
② 《兵食论》,《焚书》卷三。

解圣人立言的根本。没有兵食做基础,社会怎能安定。所以,古代实行井田制就是要解决最根本的政治问题,他说:

> 于是为之井而八分之,使民咸知上之养我也。然蒐狩之礼不举,得无有伤吾之苗稼者乎?且何以祭田祖而告成岁也?是故四时有田,则四时有祭;四时有祭,则四时有猎。是猎也,所以田也,故其名曰田猎焉。是故国未尝有养兵之费,而家家收获禽之功;上之人未尝有治兵之名,而人人皆三驱之选。戈矛之利,甲胄之坚,不待上之与也;射疏及远,手轻足便,不待上之试也;攻杀击刺,童而习之,白首而不相代,不待上之操也。此其视搏猛兽如搏田兔然,又何有于即戎乎?是故入相友而出相呼,疾病相视,患难相守,不得上之教以人伦也。折中矩而旋中规,坐作进退,无不如志,不待上之教以礼也。欢欣宴乐,鼓舞不倦,不待耀之以旌旗,宣之以金鼓,献俘授馘而后乐心生也。分而为八家,布而为八阵;其中为中军,八首八尾,同力相应,不待示之以六书,经之以算法,而后分数明也。此皆六艺之术,上之所以卫民之生者,然而圣人初未尝教之以六艺也。①

"国之大事,在祀与戎",而在实行井田制时期,"祀与戎"皆可通过井田制得以解决,没必要专门教授空洞的"礼"和劳民伤财的"戎"。可见,经济是政治的根本,将经济问题解决好了,政治问题就不再是问题。

在强调"食"重要性的基础上,李贽进而提出了"穿衣吃饭即是人伦物理"的理论,这是对宋儒"天理至上"理论的强烈反驳。"穿衣吃饭"是生存的根本,是实实在在需要解决的问题,而且,"世间种种皆衣与饭类耳,故举衣与饭而世间种种自然在其中,非衣饭之

---

① 《兵食论》,《焚书》卷三。

外更有所谓种种绝与百姓不相同者也"。其他诸多事项都与衣饭一样实在,要谈人伦物理就须从这些具体事物上谈起,"不当于伦物上辨伦物",不应当仅仅从人伦物理上辨识人伦物理。因为只有从具体事物上加以明察,才"可以达本而识真源"。否则,"只在伦物上计较忖度,终无自得之日矣"①。所以,只有从根源上认识问题,才能从根本上解决问题。而世间种种问题实质上都是经济问题,即民众实际生活中的根本问题,重视"穿衣吃饭"之类问题,只有把民众利益放在第一位,才会以实际行动感化民众,从而取得民众的信任,政治的稳定形势才能得以保证。"穿衣吃饭即是人伦物理"的理论,"对于消解宋明道学统治所造成的僵化保守的意识形态氛围,对于改革者确立以实际的政绩来使百姓受益的施政方针,对于确立有利于资本主义萌芽生长的新经济秩序,具有重要的积极意义"。②

(2)"世间何事不可处,何时不可救"

既然民众"穿衣吃饭"是一切问题的根本,那么当灾荒出现,威胁到民众的"穿衣吃饭"时,统治者就必须尽全力帮助解决,不能找任何借口和理由推卸责任。李贽认为宋儒提出的"救荒无奇策"是不顾民众利益,故意推卸责任的欺罔之论。因为,"势到逼迫时,一粒一金一青目,便高增十倍价,理势然也,第此时此际大难为区处耳。"③真到危及民众生死存亡时,极其少量的财物就可以救人性命,极为珍贵,不可小觑。面对灾荒,虽然知道可能情势不容自己掌控,统治者也必须殚精竭虑,尽全力进行补救。所以,当麻城发生严重灾荒,县令邓鼎石写信向李贽请教救荒办法时,李贽义无反

---

① 《答邓石阳》,《焚书》卷一。
② 许苏民:《李贽评传》,南京大学出版社2011年版,第540~541页。
③ 《复邓鼎石》,《焚书》卷二。

顾地积极策划,根据当时长沙、衡阳、襄阳一带粮食丰收的情况,为邓鼎石拟定了救灾的具体办法:

> 闻长沙、衡、永间大熟,襄、汉亦好,但得官为籴本,付托得人,不拘上流下流,或麦或米,令惯籴上户各赍银两,前去出产地面籴买,流水不绝,运到水次。官复定为平价,贫民来籴者,不拘银数多少,少者虽至二钱三钱亦与方便。但有银到,即流水收银给票,令其自赴水次搬取。出籴者有利则乐于趋事,而籴本自然不失;贫民来转籴者既有粮有米,有谷有麦,亦自然不慌矣。①

面对粮荒,李贽认为要打破固有观念,充分调动商人的积极性,让他们从粮食丰收地区籴来粮食,灾民无论拿钱多少,都可以买取够救命的粮食,政府对商人给予一定补贴,保证商人有利可赚。这样的话,只要保证了灾民有粮救命,他们就不会慌张,也就不会造反,社会就能保证稳定。而且,在这关乎民众生死的关键时刻,政府能为百姓提供一分便利,便是为其施于一分的恩赐,百姓对政府官员便会有比往常多数倍的感恩戴德之情。而当时的道学家却不这样认为,他们固守着传统的重农抑商的经济政策,认为"救荒无奇策"。对此说法,李贽愤慨地说:

> 若曰"救荒无奇策",此则俗儒之妄谈,何可听哉!世间何事不可处,何时不可救乎?尧无九年水,以有救水之奇策也。汤无七年旱,以有救旱之奇策也。彼谓蓄积多而备先具者,特言其豫备之一事耳,非临时救之之策也。惟是世人无才无术,或有才术矣,又恐利害及身,百般趋避,故亦遂因循不理,安坐待毙。然虽自谓不能,而未敢遽谓人皆不能也。独有一等俗儒,已所不能为者,便谓人决不能为,而又敢倡为大言曰:"救

---

① 《复邓鼎石》,《焚书》卷二。

荒无奇策。"呜呼！斯言出而阻天下之救荒者,必此人也。然则俗儒之为天下虐,其毒岂不甚哉!①

只要把民众的生死真正放在心上,没有什么事情不能做,没有什么灾难不可救,因为在灾荒面前,民众的要求真的不高,只要有衣食避寒果腹便足矣。但即使这样,那些口头上喊着"仁政"、"爱民"的俗儒们也不肯去做,李贽为此骂他们"为天下虐"实不为过。

(3)"商贾亦何可鄙之有"

李贽在为邓鼎石积极谋划救助麻城灾荒之策时,建议充分发挥商人的作用,加速物资流通,以丰收地域之粮缓解他地粮荒之压力,用一种积极的经济政策救民众于水深火热之中。我们知道,晚明商品经济繁荣发展,富商大贾大量涌现。而且,由于商品经济的发展,为社会提供了较多的从业机会,甚至一些士人也参与其中,"弃学经商"、"亦学亦商"等现象频繁出现。但是,商人的社会地位却因传统的"士农工商"之"四民"思想束缚而得不到相应提高。李贽出身于商人之家,虽到其父辈时已经不再经商,但其家族遗风和他追求人人平等的思想,使他对商人极为同情。他曾感叹道:"商贾亦何可鄙之有？挟数万之赀,经风涛之险,受辱于关吏,忍诟于市易,辛勤万状,所挟者重,所得者末。"②真正的商人是自食其力,辛苦万状,所幸者可以收获颇丰,不幸者到头来也收获寥寥,还要遭受官吏的重重盘剥,这是社会对他们不公正的待遇。他们为社会物资流通千辛万苦,却得不到统治者的认可,甚至还要遭受鄙视。他认为必须为他们呐喊助威,这不仅仅是为商人这一个社会群体,而是为社会所有群体而考虑,因为商人保证了物资流通,受益的不仅仅是他们自己,比如在解决灾荒地区的粮荒问题时,通过

---

① 《复邓鼎石》,《焚书》卷二。
② 《又与焦弱侯》,《焚书》卷二。

商人的积极努力,受益者是更大多数的灾民。

李贽不仅从商业对社会的积极作用方面肯定商人的价值,同时,他将能够解决人们实际问题的商人与伪善的道学家比较,认为真正可鄙视的应该是那些所谓圣人的道学家们:

> 今之所谓圣人者,其与今之所谓山人者一也,特有幸不幸之异耳。幸而能诗,则自称曰山人;不幸而不能诗,则辞却山人而以圣人名。幸而能讲良知,则自称曰圣人;不幸而不能讲良知,则谢却圣人而以山人称。展转反复,以欺获利。名为山人而心同商贾,口谈道德而志在穿窬。夫名山人而心商贾,既已可鄙矣,乃反掩抽丰而显嵩、少,谓人可得而欺焉,尤可鄙也!①

他认为,人生在世不可不谈利,但只要通过自己的辛苦劳动而获利即为正当,而通过欺骗获取私利,便不可取。道学家们"以欺获利",实在可鄙。当有人批评商人为了获利与官员交结时,李贽站在商人角度辩驳说,商人与道学家都有交结卿大夫之现象,但二者存在很大区别:

> (商贾)必交结于卿大夫之门,然后可以收其利而远其害,安能傲然而坐于公卿大夫之上哉!今山人者,名之为商贾,则其实不持一文;称之为山人,则非公卿之门不履,故可贱耳。②

商人交结公卿大夫是为了减少官吏对其劳动的盘剥,保护其正当利益的获得,而山人交结公卿大夫则是"打秋风",不劳而获,所以实在可贱可鄙。由此可见,李贽为商人打抱不平,肯定商人和商业的价值,实则是其主张人人平等和社会公平的社会伦理思想的具体体现。

---

① 《又与焦弱侯》,《焚书》卷二。
② 《又与焦弱侯》,《焚书》卷二。

（五）朋友至上的伦理道德思想

伦理道德旨在理清人与人之间的各种社会关系以及利益分配关系。宋儒理学家认为人与人之间的关系可以分为"君臣"、"父子"、"夫妇"、"兄弟"、"朋友"等五伦。李贽认为这五种伦理道德关系将人们紧紧束缚在种种不平等关系中。这些不平等首先是男女不平等。宋儒认为"女子无才便是德"，社会资源只有男人才有资格拥有，女子没有资格也没有能力去争取和拥有。其次是君臣、父子、兄弟、夫妇、朋友之等级分明的五伦关系，君臣关系跃居其首，不可侵犯。其他伦理关系地位依次递减。而君臣之间主要是政治关系，其他四种伦理关系都是君臣关系的附庸，也就是政治关系高于一切。不同等级下的人群，他们获取社会资源的权利不同，如果遵循等级规定就被视为有"德"，如果僭越了等级，获取了不属于本等级的利益，便被视为无"德"。所以，综观宋儒的伦理道德思想，可以看出，其本质就是为了维护君主专制等级社会的工具，置女性以及大多数百姓利益于不顾。李贽看到了这一问题的本质，提出"谓人有男女则可，谓见有男女岂可"的质疑、"圣人不曾高，众人不曾低"的断言以及"朋友至上"等伦理道德思想，旨在倡导人人平等、自由、人尽其才的社会伦理思想，为明清思想启蒙奠定了基础。

1. "谓人有男女则可，谓见有男女岂可"

宋儒提出"女子无才便是德"，将天下众多女子束缚在深闺大院之内。这种思想一直影响到明代的理学家。而李贽却认为不然，他在讲学传道中并不避讳与女子交往，而且还大赞女弟子得道悟性极高，他的这些行为和言论遭到了耿定向等理学家的强烈攻击。理学家一方面对其女弟子进行非难，对李贽进行污蔑；一方面制造舆论，宣称"妇女见短，不堪学道"。针对这样的攻击和诬蔑，李贽据理力争，认为见识确实存在长短之分，但判断见识长短的标

准却并非是男女之性别:

> 所谓短见者,谓所见不出闺阁之间;而远见者则深察乎昭旷之原也。短见者只见得百年之内,或近而子孙,又近而一身而已;远见则超于形骸之外,出乎死生之表,极于百千万亿劫不可算数譬喻之域是已。短见者只听得街谈巷议、市井小儿之语;而远见则能深畏乎大人,不敢侮于圣言,更不惑于流俗憎爱之口也。余窃谓欲论见之长短者当如此,不可止以妇人之见为见短也。①

说人有男女之别没有问题,但说见识因男女之别而有长短之分怎么可以呢?更不要说"男子之见尽长,女人之见尽短",那就更没有道理了。见识长短不论男女都有存在的可能,不能说只有女子见识短浅。而且,现实中,"设使女人其身而男子其见,乐闻正论而知俗语之不足听,乐学出世而知浮世之不足恋,则恐当男子视之,皆当羞愧流汗,不敢出声矣"。像如此有长远见识的女子,就算当年孔子周游列国也可遇不可求,今天反而视为短见之人,持这种观点的人本身不就是见识短浅之人吗?这些"自负远见之士,须不为大人君子所笑,而莫汲汲欲为市井小儿所喜可也。若欲为市井小儿所喜,则市井小儿而已矣"②。那么这些市井小儿之见是远见还是短见便不辩自明了。

而且,李贽认为如果一定说男女见识有别的话,那也是因为种种鄙陋观念造成的结果,"夫妇人不出阃域,而男子则桑弧蓬矢以射四方,见有长短,不待言也"③。因为宋儒们宣称"女子无才便是德",所以豪门大族家的女子便被严格限制在闺门之内,因为视野

---

① 《答以女人学道为见短书》,《焚书》卷二。
② 《答以女人学道为见短书》,《焚书》卷二。
③ 《答以女人学道为见短书》,《焚书》卷二。

受到了极大限制，其见识短浅也就可想而知了。而男子却不同，向来宣称"男儿志在四方"，家里有女子的操持，男子便可以放心地到外面闯荡，视野开阔了，见识自然也不一般。但这种见识长短之别明显是狭隘观念导致的，而非男女性别本身所致。如果不改变这种狭隘的观念，男女见识长短之别将会越来越明显，最终会误导人们认为女子见识天生就不如男子。然而就在这种恶劣的社会环境下，一些女子还能够冲破世俗观念的束缚，用自己的才识和毅力向世人证明女子并非天生就见识短浅。如文才薛涛，凭其卓越的文采使当时的杰出诗人元稹为之深深叹服，李贽不禁感叹道："一文才薛涛者，犹能使人倾千里慕之，况持黄面老子之道以行游斯世，苟得出世之人，有不心服者乎？未之有也。"①还有一些女子甚至能以生死为念，超越世俗，其见识远远在一些世俗男子之上。如唐代居士庞蕴的妻女，与庞蕴同拜马祖为师，追求出世之道，最终修为出世人，超越世俗之见，先后坐化而去，成为今古快事。如果说这些奇女子都是前代社会特殊环境下出现的特例，不足于说明问题的话，晚明的一些女子的长远见识同样能有力证明"见识不分男女"之论。李贽曾高度评价其女弟子梅澹然"是出世丈夫，虽是女身，然男子未易及之"②。梅澹然求道的诚心和毅力令他深深叹服。梅澹然家庭殷实，因其能力很强，所以在家族中需要她亲力亲为之事繁多，与志同道合者谈论道学之事的时间很少。但"不聚而谈，则退而看经教，时时问话，皆有的据，岂实在可以好名称之"。自己在家看经书，抽空写信向李贽请教，很有见地，可见她是从内心深处渴望得到真道，而非为了求道之虚名。李贽说，即使是为了求道之名，只要能真正付诸行动，也是"天下奇男子所希有之事"，

---

① 《答以女人学道为见短书》，《焚书》卷二。
② 《豫约·早晚守塔》，《焚书》卷四。

更何况她能够真正以生死为念,早晚不怠!

李贽认为天下女子不仅没有见识短浅的天然缺陷,同时也不应该有"男女有别"之社会身份上的歧视。他曾因携其弟子到一寡妇家讲道,遭到理学家攻击说:"卒令此妇冒帷簿之羞,士绅多憾之,此亦禅机也。夫子见南子是也。"①说他此举使这一寡妇蒙受了行为不检的耻辱,说这就像孔子要拜见卫灵公的夫人南子,弟子子路认为这样可能会对南子的声誉造成影响,孔子只好对天发誓。由此认为李贽此举有损害寡妇名声的可能。面对理学家的责难,李贽认为那些道貌岸然的理学家着实没有担心的必要,因为就这位老妇人本人而言:"年已不称天之外矣,老年嫠身,系秣陵人氏,亲属无堪倚者,子女俱无,其情何如?"②老妇人年事已高,又孤苦无依,求道心理迫切,哪会有被怀疑为行为不检的可能?再说,李贽自己对老妇人的帮助也是出于报答之情,"念我入麻城以来,三年所矣,除相爱数人外,谁肯以升合见遗者?氏既初终如一,敬礼不废,我自报德而重念之,有冤必代雪,有屈必代伸,亦其情然者"③。这种报答之情是合情合理的,哪有必要用"南子之事"相佐证?再说,"人皆能见,而夫子不可见,是夫子有不可也。夫子无不可者,而何不可见之有?"人们都可以见南子,而孔子不可以见,一定有不能见的特殊理由。如果没有特殊理由,又有什么不可见的呢?由此可以看出,在李贽看来,"男女有别"作为孔子不可见南子的原因是荒谬之谈,不足为辩。所以,男女平等是很自然的事情,不应用狭隘观念禁锢女子的言行自由。

2."天生一人,自有一人之用"

李贽认为不仅男女在社会身份上应是平等的,而且天下所有

---

① 《答周柳塘》,《焚书》卷二。
② 《答周柳塘》,《焚书》卷二。
③ 《答周柳塘》,《焚书》卷二。

人在人格、社会地位上都应该是平等的。因为，人人皆具备"童心"，而"童心，真心也"，具备"真心"即为真人，人人原本都是真人，这是人的自然本性。而人的自然本性，"非虚也，正真实地位也；所造甚平易，非高也，正平等境界也"①。即人的自然本性真实存在，没有高下之分。"天生一人，自有一人之用"②，不能用一种固化的人为的标准将原本平等之人划分成高低贵贱等不同等级。

人的自然本性都是一致的，所不同的只是这种自然本性有不同表现形式而已，也就是李贽所说的"迹"之不同。"迹则人人殊，有如面然。面则千万其人，亦千万其面矣。人果有千万者乎？"③不能因为人长相不同，就说人之自然本性不同，甚至由此将人划分为高低贵贱之等级。"迹"之不同是很自然的事情，"各人各自有过活物件。以酒为乐者，以酒为生，如某是也。以色为乐者，以色为名，如某是也。至如种种，或以博弈，或以妻子，或以功业，或以文章，或以富贵，随其一件，皆可度日。独余不知何说，专以良友为生。"④志趣不同，行迹则会不同。李贽说就像邓豁渠，其作为礼部尚书兼文渊阁大学士赵贞吉的弟子，"虽其东西南北，终身驰逐于外，不免遗弃之病，亦其迹耳，独不有所以迹者乎？⑤"虽然他整天行游四方，游离于世俗之外，不免有超尘脱俗之表现，但这是他不愿受束缚之本性使然，这种本性也是人之自然本性的不同表现形式之一，不必用一种标准去规范他。李贽进而将邓的行迹与耿定向的行迹相比较，说："渠（指邓豁渠）初未尝以世人之是非为一己之是非也。若以是非为是非，渠之行事，断必不如此矣。此尤其至

---

① 《又答石阳太守》，《焚书》卷一。
② 《答耿中丞》，《焚书》卷一。
③ 《又答石阳太守》，《焚书》卷一。
④ 《答周友山》，《焚书》卷一。
⑤ 《又答石阳太守》，《焚书》卷一。

易明焉者也。盖渠之学主乎出世,故每每直行而无讳;今公(指耿定向)之学既主于用世,则尤宜韬藏固闭而深居。迹相反而意相成。"①邓豁渠和耿定向在行迹上分别表现出"出世"和"用世"之不同,但其本意则是相辅相成的,都是为了实现自己的人生愿望。所以,人人都应该有选择自己行迹的自由,而这种不同行迹在本质上是没有高低贵贱之分的。

只有承认人人平等,才会真正尊重人们的行迹选择。李贽曾对友人邓石阳表达此意说:

> 平生师友散在四方,不下十百,尽是仕宦忠烈丈夫,如兄辈等耳。弟初不敢以彼等为徇人,彼等亦不以我为绝世,各务以自得而已矣。故相期甚远,而行迹顿遗。愿作圣者师圣,愿为佛者宗佛。不问在家出家,人知与否,随其资性,一任进道,故得相与共为学耳。②

虽然自己的师友行迹不同,但因为能够互相尊重对方的选择,所以都能很好相处,并从中受益。"师圣"也好,"宗佛"也罢,只要是为了求"道",何种行迹都不重要。而宋儒理学家却不这样认为,他们用"忠、孝、贞、悌、信"五德来规范所谓的"君臣、父子、夫妇、兄弟、朋友"等五伦关系。而五德中的"忠、孝、贞、悌"明显是只对"君臣、父子、夫妇、兄弟"伦理关系中的"臣、子、妇、弟"作了单方面的严格要求,将"君臣、父子、夫妇、兄弟"每种伦理关系中的两者作了等级区分,臣对于君而言是卑者,子对于父而言是卑者,妇对于夫而言是卑者,弟对于兄而言是卑者,君、父、夫、兄等高高在上。"君"的地位最高,凌驾于各种伦理关系之上,君要臣死,臣不得不死,而万民又都是君王的臣子,所以都需要听从君王的号令。这样

---

① 《又答耿中丞》,《焚书》卷一。
② 《复邓石阳》,《焚书》卷一。

就使原本应该平等、自由的人们被宋儒们规定的伦理道德这张无形大网紧紧束缚住,动弹不得。一旦有违,则被视为异端,轻则打压,重则铲除。而伦理道德的解释权却在那些道貌岸然的理学家手里,他们以一种自己做不到却要求别人必须做到的特权,要求社会下层民众单方面绝对服从"忠、孝、贞、悌、信"等所谓的伦理道德规范。对此,李贽不禁愤慨地说:"今我未尝不言孝、弟、忠、信也,而谓我以孝弟为剩语,何说乎?夫责人者必己无之而后可以责人之无,己有之而后可以责人之有也。今己无矣而反责人令有,己有矣而反责人令无,又何也?"①毫不留情地揭露了伪道学家们的虚伪、道貌岸然之本质。

"圣人在上,万物得所,有由然也。夫天下之人得所也久矣,所以不得所者,贪暴者扰之,而'仁者'害之也。'仁者'以天下之失所也而忧之,而汲汲焉欲贻之以得所之域。于是有德礼以格其心,有政刑以絷其四体,而人始大失所也。"②李贽认为真正的圣人都能尊重万物自然本性,使其自由发展。而那些"贪暴者"借着"仁者"之名,用所谓的"德礼"限制民心,用"政刑"束缚民众言行,最终剥夺了民众的自然本性,使人不再成其为真正的人。所以,李贽说:"夫天下之民物众矣,若必欲其皆如吾之条理,则天地亦且不能。是故寒能折胶,而不能折朝市之人;热能伏金,而不能伏竞奔之子。何也?富贵利达所以厚吾天生之五官,其势然也。是故圣人顺之,顺之则安之矣。是故贪财者与之以禄,趋势者与之以爵,强有力者与之以权,能者称事而官,懦者夹持而使。有德者隆之虚位,但取具瞻,高才者处以重任,不问出入。"③不同的人有不同的需求,如

---

① 《寄答留都》,《焚书》卷二。
② 《答耿中丞》,《焚书》卷一。
③ 《答耿中丞》,《焚书》卷一。

果用一种标准去要求,自然是做不到的。只要顺其自然,每个人都可以发挥自己的优势,成就一番事业。

因为每个人都有自己的优势所在,所以人人应是平等的,任何人都不应被忽视。李贽说,"自古圣贤,原无恶也",对于古代真正的圣贤而言,没有什么人可令他讨厌的。同时,他对孔子"举直错诸枉"之论作出了自己的阐释,认为"错非舍弃之,盖错置之错也。即诸枉者亦要错置之,使之得所,未忍终弃也。"①也就是说,即使那些被认为是不正派之人,也不应该舍弃他们,而是应该把他们安置在最适合他们的位置上,使其最大可能地发挥其优势,从而真正实现人人平等。

真正的人人平等,不能求全责备,而是各尽所能。李贽说理学家规定的五伦中的"子臣弟友"之道,是对人们的苛刻要求,这些连孔子都说自己不能做到,更何况一般人呢?孔子"自谓于子臣弟友之道有未能,盖真未之能,非假谦也。人生世间,惟是此四者终身用之,安有尽期?若谓我能,则自止而不复有进矣。圣人知此最难尽,故自谓未能。②"真正的圣人知道自己不能达到"子臣弟友"之道,就如实说自己不能,只有先承认自己力不能及,便不会去要求别人必须要达到。"不似今人全不知己之未能,而务以此四者责人教人",而"所求于人者重,而所自任者轻,人其肯信之乎?"③自己不能达到反而要求别人必须达到,最终的结局则是失去别人的信任。

李贽的这种"人人平等"思想,是在王阳明的"满街皆圣人"思想以及佛教的"即心即佛,人人是佛"思想基础上的又一次提升。

---

① 《复京中友朋》,《焚书》卷一。
② 《答耿司寇》,《焚书》卷一。
③ 《答耿司寇》,《焚书》卷一。

他说:

> 夫惟人人之皆圣人也,是以圣人无别不容已道理可以示人也,故曰:"予欲无言。"夫惟人人之皆佛也,是以佛未尝度众生也。无众生相,安有人相;无道理相,安有我相。无我相,故能舍己;无人相,故能从人。非强之也,以亲见人人之皆佛而善与人同故也。既善与人同,何独于我而有善乎?人与我既同此善,何有一人之善而不可取乎?故曰:"自耕稼陶渔以至为帝,无非取诸人者。"后人推而诵之曰:即此取人为善,便自与人为善矣。舜初未尝有欲与人为善之心也,使舜先存与善之心以取人,则其取善也必不诚。人心至神,亦遂不之与,舜亦必不能以与之矣。舜惟终身知善之在人,吾惟取之而已。耕稼陶渔之人既无不可取,则千圣万贤之善,独不可取乎?又何必专学孔子而后为正脉也。①

既然承认人人皆圣,人人皆佛,那么"人"与"我"就没有本质区别。既然没有本质区别,人怎么还会有高低贵贱之分?平常人之所以不愿意"舍己"、"从人",主要是有"人""我"之观念存在,一旦达到了"无人"、"无我"的境界,则完全可以从任何人身上取其长处,真正做到与人为善,人人平等。

在人人平等理念的支撑下,李贽认为,人从出生到成长的过程中所形成的父子、夫妇、兄弟等社会关系都是自然而然的亲情关系,亲情关系需要真情来维系,不需要任何强加的伦理道德对其进行教化。而宋儒们所言的伦理道德则是强加于人的外在枷锁,那些获得大孝之名却让其父母孤苦无依的孝子现象,以及被伪道学家视为不入流的佛家子弟报答父母的大孝行为,何尝不都是对理学伦理道德思想的极大讽刺?而那些以功名利禄之成就报答父母

---

① 《答耿司寇》,《焚书》卷一。

的"小孝"与用真心报答父母的"大孝"相比,简直就是小巫见大巫。

在李贽眼里,有亲情维系的父子、夫妇、兄弟等人伦关系必须是相互的,而且是以真心为支撑的。如在宋儒伦理道德观念支配下,父亲对子女是苛刻的、威严的形象,而在李贽看来,却应该是尊重子女个性的真正爱子的形象。在这方面,他很赞赏圣人尧和孔子的父亲形象:

> 夫尧明知朱之嚚讼也,故不传以位;而心实痛之,故又未尝不封之以国。夫子明知鲤之痴顽也,故不传以道;而心实痛之,故又未尝不教以《礼》与《诗》。又明知《诗》、《礼》之言终不可入,然终不以不入而遽已,亦终不以不入而遽强。以此知圣人之真能爱子矣。①

父母最了解自己的子女,他们怎么对待子女,不用进行所谓的伦理道德思想教化,他们便会处理得当,因为他们有真心在。同样,子女用真心去报答父母养育之恩,也同样不需要伦理道德之教化。在这方面李贽很赞赏他的弟子若无对其母亲的大孝行为:

> 黄安上人有慈母孀居在堂,念无以报母,乃割肉出血,书写愿文,对佛自誓,欲以此生成道,报答母慈。以为温清虽孝,终是小孝,未足以报答吾母也。即使勉强勤学,成就功名以致褒崇,亦是荣耀他人耳目,未可以拔吾慈母于苦海也。唯有勤精进,成佛道,庶可藉此以报答耳。若以吾家孔夫子报父报母之事观之,则虽武周继述之大孝,不觉眇而小矣。②

子女对父母最好的报答莫过于真心。而宋儒们则是以功成名就光宗耀祖为"大孝",李贽认为这种"大孝"是做给别人看的,未能使父母心理上真正得以安宁。只有真心在,真正的"大孝"才在。

---

① 《与友人书》,《焚书》卷二。
② 《为黄安二上人三首·大孝一首》,《焚书》卷二。

父母对子女应该是真心的,子女对父母也应是真心的。从真心相待的角度出发,父子这一人伦关系下的父与子应是平等的。同样道理,其他人伦关系下的两者也都应该是平等的。

可以看出,李贽虽主张人人平等,但并不否认客观存在的人伦关系。只不过他所认为的人伦关系是基于人人平等、互相尊重的人伦关系,与伪道学家规定的等级森严的人伦关系有着本质区别。

3. 可以托付生死的朋友之伦

在所有的人伦关系中,李贽最在意的是朋友之伦。他信奉人各有志、志趣相投是建立朋友之伦的基础。在谈及自己的志趣时,他说:"独余不知何说,专以良友为生。故有之则乐,舍之则忧,甚者驰神于数千里之外。明知不可必得,而神思奔逸,不可得而制也。"① 所以,当朋友离去时,他就像失去了生活重心一样感到无所依靠。如其好友刘东星升迁为都察院右佥都御,将巡抚保定而要离开武昌时,身在武昌的他不禁感慨地说:"然老人无归,以朋友为归,不知今者当归何所欤!"② 这种怅然,即使在其家人离开时也没有如此强烈,可见其"朋友至上"理念之深。

李贽之所以如此,原因大致有二:首先,他认为人活在世间,无论身处何地、心想何事,最终目标就是求取真道,真正实现自己的人生价值。而真正的朋友能够帮助自己答疑解惑、探寻真道。所以他认为朋友之伦可以托付生死,超越其他任何一种人伦关系。其次,他认为朋友之伦是五伦关系中最能体现平等、真心、自由思想的伦理关系,所以,择友时不必讲究其是官是民、是文是武,只要志趣相投都可深交。

李贽认为朋友之所以能够帮助自己求得真道,是因为朋友不

---

① 《答周友山》,《焚书》卷一。
② 《与焦漪园》,《焚书》卷二。

仅仅是能为自己排忧解难的益友,同时也是自己人生道路上的良师。他说:

> 余谓师友原是一样,有两样耶?但世人不知友之即师,乃以四拜受业者谓之师;又不知师之即友,徒以结交亲密者谓之友。夫使友而不可以四拜受业也,则必不可以与之友矣;师而不可以心腹告语也,则亦不可以事之为师矣。古人知朋友所系之重,故特加师字于友之上,以见所友无不可师者,若不可师,即不可友。大概言之,总不过友之一字而已,故言友则师在其中矣。①

因为朋友同时也是可以"四拜受业"的良师,所以对于自己的求学问道定有裨益。

既然朋友同时兼具良师的职责,所以在择友时一定要选择胜自己者,否则他就不能帮助自己在求道的道路上有更大的进步。这样的人也不能称其为朋友。李贽借用孔子"毋友不如己者"之论,说:"以此慎交,犹恐有便辟之友,善柔之友,故曰'赐也日损',以其悦与不若己者友耳。"②可见,李贽虽然酷爱交友,但不随便交友,正如其所言:"夫为学而不求友与求友而不务胜己者,不能屈耻忍痛,甘受天下之大炉锤,虽曰好学,吾不信也。欲成大器,为大人,称大学,可得耶?"③"求友"与"求胜己之友"同样重要,否则会使"求友"之初志丧失。只有胜己之友才可以达到"证道"之本意:"盖孔子求友之胜己者,欲以传道,所谓智过于师,方堪传授是也。吾辈求友之胜己者,欲以证道,所谓三上洞山,九到投子是也。"④胜己之友可以相互参证学道的心得,共同进步。如果说以上所谈

---

① 《为黄安二上人三首·真师二首》,《焚书》卷二。
② 《复京中友朋》,《焚书》卷一。
③ 《复耿中丞》,《焚书》卷二。
④ 《与耿司寇告别》,《焚书》卷一。

"胜己之友"只是理论上所得的话,那么,他在曾中野的帮助下与周思久冰释前嫌时,便真真切切感受到了"胜己之友"的可贵。他说,他与周思久因思想不和而疏离不快时,别人曾劝他要将自己的不快和怨恨隐藏起来,表面上装作很友好的样子,这样就不会使双方矛盾激化而使自己的心情更加糟糕。但是对于"路见不平,尚欲拔刀相助"性格的李贽来说,他根本就做不到这样。直到曾中野出来劝解,使他豁然开朗,打开了他与周思久之间的心结。这使他觉得以前都是鬼迷心窍,这次如果不是遇到良师般益友,自己何时才能迷途知返?他以此更感到胜己之友一日都不可离开。

李贽认为朋友之交贵在知心,而知心的前提必须志趣相投。志趣与社会身份无关,最能体现平等观念。如他在写给好友顾养谦的信中说:"夫公提我于万里之外,而自忘其身之为上,故某亦因以获事公于青云之上,而自忘其身之为下也。"①好友顾养谦与自己在官职方面虽然是上下级关系,但因两人志趣相投,相交甚深,往往会将官职高低忽略不想,可谓真正之交。他的朋友中,像顾养谦这样的做官者有许多,但在交往过程中,他们往往会将官职身份放置一边,李贽也没有因为他们身居高位而有不平等之感,他们相互之间更看重的是志趣相投,除非志趣变了,交往才会疏离或间断,否则一生为念,无论相距远近。由于求道心切,同时又认为朋友可以真正助其潜心求道,所以李贽的交友范围非常广泛:

> 余交有十。十交,则尽天下之交矣。何谓十?其最切为酒食之交,其次为市井之交。如和氏交易平心,闵氏油价不二,汝交之,我亦交之,汝今久矣日用而不知也。其三为遨游之交,其次为坐谈之交。遨游者,远则资身,近则谭笑,谑而不为虐,亿而多奇中。虽未必其人何如,亦可以乐而忘返,去而

---

① 《又书使通州诗后》,《焚书》卷二。

见思矣。技能可人,则有若琴师、射士、棋局、画工其人焉。术数相将,则有若天文、地理、星历、占卜其人焉。其中达士高人,未可即得,但其技精,则其神王,绝非拘牵龌龊,卑卑琐琐之徒所能到也。聊以与之游,不令人心神俱爽,贤于按籍索古,谈道德,说仁义乎?以至文墨之交,骨肉之交,心胆之交,生死之交:所交不一人而足也。①

广泛的交友范围,充分体现了他平等待人、贵求自适的人生态度。在众多的交往之友中,他最向往的就是与简单、性情使然者,即酒食之友交往。因为酒食"是日用第一义也",如果再夹杂其他因素,则会使酒食之交变了初衷。正如他说:"余唯酒食是需,饮食宴乐是困",以酒食为媒介交往的人,只管豪情饮酒,"而他可勿论之矣",其他的就不要讲太多了。除了酒食之交,就数市井之交,而市井之交则贵在真心,因为这些市井之人做生意时能够真诚不欺,故交往时也能做到真心相待。除了与酒食之友和市井之友这些平凡人之间的交往,李贽与那些技能高超之人交往,也是因其有真心,而不是因为他们能"谈道德,说仁义"。他不仅不认为这些能"谈道德,说仁义"之人有什么值得崇尚之处,反而认为他们只是些"拘牵龌龊,卑卑琐琐之徒",不足以与之交往。因为他与友交往的原则是,"爱客为上,好贤次之,整而洁又次之",充分体现了其对真心、平等、自由的追求。

志趣相投的朋友之间可以淡泊名利,以心相交,达到真正的自我,这正是李贽孜孜追求的人生之道。他宁可忍受亲人离去后的孤独,也要由着自己的真心四处访友论道。他在写给好友刘东星的信中说:"既学道不得不资先觉,资先觉不得不游四方,游四方不得不独自而受孤苦。何者?眷属徒有家乡之念,童仆俱有妻儿之

---

① 《李生十交文》,《焚书》卷三。

思,与我不同志也。志不同则难留,是以尽遣之归,非我不愿有亲随,乐于独自孤苦也。为道日急,虽孤苦亦自甘之,盖孤苦日短而极乐世界日长矣"①。眷属、童仆各有他志,大家互不干涉,各遂其愿。他们离去后,自己虽有暂时的孤苦但也心甘情愿。因为他知道这种孤苦可以由志同道合的朋友之情来慰藉。他认为这样的人生才是属于自己的真人生,而非被种种虚名小利束缚、活在他人观念中的假人生。

虽然李贽认为朋友之伦能够帮助自己求学问道,然而令他感到遗憾的是,在人人务名趋利的社会大环境中,"朋友道绝久矣",即以真心相待、志在求道的朋友之伦往往受到名利的挑战,真正的朋友之道已经很久之前就不存在了。他在与耿定向的论战中说:

> 余尝谬谓千古有君臣,无朋友,岂过论欤!夫君犹龙也,下有逆鳞,犯者必死,然而以死谏者相踵也。何也?死而博死谏之名,则志士亦愿为之,况未必死而遂有巨福耶?避害之心不足以胜其名利之心,以故犯害而不顾,况无其害而且有大利乎!若夫朋友则不然:幸而入,则分毫无我益;不幸而不相入,则小则必争,大者为仇。何心老至以此杀身,身杀而名又不成,此其昭昭可鉴也。故余谓千古无朋友者,谓无利也。是以犯颜敢谏之士,恒见于君臣之际,而绝不闻之朋友之间。②

真正的朋友之间不应夹杂任何名利成分,不像君臣之间,臣看似很忠诚于君,但实际上却是为了博取敢谏之名,从而为自己谋取更大的利益。许多人与他人交往时往往过多计较利益得失,所以李贽不禁多次感慨世间真正的朋友之少。但即使如此,李贽还是孜孜求友。朋友中,他觉得真正能够托付生死的知己寥寥无几,耿

---

① 《答刘晋川书》,《焚书》卷二。
② 《答耿司寇》,《焚书》卷一。

定理算是其中之一，他说："仆尚友四方，愿欲生死于友朋之手而不可得。故一见子庸（即耿定理），遂自谓可以死矣。"①然而不幸的是，耿定理先他而辞世，令其无限悲痛。同时，对于至交顾养谦，他说："余有友在四方，无几人也。老而无朋，终日读书，非老人事，今惟有等死耳。既不肯死于妻妾之手，又不肯死于假道学之手，则将死何手乎？顾君当知我矣，何必焦山之之也耶？南北中边，随其所到，我能从焉，或执鞭，或随后乘，或持拜帖匣，或拿交床俱可，非戏论也。"②一向不愿受人管束的他，竟然愿意鞍前马后地服侍顾养谦，可见两人交情至深足以到了可托生死的程度。

李贽在年近六十岁时，回首自己的人生经历，对于自己为臣、为子、为夫、为兄等社会角色都感到问心无愧，唯独对"求道"一事不尽满意，"惟此一件人生大事未能明了"，所以"心下时时烦懑"，于是"弃官入楚"，无时不与朋友相切磋，以期求得人生真道。一生求友不止，求道不辍。他尊奉朋友至上，因为他认为人生求道至上。他坚信，朋友之伦是最能体现人人平等、自由，并能使人求得真道的人伦关系，这对封建等级伦理道德思想无疑是一种巨大的反叛和挑战。

三 《焚书》以及李贽思想的影响

李贽一生著述颇丰，《焚书》是他的主要著作之一，收录了他所写的书信、杂著、史论和诗歌，书中"所言颇切近世学者膏肓"，对当时的伪道学家进行了淋漓尽致的批判，包含了他的哲学、伦理道德、文学以及政治经济等思想内容，所以探讨《焚书》的历史影响实

---

① 《复耿中丞》，《焚书》卷二。
② 《书常顺手卷呈顾冲庵》，《焚书》卷二。

质上是在探讨李贽思想的影响。

李贽作为晚明进步的思想家，在当时和其后社会上都产生了重要影响，在中国思想史上可谓是浓墨重彩的一笔。他所倡导的怀疑精神、独立精神、自由精神、平等精神和社会批判精神，甚至在今天还具有很大的现实意义。

李贽思想在晚明引起的极大社会震动，从对其褒贬不同的评价中都得到了充分印证。其中，从著名学者沈德符的一段精辟论述中可窥见一斑：

> 董思白太史尝云："程、苏之学，角立于元祐。而苏不能胜。至我明，姚江出以良知之说，变动宇内，士人靡然从之。其说非出于苏，而血脉则苏也，程朱之学几于不振。"……然姚江身后，其高足王龙溪辈，传罗近溪、李见罗，是为江西一派。……最后李卓吾出，又独创特解，一扫而空之。①

沈德符从思想源流上解析李贽思想的承继和发展情况，认为阳明心学是对程朱理学的创新，李贽之学源于阳明心学，而"又传新解"，将由阳明心学对自由的限制"一扫而空之"，将阳明心学更加发挥，发展至极狂之地步，似将自由进行到底。我们知道，自由的闸门一旦打开，如果没有任何约束机制的话，就会冲决所有限制，直接奔向无序和混乱。但因为李贽面对的专制力量过于强大，如果不动用矫枉过正的思想手段便不可奏效，所以他在势单力薄的情形下，为了给专制束缚下的思想松绑，以非凡的超前意识和过人胆识，不仅对伪道学进行深刻揭露，同时对"道"进行了新的注解，认为"道"是人生真谛之"道"，是人人"自适"之"道"，是人人自然而然地发挥"童心"之"道"。为了最大程度地解放思想，解放被

---

① 沈德符：《万历野获编》卷二十七《紫柏评晦庵》，中华书局 1959 年版，第 689～690 页。

奴化的人性,他甚至大胆地提出:"贪财者与之以禄,趋势者与之以爵,强有力者与之以权,能者称事而官,愞者夹持而使。有德者隆之虚位,但取具瞻,高才者处以重任,不问出入。"①他认为,这样可以"各从所好,各骋所长",达到对人性的最大解放。这对冲决当时专制思想的法网具有重大的推动作用。为了防止被解放的人性走向恶的一面,李贽特别强调保持"最初一念之本心"的"童心",强调"自敬"和"自修"。所以,李贽的这种既破又立的思想,对16世纪中国明代极度沉闷的思想界和文学界,起到了振聋发聩的作用,也对后世产生了深远影响。

(一) 新的哲学、伦理道德思想的影响

李贽否定了程朱理学中"理"的绝对合理性,斥责程朱理学为假道学,揭露了伪道学家们的虚伪性,说他们"阳为道学,阴为富贵,被服儒雅,形若狗彘",认为假道学家们所言之"道"只不过是为自己谋取名利的工具和噱头。"道学其名也,故世之好名者必讲道学,以道学之能起名也;无有者必讲道学,以道学之足以济用也。欺天罔人者必讲道学,以道学之足以售其欺罔之谋也"②。在超验的"天理"下,天地都做不到,更何况是人?那些口头上讲"天理"为真理的人,只能欺天罔人。所以,李贽认为程朱理学的理论基础本身就是错误的,由此而衍生出来的纲常伦理就更是无稽之谈了。而真正的真理即"道"是"人即道,道即人"、"人外无道,而道外亦无人"的人学本体论思想。同时以"童心说"理论论证人人平等的本质。"夫童心者,真心也……若失却童心,便失却真心。失却真心,便失却真人"。童心是人人具有的,只要保持了"童心"便是真人,

---

① 《答耿中丞》,《焚书》卷一。
② 李贽:《初潭集》卷二十《道学》,中华书局2009年版,第345页。

但如果失却了"童心",便失却了真心,人便不真了。人人都有成为圣人的可能,而最终能否成为圣人,关键在于是否说真话,做真人。所以,"圣人也没有异样。常人多是说空头话的人,圣人只是个不说空头话的人"①。既然只要不说空头话就可以成为圣人,那么圣人就不是唯一的,宋儒们推崇的孔子的唯圣地位就值得怀疑。所以他提出"不以孔子之是非为是非"的主张,把孔子还原成一位不说空头话的人,但不是唯一不说空头话的人。认为孔子虽然依然不失圣人的形象,但已经不是万世独尊的唯一的圣人。佛家的释迦牟尼,道家的老子等都有过之而无不及的圣人形象。所以,人们没有必要非得按照孔子一人的言行为标准来要求自己,而是应该根据自己的"童心"、"最初一念之本心"来设计自己的人生之路。人们的行为准则不再是程朱理学家们规定的"私欲必杀"、"纲常必遵",而是应该根据自身实际,不违背自己的初心,能官则官,能商则商,任其自由发展,这便是李贽在否定了程朱理学"天理"之哲学观的基础上,提出的"人即道"的哲学观念。

一旦哲学思想发生了变化,伦理道德思想也会跟着变化。既然承认社会的本体是人,而非"天理",那么在"天理"指挥下的"纲常伦理"也变得虚伪不实起来。李贽挣脱了君臣、父子、夫妇、兄弟等传统伦理之网,除了关注血缘亲情下的伦理之外,更注重友伦,认为这样更能体现人与人之间的平等关系,更能真正体现人的社会责任感。因为这份责任没有君王、家族、家庭等强行要求,更多来自于一种人的天然性情。性情相投则为朋友,不相投则为路人。所以,他认为的伦理道德思想应该是尊重人的自由和平等的伦理思想,而非传统儒学家认为的等级森严的伦理思想。同时,能够体

---

① 潘曾纮:《李温陵外纪》卷二《永庆答问》,转自《李贽研究参考资料》(第二辑),第6页。

现李贽自由和平等意识的还有他对妇女社会地位的认可。他认为男人和女人只有性别上的不同,没有见识高低的不同。人从总类上划分,可分为男人和女人,这两者平等和自由了,才能达到人类最基本的平等和自由。所以,李贽对女性社会地位的肯定,实则是其平等和自由意识的最基本体现,这对后世的女性解放运动起到了巨大的启蒙意义。

可以看出,李贽的哲学思想和伦理道德思想是将人置于一种平等、自由的理念中,将人从等级制下的纲常伦理的束缚中解放出来。这对于那些长期饱受程朱理学思想压抑之苦的学者们而言,像是有一股新鲜气息迎面而来,使他们感觉茅塞顿开。正如晚明公安派领袖袁氏兄弟中的袁宗道所言:

> 方同诸兄游上方归,才释马箠,小休榻上,忽见案头有翁(李贽)书,展读一过,快不可言。又得读与焦弱侯书,又得读《四海》、《八物》,目力倦而神不肯休。……不佞读他人文字觉懑懑,读翁片言只语辄精神百倍,岂因宿世耳根惯熟乎?①

因为在当时许多著作的观点都遵循传统的纲常伦理,大都千篇一律,用以说教。而李贽突破了这种思想禁锢,从个人见解出发,更加客观地去看待人与事,所以其著述让人读起来会有精神百倍的感觉。袁氏三兄弟与李贽都交往颇深,都读过其《焚书》及其他著作,大有同感,所以袁宏道也曾有言:

> 幸床头有《焚书》一部,愁可以破颜,病可以健脾,昏可以醒眼,甚得力。②

不仅袁氏兄弟有此感叹,当时的大学者陶望龄也有此感想:

---

① 袁宗道:《白苏斋类集》卷十五《李卓吾》,转自《李贽研究参考资料》(第二辑),第42~43页。
② 袁宏道:《袁中郎全集》卷二十一《李宏甫》,转自《李贽研究参考资料》(第二辑),第47页。

> 望龄在京师时,从焦弱侯游,得闻卓吾先生之风,继得其书毕习之,未尝不心开目明,尝恨不能操巾拂其侧。①

陶望龄见李贽之书必读,读后无不有种拨云见日、"心开目明"之感。

当时与李贽交往深厚的大学者焦竑,也曾为其开创性思想和特立独行而深深叹服:

> 卓吾先生秉千秋之独见,悟一性之孤明。其书满架,非师心而实以通古;传之纸贵,未破俗而先惊愚。何辜于天,乃其摩牙而相螫;自明无地,溘焉朝露之先晞。刎颈送人,岂以表信陵之义;溅血悟佳,庶几有相如之风。当其捐生殉朋友之知,足愧全躯保妻子之辈。②

焦竑认为李贽所见乃"千秋之独见",一时惊醒千万人,特别是对自己有开示之功,他曾言:"亭州有卓吾先生在焉,试一往讯之,其有以开予也夫。"③晚明的卢世㴶读李贽著述后也有被开示之感:

> 卓吾先生书,人第知其直截痛快,而不知其纡迴层折之极。其人出世逃禅,使性负气,似乎与物阔远,乃最能体人情,切世务,绝不肯作一门面语。发为文章,著之纸墨,光怪淋漓,终归简要,可以救时,可以传世。善读者六通四辟,心平气和;不善读者祇增其决裂而已。……当胸腔幅塞,意绪荒芜时,朗

---

① 陶望龄:《歇庵集》卷十一《奉刘晋川先生》,转自《李贽研究参考资料》(第二辑),第 69 页。
② 焦竑:《追荐疏》,见《李温陵外纪》卷一,转自《李贽研究参考资料》(第二辑),第 20 页。
③ 焦竑:《书袁太史卷》,见《李温陵外纪》卷一,转自《李贽研究参考资料》(第二辑),第 22 页。

诵一过，如佳茗解渴，名酒破闷也。人生乐事无逾此者。①

李贽思想及其著述一改程朱理学者空洞的说教，直逼人性本身，让听者和读者极易产生思想共鸣，使人感到酣畅淋漓，深受感染和启发。

受李贽启蒙思想影响者，绝不仅仅如袁氏兄弟、陶望龄、焦竑等少数学者，我们从《焚书》在当时及其后被禁而不止的现象便可了解其影响的广泛性和长久性。"当龙湖（李贽）被逮后，稍稍禁锢其书，不数年盛传于世，若揭日月而行"②，"于是《焚书》、《藏书》、《说书》之纸涌贵。一切稗官、乐府、委巷、丛林、琐尾悠谬之说，依草附木，如蜩螗沸羹，皆窃附门籍，冀一镮半铢之润，而先生之道益大，名益尊"③。因大家争相传看李贽著述，一时间大大小小的刊刻部门也因断货而加紧刊刻，从中也获利不小。同时，由于李贽著述的畅销，市面上出现了许多冒名书籍。袁中道曾言："近日书场赝刻如《狂言》等，大是恶道，恨未能订正之。李龙湖（李贽）书亦被人假托搀入，可恨，可恨。"④李贽著述中还有许多没有刊刻的手稿和手抄稿，也在朋友之间互相传看。袁宏道说："诸刻之余，其随意游戏楮墨间，皆若龙一甲而凤一毛，往往秘藏于小友之箧，若夏道甫所贮种种，尚未经人耳目者，真可宝也"⑤。所有这些现象都说

---

① 卢世㴐：《尊水园集》卷七《李卓吾杂著》，转自《李贽研究参考资料》（第二辑），第153页。

② 袁中道：《珂雪斋近集》卷三《龙湖遗墨小序》，转自《李贽研究参考资料》（第二辑），第59页。

③ 张师绎：《〈李温陵外纪〉序》，转自《李贽研究参考资料》（第二辑），第130页。

④ 袁中道：《珂雪斋近集》卷二《答袁无涯》，转自《李贽研究参考资料》（第二辑），第60页。

⑤ 袁中道：《珂雪斋近集》卷三《龙湖遗墨小序》，转自《李贽研究参考资料》（第二辑），第59～60页。

明了李贽思想在当时的广泛影响。

李贽新的哲学和伦理道德思想在晚明社会的巨大影响,使一些遭受理学思想禁锢的人感到莫大的鼓舞,从而群起响应;同时也使那些固守传统思想的人感到巨大的压力,他们有的将矛头指向其学禅误人,但更多的反对者是将矛头主要指向李贽非圣无法,大有一种不将其铲除社会将会大乱的意味,这从另一方面更加证明李贽思想的巨大影响力。如东林党人顾宪成曾批判说,因李贽思想在当时影响太大,致使整个学术方向都因此而被改变了:

> 李卓吾讲心学于白门,全以当下、自然指点后学,说人都是见见成成的圣人,才学便多了。闻有忠节孝义之人,却云都是做出来的,大体原无此忠节孝义。学人喜其便利,趋之若狂,不知误了多少人!……故当下半是学人下手亲切功夫,差认了却是陷入深坑,不可不猛省也。①

顾宪成说李贽讲求"当下、自然",认为只要顺其自然都可以成为圣人,前贤之学没必要学习,所谓的忠孝节义都是表面上做给人看的,根本就没有真正忠孝节义的人。于是许多后学者认可了李贽这种极其便利的学说,认为成为圣人并没有那么高深艰难,从此便可以放弃艰苦卓绝的学习而当下成圣。学人如此身陷深渊而不觉,学风也由此而转向空疏而不可逆转。由此,顾认为李贽思想"不知误了多少人"。又云:

> 李卓吾大抵是人之非,非人之是,又以成败为是非而已,学术到此,真成涂炭,惟有仰屋窃叹而已,如何如何!②

顾宪成认为李贽颠倒传统的是非标准,以成败论英雄,将学术

---

① 顾宪成:《顾端文公遗书》卷十四《当下绎》,《李贽研究参考资料》(第二辑),第163页。
② 顾宪成:《泾皋藏稿》卷五《柬高景逸》,转自《李贽研究参考资料》(第二辑),第163页。

引向功利的深渊。而且还因深得当时学者之心,别人想扭转这种局面都很困难,所以顾认为他只有"仰屋窃叹而已",大呼"怎么办?怎么办"?

可见顾宪成对李贽思想的反对还停留在学术的层面,所以批评之声还显得不那么激烈。更为激烈的观点是认为李贽非圣无法,动摇了专制统治思想的基础,对封建制度造成了巨大威胁。可见这种反对已经上升到了政治高度,所以反对起来就显得更加强烈,除了要除其性命外,还要把能够传播其思想的书籍统统禁毁。如晚明的王宏撰曾言:"予尝谓李贽之学本无可取,而倡异端以坏人心,肆淫行以兆国乱,盖盛世之妖孽,士林之梼杌也。"①王宏撰认为,李贽的学问本来就不可取,而且还倡导异端思想蛊惑人心,造成国内大乱,可谓是盛世的妖孽,士人中的大恶人。最终被指以"敢倡乱道,惑世诬民",是其罪有应得。

晚明思想家王夫之认为李贽受苏轼思想影响极深,而苏轼不通晓尧舜之道,只是借其圆滑的文章取悦于后人,是真正的乡愿,是真德之贼,李贽受苏轼的影响而走上乱德的邪路,从而引导世人学子不走正道,专门传播异端思想,危害社会,比洪水猛兽还可怕。所以,"游于圣人之门者,可无厚为之防哉"②! 真正的儒者,一定要严加防范,不可坠入乱德的深渊。王夫之又言:"焦竑、李贽之流,益引禅宗,互为缀合。"③王夫之认为,李贽等人将禅宗与儒家思想杂糅,从而降低了真儒的威严,削弱了真儒的社会功能。如果

---

① 王宏撰:《山志》卷四《李贽》,转自《李贽研究参考资料》(第二辑),第194页。
② 王夫之:《船山遗书·读四书大全》卷十,转自《李贽研究参考资料》(第二辑),第187页。
③ 王夫之:《船山遗书·老子衍》卷首,转自《李贽研究参考资料》(第二辑),第187页。

李贽不那么有影响力，他随便说些不着边道的话也就罢了，但问题是他的言论引来了许多"无知轻躁之徒，翕然从之，其书抵今犹传"，而且使"时局中邪佞之尤者，为安身之计。猖狂之言，正告天下而无复惭愧"①，这种"惑世诬民"的思想不仅吸引了一些"无知轻躁之徒"，而且使一些时局中人作为安身之计，对社会的危害程度是难以估量的。正如顾炎武所言，"自丧之恶小，迷众之罪大"②。可以看出，王夫之将批判李贽的矛头主要集中在他杂糅儒释道上，认为他背离了儒者的正常轨道，走向了佛道的邪路，这样容易使社会失去借以支撑的价值体系，从而导致社会混乱。因为儒家思想作为中国封建社会的正统思想，所以王夫子批判李贽将儒家思想与佛家、道家思想杂糅在一起，表面上是反对其学术思想，实则是反对其政治道德思想。

在晚明社会，对李贽无论是褒还是贬，都对其思想的传播起到了巨大的推动作用。褒扬的不必说，贬斥怎么也会促进其思想传播呢？晚明张师绎如此分析说：

> 卓吾先生之被收也，欲杀之则无罪，欲赦之则不可，当事者且文致其言语文字为罪状，而生先义不受屈辱，引刀自裁，不殊，久之乃绝。于是天下知与不知，莫不苏苏陨涕。天乎！夫子之无罪也，如之何其以语言文字死也！愿得奉其遗言，仿佛庄事之。于是《焚书》、《藏书》、《说书》之纸涌贵……而先生之道益大，名益尊。③

---

① 王夫之：《船山遗书·搔首问》，转自《李贽研究参考资料》（第二辑），第188～189页。
② 顾炎武：《日知录》卷十八《朱子晚年定论》，转自《李贽研究参考资料》（第二辑），第185页。
③ 张师绎：《〈李温陵外纪〉序》，转自《李贽研究参考资料》（第二辑），第130页。

专制当局以"敢倡乱道、惑世诬民"治李贽罪,没想到当局的这一行为反倒激起了世人一探究竟的兴趣,大家争相找来李贽的著述,想看看到底是怎样一种"敢倡乱道"的情形,然而许多人一看便被深深吸引住了。发现其为文自成一家;对待历史则一反传统之标准,剥肤见髓,直击事件和人物本身,从而使有之现象者汗颜,旁观者豁然开朗、耳目一新,想不传播其新思想都难,这样的话当局那还能禁止得住?所以,张师绎不无感慨地说:"以语言文字杀天下士者,非徒无益,而反助之名。"本来想以语言文字治其罪,反倒使其思想传播的范围更大,其人受世人的尊重的程度更深。

所以,无论褒贬,都无法阻止李贽思想的广泛影响,而且,这种强大影响力不仅仅表现在晚明,一直到清代及后世依然光辉不减。这一点在清代纪昀编订的《四库全书总目提要》中有多处记载。如《〈藏书〉六十八卷》中曾记载说,李贽大言欺世,同时焦竑等人又将其推崇为圣人,所以"至今乡曲陋儒,震其虚名,犹有尊信不疑者"①,"至今为人心风俗之害"②,直至清代,许多人还对李贽的思想深信不疑,人心风俗深受其影响。

正是因为李贽的思想在社会上引起了极大反响,才使封建正统思想者感到极度恐慌,他们使出浑身解数对其进行打压。然而,李贽为了思想人格之自由,并没有因此而被吓倒。正如外国学者福兰阁所言:

(李贽)不慑于维护正统者之淫威而钳口,且放力行其所是,端视贞毅,不重颖达。夫身家且不保,遑论爵禄矣。而当时尚多有能为思想人格之自由作殊死战者,宁非大可钦异之

---

① 纪昀:《〈藏书〉六十八卷》,《四库全书总目提要》卷五〇,史部,别史类存目。转自《李贽研究参考资料》(第二辑),第199页。

② 纪昀:《〈李温陵集〉二十卷》,《四库全书总目提要》卷一七八,集部,别集类存目五。转自《李贽研究参考资料》(第二辑),第200页。

事！李贽则其一也。李贽能峻然辟绝主派之说,而挺身为最激戾之见作说客者也。①

为了思想人格之自由,摆脱封建正统思想的奴役,身家不保也在所不惜,更不用说官位俸禄。在专制思想盛行的明清社会,要做到这一点确实需要莫大的勇气和胆识。人类对于平等、自由的永恒向往和追求,使李贽这种为自由而战的勇气和胆识不仅在明清社会有强大的社会反响,而且在其后社会也依然激励着一些有识之士,为摆脱传统思想禁锢而不懈努力。如中国近代思想家严复曾赞李贽在反名教、求自由方面的贡献,同时在为其"名教罪人"鸣不平:

> 西国言论最难自由者,莫若宗教。故穆勒持论,多取宗教为喻。中国事与相仿者,乃在纲常名教。事关纲常名教,其言论不容自由,殆过西国之宗教。观明季李贽、桑悦、葛寅亮诸人,至今称"名教罪人",可以见矣。②

严复认为中国的纲常名教像西方的宗教一样,都与自由背道而驰。明代敢于挑战纲常名教的李贽等人,到晚清还被称为"名教罪人",可见纲常名教对民众的强大思想束缚力,这更体现了李贽等人在当年挑战纲常名教的勇气和胆识之可贵。

五四时期,曾经被复古派诋为"非圣无法"的"名教罪人"吴虞,借对李贽的遭遇的同情以及对其无畏的勇气和胆识,表达自己对专制思想的不满和对新思想的呼唤:"综纪晓岚之论卓吾,非有严正之理论,明确之评判,而徒有陈陈相因、模棱囫囵之论,恣其诃讪。盖儒家以君父并尊,非圣无法同为不孝。晓岚叙录官书,故于

---

① 福兰阁:《十六世纪中国之思想斗争》,转自《李贽研究参考资料》(第二辑),第 223 页。

② 严复:《严复集》,中华书局 1986 年版,第 134～135 页。

非圣无法者不得不诋为名教罪人,以求亲媚于君上。"①纪晓岚说李贽非圣无法是为了取媚于君上,取媚于专制制度,而李贽的悲惨命运的根源就是专制制度:"呜呼!卓吾产于专制之国,而弗生于立宪之邦,言论思想,不获自由,横死囹圄,见排俗学,不免长夜漫漫之感;然亦止能自悲其身世之不幸而已矣。复何言哉,复何言哉!"②虽然长夜漫漫,但李贽思想却能划破长空,"几乎把一切古圣贤的思想或偶像打破了,到了极自由、极平等、极解放的路上。"③李贽打破古圣贤的思想或偶像的独尊地位,其根本目的不是针对孔圣人本人,而是以孔圣人为立论根据的专制王权,所以李贽思想带有明显的反专制、求自由的启蒙意义。1949年吴泽在《儒教叛徒李卓吾》④中,也明确表达了此意,充分肯定了李贽思想所具有的"反专制独断"的历史进步意义。

如果说在解放前,专制思想压制下的人们对李贽的反专制思想更感兴趣的话,那么在解放后的历史新时期,人们对李贽思想的关注则更侧重于其自由、平等等思想的启蒙意义以及其对传统文化的批判精神。如侯外庐曾经对"李贽的人道主义的平等观和个性说"进行过着重论述,充分肯定了李贽作为中国早期启蒙思想家的历史地位。⑤张建业赞叹李贽不愧是一位顽强的坚决的反封建反压迫反传统思想的英勇斗士。许苏民在总结前人对李贽思想研究的基础上,指出了其对现代社会文化建设的"根芽"性作用和影

---

① 吴虞:《明李卓吾别传》,《吴虞集》,四川人民出版社1985年版,第85页。
② 吴虞:《明李卓吾别传》,《吴虞集》,四川人民出版社1985年版,第89页。
③ 容肇祖:《李卓吾评传》,商务印书馆1936年版,第99~100页。
④ 吴泽:《儒教叛徒李卓吾》,华夏书店1949年版。
⑤ 侯外庐主编:《中国思想通史》第四卷(下),人民出版社1960年版,第1061~1976页。

响:"产生于16世纪末至17世纪初的李贽学说,对于晚明思想文化的影响,对于清初和清中叶潜心探索古老的中国社会之新出路的学者们的启迪,对于近代改革运动的影响等等,都证明,中国社会走出中世纪、迈向现代化的社会转型过程有其内发原生的思想文化根芽,而这种思想文化根芽乃是生长于中国社会自我发展和自我更新的历史土壤中的。倘若不是中国社会自身产生了走出中世纪的内在要求,任何外来文化的影响都不可能造成中国近代的伟大历史变迁。"①

正如上述思想家及学者们对李贽思想的积极肯定一样,李贽作为社会转型时期的一位极富历史责任感的思想家,他思考的不仅仅是一个时代,而是对社会的大关怀,他的思想是可以跨越时代的对人类社会的终极关怀。他对平等、个性的论述不是只对某个社会形态的论述,而是源于"人"之本性的根源性论述。他认为人人都有自己的特长和优势,都有值得别人学习和敬畏的地方。但敬畏并不代表着盲从。所以没有任何一个人有资格独尊于所有人之上,孔子也不例外。所以,他主张随时顺势,更关注当下时势的变化,而当下是什么,李贽的回答是"童心"。"童心"是什么,回答是"真心"。"真心"是什么,回答是"顺其自然"。什么是"顺其自然"?回答是"自适"。任何时代都有适合自己的思想和传统,不可用一种固化的思想来统摄任何时代之时势。这就是李贽思想具有跨时代性的精髓所在,也是其在许多时代都具有持续影响力的根本原因所在。

(二)本自"童心"的新文学思想的影响

李贽作为一个思想家,其哲学和伦理道德思想对后世影响深

---

① 许苏民:《李贽评传》(下),南京大学出版社2011年版,第653~654页。

远。同时,他还是一位著名文学家,其文学思想和文学理论也对后世也产生了巨大影响。而且,这两者不是孤立存在的,其文学思想是直接从其哲学和伦理道德思想的立论根据"童心说"阐发开来的。他认为,"童心,真心也","天下之至文,未有不出于童心焉者也"①。天下最好的文章,没有不出于有"童心"者之手。所以,只要拥有"童心",任何人任何时候都可以作一手好文章,而且不必局限于某种体裁格式,"诗何必古选,文何必先秦",近体诗、传奇、院本、杂剧、戏曲、小说等都是顺应时代的文学体裁,不可以时代先后评定其优劣。这对当时及其后文学创作思想的发展是一种巨大的推动。明代晚期著名的文学流派之一公安派便是在其文学思想的直接影响下发展起来的。

公安派的领袖袁氏三兄弟与李贽都有深交。袁宗道常常为不能时常与李贽在一起谈学论道而感到孤独寂寞,然而一读到他写的文字便会顿感"老骨棱棱精炯炯,对此恍如坐公傍"。李贽不仅仅在文学创作内容上深深打动了袁宗道,同时在文学体裁方面也深深影响着他。当袁宗道"得读近诗,至'白尽余生发,单存不老心','远梦悲风送,秋怀落木吟'"时,不禁使他"婆娑起舞,泣数行下",大叹"近作妙至此乎"?② 可见其与李贽的文学体裁观念如出一辙。

袁氏三兄弟中声誉最高、成就最大的袁宏道受李贽思想影响更大,关于这一点,袁中道曾有描述:

> 先生(袁宏道)既见龙湖(李贽),始知一向掇拾陈言,株守俗见,死于古人语下,一段精光不得披露;至是浩浩焉,如鸿毛

---

① 《童心说》,《焚书》卷三。
② 袁宗道:《白苏斋类集》卷十五《李卓吾》,转自《李贽研究参考资料》(第二辑),第42页。

之遇顺风,巨鱼之纵大壑;能为心师,不师于心;能转古人,不为古转;发为语言,一一从胸襟流出,盖天盖地,如象截激流,雷开蛰户,浸浸乎其未有涯也。……李子语人,谓伯也稳实,仲也英特,皆天下名士也,然至于入微一路,则谆谆望之先生,盖谓其识力、胆力皆迥绝于世,真英灵男子,可以担荷此一事耳。①

深深感受到传统思想束缚的袁宏道一经李贽点拨后,顿感一身轻松,"如鸿毛之遇顺风,巨鱼之纵大壑",感到从此不必再受古人的局限,说话写文章皆可"一一从胸襟流出",独抒己见。这正是公安派"独抒性灵,不拘格套"的"性灵说"的直接思想源泉。

同时,袁宏道提出的文学发展观也直承李贽而来:

> 至于诗,则不肖聊戏笔耳,信心而出,信口而谭。世人喜唐,仆则曰唐无诗。世人喜秦汉,仆则曰秦汉无文。世人卑宋黜元,仆则曰诗文在宋元诸大家。昔老子欲死圣人,庄生讥毁孔子,然至今其书不废。荀卿言性恶,亦得与孟子同传。何者?见从己出,不曾依傍半箇古人,所以他顶天立地,今人虽讥讪得,却是废他不得。……公谓仆诗亦似唐人,此言极是。然要之幼于所取者皆仆似唐之诗,非仆得意诗也。夫其似唐者见取,则其不取者断断乎非唐诗可知,既非唐诗,安得不谓中郎自有之诗,又安得以幼于之不取,保中郎之不自得意耶?仆求自得而已,他则何敢知?②

袁宏道说世人都认为诗歌只有唐代好,文章唯有秦汉妙,宋元无好诗文,而他却不这样认为。他认为,"见从己出",人人应该有

---

① 袁中道:《珂雪斋集》卷九《妙高山法寺碑》,转自《李贽研究参考资料》(第二辑),第62页。
② 袁宏道:《袁中郎全集》卷二十二《张幼于》,转自《李贽研究参考资料》(第二辑),第49~50页。

自己的见解,不能人云亦云。别人称赞他的诗歌好似唐诗,而他认为这是只拣他诗歌中像似唐诗的来说,这是对他诗歌的偏见。因为他认为这些诗歌并非是他的得意之作,他真正得意的是那些不像似唐诗的诗歌。正是这些不像似唐诗的诗歌才成就了他的得意之作。这与李贽的"诗何必古选"如出一辙。而且,由他这一番话,我们对公安派的"世道既变,文亦因之"的文学发展观也不难理解了。

正是李贽等人给了公安派强大的思想支撑,才不使这股文学新流毁于一旦,从而为其廓清文学复古主义扫清了道路。正如袁宏道所言:

> 宏实不才,不能供役作者,独谬谓古人诗文,各出己见,绝不肯从人脚跟转,以故宁今宁俗,不肯拾人一字。词客见者多戟手呵骂,惟李龙湖、黄平倩、梅客生、陶公望、顾升伯、李湘洲诸公稍见许可。①

"各出己见"、直抒胸臆的文学创作精神使公安派在当时文学流派中脱颖而出,推动了当时新的文学创作思想和新的文学体裁散文的流行,这一切,李贽都功不可没。

除了公安派的散文这种文学体裁的流行深受李贽文学思想影响之外,明代晚期及其后的戏曲理论也在很大程度上受到其影响。晚明时期,戏曲所载之事都是些"风流之事"或愤激之事,与迫于正统思想压制而形成的宗道、宗经、宗圣的文学创作特色是不相符合的,所以也得不到正式的推广,一些戏曲小说在民间都是被偷偷传看。为了使这种文学形式获得应有的社会地位,李贽从"童心说"出发,论述戏曲这种文学体裁强大的社会功能,肯定了戏曲的合理

---

① 袁宏道:《袁中郎全集》卷二十三《又与冯琢庵师》,转自《李贽研究参考资料》(第二辑),第53页。

文学地位，并对戏曲创作提出了新的见解。

李贽在评点戏曲《拜月亭》、《西厢记》以及《琵琶记》时，提出了著名的"化工"和"画工"理论。他认为，"化工"是遵循了自然而然之规律，透出自然之美。而"画工"是一种人为之工，主观愿望是要夺取天工，"而其孰知天地之无工"，最终陷入蓄意雕琢之泥沼，从而丧失了自然之美。"化工"是作者"真心"的流露，故也能直达读者之内心；而"画工"似真非真，所以入人之心者不深耶！盖虽工巧之极，其气力限量只可达于皮肤骨血之间①。所以李贽感叹说，只要出于"真心"，任何艺术形式都可以达到异曲同工之效。戏曲在当时虽还不是主流文学形式，但戏曲家只凭其戏曲中"小小风流一事耳"，便可与草圣张旭、大书法家王羲之及王献之相媲美。"倘尔不信，中庭月下，木落秋空，寂寞书斋，独自无赖，试取《琴心》一弹再鼓，其无尽藏不可思议，工巧固可思也"②。这里不仅强调了戏曲创作要讲究"真心"，同时也大大肯定了戏曲作为文学作品的社会功能，对戏曲作为一种适应社会发展需求的文学形式获得更快发展奠定了理论基础，同时也为戏曲家取得应有的社会地位摇旗呐喊。著名戏曲家汤显祖对李贽推崇备至，从其对他的赞词中我们便可感受到其所受影响之大：

> 著述家呶呶竞响不一，大家屈指李氏（李贽）。李氏夙以书训世、经世、济世、骇世、应世、传世。……决不容它人强填只字，阿私我救世李老。起李老问之，必曰："传世可，济世可，经世可，应世可，训世可，即骇世亦无不可。"③

汤显祖为李贽鸣不平，认为许多人没有能够真正懂得李贽真

---

① 《杂说》，《焚书》卷三。
② 《杂说》，《焚书》卷三。
③ 汤显祖：《〈李氏全书〉总序》，转自《李贽研究参考资料》（第二辑），第109～110页。

心为世而作的著述的强大社会作用。李贽说著述要达到"文以载道"的社会功能，必须是出于"真心"而作的作品，否则违背了己心，就很难能够感动读者，也就很难起到"文以载道"的作用。所以，汤显祖对李贽著述的"训世、经世、济世、骇世、应世、传世"等社会功能的极大赞叹，其实是对其本自"真心"的创作思想的赞叹。也是在此影响下，汤显祖强调在戏曲创作中要有"灵气"或"性灵"，即要出自"真心"的自然而然，达到"化工"之效，不可蓄意雕琢，避免"画工"之嫌。同时期的剧作家徐渭，强调戏曲讲究真情实感，追求本色，也与李贽的追求自然而然的"化工"理论有共同之处。其后，清初的戏曲家李渔等，强调艺术形象的传神等，都与此戏曲文学理论一脉相承。

除了戏曲之外，李贽对晚明及其后的小说创作及小说批评理论的发展也有深远影响。

从《〈忠义水浒传〉序》中，我们可以清晰地看到李贽的小说创作理论和小说批评理论。他说："古之圣贤，不愤则不作矣。不愤而作，譬如不寒而颤，不病而呻吟也，虽作何观乎？《水浒传》者，发愤之所作也。"①这其实是其文学创作思想的折射，他强调文学创作一定要出自"童心"即"真心"，小说创作也不例外。"发愤而作"即是作者"真心"的表达，是作者"胸中有如许无状可怪之事，其喉间有如许欲吐而不敢吐之物，其口头又时时有许多欲语而莫可所以告语之处，蓄极积久，势不能遏。一旦见景生情，触目兴叹，夺他人之酒杯，浇自己之垒块；诉心中之不平，感数奇于千载"②。心中有想要表达的强烈情感，一旦触景生情，便不吐不快。小说其实就是作者情感经历的再现形式。他认为《水浒传》就是作者"发愤而

---

① 《〈忠义水浒传〉序》，《焚书》卷三。
② 《杂说》，《焚书》卷三。

作"、不吐不快的典型之作。作者借此部小说,发民族之愤、不平之愤、忠义之愤,将自己的情感经历通过小说这种文学形式淋漓尽致地表达出来,"夺他人之酒杯,浇自己之垒块"。李贽的这种小说创作和评论思想深深影响着其他小说的创作及评论。如张竹坡在评《金瓶梅》时说,作者一定是对于这些患难穷愁、人情世故都一一经历过,因为入世很深,所以才能将小说中的各个人物描写的那么传神。无独有偶,脂砚斋在评点《红楼梦》时说,曹雪芹不经历过这一遭,如何写得出如此传神的长篇巨著?这些评论都可见李贽对小说"不愤不作"、情感再现的小说内容评点的影子。直到现当代优秀小说家和文学评论家还在秉持"不愤不作"、情感再现之文学创作理念,如当代知名作家阎连科曾评判说,"荒诞扭曲的中国现实与扁平简单的中国文学",谴责中国当代文学家特别是小说家未能针对社会现实"发愤而作"。并进而指出中国当代作家存在的两大问题:一是作家都不愿面对现实,最有名的作家的名作都与现实无关。一些作家的逻辑就是:不关注现实也能成为伟大的作家。第二个问题是文学完全被市场所左右,没人愿意承担什么。这其实就是李贽所批判的,"不愤而作,譬如不寒而颤,不病而呻吟也,虽作何观乎"?不能表达作者真情实感、不能真实反映现实的小说是扁平的,没有任何社会意义的,当然就很难起到"文以载道"的社会功能。

除了对小说创作内容的评点之外,李贽还对小说创作中的艺术形式进行评点,如他对小说中人物性格的评点,突出了其小说创作中要重视人物特别是典型人物鲜明性格特征塑造之观点。曹雪芹作《红楼梦》想必是吸取李贽这一观点的。《红楼梦》中人物繁多,但多而不乱,繁而不杂,主要原因就是人物形象特征鲜明和典型人物成功塑造的缘故。同时,其后的小说评论家也在这方面多有重视。如金圣叹曾高度评价《水浒传》中人物鲜明形象的成功塑造:"《水浒传》……三十六个人,便有三十六样出身,三十六样面孔,三十六样性格。"①

无论是对小说创作内容还是艺术形象的评点,总之,李贽的小说评点,搭建起了小说与读者之间的一座桥梁,对于当时小说的流行有很大推动作用。正如袁宏道所举之例:"里中有好读书者,缄嘿十年,忽一日拍案狂叫曰:'异哉!卓吾老子吾师乎?'客惊问其故,曰:'人言《水浒传》奇,果奇。予每拣十三经,或二十一史,一展卷,即忽忽欲睡去,未有若《水浒》之明白晓畅,语语家常,使我捧玩不能释手者也。"虽然这一例未必具有普遍性,但袁宏道的一句感叹,则可管中窥豹,揭示出李贽之评点对《水浒传》在读者间流行的大致缘由:"若无卓老揭出一段精神,则作者与读者,千古俱成梦境。"②借此,袁宏道将正史与小说比较,发现受李贽小说评点的影响,小说在社会上的影响力更大,这也成为他积极刊刻《两汉演义》的主要原因,同时也作为他将李贽评点小说的精神发扬光大的实际行动:"则《两汉演义》之所为继《水浒》而刻也。文(指正史)不能通而俗(指小说)可通,则又通俗演义之所由名也。虽然,吾安得起龙湖老子于九原,借彼舌根,通人慧性;假彼手腕,开人心胸;使天下其以信卓老者信卓老,爱卓老者爱演义也?不得已,聊为拈出,以供天下之好读书者。"③李贽的小说评点带动了一大批优秀小说评点家的涌现,同时也为小说在当时社会的广泛普及奠定了基础。因为在当时有许多小说是随着优秀评点本的流行而流行起来的。

---

① 金圣叹:《读第五才子书法》,转自敏泽《李贽》,上海古籍出版社1984年版,第72页。
② 袁宏道:《〈东西汉通俗演义〉序》,转自《李贽研究参考资料》(第三辑),第165页。
③ 袁宏道:《〈东西汉通俗演义〉序》,转自《李贽研究参考资料》(第三辑),第165页。

甚至,《水浒传》传入日本,在日本掀起一股《水浒传》热,主要功劳就在李贽。1957年5月4日的《参考消息》上说:"最早传入日本的《水浒》是李贽批点的《忠义水浒传》。"而且,由于"《水浒》在日本的流传和出版,导致众多模拟本子的出现。所谓模拟,就是把《水浒》加以改编、演化,写成日本小说故事。日本文学史理论著作把《本朝水浒传》称为'后世读本的开山之祖'"。① 可见,李贽对小说的评点在日本的影响之大。

李贽无论是在哲学和伦理道德思想、文学思想,还是在经济以及宗教等思想方面,都有创新之胆识,这对于后世而言无疑是笔巨大的精神财富。因为创新不仅要突破传统的束缚,还要有穿透时代的锐利,它是一种精神,而非仅仅是一种模式。任何时代的思想家都有探索真理的诉求和愿望,但只有把握住了创新这一真理的本质,方为真正的思想家。李贽就当之无愧。他所倡导的顺其自然的"道"便是对真理的最好解释。顺其自然便要突破对自然的限制,保持"自适"于"道"的"童心",保持"最初一念之本心",不为诱惑所动,只为真理而行。所以,正如有人所言,看到真理还是不够,还要有拥抱真理飞蛾扑火的勇气。李贽不仅看到了真理,向人们揭示真理,还为人们践行真理做出了表率。

四　如何读《焚书》

李贽在《焚书》中"所言颇切近世学者膏肓",对当时伪道学家的言行进行了深刻的揭露和批判,表现出强烈的社会责任感。然而正是这种强烈的社会责任感给他带来了杀身之祸,多次遭到伪

---

① 《李贽批点的〈忠义水浒传〉在日本的流传》,《参考消息》1957年10月4日。

道学家的封杀。但这些并没有将李贽吓倒,他凭着超然物外和独立之精神,承受着常人未能承受之痛,也因此而更能够坦然面对现实之苦恼。同时,李贽贯通了儒、释、道三家思想,认为它们的共同主旨是探究"道"之本源和真义,所以他不为某家某派思想所局限,这为后世思想自由和解放奠定了坚实基础。

1. 身在尘世,精神超然物外

我们都知道李贽信佛信道,而且似乎信佛更加强烈。他剃发为僧,居于龙潭湖芝佛院多年,还在芝佛院修建藏骨塔屋,决意葬身于此。他曾在写给女弟子梅澹然的信中明确表达此意:"但得回湖上葬于塔屋……来湖上化,则湖上即我归成之地,子子孙孙道场是依,未可谓龙湖蕞尔之地非西方极乐净土矣。"①所以,在常人看来,信道信佛的李贽一定是位脱离于尘世之外、消极待世、隐居不出、不食人间烟火或玩世不恭之人。然而,大家不要忘记这样一个事实:李贽只是把信佛信道作为思想自由超脱的途径,认为积极入世,解决现实中的问题才是最关键的。比如李贽为了多方学道,置身世间,广交众友。正如其所言:"余交最广,盖举一世之人,毋有如余之广交者亦。余交有十。十交,则尽天下之交矣。"②他认为无论是儒家还是佛家、道家,其主旨都是探寻人生真谛,而人生应该是生活于尘世中的人们的鲜活人生,身体脱离尘世就不可称其为人生了。既然生活在尘世中,就必须与尘世中人进行广泛交往,即承认人是社会的人。这与一般世人似乎没有太大区别,甚至与一般人相较,无不及而过之,"尽天下之交",表现出积极入世之举动。人们会问,那李贽与一般人又有什么区别呢?回答是"当然有区别",而且这种区别正是李贽思想精华所在,即身在尘世,而精神

---

① 《复澹然大士》,《焚书》卷二。
② 《李生十交文》,《焚书》卷三。

超然于物外，始终保持一颗独立自由之心。

尽管李贽身在尘世，但他深切地认识到，尘世中人大都为名利所困，而名利都只是昙花一现，虚无不实。他说："富贵荣名，无谓可乐，此但请客时一场筵席耳，薄暮则散去矣。"①名和利其实没有什么值得炫耀和羡慕的，它们就像人们请客时的一场宴席而已，宴席在傍晚时分便会散去，名和利也像这散去的宴席一样烟消云散，荡然无存。但尘世中许多人认识不到名利这一短暂甚至虚无的本质，混迹于追名逐利的泥沼中不能自拔。即使有些尘世中人看到了名利的欺骗性，但在实际生活中却始终挣脱不了名利的束缚。李贽的可贵之处则在于，他不仅认识到名利对人的身心束缚，而且最重要的是能够真正践行淡泊名利。他说："淡岂可以易言乎？是以古之圣人，终其身于问学之场焉，讲习讨论，心解力行，以至于寝食俱废者，为淡也。"②淡然不是一般人轻而易举就能做到的。不仅需要不断学习参悟，而且还要亲身实践所悟之道，直到能够废寝忘食，超然于物质追求之外方可真正获得。淡然不是消极待世，而是要在终身勤奋中淡然功利的想法，水到渠成地达到淡泊名利的境界。"虽欲淡，得欤？虽欲'无然歆羡'，又将能欤？此无他，其见小也"③。只有经历丰富了，视野广阔了，才会看淡一切常人艳羡而觉得放不下的东西，才会达到真正的淡然。所以，李贽的人生观绝不是因为没有追求常人认为的功名利禄而碌碌无为，空谈淡然，而是在不断做事不断思考的过程中悟得并享受着淡然的自由境界。正如陶渊明所写的"采菊东篱下，悠然见南山。山气日夕佳，飞鸟相与还"。如果陶渊明没有经常"采菊东篱下"的实践，也不

---

① 《李中谿先生告文》，《焚书》卷三。
② 《答耿中丞论淡》，《焚书》卷一。
③ 《答耿中丞论淡》，《焚书》卷一。

会从中悟得"见南山"的"悠然",鸟儿如果没有经常飞出去的辛苦,就不会感觉到在飘渺的山气里和温暖的夕阳下飞回的惬意。

只有做到淡泊名利,才能使自己的精神超然于尘世之外,获得真正的精神自由。对于李贽"身在尘世,而精神超然物外"这一点,他的挚友焦竑认识得最为全面和透彻:

> 宏甫(即李贽)为人,一钱之入不妄,而或以千金与人,如弃草芥。一饭之恩亦报,而或与人千金,言谢则耻之。见一切可喜人,无有不当其心者,而不必合于己。己不能酒,而喜酒人;己不能诗,而喜诗人;己不能文,而喜文人;己不捷捷能言,而喜能言之人……有时长贫,虽必不得已,已也;故终身不肯假借于人。有时暂富,虽必可已,不已也;故终其身无一钱之积。①

焦竑眼中的李贽热心帮助别人,懂得感恩,不求别人的感激和回报;能与各类人交往并懂得赏识各类人才。而且他认为,李贽之所以能够做到这些,主要是"与世无争"的原因。与世无争即能淡然处世,身在尘世又能做到淡然处世、精神超然于物外,主要在于参透了名利之本质。这是对身在名利场中人们最大的启示。

超然物外的李贽之所以坚持容身于尘世之中,不仅是因为他认识到人是社会的人,根本脱离不了社会。更主要的是,他要将自己独立之精神传播于尘世之中,更大程度地体现自己的人生价值。这可能也是他信佛的原因之一吧:既静了己心,又度了他心。用儒家哲学来解释便是:既注重慎独,又不忘担当,而担当则体现了一种强烈的社会责任意识。

读《焚书》,能体会到李贽"虽然精神超然于物外,而又能积极

---

① 焦竑:《焦氏笔丛》卷二,转自《李贽研究参考资料》(第一辑),第55~56页。

身处世中;身体上虽积极入世,精神上却超然于物外"之可贵处,便是收获之一吧。

2. 人生世间,须有强烈的社会责任感

从《焚书》书名的拟定就可以看出李贽不畏权势的决心和勇气,并充分表现出了他强烈的社会责任感。《焚书》与李贽的其他著述相比,最大的区别就是针砭时弊,"所言颇切近世学者膏肓",深刻揭露当时社会弊端,而且毫不避讳这些社会弊端所涉及的人和事,如李贽批判耿定向与周思久等一些学者,认为他们因受名心牵引而成立讲学会,认为将学术和政治搅和在一起,极不妥当。他说:

> 闻麻城新选邑侯初到,柳塘因之欲议立会,请父母为会主。余谓父母爱民,自有本分事,日夜不得闲空,何必另标门户,使合县分党也?与会者为贤,则不与会者为不肖矣。使人人有不肖之嫌,是我辈起之也。且父母在,谁不愿入会乎?既愿入会,则入会者必多不肖;既多不肖,则贤者必不肯来:是此会专为会不肖也。岂为会之初意则然哉,其势不得不至此耳。况为会何益于父母,徒使小子乘此纷扰县公。县公贤则处置自妙,然犹未免分费精神,使之不得专理民事;设使聪明未必过人,则此会即为断性命之刀斧矣,有仁心者肯为此乎!盖县公若果以性命为重,则能自求师寻友,不必我代之劳苦矣。何也?我思我学道时,正是高阁老、杨吏部、高礼部诸公禁忌之时,此时绝无有会,亦绝无有开口说此件者。我时欲此件切,自然寻得朋友,自能会了许多不言之师,安在必立会而后为学乎!……反覆思惟,总是名心牵引,不得不颠倒耳。①

李贽批判这样的讲学会将讲学与政治混在一起,欲借官员之

---

① 《答耿司寇》,《焚书》卷一。

政治淫威扩大自己的影响,既影响了道学的纯正,也侵占了官员处理政事的精力,社会影响极坏。这样的批判不仅得罪了耿定向和周思久等借政治而炫耀学术的伪学者,同时也得罪了大量入会的政府官员。这必然会遭到他们的强烈攻击。同时,李贽毫不留情地揭露当世理学家们道貌岸然的虚伪行径,最终遭到他们的迫害和追杀。但李贽出于一种强烈的社会责任感而全然不顾这些攻击,他认为:"丈夫生于天地间,太上出世为真佛,其次不失为功名之士。若令当世无功,万世无名,养此狗命,在世何益?不如死矣。"①人生于世间,就要敢于承担社会责任,为民请命,成就真正的大功名,而非世俗的小功利,从而真正实现自己的人生价值。

强烈的社会责任感促使李贽常常对那些所谓的"扶世立教"者进行抨击。他认为真正的"扶世立教"者应该像海瑞、严清那样以身作则,以实际行动践行"扶世立教"。那些口头上说要"扶世立教"的伪君子们,"终日言扶世,而未尝扶得一时,其与未尝以扶世为己任者等耳。终日言立教,未尝教得一人,其与未尝以立教为己任者均焉"。而那些真正的"扶世立教"者,"有扶世立教之实,而绝口不道扶世立教之言;虽绝口不道扶世立教之言,人亦未尝不以扶世立教之实归之"②。所以,看一个人是否真的有社会责任感,关键是看他是否具有真正的"悯世"情怀、"立身"之志,是否真正去践行社会责任感之实。

社会的发展和进步离不开人才的支撑,李贽在《焚书》中多处提到人才之难以及要人尽其才的人才观,"可与言而不与之言,失人……不可与言而与之言,则为失言……宁可失言,不可失人。失

---

① 《李氏遗书》附录,据《李温陵外记》校补,转自许苏民《李贽评传》,南京大学出版社2006年版,第429页。
② 《寄答耿大中丞》,《焚书》卷一。

言犹可,失人岂可乎哉!盖人才自古为难也"①。失言可能会得罪人,但为了社会能多一个有用人才,宁可得罪人也无怨无悔。在宁夏兵变一事上,他痛批当时朝廷的腐败无能和用人不当,认为朝廷高官大臣"平居无事,只解打恭作揖,终日匡坐,同于泥塑,以为杂念不起,便是真实大圣大贤人矣。其稍学奸诈者,又搀入良知讲席,以阴博高官,一旦有警,则面面相觑,绝无人色,甚至互相推委,以为能明哲",最后使国家丧失了良好的安保机会。而那些真正有才能保卫国家安全的人却不能真正发挥自己的才能,最后走上官逼民反民不得不反的道路。"唯举世颠倒,故使豪杰抱不平之恨,英雄怀罔措之戚,直驱之使为盗也。……必如林道乾,乃可谓有二十分才,二十分胆者也"②。他将封建统治者认为的"贼"称赞为英雄,冒着遭受政治打压的危险而不顾,其强烈的社会责任感无不让我们动容。

3. 坚持独立之精神,实现自由之人生

任何一种思想发展到极致,都会走向僵化,严重束缚新思想的发展。只有挣脱旧思想束缚方能保证思想之创新性、自由性以及精神之独立性。社会的进步是需要不断有创新性思想为之提供精神营养。李贽看到明代那些所谓的道学家们言行不一、责人松己,用一种玄而在上的理学思想束缚世人手脚。他为了摆脱旧思想的束缚,遣散妻女、削发为僧,免去世俗的纷扰,自由出入于儒、释、道三家之间,被道学家们斥为"异端",忍受了常人无法忍受的孤独,承受了常人不能承受的不被理解之苦,直叹"当世无知己"。然而他为了独立之精神却始终在坚守着这一份神圣的孤独。他自我解嘲说,圣人往往很少被当世人认可和理解,即使被认可,也是寥若

---

① 《与耿司寇告别》,《焚书》卷一。
② 《因记往事》,《焚书》卷四。

晨星,"世间君子少而众人多,则知我者少,不知我者多"①。孤独其实就是独立本质的最好体现。游刃于大道之上,保持精神的独立,不被常人理解也是正常的,但要长期坚守这份独立精神是需要很大的勇气和强大的心理支撑的。他在被斥为"异端"后,也在不断寻找这份心理支撑。比如他以自己极为尊崇的罗汝芳为例,"近老(罗汝芳)今年七十四矣,少而学道,盖真正英雄,真正侠客,而能回光敛焰,专精般若之门者,老而糟粕尽弃,秽恶聚躬,盖和光同尘之极,俗儒不知,尽道是实如此不肖"②。李贽认为罗汝芳被"俗儒"斥为"不肖",罗的思想不仅不会因此而受到贬损,反而更突显了其思想的独立和高大。因为在真正的道学家那里,"道大"与"不肖"往往是一致的:"天下皆谓我道大,似不肖。夫惟大,故似不肖;若肖,久矣其细也夫。"③所以,李贽为代表自己独立精神的"异端"思想开释说:"盖大之极则何所不有,其以为不肖也固宜。人尽以此老为不肖,则知此老者自希;知此老者既希,则此老益以贵矣。又何疑乎!"④所以,当我们为了坚持思想自由、精神独立而不被人理解时,这何尝不也可以成为我们强大的心理支撑呢?

李贽提倡"自适"论,不随波逐流,则是其精神独立的很好注解,"士贵为己,务自适。如不自适而适人之适,虽伯夷、叔齐同为淫僻;不知为己,惟务为人,虽尧、舜同为尘垢秕糠"⑤。按照自己认为合适的方式去做,方能有真正的作为,否则尧舜也只不过是"尘垢秕糠",毫无价值。而要真正做到"自适",就要从内心深处做起,而非只是口头说说,因为"口说自适而终是好适人之适,口说为

---

① 《虚实说》,《焚书》卷三。
② 《答周二鲁》,《焚书》卷二。
③ 《老子》第六十七章。
④ 《答周二鲁》,《焚书》卷二。
⑤ 《答周二鲁》,《焚书》卷二。

己而终是看得自己太轻故耳"。真正从内心出发的自适无需更多的言语去辩解，无需在意他人的非议和责难，"处众人之恶，则几于道矣"，多数人都认为你不对时，其实离"道"也不远了。只有精神上的独立，方可以"挫其锐，解其纷，和其光，同其尘"①，言语上更多的辩解反倒将自己置于未能真正自适的境地。正如李贽所言：

> 仆在黄安时，终日杜门，不能与众同尘；到麻城，然后游戏三昧，出入于花街柳市之间，始能与众同尘矣，而又未能和光也。何也？以与中丞犹有辩学诸书也。自今思之，辩有何益？祗见纷纷不解，彼此锋锐益甚，光芒愈炽，非但无益而反涉于吝骄，自蹈于宋儒攻新法之故辙而不自知矣。岂非以不知为己，不知自适，故不能和光，而务欲以自炫其光之故欤？静言思之，实为可耻。②

因一味地想做到自适，便与他人辩论以示自己的与众不同，结果反而将自己陷于"吝骄"之嫌，这恰恰是不知自适，不能自适的表现。因为自适是一种自然而然地、以内心的强大自显于外的状态。所以，李贽选择了外在行为上"居卑处辱，居退处下，居虚处独"，而内心"几于道"的真正自适之路。

精神独立最忌人云亦云，李贽对张居正及数百位历史人物的重新评价，无不透露着其独立精神。只有精神独立，才能实现自由的人生。李贽说："我尝自谓我能为忠臣者，以此能忘家忘身之人卜之也，非欺诞说大话也。不然，晋江虽远，不过三千余里，遣一僧持一金即到矣，余岂惜此小费哉？不过以死自待，又欲他辈以死待我，则彼此两无牵挂：出家者安意出家，在家者安意做人家。免道途之劳费，省江湖之风波，不徒可以成就彼，是亦彼之所以成就我

---

① 《老子》第四章。
② 《答周二鲁》，《焚书》卷二。

也。何也？彼劳苦则我心亦自愁苦，彼惊惧则我心亦自疑惧；彼不得安意做人家，我亦必以为使彼不得做人家者，我陷之也。"①精神上的独立，才使他获得自由出家之身，同时也保证了家眷们在家之身的自由，从而做到两不牵挂之身心自由。

李贽认为要做到精神独立，就必须具有怀疑之精神，"屡疑而屡悟"。他说："学人不疑，是谓大病。唯其疑而屡破，故破疑即是悟。"②作为真正学"道"之人，做不到怀疑现实，便不能真正得"道"。只有经常质疑，则会渐渐得"道"，所以说每一次破除疑问就是悟过一回。然而，当世学道者往往拘泥于现实而不敢怀疑，只要有所怀疑，没有得不到证实的。只有坚持独立的精神，勇于怀疑现实中可疑之论，才会使自己在求道之路上游刃有余，不受旧有思想束缚，从而实现自由之人生。

4. 本着初心，做自己最喜欢做的事情

在如今物欲横流、纷繁复杂的社会里，人们往往感到身心疲惫，也常常因为想得要的东西太多无法抉择而心生苦恼。究竟什么才是自己最需要的？什么才是最适合自己的？等等。这些问题常常困扰着人们。其实并不是只有当今社会人们才为自己的选择而苦恼，在任何时代下，人们都会面临不同的选择，只不过当今社会人们面临选择的机会更大一些，苦恼则更多一些而已。究竟该如何面对这些问题，晚明的李贽为我们提供了一条近乎最为根本的解决问题之道，即本着自己的初心，做自己最喜欢做的事情。

李贽曾写信对好友焦竑说：

> 世间有三等作怪人，致使世间不得太平，皆由于两头照管。第一等，怕居官来缚，而心中又舍不得官。既苦其外，又

---

① 《豫约·早晚守塔》，《焚书》卷四。
② 《观音问·答澹然师》，《焚书》卷四。

苦其内。此其人颇高,而其心最苦,直至舍了官方得自在,弟等是也。又有一等,本为富贵,而外矫词以为不愿,实欲托此以为荣身之梯,又兼采道德仁义之事以自盖。此其人身心俱劳,无足言者。独有一等,怕作官便舍官,喜作官便作官;喜讲学便讲学,不喜讲学便不肯讲学。此一等人,心身俱泰,手足轻安,既无两头照顾之患,又无掩盖表扬之丑,故可称也。①

世间之人之所以会苦恼,往往是因为既想做官又不想受约缚;既想得富贵,又说这不是自己的本愿,如此"两头照管",什么都想得到,又什么都不肯放下,最终导致身心疲惫。其实,"世间功名富贵,与夫道德性命,何曾束缚人,人自束缚耳。"②不是外界的机缘蛊惑了你心,而是你初心不定,随势摇摆罢了。

天下民众形形色色,每个人有自己最适合做的事情,只要你坚定适合你自己的,就不会整日苦恼。富贵利达可以满足许多人的身心需求,这是很自然的事情,所以追求富贵利达也是正常的,没有什么不可告人的,古代圣人都会顺从人们的这种意愿,这些人也因此而安心追求富贵利达,但也不会危害社会。所以,不要认为自己追求富贵利达就不是高尚的事情。如果人人能将自己最为擅长的事情做好,社会也将会和谐有序。李贽说:"贪财者与之以禄,趋势者与之以爵,强有力者与之以权,能者称事而官,懦者夹持而使。有德者隆之虚位,但取具瞻,高才者处以重任,不问出入。"③社会如果能根据每个人的特长给每个人提供自由选择的空间,"各从所好,各驰所长",这样一来,每个人都是对社会有用的人。

所以,根据自己的性情特点,选择最适合自己的事情,然后认

---

① 《复焦弱侯》,《焚书》卷二。
② 《复焦弱侯》,《焚书》卷二。
③ 《答耿中丞》,《焚书》卷一。

定目标,"不必矫情,不必逆性,不必昧心,不必抑志,直心而动",①无论外界如何议论和责难,"只要自己坚定本心",终会"不负初志",身心自由。

5. 客观面对现实之烦恼

李贽为追求真道,不得不遣散妻女,远走他乡。为了不让世俗烦扰,干脆削发为僧,却又因此增加了道学家对他攻击的筹码,被称为"异端",直到晚年还不断遭受政治迫害、人身追杀。同时,由于长年深居山泽,缺少友人相互切磋道义,交流心得的机会,不由得时时有孤独之烦恼。如此种种,烦恼不可谓小。但他却能客观辩证地对待这些人生烦恼,自我排解。他在写给好友李世达的信中,除了对其曾经给予自己的衣食之助表示感谢外,还通过解剖自己内心的烦恼来安慰好友:

数千里外山泽无告之老,翁皆得而时时衣食之,则翁之禄,岂但仁九族,惠亲友已哉! 感德多矣,报施未也,可如何! 承谕烦恼心,山野虽孤独,亦时时有之。即此衣食之赐,既深以为喜,则缺衣少食之烦恼不言可知已。身犹其易者,等而上之,有国则烦恼一国,有家则烦恼一家,无家则烦恼一身,所任愈轻,则烦恼愈减。然则烦恼之增减,唯随所任之重轻耳。世固未闻有少烦恼之人也,唯无身乃可免矣。②

只要身在世间,就会有烦恼,只不过烦恼有多少不同而已。所担负的责任越大,烦恼就会越多,反之,则愈少。"无身则自无患,无患则自无恼",只要有所担忧,就会产生烦恼。然而人生在世,哪能没有任何担忧?所以烦恼自然会有。客观面对人生之烦恼,承认它,肯定它的存在,再想办法解决它,就不会为之焦虑。烦恼和

---

① 《为黄安二上人三首·失言三首》,《焚书》卷三。
② 《复李渐老书》,《焚书》卷二。

焦虑是两码事,烦恼是为某事未能解决而苦恼,但在苦恼中会去积极寻找解决的办法,最终会使问题得到解决,所以烦恼未必一定是一种消极情绪。而焦虑则是一种心情的煎熬,有时是一种无厘头的煎熬,是一种消极情绪,消极对待所面对的问题,不能就问题出现的原因进行客观分析,最终会使问题越来越复杂和严重。李贽承认人生之烦恼的客观存在,使他能够一次次地勇敢面对种种责难,不仅没有被非议之声压垮,反而从中找到自信,孤傲地举起战斗的旗帜,引领新思想在黑暗中前行。如他在遭遇"以孝弟为剩语"的攻击时,李贽没有因此而感到委屈和苦恼,而是以一种"息事宁人"的方式使对方张口无言、羞愧难当。他说:

> 今我未尝不言孝、弟、忠、信也,而谓我以孝弟为剩语,何说乎?夫责人者必己无之而后可以责人之无,己有之而后可以责人之有也。今己无矣而反责人令有,己有矣而反责人令无,又何也?然此亦好意也。我但承彼好意,更不问彼之有无何如;我但虚己,勿管彼之不虚;我但受教,勿管彼之好臣所教;我但不敢害人,勿管彼之说我害人。则处己处彼,两得其当,纷纷之言,自然冰释。①

不去直接争辩对方说得是否符合事实,先从平等的视角出发,使责人者先反观自己的行为是否符合自己对别人的要求,这样一下子就将那些伪道学家们道貌岸然的丑恶嘴脸揭露无遗,无需争辩便真相大白。所以,当遇到别人对自己不理解甚至言语攻击时,首先要做的不是恼羞成怒,而是推心置腹,使对方不攻自破,这样自己的烦恼也会顿消。

人生确实存在诸多烦恼,但在这诸多烦恼中,最大的烦恼恐怕要数因对生死的困惑而产生的烦恼。人生活在世间的真正价值是

---

① 《寄答留都》,《焚书》卷二。

什么？人怎么才能不离开这个世间？人死后会怎样？等等这些问题，千百年来无时无刻不在困扰着人们。而且如果对生有困惑的话，还可以在有生之年不断寻找解决的办法。而死亡最让人捉摸不透，如果当你还没想明白人生意义是什么的时候就要面对死亡这个话题，将会是多么令人恐惧的事情？想一想还有什么比死亡更让人畏惧的呢？如果一个人连死都不怕，那其他还有什么可担心的呢？所以，李贽说："无生则无死，无死则无怕，非有死而强说不怕也。自古唯佛、圣人怕死为甚。"①没有生就没有死，没有死亡这个问题，人们其实就没有什么可烦恼的。因为人们对死有一种自然的恐惧心理，所以非得说自己不怕死那是骗人的。面对死亡，其实圣人也会有所畏惧，而且还可能比一般人畏惧程度更深。有畏惧自然就会有烦恼，所以死亡是人人逃不过的最大的烦恼。但李贽却又说，只要能够正视它，承认死亡是自然规律，人人皆难逃脱，就会使自己释然很多。解决对死亡恐惧的最有效的办法就是超脱生死的束缚，做到像孔子那样"朝闻道夕死可矣"②，让求"道"之心战胜对死亡的恐惧之心，人生最大的烦恼就会消解，那么其他小烦恼也都将会迎刃而解。特别是从古至今被名利困扰的人们，悟不透名利就像是一场看起来风光无比却终因宴席散去而风光不再的晚宴一样这个道理。但只要以生死为念，那些烦扰其实都是庸人自扰。正如当时对李贽异端思想持批评态度的方以智，在以生死为念摆脱人生烦恼方面却深受其影响：

> 平怀论之，睡、食、色、财、名，有情之五因也。四者与睡一等，而人恶之太过耳。究竟能以名敌死者，千百中之一二，则"名"字终不能胜"死"字明矣。若论劝世止恶，兼用"死"字、

---

① 《观音问·答自信》，《焚书》卷四。
② 《论语·里仁》。

"名"字；欲歇名心，专须"死"字。"死"字是亘古亘今大恩人、大宝贝，切莫错过。①

方以智认为人们对"食、色、财、名"的欲望就像人们需要睡觉一样正常，但人们却常常被"食、色、财、名"所困，而徒生许多烦恼。但如果以死为念，这些困扰便能迎刃而解，而真正这样做的人却是"千百中之一二"。所以对"死"的领悟是多么重要，"死"简直就是任何时代下人们的最大的恩人。这与李贽以死念摒除人生烦恼的思想如出一辙。无独有偶，受李贽以生死为念思想影响的日本明治维新运动先驱者吉田松阴也曾感叹说：

> 贵问丈夫所可死者如何？仆去冬以来，死之一字，大有发明。李氏（李贽）《焚书》之功为多。其说甚长，约言之：死非可好，亦非可恶，道尽心安，便是死所。世有身死而心死者，有身死而魂存者。心死，生无益也；魂存，亡无损也。②

"死"这一剂治疗世人人生烦恼的良药，许多人却没有好好领悟它。"道尽心安，便是死所"，只要不违背"最初一念之本心"，就会心安，就是死得其所。人生的纷纷纭纭便都会随着这份心安而清净透彻。正确对待死亡便可以正确对待人生，还有什么烦恼不可以放下？

李贽这种以"道心"战胜人生恐惧、克服人生烦恼的思维，在任何时代都有其现实意义，因为他所认为的"道"不是固定不变之道，而是与时变化之道。对人的生死的价值和意义的探讨将是人类永恒的话题，身在晚明的他就给出了我们如此大的启示，不可不谓是大觉者。

---

① 方以智：《东西均·名教》，转自《李贽研究参考资料》（第二辑），第192页。
② ［日］吉田松阴：《乙未存稿·与高杉晋作书》，转自《李贽研究参考资料》（第二辑），第221页。

五 校注说明

（一）书中原文以中华书局 1975 年版《焚书·续焚书》合刊本为底本，并参照明末顾大韶校刊本《李温陵集》作了校勘。以简体字横排。由于受篇幅所限，本书暂不对原文中的第六卷诗歌部分进行注释，故本书只保留原文中的五卷和增补一部分。中华书局本在卷六后附有"增补一"十一篇，本书将此编入卷二后。中华书局本在卷六后附有的"增补二"两篇《复焦弱侯》、《寄答京友》，与卷二中的两篇同题且文大致同，卷二中的两篇为节录，今删去，把"增补二"中的两篇补入卷二。中华书局本目录标题中两文一题者，如《与周友山书二首》。现依正文改为《与周友山书》、《又与周友山书》，其他同此。

（二）原文与其他文献相同、相通处，注释时适当参酌。

（三）底本中的古体、异体字，直接改为通行简化字体。

（四）书中注释尽量避免重复，如有必要，采取参见方式。

（五）对于一些生僻或易读错字加注拼音，注音采用现代汉语拼音注音法。

（六）注释力求语言通俗，以适合于更广大的读者。

《焚书》简注

自序(李贽)

自有书四种：一曰《藏书》①，上下数千年是非，未易肉眼视也，故欲藏之，言当藏于山中以待后世子云也。一曰《焚书》②，则答知己书问，所言颇切近世学者膏肓③，既中其痼疾，则必欲杀我矣，故欲焚之，言当焚而弃之，不可留也。《焚书》之后又有别录，名为《老苦》④，虽同是《焚书》，而另为卷目，则欲焚者焚此矣。独《说书》⑤四十四篇，真为可喜，发圣言之精蕴，阐日用之平常，可使读者一过目便知入圣之无难，出世之非假也。信如传注⑥，则是欲入而闭之门，非以诱人，实以绝人矣，乌乎可！其为说，原于看朋友作时文⑦，故《说书》亦佑时文，然不佑者故多也。

[注释]①《藏书》：李贽的著作之一，共六十八卷，体裁为纪传体，论述战国至元历史人物约八百人。 ②《焚书》：李贽著作之一，共六卷。包括书答、

杂述、读史及诗歌几个部分。 ③膏肓:这里指切入要害之处。 ④《老苦》:即有关佛学的文章。 ⑤《说书》:李贽的著作之一,内容是对"四书"的解说和评论。 ⑥传注:解释古代典籍的文字。 ⑦时文:指明代科举考试应试的八股文。

今既刻《说书》,故再《焚书》亦刻,再《藏书》中一二论著亦刻,焚者不复焚,藏者不复藏矣。或曰:"诚如是,不宜复名《焚书》也,不几于名之不可言,言之不顾行乎?"噫噫! 余安能知,子又安能知。夫欲焚者,谓其逆人之耳也;欲刻者,谓其入人之心也。逆耳者必杀,是可惧也。然余年六十四矣,倘一入人之心,则知我者或庶几①乎! 余幸其庶几也,故刻之。

[注释]①庶几:相近,差不多。

卓吾老子①题湖②上之聚佛楼

[注释]①卓吾老子:指李贽。 ②湖:即湖北麻城的龙潭湖。

卷一　书答

答周西岩①

天下无一人不生知②,无一物不生知,亦无一刻不生知者,但自不知耳,然又未尝不可使之知也。惟是土木瓦石不可使知者,以其无情,难告语③也;贤智愚不肖不可使知者,以其有情,难告语也。除是二种,则虽牛马驴驼等,当其深愁痛苦之时,无不可告以生知,语以佛乘④也。

[注释]①周西岩:未详。　②生知:指先天的自然德性。　③告语:用语言告知。　④佛乘:佛教谓教导众生成佛之法。

据渠见处,恰似有人生知,又有人不生知。生知者便是佛,非生知者未便是佛。我不识渠半生以前①所作所为,皆是谁主张乎?不几于日用而不知乎?不知尚可,更自谓目前不敢冒认作佛。既目前无佛,他日又安得有佛也?若他日作佛时,佛方真有,则今日不作佛时,佛又何处去也?或有或无,自是识心分别②,妄为有无,非汝佛有有有无也明矣。

[注释]①半生以前:指未学佛的前半生。 ②识心分别:主观地妄加区分。

且既自谓不能成佛矣,亦可自谓此生不能成人①乎?吾不知何以自立于天地之间也。既无以自立,则无以自安。无以自安,则在家无以安家,在乡无以安乡,在朝廷无以安朝廷。吾又不知何以度日,何以面于人也。吾恐纵谦让,决不肯自谓我不成人也审②矣。

[注释]①成人:做人。 ②审:明白,清楚。

既成人矣,又何佛不成,而更等待他日乎?天下宁有人外之佛,佛外之人乎?若必待仕宦婚嫁事毕然后学佛,则是成佛必待无事,是事有碍于佛也。有事未得作佛,是佛无益于事也。佛无益于事,成佛何为乎?事有碍于佛,佛亦不中用矣,岂不深可笑哉?才等待,便千万亿劫①,可畏也夫!

[注释]①劫:佛教用语,指很长一段时间。佛教认为世界经历若干万年毁灭一次,再重新开始,这样一个周期称一"劫"。

答周若庄①

明德②本也,亲民③末也,故曰"物有本末"。又曰"自天子以至于庶人,壹是皆以修身为本"。苟不明德以修其身,是本乱而求末之治,胡可得也。人之至厚者莫如身,苟不能明德以修身,则所厚者薄,无所不薄,而谓所薄者厚,无是理也。故曰"未之有也"。今之谈者,乃舍明德而直言亲民,何哉? 不几于舍本而图末,薄所厚而欲厚所薄乎! 意者亲民即明德事耶! 吾之德既明,然后推其所有者以明明德于天下,此大人成己、成物之道所当如是,非谓亲民然后可以明吾之明德之谓也!

[注释]①周若庄:不详。　②明德:光明美好的德行。　③亲民:亲近爱抚民众。

且明德者吾之所本有,明明德于天下者,亦非强人之所本无。故又示之曰"在止于至善①"而已。无善无恶②,是谓至善,于此而知所止,则明明德之能事毕矣。由是而推其余者以及于人,于以亲民,不亦易易乎! 故终篇更不言民如何亲,而但曰明德;更不言德如何明,而但曰止至善;不曰善如何止,而但曰知止;不曰止如何知,而直曰格物③以致其知而已。所格者何物? 所致者何知? 盖格物则自无物,无物则自无知。故既知所止,则所知亦止;苟所知未止,亦未为知止也。故知止其所不知,斯致矣。予观《大学》④如此详悉开示⑤,无非以德未易明,止未易知。故又赞⑥之曰:"人能知止,则常寂而常定也,至静而无欲也,安安而不迁也,百虑而一致也。"今之谈者,切己自反,果能常寂而常定乎? 至静而无欲乎? 安固而不摇乎? 百虑而致之一乎? 是未可知耳。奈之何遽以知止自许、明德自任,而欲上同于大人亲民之学也! 然则颜子⑦终身以好学称,曾子⑧终身以守约名,而竟不敢言及亲民事者,果皆非耶,果皆偏而不全之学耶!

[注释]①止于至善:使人们处于善的最完美境界。 ②无善无恶:这里指善恶未分之前的人的自然本性。 ③格物:推究事物之理。 ④《大学》:《大学》原为《礼记》第四十二篇。宋朝程颢、程颐兄弟把它从《礼记》中抽出,编次章句。朱熹将《大学》、《中庸》、《论语》、《孟子》合编注释,称为《四书》,从此《大学》成为儒家经典。 ⑤详悉开示:详细写出来使知道。 ⑥赞:阐明。 ⑦颜子:即颜回,字子渊,又称颜渊。春秋时期鲁国人,十四岁即拜孔子为师,此后终生师事之。在孔门诸弟子中,孔子对他称赞最多,后世尊其为"复圣"。 ⑧曾子:姓曾,名参(前505～前435),字子舆,春秋末年鲁国人。儒家主要代表人物之一,孔子的弟子,勤奋好学,颇得孔子真传,世称曾子,有宗圣之称。

世固有终其身觅良师友、亲近善知识①,而卒不得收宁止之功者,亦多有之,况未尝一日亲近善知识而遂以善知识自任,可乎!

[注释]①善知识:佛教用语。佛教称能引发他人向上,增善去恶乃至证悟成佛的人。

与焦弱侯①

人犹水也,豪杰犹巨鱼也。欲求巨鱼,必须异水;欲求豪杰,必须异人,此的然之理也。今夫井,非不清洁也,味非不甘美也,日用饮食非不切切于人,若②不可缺以旦夕也。然持任公之钓③者,则未尝井焉之之类。何也?以井不生鱼也。欲求三寸之鱼,亦了不可得矣。

[注释]①焦弱侯:即焦竑(1540～1620),字弱侯,号漪园、澹园,江宁(今

南京)人。明万历进士第一,官翰林院修撰,后曾任南京司业。明代晚期著名思想家、藏书家、古音学家、文献考据学家。著作甚丰,有《澹园集》《焦氏笔乘》等。 ②若:文言句首助词。 ③任公之钓:《庄子·外物》所载寓言,说春秋时任国(今山东济宁一带)的公子,用大钩巨绳和五十头犗牛的钓饵,蹲在会稽山上,投竿东海钓鱼。一年后钓到一条大鱼,使浙江以东、苍梧(今广西苍梧)以北的人,都饱餐了一顿。

今夫海,未尝清洁也,未尝甘旨也。然非万斛之舟不可入,非生长于海者不可以履于海。盖能活人,亦能杀人,能富人,亦能贫人。其不可恃①之以为安,倚②之以为常也明矣。然而鲲鹏化焉③,蛟龙④藏焉,万宝之都,而吞舟之鱼所乐而游遨也。彼但一开口,而百丈风帆并流以入,曾无所于碍,则其腹中固已江、汉若矣。此其为物,岂豫且⑤之所能制,网罟⑥之所能牵耶!自生自死,自去自来,水族千亿,惟有惊怪长太息而已,而况人未之见乎!

[注释]①恃(shì):依赖,仗着。 ②倚:依靠,凭借。 ③鲲鹏化焉:名为鲲的大鱼化作名为鹏的大鸟。 ④蛟龙:古代传说的两种动物,居深水中。相传蛟能发洪水,龙能兴云雨。 ⑤豫且:传说是春秋时宋国捕鱼人。 ⑥网罟:捕鱼及捕鸟兽的工具。

余家泉海①,海边人谓余言:"有大鱼入港,潮去不得去。呼集数十百人,持刀斧,直上鱼背,恣意砍割,连数十百石,是鱼犹恬然如故也。俄而潮至,复乘之而去矣。"然此犹其小者也。乘潮入港,港可容身,则兹鱼亦苦不大也。余有友莫姓者,住雷海之滨,同官滇中,亲为我言:"有大鱼如山,初视,犹以为云若雾也。中午雾尽收,果见一山在海中,连亘若太行,自东徙西,直至半月日乃休。"则是鱼也,其长又奚啻②三千余里者哉!

[注释]①泉海:指李贽的家乡泉州。 ②奚啻(xī chì):何止,岂但。

嗟乎!豪杰之士,亦若此焉尔矣。今若索豪士于乡人皆好之中,是犹钓鱼于井也,胡可得也!则其人可谓智者欤!何也?豪杰之士决非乡人之所好,而乡人之中亦决不生豪杰。古今贤圣皆豪杰为之,非豪杰而能为圣贤者,自古无之矣。今日夜汲汲①,欲与天下之豪杰共为贤圣,而乃索豪杰于乡人,则非但失却豪杰,亦且失却贤圣之路矣。所谓北辕而南其辙②,亦又安可得也!吾见其人决非豪杰,亦决非有为圣贤之真志者。何也?若是真豪杰,决无有不识豪杰之人,若是真志要为圣贤,决无有不知贤圣之路者。尚安有坐井钓鱼之理也!

[注释]①汲(jí)汲:形容急切的样子,急于得到。 ②北辕而南其辙:即南辕北辙。要到南方去,却驾着车往北走。比喻行动和目的相反。

答邓石阳①

穿衣吃饭,即是人伦物理②;除却穿衣吃饭,无伦物矣。世间种种皆衣与饭类耳,故举衣与饭而世间种种自然在其中,非衣饭之外更有所谓种种绝与百姓不相同者也。学者只宜于伦物上识真空③,不当于伦物上辨伦物。故曰:"明于庶物,察于人伦④。"于伦物上加明察,则可以达本而识真源;否则,只在伦物上计较忖度⑤,终无自得之日矣。支离、易简之辨，正在于此。明察得真空，则为由仁义行⑥；不明察，则为行仁义⑦，入于支离而不自觉矣。可不慎乎！

[注释]①邓石阳：名林材，字子培，号石阳，四川内江（今四川内江）人。曾任推官、知州等职。后曾任湖南新宁州知州，故李贽在别的信中称他为太守。 ②人伦物理：人与人之间的关系和事物之间的道理。 ③真空：佛教语。一般谓超出一切色相意识界限的境界。 ④明于庶物，察于人伦：从人伦物理中知晓道理和常情。 ⑤忖度（cǔn duó）：推测。 ⑥由仁义行：按照仁义本心去行动。 ⑦行仁义：不是出于仁义之心而是勉强去做仁义之事。

昨者复书"真空"十六字，已说得无渗漏矣。今复为注解以请正何如？所谓"空不用空①"者，谓是太虚空②之性，本非人之所能空也。若人能空之，则不得谓之太虚空矣，有何奇妙，而欲学者专以见性③为极则也耶！所谓"终不能空"者，谓若容得一毫人力，便是塞了一分真空，塞了一分真空，便是染了一点尘垢。此一点尘垢便是千劫系驴之橛④，永不能出离⑤矣，可不畏乎！世间荡平大路，千人共由，万人共履，我在此，兄亦在此，合邑上下俱在此。若自生分别，则反不如百姓日用矣。幸裁之！

[注释]①空不用空：佛教认为，世界万物的本性就是无自身特性的虚幻不实的"真空"，排除妄念，真空自然显现，不用人为造作。 ②太虚空：佛教认为浩瀚的太空无形无相，虚空常寂，故谓之太虚空。 ③见性：佛教语。谓悟彻清净的佛性。 ④系驴之橛：佛教用语，原指栓驴马的木桩，后比喻束缚人心的羁绊、枷锁等。 ⑤出离：犹佛家所谓涅槃、正觉的境界，在此境界，贪、嗔、痴与以经验为根据的我亦已灭尽，达到寂静、安稳和常在。

弟老矣,作笔草草,甚非其意。兄倘有志易简之理,不愿虚生此一番,则弟虽吐肝胆之血以相究证,亦所甚愿;如依旧横此见解,不复以生死为念①,千万勿劳赐教也。

[注释]①不复以生死为念:还不去考虑生死的道理。

又答石阳太守①

兄所教者正朱夫子②之学,非虞廷精一③之学也。精则一,一则不二,不二则平;一则精,精则不疏,不疏则实。如渠老④所见甚的确,非虚也,正真实地位也;所造甚平易,非高也,正平等境界也。盖亲得赵老⑤之传者。虽其东西南北,终身驰逐于外,不免遗弃⑥之病,亦其迹耳,独不有所以迹者乎?迹则人人殊,有如面然。面则千万其人,亦千万其面矣。人果有千万者乎?渠惟知其人之无千万也,是以谓之知本也,是以谓之一也;又知其面之不容不千万而一听其自千自万也,是以谓之至一⑦也,是以谓之大同⑧也。

[注释]①石阳太守:指邓石阳。见本卷《答邓石阳》注。 ②朱夫子:即朱熹(1130～1200),字元晦,一字仲晦,号晦庵,别号紫阳。卒后追谥"文"。徽州婺源(今江西婺源)人,后侨居建阳(今福建建阳)。南宋哲学家,教育家。绍兴进士,曾任秘阁修撰等职。在经学、史学、文学、乐律以至自然科学方面都有不同程度的贡献。特别是在哲学上,发展了程颢、程颐关于理念关系的学说,集理学之大成,建立了一个完整的客观唯心主义理学体系,世称程朱理学,在明清两代被提到儒学正宗地位。著有《四书章句集注》等,及后人编纂的《朱子语类》、《朱文公文集》等。 ③虞廷精一:虞舜时期道德修养的精粹

纯一。　④渠老：指邓豁渠，初名鹤，又名鹤初，亦简作鹤，号太湖。内江（今四川内江）人。著有《南询录》，李贽为之作序。　⑤赵老：指赵贞吉（1508～1576），字孟静，号大洲，内江（今四川内江）人。嘉靖十四年（1535）进士，官至吏部尚书兼文渊阁大学士。精通王守仁之学，并具有以禅入儒的特点。卒谥文肃。著有《赵文肃公集》。　⑥遗弃：指出家为僧，抛弃功名与父母妻子。⑦至一：高度和谐一致的境界或局面。　⑧大同：与天地万物融合为一。

　　如其迹，则渠老之不同于大老①，亦犹大老之不同于心老②，心老之不同于阳明老③也。若其人④，则安有数老之别哉！知数老之不容分别，此数老之学⑤所以能继千圣之绝，而同归于"一以贯之⑥"之旨也。若概其面之不同而遂疑其人之有异，因疑其人之有异而遂疑其学之不同，则过矣！渠正充然满腹⑦也，而我以画饼不充疑之；渠正安稳在彼岸⑧也，而我以虚浮无归宿病之。是急人之急而不自急其急，故弟亦愿兄之加三思也。

　　［注释］①大老：即赵贞吉。　②心老：指王艮（1483～1541），明代哲学家，泰州安丰场（今江苏东台）人，人称王泰州。泰州学派创始人。初名银，王守仁替他改名为艮，字汝止，号心斋。王艮一生以布衣传道，终身不仕。③阳明老：即王守仁（1472～1529），字伯安，号阳明，浙江绍兴府余姚县（今属浙江宁波余姚）人。明代著名的哲学家、思想家、政治家和军事家，是朱熹后的另一位大儒，官至南京兵部尚书、南京都察院左都御史。"心学"流派最重要的大师，陆王心学之集大成者，非但精通儒家、佛家、道家学说，而且能够统军征战，是中国历史上罕见的全能大儒。封"先儒"，奉祀孔庙东庑第58位。④若其人：就人的自然本性来说。　⑤学：学问造诣。　⑥一以贯之：一种思想或理论贯通始终。　⑦充然满腹：比喻学问充实。　⑧彼岸：佛教语。佛家以有生有死的境界为"此岸"；超脱生死，即涅槃的境界为"彼岸"。

使兄之学真以朱子①者为是,而以精一之传为非是,则弟更何说乎?若犹有疑于朱子,而尚未究于精一之宗,则兄于此当有不容以已者在。今据我二人论之:兄精切于人伦物理之间,一步不肯放过;我则从容于礼法之外,务以老而自佚。其不同者如此。兄试静听而细观之:我二人同乎,不同乎?一乎,不一乎?若以不同看我,以不一看我,误矣。

[**注释**]①朱子:指朱熹。

但得一,万事毕,更无有许多物事及虚实高下等见解也。到此则诚意为真诚意,致知①为真致知,格物为真格物。说诚意亦可,说致知亦可,说格物亦可,何如?何如?我二人老矣。彼此同心,务共证盟②千万古事业,勿徒为泛泛会聚也!

[**注释**]①致知:获得真知。 ②证盟:盟誓保证。

答李见罗①先生

昔在京师时,多承诸公②接引,而承先生接引尤勤。发蒙启蔽,时或未省,而退实沉思,既久,稍通解耳。师友深恩,永矢不忘,非敢佞③也。年来衰老非故矣,每念才弱质单④,独力难就,恐遂为门下⑤鄙弃,故往往极意参寻,多方选胜⑥,冀或有以赞我者,而讵意⑦学者之病又尽与某相类耶!但知为人,不知为己;惟务好名,不肯务实。夫某既如此矣,又复与此人处,是相随而入于陷阱也。

[注释]①李见罗:即李材(1525~1599),字孟诚,号见罗。丰城(今江西丰城)人,王阳明的再传弟子,邹守益的学生。嘉靖四十一年(1562)进士,历官云南按察使、右佥都御史。好讲学。著有《李见罗集》、《正学堂稿》等。 ②诸公:这里指李材、李逢阳、徐用检等。 ③佞(nìng):善辩,巧言谄媚。 ④才弱质单:才力衰微。 ⑤门下:敬辞,称对方。 ⑥选胜:选访有学问的人。 ⑦讵意:岂料。

"无名,天地之始"①,谁其能念之②!以故闭户却扫,怡然独坐。或时饱后,散步凉天,箕踞行游③,出从二三年少,听彼俚歌④,聆此笑语,谑弄片时,亦足供醒脾之用,可以省却枳木丸子⑤矣。及其饱闷已过,情景适可,则仍旧如前锁门独坐而读我书也。其踪迹如此,岂诚避人哉!若乐于避人,则山林而已矣,不城郭而居也,故土而可矣,不以他乡游也。公其以我为诚然否?然则此道也,非果有夕死之大惧,朝闻之真志,聪明盖世,刚健笃生,卓然不为千圣所摇夺者,未可遽以与共学此也。盖必其人至聪至明,至刚至健,而又逼之以夕死,急之以朝闻,乃能退就实地,不惊不震,安稳而踞坐之耳。区区世名,且视为浼己⑥也,肯耽之乎?

[注释]①无名,天地之始:无名是天地的原始。 ②谁其能念之:谁还去考虑这话的道理。 ③箕踞行游:外出行游时不拘小节。箕踞(jī jù),一种轻慢、不拘礼节的坐的姿态。即随意张开两腿坐着,形似簸箕。 ④俚歌:民间通俗歌谣。 ⑤枳(zhǐ)木丸子:丸药名。枳,落叶灌木或小乔木,小枝多刺,果实黄绿色,味酸不可食,可入药(亦称"枸橘")。 ⑥浼己:污染、玷污自己。

向时尚有贱累①,今皆发回原籍,独身在耳。太和②之游,未便卜期。年老力艰,非大得所不敢出门户。且山水以人为重,未有人而千里寻山水者也。闲适之余,著述颇有,尝自谓当藏名山,以俟后世子云。今者有公,则不啻玄晏先生③也。计即呈览,未便以覆酒瓮④,其如无力缮写何!

[注释]①贱累:这里指李贽的家眷。　②太和:指太和山,即武当山,在今湖北均县境内。　③玄晏先生:魏晋间学者皇甫谧的号,他十分赞赏左思用十年功夫写的《三都赋》,并为之作序,使《三都赋》风行一时。这里,李贽把李见罗比作皇甫谧,意为他会像皇甫谧赏识左思《三都赋》那样看待自己的著作。　④覆酒瓮:盖酒坛。比喻著作无价值。

飘然一身,独往何难。从此东西南北,信无不可,但不肯入公府①耳。此一点名心②,终难脱却,然亦不须脱却也。世间人以此谓为学者不少矣。由此观之,求一真好名者,举世亦无,则某之闭户又宜矣。

[注释]①公府:宅第的尊称。这里指官僚权贵的宅第。　②名心:好名之心。这里指李贽"不肯入公府",即不愿和官僚权贵来往。

答焦漪园①

承谕②,《李氏藏书》③,谨抄录一通,专人呈览。年来有书三种④,惟此一种系千百年是非,人更八百⑤,简帙⑥亦繁,计不止二千叶⑦矣。更有一种,专与朋辈往来谈佛乘者,名曰《李氏焚书》⑧,大抵多因缘语⑨、忿激语⑩,不比寻常套语。恐览者或生怪憾⑪，故名曰《焚书》，言其当焚而弃之也。见在者百有余纸⑫，陆续则不可知，今姑未暇录上。又一种则因学士⑬等不明题中大旨，乘便写数句贻之，积久成帙，名曰《李氏说书》⑭，中间亦甚可观。如得数年未死，将《语》、《孟》⑮逐节发明，亦快人也。惟《藏书》宜闭秘之，而喜其论著稍可，亦欲与知音者一谈，是以呈去也。其中人数既多，不尽妥当，则《晋书》⑯、《唐书》⑰、《宋史》⑱之罪，非余责也。

[注释]①焦漪(yī)园：即焦竑，见本卷《与焦弱侯》注。 ②承谕：承蒙吩咐。谕，告诉，使人知道（一般用于上对下）。 ③《李氏藏书》：即《藏书》，见《自序》注。 ④三种：即《藏书》、《焚书》、《说书》。 ⑤八百：《藏书》中记述了从战国到元末的历史人物约八百人。 ⑥简帙：书卷；书页。简，古代用来写字的竹板。书、画的封套，用布帛制成。这里指成套、成册的书。 ⑦叶：同"页"。 ⑧《李氏焚书》：即《焚书》，见《自序》注。 ⑨因缘语：论述有关因缘的话语。因缘，佛教语。佛教谓使事物生起、变化和坏灭的主要条件为因，辅助条件为缘。 ⑩忿激语：愤世嫉俗的话语。 ⑪怪憾：责怪和不满。 ⑫纸：页。 ⑬学士：这里指读书人。 ⑭《李氏说书》：即《说书》，见《自序》注。 ⑮《语》、《孟》：即《论语》、《孟子》。 ⑯《晋书》：唐代房玄龄等编撰的晋代史，共一百三十卷。 ⑰《唐书》：此处指《新唐书》，北宋时期宋祁、欧阳修等人编撰的一部记载唐朝历史的纪传体断代史书，"二十四史"之一。全书共二百二十五卷。《新唐书》在体制上第一次写出了《兵志》、《选举志》，系统论述了唐代府兵等军事制度和科举制度，为以后《宋史》等所沿袭。另有《旧唐书》，后晋刘昫(xù)等编撰的唐代史，共二百卷。《新唐书》历宋、元、明至清初一直占有正统地位，一般人只读《新唐书》而不读《旧唐书》。 ⑱《宋史》：是一部记述赵宋王朝历史的纪传体史书。元脱脱等撰，全书共四百九十六卷。

窃以魏、晋①诸人标致殊甚，一经秽笔②，反不标致。

真英雄子,画作疲软汉③矣;真风流④名世者,画作俗士;真啖名不济事客,画作褒衣大冠⑤,以堂堂巍巍自负。岂不真可笑!因知范晔⑥尚为人杰,《后汉》⑦尚有可观。今不敢谓此书诸传皆已妥当,但以其是非堪为前人出气而已,断断然不宜使俗士见之。望兄细阅一过,如以为无害,则题数句于前,发出编次本意可矣,不愿他人作半句文字于其间也。何也?今世想未有知卓吾子者也。然此亦惟兄斟酌行之。弟既处远,势难遥度⑧,但不至取怒于人,又不至污辱此书,即为爱我。中间差讹甚多,须细细一番乃可。若论著则不可改易,此吾精神心术所系,法家⑨传爰之书⑩,未易言也。

[注释]①魏、晋:中国古代历史朝代名称。魏从220年至265年,晋分东晋和西晋,西晋从265年至316年,东晋从317年至420年。 ②秽笔:谓凭个人好恶,不符事实地编写史书。 ③疲软汉:软弱无能之辈。 ④风流:指杰出不凡的人物。 ⑤褒(bāo)衣大冠:宽衣大帽,指儒者或显贵的装束。褒,同"襃"。 ⑥范晔(398～445):字蔚宗,南朝宋史学家,顺阳(今河南淅川东)人。官至左卫将军,太子詹事。宋文帝元嘉九年(432),范晔因为"左迁宣城太守,不得志,乃删众家《后汉书》为一家之作",开始撰写《后汉书》,至元嘉二十二年(445)以谋反罪被杀止,写成了十纪,八十列传。原计划作的十志,未及完成。今本《后汉书》中的八志三十卷,是南朝梁刘昭从司马彪的《续汉书》中抽出来补进去的。 ⑦《后汉》:即《后汉书》,记载东汉历史,具体写作情况见上注。 ⑧遥度(duó):从远处推测、揣度。 ⑨法家:这里指掌管司法的官吏。 ⑩传爰(yuán)之书:经过传换而经别的官吏核实的囚犯供词的文书。爰,更换。

本欲与上人①偕往,面承指教,闻白下②荒甚,恐途次有儆③,稍待麦熟,或可买舟来矣。生平慕西湖佳胜,便于舟航,且去白下密迩④。又今世俗子与一切假道学,共以异端⑤目我,我谓不如遂为异端,免彼等以虚名加我,何如?夫我既已出家矣,特余此种种⑥耳,又何惜此种种而不以成此名耶!或一会兄而往,或不及会,皆不可知,第早晚有人往白下报曰,"西湖上有一白须老而无发者",必我也夫!必我也夫!从此未涅槃⑦之日,皆以阅藏⑧为事,不复以儒书为意也。

[注释]①上人:旧时对和尚的尊称。 ②白下:指南京。 ③儆(jǐng):古同"警",警报。 ④密迩(ěr):很近。 ⑤异端:不符合正统思想的学说、学派。 ⑥种种:头发短少貌。 ⑦涅槃:佛教语。是佛教全部修习所要达到的最高理想,一般指熄灭生死轮回后的境界。也作为死亡的美称。 ⑧藏:指《藏经》,汉文佛教经典的总称。

前书所云邓和尚①者果何似?第一机②即是第二机③,月泉和尚④以婢为夫人⑤也。第一机不是第二机,豁渠和尚以为真有第二月⑥在天上也。此二老宿⑦,果致虚极而守静笃⑧者乎?何也?盖惟其知实之为虚,是以虚不极,惟其知动之即静,是以静不笃。此是何等境界,而可以推测拟议⑨之哉!故曰"亿则屡中⑩",非不屡中也,而亿焉则其害深矣。夫惟圣人不亿,不亿故不中,不中则几焉。何时聚首合并,共证斯事。

[注释]①邓和尚:指邓豁渠,见本卷《又答石阳太守》注。 ②第一机:佛教用语,真心萌动的念头。机即根机,即众生学习佛法的智质、觉悟、能力及内心萌动的念头。 ③第二机:佛教用语,妄心萌动的念头。 ④月泉和

尚：明代名僧。　⑤以婢为夫人：把主次混同。　⑥第二月：佛教用语。如同患翳眼疾的人看到第二月。比喻似有非有的东西。　⑦老宿：高僧。　⑧致虚极而守静笃：心灵虚寂而又清静无为。　⑨拟议：事先考虑。　⑩亿则屡中：料事总是能与实际相符。亿：通"臆"。中：正中。

　　潘雪松①闻已行取②,《三经解》③刻在金华④,当必有相遗。遗者多,则分我一二部。我于《南华》⑤已无稿矣,当时特为要删太繁,故于隆寒病中不四五日涂抹⑥之。《老子解》⑦亦以九日成,盖为苏注⑧未惬,故就原本添改数行。《心经提纲》⑨则为友人写《心经》毕,尚余一幅,遂续墨而填之⑩,以还其人。皆草草了事,欲以自娱,不意遂成木灾⑪也！若《藏书》则真实可喜。潘新安⑫何如人乎？既已行取,便当居言路作诤臣矣,不肖何以受知此老也。其信我如是,岂真心以我为可信乎,抑亦从兄口头⑬,便相随顺信我也？若不待取给他人口头便能自着眼睛⑭,索我于牝牡骊黄⑮之外,知卓吾子之为世外人也,则当今人才,必不能逃于潘氏藻鉴⑯之外,可以称具眼矣。

　　[注释]①潘雪松：即潘士藻(1537～1600),字去华,徽州婺源(今江西婺源)人。万历十一年(1583)进士。授温州推官、尚宝司卿等。著有《闇然堂类纂》。　②行取：明清时,地方官经推荐保举后调任京职。　③《三经解》：不详,疑指李贽所著《庄子解》、《老子解》及《心经提纲》三种。　④金华：府名,治所在今浙江省金华。　⑤《南华》：即《南华经》,《庄子》的别名。唐玄宗于天宝元年(742)诏号庄子为"南华真人",称其所著书为"真经"。　⑥涂抹：指随意地写或画。这里表示匆匆搞好的意思。　⑦《老子解》：李贽著,写于万历二年(1574)。见今存《卓吾先生李氏丛书》第十三册。　⑧苏注：苏辙的《道德经解》。　⑨《心经提纲》：李贽为《心经》所写的提要。《心经》,全称《摩

诃般若波罗蜜多心经》。玄奘译。在佛教三藏中的地位非常殊胜,就相当于释迦牟尼佛的心脏一样。收于大正藏第八《般若波罗蜜多心经》册。心,指心脏,含有精要、心髓等意。本经系将内容庞大之般若经浓缩,成为表现"般若皆空"精神之简洁经典。全经举出五蕴、三科、十二因缘、四谛等法以总述诸法皆空之理。 ⑩续墨而填之:指做了一定的补充。 ⑪木灾:浪费木材以雕版印书,这里是李贽自谦之语。 ⑫潘新安:即潘士藻,因潘士藻是婺源人,婺源又称新安,故有时称其为潘新安。 ⑬从兄口头:从别人口头得知。 ⑭自着眼睛:凭自己的判断。 ⑮牝牡骊黄(pìn mǔ lí huáng):本指挑选好马不必拘于毛色、性别,后来用"牝牡骊黄"比喻非本质的表面现象。牝牡,雌性和雄性。骊黄,黑马和黄马。 ⑯藻鉴:品藻和鉴别(人才)。

复丘若泰①

丘书云:"仆谓丹阳②实病。"柳塘③云:"何有于病?且要反身默识④。识默耶,识病耶?此时若纤念不起,方寸⑤皆空,当是丹阳,但不得及此境界耳。"

[注释]①丘若泰:指丘齐云,字谦之。若泰似其号。 ②丹阳:佛教所谓超脱尘世的境界。 ③柳塘:即周思久(1527~1592),字子征,号柳塘,麻城(今湖北麻城)人。周思敬之兄。嘉靖三十二年(1553)进士,曾任琼州(今海南省)知府。晚年居龙湖潭,自号石潭居士。著有《石潭集》、《柳塘遗书》等。 ④默识:暗中记住。语出《论语·述而》:"默而识之。" ⑤方寸:指心,脑海。

苦海有八①,病其一也。既有此身,即有此海;既有此病,即有此苦。丹阳安得而与人异耶!人知病之苦,不知乐之苦——乐者苦之因,乐极则苦生矣。人知病之苦,不知病之乐——苦者乐之因,苦极则乐至矣。苦乐相乘,是轮回种②；因苦得乐，是因缘法③。丹阳虽上仙，安能弃轮回，舍因缘，自脱于人世苦海之外耶？但未尝不与人同之中，而自然不与人同者，以行粮素具④，路头素明⑤也。此时正在病，只一心护病，岂容更有别念乎，岂容一毫默识工夫参于其间乎！是乃真第一念⑥也，是乃真无二念也；是乃真空⑦也，是乃真纤念不起，方寸皆空之实境也。非谓必如何空之而后可至丹阳境界也。若要如何，便非实际，便不空矣。

[注释]①苦海有八：苦海有八个方面。分别是，即生、老、病、死、怨憎会、爱别离、求不得及忧悲恼等苦。 ②轮回种：轮回的根源。 ③因缘法：起因或依据的途径。 ④行粮素具：修性的资粮已经具备。 ⑤路头素明：修性的道路已经明晰。 ⑥第一念：与下文的"第二念"均是佛教用语。第一念是指真心萌动的毫无杂念的念头。第二念是指妄心萌动的含有杂念的念头。 ⑦真空：超出虚幻不实的现象的真实本原。

复邓石阳①

昨承教言，对使裁谢②，尚有未尽，谨复录而上之。盖老丈③专为上上人④说，恐其过高，或有遗弃⑤之病；弟则真为下下人⑥说，恐其沉溺而不能出，如今之所谓出家儿者，祇⑦知有持钵⑧糊口事耳。然世间惟下下人最多，所谓滔滔者天下皆是也。若夫上上人，则举世绝少，非直少也，盖绝无之矣。如弟者，滔滔皆是人也。彼其绝无者，举世既无之矣，又何说焉。

[注释]①邓石阳：见本卷《答邓石阳》注。 ②裁谢：写信致谢。 ③老

丈:旧时对年老男性的尊称。这里指邓石阳。　④上上人:指德行、智能最高的人。　⑤遗弃:指抛弃功名与父母妻子,出家为僧。　⑥下下人:指凡庸的人。　⑦祇:同"只"。　⑧钵(bō):洗涤或盛放东西的陶制的器具。这里指和尚吃东西用的器具。

　　年来每深叹憾,光阴去矣,而一官三十余年,未尝分毫为国出力,徒窃俸余以自润。既幸双亲归土,弟妹七人婚嫁各毕。各幸而不缺衣食,各生儿孙。独余连生四男三女,惟留一女在耳。而年逼耳顺①,体素羸弱②,以为弟侄已满目,可以无憾矣,遂自安慰焉。盖所谓欲之而不能,非能之而自不欲也,惟此一件人生大事未能明了,心下时时烦懑③;故遂弃官入楚,事善知识,以求少得。盖皆陷溺之久,老而始觉,绝未曾自弃于人伦之外者。

　　[注释]①年逼耳顺:年近六十岁。《论语·为政》:"六十而耳顺"。②羸(léi)弱:瘦弱。　③烦懑(mèn):泛指烦闷愁恼。

　　平生师友散在四方,不下十百,尽是仕宦忠烈丈夫,如兄辈等耳。弟初不敢以彼等为徇人①,彼等亦不以我为绝世,各务以自得而已矣。故相期甚远,而形迹顿遗。愿作圣者师圣,愿为佛者宗佛。不问在家出家,人知与否,随其资性,一任进道,故得相与共为学耳。然则所取于渠②者,岂取其弃人伦哉,取其志道也。中间大略不过曰:"其为人倔强难化③如此。始焉不肯低头,而终也遂尔禀服师事。"因其难化,故料其必能得道,又因其得道,而复喜其不负倔强初志。如此而已。然天下之倔强而不得道者多矣。若其不得道,则虽倔强何益,虽出家何用。虽至于断臂燃身④,亦祗为丧身失命之夫耳,竟何补也!故苟有志于道,则在家可也,孔、孟⑤不在家乎?出家可也,释迦佛⑥不出家乎?今之学佛者,非学其弃净饭王之位⑦而苦行于雪山之中也,学其能成佛之道而已。今之学孔子者,非学其能在家也,学其能成孔子之道而已。若以在家者为是,则今之在家学圣者多矣,而成圣者其谁耶?若以出家为非,则今之非释氏者亦不少矣,而终不敢谓其非佛,又何也?然则学佛者,要于成佛尔矣。渠既学佛矣,又何说乎?

[注释]①徇人:依从他人;曲从他人。 ②渠:指邓豁渠。 ③难化:思想不开化,即不随众。 ④断臂燃身:断手臂、燃肉身灯。指佛教徒修苦行的行为。燃肉身灯,用铁钩钩皮肤,钩上遍挂灯盏,贮油燃点。一种假借或误解佛教的"无义苦行"。 ⑤孔、孟:孔指孔子(前551~前479),名丘,字仲尼,鲁国陬(zōu)邑(今山东省曲阜市)人。春秋末期思想家、政治家、教育家,儒家学说的创始人。孔子曾受业于老子,带领部分弟子周游列国十四年,晚年修订了六经(即《诗》、《书》、《礼》、《乐》、《易》、《春秋》)。汉代以后,孔子学说成为两千余年封建文化的正统,孔子本人被封建统治者尊为圣人。孔子去世后,其弟子及其再传弟子把孔子及其弟子的言行语录和思想记录下来,整理编成了儒家经典《论语》。孟,指孟子(前372~前289),名轲,字子舆,鲁国邹(今山东省邹城市)人。战国时期伟大的思想家、教育家,儒家学派的代表人物。与孔子并称"孔孟"。孟子主张仁政,提出"民贵君轻"的民本思想,游历于齐、宋等诸国,希望效法孔子推行自己的政治主张,前后历时二十多年。但孟子的仁政学说被认为是"迂远而阔于事情",而没有得到实行。最后他退居讲学,和他的学生一起,"序《诗》、《书》,述仲尼(即孔子)之意,作《孟子》七篇"。后世追封孟子为"亚圣公",尊称为"亚圣"。 ⑥释迦佛:指释迦牟尼(约前565~前486),佛教创始人。姓乔达摩,名悉达多,释迦族人,被称为释

迦族的圣人。是古印度北部迦毗罗卫国（今尼泊尔境内）净饭王的儿子。
⑦弃净饭主之位：指释迦牟尼抛弃了净饭王王子之位，出家修道，拜访名师。

　　承示云，赵老①与胡氏②书，极诋渠之非，曰："云水瓢笠之中③，作此乞墦登垄之态④。"览教至此，不觉泫然⑤！斯言毒害，实刺我心。我与彼得无尽堕其中而不自知者乎？当时胡氏必以致仕分高品，轻功名富贵为善学者，故此老痛责渠之非以晓之，所谓言不怒，则听者不入是也。今夫人人尽知求富贵利达者之为乞墦矣，而孰知云水瓢笠之众，皆乞墦耶！使胡氏思之，得无知斯道之大，而不专在于轻功名富贵之间乎？然使赵老而别与溺于富贵功名之人言之，则又不如此矣。所谓因病发药，因时治病，不得一概，此道之所以为大也。吾谓赵老真圣人也。渠当终身依归，而奈何其遽舍之而远去耶！然要之各从所好，不可以我之意而必渠之同此意也。独念乞墦之辱，心实耻之，而卒不得免者何居？意者或借闻见以为聪明，或藉耳目以为心腹欤！或凭册籍⑥以为断案，或依孔、佛以为泰山⑦欤！有一于此，我乃齐人，又安能笑彼渠也。此弟之所痛而苦也。兄其何以教之？

　　[注释]①赵老：指赵贞吉，见本卷《又答石阳太守》注。　②胡氏：指胡直(1517～1585)，字正甫，号庐山，泰和（今江西省吉安）人。嘉靖三十五年(1556)进士。曾官广东按察使、福建按察使。著有《衡齐》等。　③云水瓢笠之中：指邓豁渠出家做和尚，头戴竹笠，手持瓢儿，游于山水间。　④乞墦(fán)登垄之态：却又做出向人乞食求利的丑态。　⑤泫然：流泪貌。亦指流泪。　⑥册籍：泛指书本，书籍。　⑦泰山：指靠山。

承谕①欲弟便毁此文②,此实无不可,但不必耳。何也？人各有心,不能皆合。喜者自喜,不喜者自然不喜；欲览者览,欲毁者毁,各不相碍,此学之所以为妙也。若以喜者为是,而必欲兄丈之同喜；兄又以毁者为是,而复责弟之不毁。则是各见其是,各私其学,学斯僻矣。抑岂以此言为有累于赵老乎？夫赵老何人也,巍巍泰山,学贯千古,乃一和尚③能累之,则亦无贵于赵老矣。夫惟陈相倍师④,而后陈良之学始显；惟西河之人⑤疑子夏⑥于夫子⑦,而后夫子之遭益尊。然则赵老固非人之所能累也。若曰吾谓渠,惜其以倍师之故,顿为后世咦耳,则渠已绝弃人世,逃儒归佛,陷于大戮⑧而不自爱惜矣,吾又何爱惜之有焉？吾以为渠之学若果非,则当以此暴其恶于天下后世,而与天下后世共改之；若果是,则当以此显其教于天下后世,而与天下后世共为之。此仁人君子之用心,所以为大同⑨也。且观世之人,孰能不避名色而读异端之书者乎？堂堂天朝⑩,行颁《四书》⑪、《五经》⑫于天下,欲其幼而学,壮而行,以博高爵重禄,显荣家世,不然者,有黜⑬有罚如此其详明也,然犹有束书而不肯读者,况佛教乎？佛教且然,况邓和尚之语乎？况居士⑭数句文字乎？吾恐虽欲拱手以奉之,彼即置而弃之矣,而何必代之毁与弃也。弟谓兄圣人之资也,且又圣人之徒也。弟异端者流也,本无足道者也。自朱夫子⑮以至今日,以老、佛为异端,相袭而排摈之者,不知其几百年矣。弟非不知,而敢以直犯众怒者,不得已也,老而怕死也。且国家以六经⑯取士,而有《三藏》⑰之收；六艺⑱教人,而又有戒坛⑲之设：则亦未尝以出家为禁矣。则如渠者，固国家之所不弃，而兄乃以为弃耶？

[注释]①承谕：承蒙您用书信的方式对我进行教导，让我知道。 ②此文：指李贽写的《南询录叙》。《南询录》为邓豁渠所著。 ③一和尚：指邓豁渠。 ④陈相倍师：陈良（战国时期楚国儒家）的学生陈相见了许行（战国时农学家学派代表人物）而大喜，随即背弃了陈良而投奔了许行。事见《孟子·滕文公上》。倍，同"背"。 ⑤西河之人：指今山西河津市至陕西华阴市一带的人。 ⑥子夏（前507～？）：姓卜名商，春秋末年晋国温（今河南温县西南）人，一说魏国人。孔子弟子。孔子死后，到魏国西河讲学。 ⑦于夫子：即孔子。 ⑧大戮：大罪。 ⑨大同：即容许人们各自发展其自然本性的宽容社会环境。 ⑩天朝：指明朝。 ⑪《四书》：指《论语》、《孟子》、《大学》、《中庸》。 ⑫《五经》：指《诗》、《书》、《礼》、《易》、《春秋》。 ⑬黜：降职或罢免。 ⑭居士：对在家信佛修道者的一种称呼。这里是李贽自称。 ⑮朱夫子：指朱熹。 ⑯六经："五经"之外，再加上《乐经》。 ⑰《三藏》：佛教经典的总称。分经、律、论三部分。经，总说根本教义；律，技术戒规威仪；论，阐明经义。通晓"三藏"的僧人，称三藏法师。 ⑱六艺：古代教育学生的六种科目，具体指礼、射、乐、御、书、数六种才能和技艺。 ⑲戒坛：僧徒传戒之坛。

屡承接引之勤，苟非木石，能不动念。然谓弟欲使天下之人皆弃功名妻子而后从事于学，果若是，是为大蠹①，弟不如是之愚也。然斯言也，吾谓兄亦太早计矣，非但未卵而求时夜②者也。夫渠生长于内江矣，今观内江之人，更有一人效渠之为者乎？吾谓即使朝廷出令，前鼎镬③而后白刃④，驱而之出家，彼宁有守其妻孥⑤以死者耳，必不愿也。而谓一邓和尚能变易天下之人乎？一无紧要居士，能以几句闲言语，能使天下人尽弃妻子功名，以从事于佛学乎？盖千古绝无之事，千万勿烦杞虑⑥也。吾谓真正能接赵老之脉者,意者或有待于兄耳。异日者,必有端的⑦同门,能共推尊老丈,以为师门颜⑧、闵⑨。区区异端之徒,自救不暇,安能并驱争先也？则此鄙陋之语,勿毁之亦可。

[注释]①蠹(dù):蛀蚀器物的虫子。 ②未卵而求时夜:未见到鸡蛋就想到报晓的公鸡,指言操之过急。 ③鼎镬(huò):古代的酷刑,用鼎镬烹人。④白刃:锋利的刀。 ⑤妻孥:妻子和儿女。 ⑥杞虑:即杞人忧天之虑,比喻不必要的顾虑。 ⑦端的:真正。 ⑧颜:即颜回。见本卷《答周若庄》注。⑨闵:闵子骞,名损,春秋时鲁国人。在孔门弟子中以德行和颜回并称。

然我又尝推念之矣。夫黄面老瞿昙①,少而出家者也;李耳②厌薄衰周③,亦遂西游不返④,老而后出家者也。独孔子老在家耳,然终身周流⑤,不暇暖席⑥,则在家时亦无几矣。妻既卒矣,独一子耳,更不闻其再娶谁女也,更不闻其复有几房妾媵⑦也,则于室家之情,亦太微矣。当时列国之主,尽知礼遇夫子,然而夫子不仕也,最久者三月而已⑧,不曰"接淅而行"⑨,则曰"明日遂行"⑩,则于功名之念,亦太轻矣。居常不知叔梁纥⑪葬处,乃葬其母于五父之衢⑫,然后得合葬于防⑬焉,则于扫墓之礼,亦太简矣。岂三圣人⑭于此,顾为轻于功名妻子哉？恐亦未免遗弃之病哉！然则渠上人⑮之罪过,亦未能遽定⑯也。

[注释]①黄面老瞿昙:指释迦牟尼。瞿昙,释迦牟尼的姓。 ②李耳:老子,一说老聃,字伯阳,春秋楚国苦县(今河南鹿邑东)人,道家学派创始人,做过周朝管理藏书的史官,孔子曾向他问礼,后隐退离去,至函谷关,关令尹

喜留下他著的书《老子》，后不知所终。　③厌薄衰周：厌恶轻视衰落的周朝。
④西游不返：向西出游，没再返回。　⑤周流：指孔子周游列国。　⑥不暇暖席：把座位坐热。指安居。　⑦妾媵(yìng)：正妻之外的妾。　⑧三月而已：孔子在鲁国代理过三个月的宰相。　⑨接淅(xī)而行：意为孔子要离开齐国，没等把米淘完，滤水就走，表示要急忙离开之意。淅，淘米。　⑩明日遂行：意为孔子不愿回答卫灵公关于军队列阵的问题，第二天就离开了。
⑪叔梁纥(hé)：指孔子的父亲。　⑫五父之衢(qú)：即五父衢，道路名，故址在今山东曲阜东南。孔子因为其母亲去世时不清楚父亲死后葬在哪儿，所以就将其母亲的棺木暂时放在五父衢，待他知道父亲的墓址后，才把母亲与父亲合葬。　⑬防：防山，位于今山东曲阜东邻。孔子父母合葬的地方。
⑭三圣人：指老子、孔子、释迦牟尼。　⑮渠上人：指邓豁渠。　⑯遽(jù)定：仓促做出决论。

　　然以余断之，上人之罪不在于后日之不归家，而在于其初之轻于出家也。何也？一出家即弃父母矣。所贵于有子者，谓其临老得力耳；盖人既老，便自有许多疾病。苟有子，则老来得力，病困时得力，卧床难移动时得力；奉侍汤药时得力，五内分割①、痛苦难忍时得力，临终呜咽、分付②决别、声气垂绝时得力。若此时不得力，则与无子等矣，又何在于奔丧守礼，以为他人之观乎？往往见今世学道圣人③，先觉士大夫④，或父母八十有余，犹闻拜疾趋⑤，全不念风中之烛⑥，灭在俄顷。无他，急功名而忘其亲也。此之不责，而反责彼出家儿，是为大惑，足称颠倒见矣。

　　[注释]①五内分割：形容极其痛苦。五内，五脏，指内心。　②分付：同"吩咐"。　③学道圣人：指道学家。　④先觉士大夫：指以先知先觉自居的官吏。　⑤闻拜疾趋：指一听到授命赶快跑去赴任。闻拜，听说被任命了官

职。　⑥风中之烛:这里指日渐衰微的父母。

　　吁吁!二十余年倾盖①之友,六七十岁皓皤②之夫,万里相逢,聚首他县,誓吐肝胆,尽脱皮肤③。苟一毫衷赤不尽,尚有纤芥为名作诳之语,青霄④白日,照耀我心。便当永堕无间⑤,万劫为驴,与兄骑乘。此今日所以报答百泉⑥上知己之感也。纵兄有憾,我终不敢有怨。

　　[注释]①倾盖:途中相遇,停车交谈,双方车盖往一起倾斜。形容一见如故,相互间倾心亲密。　②皓皤(hào pó):白头;白发。谓年老。　③尽脱皮肤:把表面的客套话都撇开。　④青霄:青天;高空。　⑤无间:佛教用语,一种地狱的名称。　⑥百泉:今河南辉县。

复周南士①

　　公壮年雄才,抱璞②未试者也。如仆本无才可用,故自不宜于用,岂诚与云与鹤相类③者哉?感媿④甚矣!夫世间惟才不易得,故曰"才难"。若无其才而虚有其名,如殷中军以竹马之好,欲与大司马抗衡⑤,以自附于王、谢⑥,是为不自忖度,则仆无是矣。仆惟早自揣量,故毅然告退。又性刚不能委蛇⑦,性疏⑧稍好静僻,以此日就鹿豕⑨,群无赖,盖适所宜。如公大才,际明世,正宜藏蓄待时,为时出力也。

　　[注释]①周南士:当指周三鲁,字南士。据《李氏文集》卷一,篇目作《复周三鲁》,内容与此篇基本相同。　②抱璞(pú):比喻怀才不遇。　③与云与鹤相类:与有才有德而又不被重用的隐者相类比。云、鹤,比喻有才有德而又来去自由的隐士。　④媿:愧的异体字。　⑤"如殷中军"二句:像殷浩因为

少时与大司马桓温有过很深的交谊,(便认为自己与桓温齐名)而想与其形成对抗之势。殷中军,指殷浩(？～356),字渊源,东晋陈郡长平(今河南西华东北)人。曾任中军将军。竹马之好,谓儿童时期的交谊。桓温(312～373),字符子,谯国龙亢(今安徽省怀远县西龙亢镇)人,东晋杰出军事家、权臣,谯国桓氏代表人物。豪门世族出身,历任征西大将军大司马、都督中外诸军事、扬州牧、录尚书事等职。曾经因溯大江(长江)之上剿灭盘踞在蜀地的"成汉"政权而声名大奋,又三次出兵北伐(伐前秦、姚襄、前燕),战功累累,威名赫赫。晋哀帝时,专擅朝政,并企图篡夺帝位。　⑥王、谢:指王坦之、谢安。王坦之(330～375)东晋大臣。字文度,祖籍太原晋阳(今山西省太原市)。出身世家大族,曾任大司马桓温参军,后与谢安共辅幼主,累迁中书令、领北中郎将、徐、兖二州刺史,卒后赠尚书。有文集传世。善书,《淳化阁帖》卷三有行书四行。谢安(320～385),字安石,号东山,东晋政治家,军事家,浙江绍兴人,祖籍陈郡阳夏(今河南省太康)。出身士族,年四十始出仕,孝武帝时位至宰相。曾与其弟谢石,侄谢玄共同抗击前秦侵犯,获得淝水之战的胜利。王坦之与谢安二人曾有效抵制了桓温的篡权野心,使东晋转危为安。　⑦委蛇(wēi yí):随顺,顺应。　⑧性疏:性情粗疏。　⑨日就鹿豕(shǐ):整日与鹿、猪接近。这里是退隐山林之意。

古有之矣:有大才而不见用于世者。世既不能用,而亦不求用,退而与无才者等,不使无才者疑,有才者忌。所谓容貌若愚,深藏若虚,老聃①是也。今观渭滨之叟②,年八十矣,犹把钓持竿不顾也。使八十而死,或不死而不遇西伯猎于渭③,纵遇西伯而西伯不尊以为师,敬养之以为老,有子若发④不武⑤,不能善承父志,太公虽百万韬略⑥,不用也。此皆所谓善藏其用者也。

[注释]①老聃:即老子,见本卷《复邓石阳》注。　②渭滨之叟:指姜尚,姓姜,吕氏,名望,字子牙,俗称姜太公。传说他在八十岁时还在渭水岸边钓

鱼,为周文王访得,拜为丞相。后又助武王起兵伐纣,完成了兴周大业。 ③遇西伯猎于渭:指姜尚在渭水之滨遇上周文王狩猎于此。西伯,周文王姬昌,商末周氏族首领。殷纣王时封为伯,亦称伯昌。 ④发:即周武王姬发,西周王朝的开国君主。 ⑤不武:不发动伐纣的战争。 ⑥韬(tāo)略:由古兵书《六韬》、《三略》引申而来,指计策、谋略。

若夫严子陵①、陈希夷②,汲汲欲用之矣,而有必用之心,无必用之形,故被裘③堕驴④,终名隐士。虽不遁心⑤,而能遁迹⑥;虽不见用才,亦见隐才矣。黄⑦、老⑧而下,可多见耶!又若有大用之才,而能委曲⑨以求其必用,时不必明良,道不论泰否⑩,与世浮沉,因时升降,而用常在我,卒亦舍我不用而不可得,则管夷吾⑪辈是也。此其最高矣乎!

[注释]①严子陵:即严光(前37～41),一名遵,字子陵,东汉会稽余姚(今浙江余姚)人。少时曾与刘秀同学。刘秀当皇帝后,严光改名换姓,披着羊裘,垂钓于富春江泽中。后被召到京师洛阳,被任命为谏议大夫,他不肯受,归隐于富春山。 ②陈希夷:即陈抟(tuán)(?～989),字图南,号"扶摇子",赐号"希夷先生"。五代宋初时是一位道门高隐和学术大师。陈抟继承汉代以来的象数学传统,并把黄老清静无为思想、道教修炼方术和儒家修养、佛教禅观会归一流,对宋代理学有较大影响,后人称其为"陈抟老祖"、"睡仙"、希夷祖师等。隐于武当山九室岩,移华山云台观,多著述。 ③被裘:(严光)披着羊裘。 ④堕驴:"堕骡"之误。陈抟常骑白骡,想入汴州,中途听说赵匡胤当了皇帝,认为天下已定,大笑坠骡。入华山做了道士。 ⑤遁(dùn)心:内心不逃避(为时势考虑,以求仕用)。遁,同"遁",逃避。 ⑥遁迹:从行迹上逃避现实。 ⑦黄:即黄帝(轩辕氏)。 ⑧老:即老子(李耳)。 ⑨委曲:迁就,曲从。这里是指能顺应客观情势变化。 ⑩泰否:《周易》中的两个卦名。泰,谓天地交而万物通;否,谓天地不交而万物不通。后以"泰否"

指世道盛衰和人事通塞。　⑪管夷吾：即管仲（？～前645），姬姓，管氏，名夷吾，字仲，谥敬，春秋时期法家代表人物。被称为管子、管夷吾、管敬仲，齐国颍上（今安徽省颍上县）人，周穆王的后代。是中国古代著名的哲学家、政治家、军事家。被誉为"法家先驱"、"圣人之师"。曾辅佐齐桓公以"尊王攘夷"为号召，使之成为春秋第一霸主。管仲也因此被誉为"华夏第一相"。

若乃切切焉以求用，又不能委曲以济其用，操一己之绳墨，持前王之规矩，以方枘①欲入圆凿②，此岂用世才哉！徒负却切切欲用本心矣。吾儒是也。幸而见几明决③，不俟终日，得勇退之道焉。然削迹伐木④，饿陈畏匡，其得免者亦幸耳，非胜算也。公今亲遭明时，抱和璧⑤，如前数子，皆所熟厌，当必有契诣⑥者，仆特崖略⑦之以俟择耳。不然，欲用而不能委曲以济其用，此儒之所以卒为天下后世非笑也。

[注释]①方枘：方形的榫头。方枘不能入圆孔，比喻不相投合。　②圆凿：指圆孔。　③见几明决：观察时机，明确决断。　④削迹伐木：与下文的"饿陈畏匡"同出于《庄子·渔父》。孔子说："丘再逐于鲁，削迹于卫，伐木于宋，围于陈、蔡。丘不知所失，而离此四谤者何也？"意为孔子自称两次被鲁国驱逐，卫国禁止其居留，在宋国遭到伐树之侮辱，在陈、蔡被围困。不知所犯的过失是什么，而遭此四种毁辱？　⑤和璧：即和氏璧。　⑥契诣：意气相投。　⑦崖略：说个大概。

答邓明府①

何公②死，不关江陵③事。江陵为司业④时，何公只与朋辈同往一会言耳。言虽不中，而杀之之心无有也。

及何公出而独向朋辈道"此人有欲飞不得"之云,盖直不满之耳。何公闻之,遂有"此人必当国,当国必杀我"等语。则以何公平生自许太过,不意精神反为江陵所摄,于是怃然⑤便有惧色,盖皆英雄莫肯相下之实,所谓两雄不并立于世者,此等心肠是也。自后江陵亦记不得何公,而何公终日有江陵在念。

[注释]①邓明府:即邓应祁,字永清,号鼎石,四川内江(今四川内江)人。邓石阳之子。万历十四年(1586)进士,同年,授麻城(今湖北麻城)知县。明府,唐宋以后多称知县为明府。　②何公:即何心隐(1517～1579),原名梁汝元,字柱乾,号夫山,江西吉安永丰人(今江西永丰),中国明代思想家,王阳明"心学"之泰州学派弟子。早年放弃科举,致力社会改革,曾被捕入狱。与徐阶合作弹劾严嵩,遭严党痛恨,改名何心隐,四处讲学。后在湖北孝感讲学,因反对当权者张居正再遭通缉。万历七年(1579)被捕,死于湖广巡抚王之垣的乱棒之下。他认为人为天地之心,心是太极。著作多散佚,今有中华书局版《何心隐集》。　③江陵:指张居正(1525～1582),字叔大,号太岳,江陵(今湖北江陵)人。嘉靖二十六年(1547)进士,隆庆元年(1567)入阁。穆宗死,他和宦官冯保合谋,逐高拱,代为首辅。万历初年,神宗年幼,国政大事都由他主持,前后当国十年,为人善谋,独揽朝政,是明代最有权威的一个首辅。当政期间,面对吏治败坏、财政危机、赋役不均、军心涣散的局面,利用手中掌握的权力,雷厉风行地推行了一系列改革,取得了一定成效。死后受到顽固派攻击,一家遭削籍抄没。　④司业:学官名。隋以后国子监置司业,为监内的副长官,协助祭酒,掌儒学训导之政。至清末始废。　⑤怃(wǔ)然:怅然失意貌。

偶攻①江陵者,首吉安人。江陵遂怨吉安,日与吉安缙绅②为仇。然亦未尝仇何公者,以何公不足仇也,特何公自为仇耳。何也,以何公"必为首相,必杀我"之语,已传播于吉安及四方久矣。至是欲承奉江陵者,憾无有缘,闻是,谁不甘心何公者乎?杀一布衣,本无难事,而可以取快江陵之胸腹,则又何惮而不敢为也?故巡抚③缉访之于前,而继者踵其步。方其缉解至湖广也,湖广密进揭帖④于江陵。江陵曰:"此事何须来问,轻则决罚,重则发遣已矣。"及差人出阁门,应城李义河⑤遂授以意曰:"此江陵本意也,特不欲自发之耳。"吁吁!江陵何人也,胆如天大,而肯姑息此哉!应城之情状可知矣。应城于何公,素有论学之忤,其杀之之心自有。又其时势焰薰灼,人之事应城者如事江陵,则何公虽欲不死,又安可得耶!

[注释]①偶攻:结伙攻击。　②缙绅:插笏于绅带间,旧时官宦的装束。亦借指士大夫。　③巡抚:官名,与总督同为地方最高长官,负责管理一省或几省的军事、吏治和刑狱等。　④揭帖:古代公文的一种。　⑤应城李义河:即李幼滋,字元树,号义河,应城(今湖北应城)人。嘉靖二十六年(1547)进士,时任工部尚书。

江陵此事甚错,其原起于憾吉安人,而必欲杀吉安人为尤错。今日俱为谈往事矣!然何公布衣之杰也,故有杀身之祸,江陵宰相之杰也,故有身后之辱①。不论其败而论其成,不追其迹而追其心,不责其过而赏其功,则二老者皆吾师也。非与世之局琐取容②,埋头顾影③,窃取圣人之名以自盖其贪位固宠之私者比也。是以复并论之,以裁正于大方焉。所论甚见中蕴④,可为何公出气,恐犹未察江陵初心,故尔赘及。

[注释]①身后之辱:张居正死后遭到夺谥抄没。　②局琐取容:猥琐诌

媚的行为。　③埋头顾影：形容矫饰者暗中窥察外界的反应。　④中蕴：内情。

答耿中丞①

昨承教言，深中狂愚②之病。夫以率性之真，推而扩之，与天下为公，乃谓之道。既欲与斯世斯民共由之，则其范围曲成③之功大矣。"学其可无术欤"④，此公至言也，此公所得于孔子而深信之以为家法⑤者也。仆又何言之哉！然此乃孔氏之言也，非我也。夫天生一人，自有一人之用，不待取给于孔子而后足也。若必待取足于孔子，则千古以前无孔子，终不得为人乎？故为愿学孔子之说者，乃孟子之所以止于孟子，仆方痛憾其非夫，而公谓我愿之欤？

[注释]①耿中丞：指耿定向（1524～1597）。字在伦，号楚侗，又号天台。黄安（今湖北红安）人。嘉靖三十五年（1556）进士。历官御史、侍郎、户部尚书等职，明代理学代表人物之一，著有《耿天台先生全书》、《耿天台先生文集》。李贽在南京任职时，与耿定向之弟耿定理相识，并成为莫逆之交，所以与耿定向也有深交，万历九年（1581）耿定理病逝，耿定向与李贽思想上的矛盾日益公开和尖锐，并由此而展开大辩论。中丞，汉代御史大夫下设两丞，一称御史丞，一称中丞。中丞居殿中，故以为名。东汉以后，以中丞为御史台长官。明清时用作对巡抚的称呼。　②狂愚：狂妄愚昧。　③范围曲成：让天地、万物都能率性而为。　④学其可无术欤：在做学问求知识时，要谨慎选择内容和方法。　⑤家法：汉初儒家传授经学，都由口授，数传之后，句读义训互有歧异，乃分为各家。师所传授，弟子一字不能改变，界限甚严，称为家法。至唐代家法已基本消亡。

且孔子未尝教人之学孔子也。使孔子而教人以学孔子,何以颜渊问仁①,而曰"为仁由己"②而不由人也欤哉!何以曰"古之学者为己",又曰"君子求诸己"也欤哉!惟其由己,故诸子自不必问仁于孔子,惟其为己,故孔子自无学术以授门人。是无人无己之学③也。无己,故学莫先于克己;无人,故教惟在于因人。试举一二言之。如仲弓④,居敬行简⑤人也,而问仁焉,夫子直指之曰敬恕⑥而已。雍⑦也聪明,故悟焉而请事⑧。司马牛遭兄弟之难⑨,常怀忧惧,是谨言慎行人也,而问仁焉,夫子亦直指之曰"其言也讱"⑩而已。牛也不聪,故疑焉而反以为未足。由此观之,孔子亦何尝教人之学孔子也哉!夫孔子未尝教人之学孔子,而学孔子者务舍己而必以孔子为学,虽公亦必以为真可笑矣。

[注释]①颜渊问仁:颜渊向孔子请教仁是什么。颜渊,见本卷《答周若庄》注。　②为仁由己:实行仁德全靠自己。　③无人无己之学:不需要别人约束自己,也不要固执己见。　④仲弓:姓冉名雍,字仲弓,孔子弟子。⑤居敬行简:为人严肃认真,办事简要得当。　⑥敬恕:既要严肃认真也不要强加于人。　⑦雍:即仲弓。　⑧悟焉而请事:领悟了(孔子的话),请求照着去做。　⑨司马牛遭兄弟之难:司马牛的哥哥桓魋向宋景公夺权失败后,全家被迫逃亡。司马牛,字子牛,孔子弟子。　⑩其言也讱(rèn):出言缓慢谨慎。

夫惟孔子未尝以孔子教人学,故其得志也,必不以身为教于天下。是故圣人在上,万物得所,有由然也。夫天下之人得所也久矣,所以不得所者,贪暴者扰之,而"仁者"害之也。"仁者"以天下之失所也而忧之,而汲汲焉欲贻之以得所之域。于是有德礼①以格②其心,有政刑以縶③其四体。而人始大失所矣。

[注释]①德礼:德化和礼治。 ②格:匡正,纠正。 ③縶(zhí):拴,捆。

夫天下之民物众矣,若必欲其皆如吾之条理①,则天地亦且不能。是故寒能折胶,而不能折朝市之人②;热能伏金③,而不能伏竞奔之子④。何也?富贵利达所以厚吾天生之五官,其势然也。是故圣人顺之,顺之则安之矣。是故贪财者与之以禄,趋势者与之以爵,强有力者与之以权,能者称事而官⑤,愞者⑥夹持而使⑦。有德者隆之虚位⑧,但取具瞻⑨,高才者处以重任,不问出入⑩。各从所好,各骋所长,无一人之不中用。何其事之易也?虽欲饰诈以投其好,我自无好之可投;虽欲掩丑以著其美,我自无丑之可掩,何其说⑪之难也?是非真能明明德于天下,而坐致太平者欤!是非真能不见⑫一丝作为之迹,而自享心逸日休⑬之效者欤!然则孔氏之学术亦妙矣,则虽谓孔子有学有术以教人亦可也。然则无学无术⑭者,其兹孔子之学术欤!

[注释]①条理:理论原则。 ②朝市之人:争名于朝、争利于市的人。朝市,泛指名利之场。 ③伏金:熔化金属。 ④竞奔之子:争名逐利的人。 ⑤能者称事而官:对于有才能的人可以衡量其才能而授给相应的官职。 ⑥愞(nuò)者:软弱无能的人。愞,同"懦"。 ⑦夹持而使:从旁扶助而使用。 ⑧有德者隆之虚位:对品德好的人,让他高居于只有盛名而无实权的位置上。 ⑨但取具瞻:以供大家敬仰。 ⑩不问出入:大胆使用,不加干涉。 ⑪说:劝说。 ⑫见:同"现"。 ⑬心逸日休:心情一天比一天舒畅。 ⑭无学无

术:意为孔子教授弟子没有固定内容和方法。

公既深信而笃行之,则虽谓公自己之学术亦可也,但不必人人皆如公耳。故凡公之所为自善,所用自广,所学自当。仆自敬公,不必仆之似公也。公自当爱仆,不必公之贤于仆也。则公此行,人人有弹冠之庆①矣;否则,同者少而异者多,贤者少而愚不肖者多,天下果何时而太平乎哉!

[注释]①弹冠之庆:弹除冠尘,以示庆幸。比喻喜得出仕为官,可贺可庆。

又答耿中丞①

心之所欲为者,耳更不必闻于人之言,非不欲闻,自不闻也。若欲不闻,孰若不为。此两者从公决之而已。且世间好事甚多,又安能一一尽为之耶?

[注释]①耿中丞:即耿定向。见本卷《答耿中丞》注。

且夫吾身之所系于天下者大也。古之君子,平居暇日,非但不能过人,亦且无以及人。一旦有大故,平居暇日表表焉①欲以自见②者,举千亿莫敢当前,独此君子焉,稍出其绪余者以整顿之,功成而众不知,则其过于人也远矣。譬之龙泉、太阿③,非斩蛟断犀④,不轻试也。盖小试则无味,小用则无余,他日所就,皆可知矣。

[注释]①表表焉:想表现得很突出的样子。 ②自见:自我表现。

③龙泉、太阿:古代宝剑名。　④斩蛟断犀:斩杀蛟龙,劈断犀革。

阿世①之语,市井②之谈耳,何足复道之哉!然渠③之所以知公者,其责望亦自颇厚。渠以人之相知,贵于知心,苟四海之内有知我者,则一钟子④足矣,不在多也。以今观公,实未足为渠之知己。夫渠欲与公相从于形骸之外⑤,而公乃索之于形骸之内,哓哓焉⑥欲以口舌辩说渠之是非,以为足以厚相知,而答责望于我者之深意,则大谬矣!

[注释]①阿(ē)世:迎合世俗。　②市井:指粗俗鄙陋。　③渠:指邓豁渠。　④钟子:指钟子期。春秋时楚国人,最善于欣赏音乐家伯牙的琴艺。后来借以表示最知心的朋友。　⑤形骸之外:功名富贵以外。　⑥哓(xiāo)哓焉:争辩不止的样子。

夫世人之是非,其不足为渠之轻重也审矣。且渠初未尝以世人之是非为一己之是非也。若以是非为是非,渠之行事,断必不如此矣。此尤其至易明焉者也。盖渠之学主乎出世,故每每直行而无讳;今公之学既主于用世,则尤宜韬藏固闭①而深居。迹相反而意相成,以此厚之,不亦可乎?因公言之,故尔及之。然是亦哓哓者,知其无益也。

[注释]①韬藏固闭:不炫耀自己,不出头露面。韬藏,隐藏,包藏。

与杨定见①

此事大不可。世间是非纷然,人在是非场中,安能免也。于是非上加起买好远怨②等事,此亦细人③常态,不足怪也。古人以真情与人,卒至自陷④者,不知多少,只有一笑为无事耳。

[注释]①杨定见:号凤里,麻城(今湖北麻城)人。李贽在麻城龙潭湖居住时往来论道的僧人,也是李贽的学生。　②买好远怨:讨好别人以避怨。③细人:见识短浅之人;小人。　④自陷:自己给自己招致不幸。

今彼讲是非,而我又与之讲是非,讲之不已,至于争辩。人之听者,反不以其初之讲是非者为可厌,而反厌彼争辩是非者矣。此事昭然,但迷在其中而不觉耳。既恶人讲是非矣,吾又自讲是非。讲之不已,至于争,争不已,至于失声①,失声不已,至于为仇。失声则损气,多讲则损身,为仇则失亲,其不便宜甚矣。人生世间,一点便宜亦自不知求,岂得为智乎?

[注释]①失声:这里指由于激烈争辩而说不出话来。

且我以信义与人交,已是不智矣,而又责人之背信背义,是不智上更加不智,愚上加愚,虽稍知爱身者不为,而我可为之乎?虽稍知便宜者必笑,而可坐令①人笑我乎?此等去处②,我素犯之,但能时时自反而克之,不肯让便宜以与人也。千万一笑③,则当下安妥,精神复完,胸次复旧开爽。且不论读书作举业④事,只一场安稳睡觉,便属自己受用矣。此大可叹事,大可耻事,彼所争与诟者,反不见可叹可耻也。

[注释]①坐令:空使。　②此等去处:此类事情。　③千万一笑:将千

万事置之一笑。 ④举业:科举时代指专为应试的诗文、学业、课业、文字。也指八股文。

复京中友朋①

来教②云:"'无求饱,无求安③'。此心无所系著④,即便是学。"注⑤云:"'心有在而不暇及',若别有学在,非也。就有道则精神相感,此心自正,若谓别出所知见相正⑥,浅矣。"又云:"'苟志于仁矣,无恶⑦也。'恶当作去声,即侯明挞记⑧,第欲并生⑨,谗说殄行⑩,犹不愤疾于顽⑪。可见自古圣贤,原无恶也。曰'举直错诸枉'⑫,错非舍弃之,盖错置之错也。即诸枉者亦要错置之,使之得所,未忍终弃也。又曰'大学之道,在明明德⑬,在亲民⑭。'只此一亲字,便是孔门学脉。能亲便是生机。些子意思,人人俱有,但知体取,就是保任之扩充之耳。"来示如此,敢⑮以实对。

[注释]①京中友朋:指李世达(1534~1600),字子成,号渐庵,晚年更号廓庵,泾阳(今陕西泾阳)人。嘉靖三十五年(1556)进士。历官户部主事、南京太仆卿、山东巡抚、右佥都御使、右副都御使、刑部尚书、左都御史等,卒谥敏肃。 ②来教:来信教诲。 ③无求饱,无求安:饮食不追求能饱,居住不追求安乐。 ④系著:牵挂,牵绊。 ⑤注:指朱熹的《四书集注》。 ⑥正:请教。 ⑦恶(wù):厌恶,憎恶。 ⑧侯明挞记:用射侯之礼明确地教训他们,用棍棒鞭打他们,从而警戒他们使之牢记不忘。 ⑨第欲并生:只让他们改悔上进。 ⑩谗说殄(tiǎn)行:谗言和贪行。 ⑪顽:这里指愚蠢的人。 ⑫举直错诸枉:将正直的人提拔出来,放在不正派的人之上。 ⑬明德:彰显德性。 ⑭亲民:亲近爱抚民众。 ⑮敢:谦辞,"不敢"的简称,冒昧的意思。

夫曰安饱不求，非其性与人殊也。人生世间，惟有学问一事，故时敏①以求之，自不知安饱耳，非有心于不求也。若无时敏之学，而徒用心于安饱之间，则伪矣。既时敏于学，则自不得不慎于言。何也？吾之学未曾到手，则何敢言，亦非有意慎密其间，而故谨言以要誉②于人也。今之敢为大言，便偃然③高坐其上，必欲为人之师者，皆不敏事之故耳。

[注释]①时敏：时刻勤奋。　②要誉：猎取声名。　③偃然：骄傲自得的样子。

夫惟真实敏事之人，岂但言不敢出①，食不知饱，居不知安而已，自然奔走四方，求有道以就正。有道者，好学而自有得，大事到手之人也。此事虽大，而路径万千，有顿入者，有渐入者。渐者虽迂远②费力，犹可望以深造；若北行而南其辙③，入海而上太行④，则何益矣！此事犹可，但无益耳，未有害也。苟一入邪途，岂非求益反损，所谓"非徒无益而又害之"者乎？是以不敢不就正也。如此就正，方谓好学，方能得道，方是大事到手，方谓不负时敏之勤矣。

[注释]①言不敢出：不轻易发表自己的看法。　②迂远：迂回遥远。　③北行而南其辙：即南辕北辙。　④太行：即太行山，在山西高原与河北平原间。从东北向西南延伸。

如此，则我能明明德。既能明德，则自然亲民。如向日四方有道，为我所就正者，我既真切向道，彼决无有厌恶之理，决无不相亲爱之事，决无不吐肝露胆与我共证明①之意。何者？明明德者，自然之用固如是也。非认此为题目，为学脉，而作意以为之也。今无明明德之功，而遽曰②亲民，是未立而欲行，未走而欲飞，且使圣人"明明德"吃紧一言，全为虚说矣。故苟志于仁，则自无厌恶。何者？天下之人，本与仁者一般，圣人不曾③高，众人不曾低，自不容有恶耳。所以有恶者，恶乡愿之乱德④，恶久假之不归⑤，名为好学而实不好学者耳。若世间之人，圣人与仁人胡为而恶之哉！盖已至于仁，则自然无厌恶，已能明德，则自能亲民。皆自然而然，不容思勉，此圣学之所以为妙也。故曰"学不厌，知也，教不倦，仁也。""性之德也，合内外之道也，故时措之宜也。"何等自然，何等不容已。今人把"不厌""不倦"做题目，在手里做⑥，安能做得成，安能真不厌不倦也！

[注释]①证明：参悟。　②遽(jù)曰：竟说，就说。　③曾：从本质而言。④恶乡愿之乱德：应该憎恨那些乡中貌似谨厚，而实与流俗合污的伪善者。⑤恶久假之不归：憎恶那些长期伪善而不归本心者。　⑥在手里做：指只在表面上做，与"在心里做"相对。

圣人只教人为学耳，实能好学，则自然到此①。若不肯学，而但言"不厌""不倦"，则孔门诸子，当尽能学之矣，何以独称颜子②为好学也耶？既称颜子为好学不厌，而不曾说颜子为教不倦者，可知明德亲民，教立而道行，独有孔子能任之，虽颜子不敢当乎此矣。今人未明德而便亲民，未能不厌而先学不倦，未能慎言以敏于事，而自谓得道，肆口妄言之不耻，未能一日就有道以求正，而便以有道自居，欲以引正于人人。吾诚不知其何说也。

[注释]①自然到此：自然能领悟到"道"。　②颜子：即颜回，见本卷《答周若庄》注。

故未明德者，便不可说亲民；未能至仁者，便不可说无厌恶。故曰"毋友不如己者"。以此慎交，犹恐有便辟①之友，善柔②之友，故曰"赐③也日损"，以其悦与不若己者友耳。如之何其可以妄亲而自处于不闻过之地也乎？故欲敏事而自明己德，须如颜子终身以孔子为依归，庶无失身之悔，而得好学之实。若其他弟子，则不免学夫子之不厌而已，学夫子之不倦而已，毕竟不知夫子之所学为何物，自己之所当有事者为何事。虽同师圣人，而卒无得焉者，岂非以此之故欤！吁！当夫子时，而其及门之徒，已如此矣。何怪于今！何怪于今！吁！是亦余之过望也，深可恶也。

[注释]①便辟：亦作"便僻"。谄媚逢迎。　②善柔：阿谀奉承。③赐：姓端木，名赐，字子贡。孔子弟子。口才很好。

又 答 京 友

善与恶对，犹阴与阳对，柔与刚对，男与女对。盖有两则有对①。既有两矣，其势不得不立虚假之名以分别之，如张三、李四之类是也。若谓张三是人，而李四非人，可欤？

[注释]①有两则有对:事物有相应对立的两个方面。

不但是也,均此一人也,初生则有乳名,稍长则有正名,既冠而字①,又有别号,是一人而三四名称之矣。然称其名则以为犯讳,故长者咸讳其名而称字,同辈则以字为嫌而称号,是以号为非名也。若以为非名,则不特号为非名,字亦非名,讳亦非名。自此人初生,未尝有名字夹带将②来矣,胡为乎而有许多名?又胡为乎而有可名与不可名之别也?若直曰名而已,则讳固名也,字亦名也,号亦名也,与此人原不相干也,又胡为而讳,胡为而不讳也乎?

[注释]①既冠而字:古代男子成年(一般为二十岁)需举行加冠礼,叫做冠。加冠时,并取字,以示成人。 ②将:助词。

甚矣,世人之迷也。然犹可委①曰号之称美,而名或不美焉耳。然朱晦翁②之号不美矣,朱熹之名美矣。熹者,光明之称,而晦者晦昧不明之象,朱子自谦之号也。今者称晦庵则学者皆喜,若称之曰朱熹,则必甚怒而按剑③矣。是称其至美者则以为讳,而举其不美者反以为喜。是不欲朱子美而欲朱子不美也,岂不亦颠倒之甚欤!

[注释]①委:推诿,借口。 ②朱晦翁:即朱熹,见本卷《又答石阳太守》注。 ③按剑,典故名,典出《史记》卷八十三《邹阳列传》。即以手抚剑,预示击剑之势。

近世又且以号为讳,而直称曰翁曰老矣。夫使翁而可以尊人,则曰爷曰爹,亦可以尊人也。若以为爷者奴隶之称,则今之子称爹,孙称爷者,非奴隶也。爷之极为翁,爹之极为老,称翁称老者,非奴隶事,独①非儿孙事乎?又胡为而举世皆与我为儿孙也耶?近世稍知反古②者,至或同侪③相与呼字,以为不俗。吁!若真不俗,称字固不俗,称号亦未尝俗也。盖直曰名之而已,又何为乎独不可同于俗也?吾以谓④称爹与爷亦无不可也。

[注释]①独:难道。 ②反古:恢复过去的传统习惯。 ③同侪(chái):指与自己在年龄、地位、兴趣等等方面相近的平辈。 ④谓:通"为"。

由是观之,则所谓善与恶之名,率若此矣。盖惟志于仁者,然后无恶之可名,此盖自善恶未分之前言之耳。此时善且无有,何有于恶也耶!噫!非苟志于仁者,其孰能知之?苟①者诚也,仁者生之理②也。学者欲知无恶乎?其如志仁之学,吾未之见③也欤哉!

[注释]①苟:真心实意。 ②生之理:(万物)生成之理。 ③之见:见之。

复宋太守①

千圣同心,至言无二。纸上陈语②皆千圣苦心苦口,为后贤后人。但随机说法③,有大小二乘④,以待上下二根⑤。苟是上士⑥,则当究明圣人上语⑦;若甘为下士,只作世间完人⑧,则不但孔圣以及上古经籍⑨为当服膺⑩不失,虽近世有识名士一言一句,皆有切于身心,皆不可以陈语目之也。且无征不信久矣,苟不取陈语以相证,恐听者益以骇愕。故凡论说,必据经引传,亦不得已焉耳。今据经则以为陈语,漫出胸臆则以为无当,则言者亦难矣。凡言者,言乎其不得不言者也。为自己本分上事未见亲切,故取陈语以自考验,庶几合符,非有闲心事、闲工夫,欲替古人担忧也。古人往矣,自无忧可担,所以有忧者,谓于古人上乘之谈⑪,未见有契合处,是以日夜焦心,见朋友则共讨论。若只作一世完人,则千古格言尽足受用,半字无得说矣。所以但相见便相订证者,以心志颇大,不甘为一世人士也。兄若恕其罪而取其心⑫,则弟犹得免于罪责;如以为大言不惭,贡高矜己⑬,则终将缄默,亦容易耳。

[注释]①宋太守:不详。 ②陈语:阐发其思想的言语表达。 ③随机说法:指佛教根据众生根机的不同,教以相应的修性方法。 ④大小二乘:即大乘和小乘,佛教的两大派别。小乘偏于自度,大乘不仅自度而且还要度人。 ⑤上下二根:佛教对众生佛法悟性能力的区分。 ⑥上士:指根机好,悟性高的人。 ⑦上语:上等教义。 ⑧世间完人:完全符合世间儒家道德规范的人。 ⑨经籍:泛指图书。 ⑩服膺:牢牢记在心里。 ⑪上乘之谈:高妙的言论。 ⑫心:用心,动机。 ⑬贡高矜己:骄傲自大,夸耀自己。

答耿中丞①论淡

世人白昼寐语,公独于寐中作白昼语,可谓常惺惺②矣。"周子礼于此净业,亦见得分数明,但不知湔磨刷涤"③之云,果何所指也。

[注释]①耿中丞:即耿定向。 ②惺惺:神志清醒。这里是讽刺语。 ③"周子礼"三句:周友山对于道业认识得是很透彻的,只是不知"湔磨刷涤"之语究竟指什么。周子礼,即周思敬,见本卷《答周友山》注。净业,泛指道

业。涮磨刷涤:洗刷,消磨,消除。

夫古之圣人,盖尝用涮刷之功矣。但所谓涮磨者,乃涮磨其意识①;所谓刷涤者,乃刷涤其闻见②。若当下意识不行,闻见不立,则此皆为寐语,但有纤毫,便不是淡,非常惺惺法③也。盖必不厌,然后可以语淡。故曰"君子之道,淡而不厌"。若苟有所忻羡④,则必有所厌舍,非淡也。又惟淡则自然不厌,故曰"我学不厌"。若以不厌为学的,而务学之以至于不厌,则终不免有厌时矣,非淡也,非虞廷精一⑤之旨也。盖精则一,一则纯;不精则不一,不一则杂,杂则不淡矣。

[注释]①意识:这里指世俗观念。 ②闻见:这里指外界的影响。③法:途径,法则。 ④忻(xīn)羡:喜好,想慕。 ⑤虞廷精一:这里指自然而然于"道",不刻意、不旁及。精一:意为精纯、专一。语出《尚书·大禹谟》,"人心惟危,道心惟微,惟精惟一,允执厥中。"

由此观之,淡岂可以易言乎?是以古之圣人,终其身于问学之场焉,讲习讨论,心解力行,以至于寝食俱废者,为淡也。淡又非可以智力求,淡又非可以有心得,而其所以不得者有故矣。盖世之君子,厌常者必喜新,而恶异①者则又不乐语怪②。不知人能放开眼目,固无寻常而不奇怪,亦无奇怪而不寻常也。经世之外,宁别有出世之方乎?出世之旨,岂复有外于经世之事乎?故达人宏识,一见虞廷揖让③,便与三杯酒齐观;巍巍尧、舜事业,便与太虚空浮云并寿。无他故也,其见大也。见大故心泰,心泰

故无不足。既无不足矣,而又何羡耶。若只以平日之所
饫闻④习见者为平常,而以其罕闻骤见者为怪异,则怪异
平常便是两事,经世出世便是两心。勋、华之盛,揖逊⑤之
隆,比之三家村里瓮牖⑥酒人,真不啻几千万里矣。虽欲
淡,得欤?虽欲"无然歆羡",又将能欤?此无他,其见小
也。

[注释]①恶异:憎恶怪异。 ②语怪:谈论怪异之事。 ③虞廷揖让:
指传说中的尧舜禹相继要求主动让位之事。 ④饫(yù)闻:饱闻,谓所闻已
多。 ⑤揖逊:即禅让。 ⑥瓮牖:以破瓮为窗户,指贫寒之家。

愿公①更不必论湔磨刷涤之功,而惟直言问学开大②
之益;更不必虑虚见积习③之深,而惟切究师友渊源之自。
则康节④所谓"玄酒味方淡,大音声正希"⑤者,当自得之,
不期淡而自淡矣,不亦庶乎契公作人之微旨⑥,而不谬为
"常惺惺"语也耶!

[注释]①公:指耿定向。 ②开大:开拓,不为传统所局限。 ③虚见
积习:耿定向认为离开"湔磨刷涤"而谈性命,是"虚见";长期"潜伏隐微"的人
欲之蔽,是"积习"。 ④康节:指邵雍(1011~1077)北宋哲学家、易学家,有
内圣外王之誉。汉族,字尧夫,谥号康节,自号安乐先生、伊川翁,后人称百源
先生。其先范阳(今河北涿州)人,幼随父迁共城(今河南辉县)。少有志,读
书苏门山百源上。仁宗嘉祐及神宗熙宁中,先后被召授官,皆不赴。创"先天
学",以为万物皆由"太极"演化而成。著有《观物篇》、《先天图》、《伊川击壤
集》、《皇极经世》等。 ⑤玄酒味方淡,大音声正希:古代祭祀用酒恰恰是清
水,大的声音正是听不到的声音。 ⑥微旨:微妙的用意。

答刘宪长①

自孔子后,学孔子者便以师道自任,未曾一日为人弟

子，便去终身为人之师，以为此乃孔子家法，不如是不成孔子也。不知一为人师，便只有我教人，无人肯来教我矣。且孔子而前，岂无圣人，要皆遭际明时②，得位行志。其不遇者，如太公八十已前，傅说版筑之先，使不遇文王、高宗③，终身渭滨老叟④，岩穴胥靡⑤之徒而已，夫谁知之。彼盖亦不求人知也。直至孔子而始有师生之名，非孔子乐为人之师也，亦以逼迫不过。如关令尹之遇老子，拦住当关，不肯放出，不得已而后授以五千言文字耳。但老子毕竟西游，不知去向。惟孔子随顺世间，周游既广，及门渐多，又得天生聪明颜子与之辩论。东西遨游既无好兴，有贤弟子亦足畅怀，遂成师弟名目，亦偶然也。然颜子没而好学遂亡，则虽有弟子之名，亦无有弟子之实矣。

[注释]①刘宪长：即刘东星（1538～1601），字子明，号晋川，山西沁水（今山西沁水）人。隆庆二年（1568）进士。历官兵科给事中、礼科给事中、山东按察使等。著有《晋川集》。　②遭际明时：遇到政治清明之时。　③"如太公"三句：太公与文王之事见本卷《复周南士》注。傅说，相传是商代在傅岩（今山西平陆东）从事版筑的奴隶，后被国王高宗（名武丁）访得，任命为大臣，帮其治理国政。　④渭滨老叟：渭水岸边的老者。　⑤胥靡：古代服劳役的奴隶或刑徒。

弟每笑此等辈，是以情愿终身为人弟子，不肯一日为人师父。兹承远使童子①前来出家，弟谓剃发未易，且令观政数时②，果发愿心③，然后落发未晚。纵不落发，亦自不妨，在彼在此，可以任意，不必立定跟脚④也。盖生死事大,非办铁石心肠⑤,未易轻造⑥。如果真怕生死,在家出家等,无有异。目今巍冠博带⑦,多少肉身菩萨⑧在于世上,何有弃家去发,然后成佛事乎?如弟不才,资质鲁钝,又性僻懒,倦于应酬,故托此以逃,非为真实究竟当如是也。如丈朴实英发,非再来菩萨⑨而何?若果必待功成名遂,乃去整顿手脚⑩,晚矣。今不必论他人,即今友山⑪见在⑫西川⑬,他何曾以做官做佛为两事哉?得则顿同诸佛,不理会则当面错过,但不宜以空谈为事耳。

[注释]①童子:未成年的人。这里指刘东星的儿子。 ②观政数时:多去感知社会政情。 ③愿心:成佛的心愿。 ④立定跟脚:指必择其一。 ⑤办铁石心肠:具有坚定的意志。办,具有。 ⑥轻造:轻易下决定。 ⑦巍冠博带:显贵或士人的礼服。巍冠,高冠。博带,宽大的衣带。 ⑧肉身菩萨:指未剃发出家但修行已经达到菩萨境界的人。 ⑨再来菩萨:无异于菩萨再世。 ⑩整顿手脚:准备修行。 ⑪友山:即周思敬,见本卷《答周友山》注。 ⑫见在:即现在。见,同"现"。 ⑬西川:今四川成都一带。

答周友山①

所谕岂不是,第各人各自有过活物件。以酒为乐者,以酒为生,如某是也。以色为乐者,以色为命,如某是也。至如种种,或以博弈,或以妻子,或以功业,或以文章,或以富贵,随其一件,皆可度日。独余不知何说,专以良友为生。故有之则乐,舍之则忧,甚者驰神于数千里之外。明知不可必得,而神思奔逸②,不可得而制也。此岂非天之所独苦耶!

[注释]①周友山:即周思敬(?~1597),字子礼,号友山,麻城(今湖北

麻城)人。周思久(柳塘)之弟。隆庆二年(1568)进士,历官工部主事、户部侍郎等。　②神思奔逸:心神奔向所向往的事物。形容一心向往。

无念①已往南京,庵②中甚清气。楚侗③回,虽不曾相会,然觉有动移处④,所憾不得细细商榷一番。彼此俱老矣,县中一月间报赴阎王之召者遂至四五人,年皆未满五十,令我惊忧,又不免重为楚侗老子忧也。盖今之道学,亦未有胜似楚侗老者。叔台⑤想必过家,过家必到旧县,则得相聚也。

[注释]①无念:名深有(1544～1627),俗姓熊,麻城(今湖北麻城)人,龙潭湖佛院守院僧,僧号无念,曾为周思久礼请李贽居芝佛院。　②庵:指芝佛院。　③楚侗:即耿定向。见本卷《答耿中丞》注。　④动移处:态度有变化。　⑤叔台:即耿定力(1541～?),字子健,号叔台,又叫叔子,耿定向之弟。隆庆五年(1571)进士。历官右佥都御史、南京兵部侍郎,卒赠户部尚书。

答周柳塘①

伏中微泄,秋候自当清泰②。弟苦不小泄,是以火盛,无之奈何。楼下仅容喘息,念上天降虐③,只为大地人作恶,故重谴之,若不勉受酷责,是愈重上帝之怒。有饭吃而受热,比空腹受热者何如?以此思之,故虽热不觉热也。且天灾时行,人亦难逃,人人亦自有过活良法。所谓君子用智,小人用力,强者有搬运之能,弱者有就食之策,自然生出许多计智。最下者无力无策,又自有身任父母④之忧者大为设法区处,非我辈并生并育之民⑤所能与谋也。盖自有受命治水之禹,承命教稼之稷⑥,自然当任己饥己溺⑦之事，救焚拯溺⑧之忧，我辈安能代大匠⑨斲⑩哉！我辈惟是各亲其亲，各友其友。各自有亲友，各自相告诉，各各尽心量力相救助。若非吾亲友，非吾所能谋，亦非吾所宜谋也。何也？愿外之恩⑪，出位之诮⑫也。

[注释]①周柳塘：即周思久，见本卷《复丘若泰》注。 ②秋候自当清泰：秋季应当健康平安。 ③降虐：降临灾害。 ④父母：即父母官。封建时代称州县官为父母官。 ⑤并生并育之民：指普通人。 ⑥承命教稼之稷：受命去教授种植的后稷。后稷，相传是尧舜时代的农官，教民种植，播种百谷，被周族认为是始祖。 ⑦己饥己溺：认为人民的疾苦是由自己造成的，所以，解除他们的痛苦是自己不可推卸的责任。 ⑧救焚拯溺：救人于水火之中。 ⑨大匠：技艺高超之人。 ⑩斲（zhuó）：古同"斫"，斧斤之类，引申为用刀、斧等砍。 ⑪愿外之恩：超出自己本分之外的所想。 ⑫出位之诮（qiào）：超越职权而受到责备。诮，责备，谴责。

与耿司寇①告别

新邑明睿②，唯公家二三子侄③，可以语上④。可与言而不与之言，失人，此则不肖之罪也。其余诸年少或聪明未启，或志向未专，所谓不可与言而与之言，则为失言，此则仆无是矣。虽然，宁可失言，不可失人。失言犹可，失人岂可乎哉！盖人才自古为难也。夫以人才难得如此，苟幸一得焉，而又失之，岂不憾哉！

[注释]①耿司寇：即耿定向。司寇，原是周代掌管司法的官，后代沿用以称呼刑部尚书、侍郎等主要官员。耿定向于万历十三年(1585)升任刑部左侍郎，故称"司寇"。 ②新邑明睿：黄安聪明睿智的人。 ③公家二三子侄：耿定向儿子和侄子，这里是指耿汝愚（耿定向儿子）、耿汝念（耿定理儿子）。

④语上：告诉以高深的学问。

嗟夫！颜子①没而未闻好学。在夫子②时，固已苦于人之难得矣，况今日乎！是以求之七十子之中而不得，乃求之于三千之众；求之三千而不得，乃不得已焉周流四方以求之。既而求之上下四方而卒无得也，于是动归予③之叹曰："归欤归欤！吾党小子，亦有可裁者。"其切切焉唯恐失人如此，以是知中行④真不可以必得也。狂者不蹈故袭，不践往迹，见识高矣。所谓如凤凰翔于千仞之上，谁能当之？而不信凡鸟之平常，与己均同于物类。是以见虽高而不实，不实则不中行矣。狷者⑤行一不义、杀一不辜而得天下不为，如夷、齐⑥之伦，其守定矣。所谓虎豹在山，百兽震恐，谁敢犯之？而不信凡走之皆兽。是以守虽定而不虚，不虚则不中行矣。是故曾点⑦终于狂而不实，而曾参信道之后，遂能以中虚而不易终身之定守者，则夫子来归而后得斯人也。不然，岂不以失此人为憾乎哉！

[注释]①颜子：指颜回。　②夫子：指孔子。　③归予：指"归欤"。④中行：言行合乎中庸之道。　⑤狷者：能坚持操守的人。　⑥夷、齐：指伯夷、叔齐。殷末孤竹君的两个儿子。伯夷，名元，字公信。叔齐，名智，字公达。相传其父遗命要立叔齐为继承人。叔齐让位给伯夷，伯夷不受，叔齐也不愿登位，先后都逃到周国。周武王伐纣，二人叩马谏阻。及殷亡，耻食周粟，隐于首阳山，采薇而食，遂饿死。　⑦曾点：字晳，孔子弟子。

若夫贼德①之乡愿②，则虽过门而不欲其入室，盖拒绝之深矣，而肯遽以人类视之哉！而今事不得已，亦且与乡愿为侣，方且尽忠告之诚，欲以纳之于道，其为所仇疾，无足怪也,失言故耳。虽然,失言亦何害乎?所患惟恐失人耳。苟万分一有失人之悔,则终身抱痛,死且不瞑目矣。盖论好人极好相处,则乡愿为第一;论载道③而承千圣绝学④,则舍狂狷将何之乎?

[注释]①贼德:以德为贼,即没有真正的德性。 ②乡愿:伪君子的代称。 ③载道:担负传道的职责。 ④绝学:造诣独到之学。

公今宦游①半天下矣,两京②又人物之渊③,左顾右盼④,招提接引,亦曾得斯人⑤乎?抑求之而未得也,抑亦未尝求之者欤?抑求而得者皆非狂狷之士,纵有狂者,终以不实见弃⑥;而清如伯夷,反以行之似廉洁者当之也?审如此,则公终不免有失人之悔矣。

[注释]①宦游:在外地做官。 ②两京:北京和南京。 ③人物之渊:有(成就的)人物聚集的地方。 ④左顾右盼:与下文的"招提接引"指四方游览,交游接待。 ⑤斯人:指上文提到的狂狷之士。 ⑥见弃:被抛弃。

夫夷、齐就养于西伯①,而不忍幸生②于武王③。父为西伯,则千里就食,而甘为门下之客,以其能服事殷也。子为周王,则宁饿死而不肯一食其土之薇,为其以暴易暴也。曾元④之告曾子曰:"夫子⑤之病亟矣,幸而至于旦,更易之!"曾子曰:"君子之爱人以德,世人⑥之爱人也以姑息。吾何求哉!吾得正而毙⑦焉,斯已矣。"元起易箦⑧,反席未安而没。此与伯夷饿死何异,而可遂以乡愿之廉洁当之也?故学道而非此辈,终不可以得道;传道而非此辈,终不可以语道。有狂狷而不闻道者有之,未有非狂狷而能闻道者也。

　　[注释]①西伯:指周文王。　②幸生:苟且偷生。　③武王:指周文王的儿子周武王。　④曾元:曾子之子。　⑤夫子:曾元对父亲的尊称。⑥世人:与上文"君子"相对,指小人。　⑦得正而毙:得到正名定分而死。⑧箦(zé):床席。

　　仆今将告别矣,复致意①于狂狷与失人、失言之轻重者,亦谓惟此可以少答万一尔。贱眷②思归,不得不遣;仆则行游四方,效古人之求友。盖孔子求友之胜己者,欲以传道,所谓智过于师,方堪传授是也。吾辈求友之胜己者,欲以证道③,所谓三上④洞山⑤,九到投子⑥是也。

　　[注释]①致意:特意多关注。　②贱眷:指李贽的家眷。　③证道:相互参证学道的心得。　④三上:与下文的"九到"都表示次数之多。　⑤洞山:指洞山寺,在江西宜丰县。这里代指禅宗曹洞派的开山祖良价禅师。⑥投子:指投子山,在安徽潜山县。这里代指大同禅师。

答耿司寇①

　　此来一番承教,方可称真讲学,方可称真朋友。公②不知何故而必欲教我,我亦不知何故而必欲求教于公,方可称是不容已③真机④,自有莫知其然而然者矣。

　　[注释]①耿司寇:即耿定向。　②公:指耿定向,以下同。　③不容已:不得不,含有非这样办不行之意。　④真机:真义,真理。

　　嗟夫!朋友道绝久矣。余尝谬谓千古有君臣,无朋友,岂过论欤!夫君犹龙也,下有逆鳞①,犯者必死,然而以死谏者相踵也。何也？死而博死谏②之名，则志士亦愿为之，况未必死而遂有巨福耶？避害之心不足以胜其名利之心，以故犯害③而不顾，况无其害而且有大利乎！若夫朋友则不然：幸而入，则分毫无我益；不幸而不相入，则小者必争，大者为仇。何心老④至以此杀身，身杀而名又不成，此其昭昭可鉴也。故余谓千古无朋友者，谓无利也。是以犯颜敢谏⑤之士，恒见于君臣之际，而绝不闻之朋友之间。今者何幸而见仆之于公耶！是可贵也。又何幸而得公之教仆耶！真可羡也。快哉怡哉！居然复见偲偲切切⑥景象矣。然则岂惟公爱依仿孔子，仆亦未尝不愿依仿之也。

[注释]①逆鳞：倒生的鳞片。逆：抵触；不顺；违背。鳞：古代皇帝自比为龙，龙有鳞片，触碰倒生鳞片是会让龙感到疼痛的。后来把抵触皇帝的意思，犯颜直谏称为"逆鳞"。语出《韩非子·说难》。　②死谏：冒死谏言。③犯害：受害。　④何心老：指何心隐。见本卷《答邓明府》注。　⑤犯颜敢谏：敢于冒犯君王或尊长的威严而直言进谏。颜，脸色。　⑥偲(sī)偲切切：朋友间互相勉励，相互督促。语出《论语·子路》。偲同"偲"。

惟公之所不容已者，在于泛爱人①，而不欲其择人；我之所不容已者，在于为吾道得人，而不欲轻以与人：微觉不同耳。公之所不容已者，乃人生十五岁以前《弟子职》②诸篇入孝出弟等事；我之所不容已者，乃十五成人以后为大人明《大学》，欲去明明德于天下等事。公之所不容已者博，而惟在于痛痒之末；我之所不容已者专，而惟直收吾开眼之功。公之所不容已者，多雨露③之滋润，是故不请而自至，如村学训蒙师然，以故取效寡而用力艰；我之所不容已者，多霜雪之凛冽，是故必待价而后沽，又如大将用兵，直先擒王，以故用力少而奏功大。虽各各手段不同，然其为不容已之本心④一也。心苟一矣，则公不容已之论，固可以相忘于无言⑤矣。若谓公之不容已者为是，我之不容已者为非；公之不容已者是圣学⑥，我之不容已者是异学：则吾不能知之矣。公之不容已者是知其不可以已，而必欲其不已者，为真不容已；我之不容已者是不知其不容已，而自然不容已者，非孔圣人之不容已：则吾又不能知之矣。恐公于此，尚有执己自是之病在。恐未可遽以人皆悦之，而遂自以为是，而遽非人之不是也。恐未可遽以在邦必闻，而遂居之不疑，而遂以人尽异学，通非孔、孟之正脉笑之也。我谓公之不容已处若果是，则世人之不容已处总皆是；若世人之不容已处诚未是，则公之不容已处亦未必是也。此又我之真不容已处耳。未知是否，幸一教焉！

[注释]①泛爱人：语出《论语·学而》："泛爱众，而亲仁。"意为广施爱心，亲近有仁德的人。　②《弟子职》：一篇记弟子对待老师之礼节的文章。③雨露：指点点滴滴的细小知识与恩惠。　④本心：动机，出发点。　⑤相忘于无言：在无言之中，彼此相忘。意为更行其是，不必多言，你没有必要将你的意见强加于他人。　⑥圣学：孔子之学。

试观公之行事，殊无甚异于人者。人尽如此，我亦如此，公亦如此。自朝至暮，自有知识以至今日，均之耕田而求食，买地而求种，架屋而求安，读书而求科第①，居官而求尊显,博求风水以求福荫子孙。种种日用,皆为自己身家计虑,无一厘为人谋者。及乎开口谈学,便说尔为自己,我为他人,尔为自私,我欲利他;我怜东家之饥矣,又思西家之寒难可忍也;某等肯上门教人矣,是孔、孟之志也,某等不肯会人,是自私自利之徒也;某行虽不谨,而肯与人为善,某等行虽端谨,而好以佛法害人。以此而观,所讲者未必公之所行,所行者又公之所不讲,其与言顾行、行顾言②何异乎?以是谓为孔圣之训可乎?翻思此等,反不如市井小夫,身履是事,口便说是事,作生意者但说生意,力田作者但说力田。凿凿③有味,真有德之言,令人听之忘厌倦矣。

[注释]①科第:登科及第,即科举考试中了举人或进士。 ②言顾行、行顾言:意为口里讲的话,要顾及身体所行之事;身体所行之事,要顾及到口里所讲的话。即要言行一致。语出《中庸》:"言顾行、行顾言,君子胡不慥慥尔!" ③凿凿:确实。

夫孔子所云言顾行者,何也?彼自谓于子臣弟友之道①有未能,盖真未之能,非假谦也。人生世间,惟是此四者终身用之,安有尽期?若谓我能,则自止而不复有进矣。圣人知此最难尽,故自谓未能。己实未能,则说我不能,是言顾其行也。说我未能,实是不能,是行顾其言也。故为慥慥②,故为有恒,故为主忠信,故为毋自欺,故为真圣人耳。不似今人全不知己之未能,而务以此四者责人教人。所求于人者重,而所自任者轻,人其肯信之乎?

[注释]①子臣弟友之道:指子事父要尽孝道,臣事君要尽忠心,弟事兄

要恭敬，对待朋友要讲诚信。　②慥（zào）慥：忠厚诚实的样子。

圣人不责人之必能，是以人人皆可以为圣。故阳明①先生曰："满街皆圣人。"佛氏②亦曰："即心即佛，人人是佛③。"夫惟人人之皆圣人也，是以圣人无别不容已道理可以示人也，故曰："予欲无言"。夫惟人人之皆佛也，是以佛未尝度众生④也。无众生相，安有人相；无道理相，安有我相。无我相，故能舍己⑤；无人相，故能从人。非强之也，以亲见人人之皆佛而善与人同故也。善既与人同，何独于我而有善乎？人与我既同此善，何有一人之善而不可取乎？故曰"自耕稼陶渔以至为帝，无非取诸人者。"后人推而诵之曰：即此取人为善，便自与人为善矣。舜初未尝有欲与人为善之心也，使舜先存与善之心以取人，则其取善也必不诚。人心至神，亦遂不之与，舜亦必不能以与之矣。舜惟终身知善之在人，吾惟取之而已。耕稼陶渔之人既无不可取，则千圣万贤之善，独不可取乎？又何必专学孔子而后为正脉也。

[注释]①阳明：即王守仁。见本卷《又答石阳太守》注。　②佛氏：指佛教。　③即心即佛，人人是佛：佛教禅宗认为，只要人顿然觉悟到自心本来清净，这心就是佛，人人就是佛。　④佛未尝度众生：佛教认为如果众生能见性自成佛，就用不着佛来度他，以脱离烦恼和生死。　⑤无我相，故能舍己：不固执于"我相"，则就不会固执己见。

夫人既无不可取之善，则我自无善可与，无道可言矣。然则子礼①不许讲学之谈，亦太苦心矣，安在其为挫抑柳老,而必欲为柳老伸屈,为柳老遮护至此乎?又安见其为子礼之口过,而又欲为子礼掩盖之耶?公之用心,亦太琐细矣!既已长篇大篇书行世间,又令别人勿传,是何背戾也?反覆详玩,公之用心,亦太不直矣!且子礼未尝自认以为己过,纵有过,渠亦不自盖覆,而公乃反为之覆,此诚何心也?古之君子,其过也如日月之食,人皆见而又皆仰;今之君子,岂徒顺之,而又为之辞②。公其以为何如乎?柳老平生正坐冥然寂然③,不以介怀,故不长进,公独以为柳老夸,又何也?岂公有所憾于柳老而不欲其长进耶?然则子礼之爱柳老者心髓,公之爱柳老者皮肤,又不言可知矣。柳老于子礼为兄,渠之兄弟尚多也,而独注意于柳老;柳老又不在仕途,又不与之邻舍与田,无可争者。其不为毁柳老以成其私,又可知矣。既无半点私意,则所云者纯是一片赤心,公固聪明,何独昧此乎?纵子礼之言不是,则当为子礼惜,而不当为柳老忧。若子礼之言是,则当为柳老惜,固宜将此平日自负孔圣正脉,不容已真机,直为柳老委曲开导。柳老惟知敬信公者也,所言未必不入也。今若此,则何益于柳老,柳老又何贵于与公相知哉!然则子礼口过之称,亦为无可奈何,姑为是言以逭责④耳。设使柳老之所造已深,未易窥见,则公当大为柳老喜,而又不必患其介意矣。何也?遁世不见知而不悔,此学的也。众人不知我之学,则吾为贤人矣,此可喜也。贤人不知我之学,则我为圣人矣,又不愈可喜乎?圣人不知我之学,则吾为神人矣,尤不愈可喜乎?当时知孔子者唯颜子,虽子贡之徒亦不之知,此真所以为孔子耳,又安在乎必于子礼之知之也？又安见其为挫抑柳老，使刘金吾⑤诸公辈轻视我等也耶？我谓不患人之轻视我等，我等正自轻视耳。区区护名，何时遮盖得完耶？

[注释]①子礼：即周思敬。见本卷《答周友山》注。　②辞：托辞，为错误辩护。　③冥然寂然：心静的状态。　④逭（huàn）责：逃避责任。　⑤刘金吾：指刘守有，号思云，麻城人。金吾，古官名。负责皇帝大臣警卫、仪仗以及徼循京师、掌管治安的武职官员。其名称、体制、权限历代多有不同。汉有执金吾，唐宋以后有金吾卫、金吾将军、金吾校尉等。刘守有当时是锦衣卫指挥，故称他为金吾。

且吾闻金吾亦人杰也，公切切焉欲其讲学，是何主意？岂以公之行履，有加于金吾耶？若有加，幸一一示我，我亦看得见也。若不能有加，而欲彼就我讲此无益之虚谈，是又何说也？吾恐不足以诳三尺之童子，而可以诳豪杰之士哉！然则孔子之讲学非欤？孔子直谓圣愚一律，不容加损，所谓麒麟与凡兽并走，凡鸟与凤凰齐飞，皆同类也。所谓万物皆吾同体是也。而独有出类之学，唯孔子知之，故孟子言之有味①耳。然究其所以出类者，则在于巧中②焉，巧处又不可容力。今不于不可用力处参究，而唯欲于致力处着脚③，则已失孔、孟不传之秘矣。此为何等事，而又可轻以与人谈耶？

[注释]①言之有味：这里指理解透彻。　②巧中：靠技巧命中目标。③着脚：落脚。

公闻此言，必以为异端人只宜以训蒙①为事，而但借

"明明德"以为题目可矣,何必说此虚无寂灭之教②,以眩惑人耶?夫所谓仙佛与儒,皆其名耳。孔子知人之好名也,故以名教③诱之;大雄氏④知人之怕死,故以死惧之;老氏⑤知人之贪生也,故以长生引之:皆不得已权立名色以化诱后人,非真实也。唯颜子⑥知之,故曰夫子善诱。今某之行事,有一不与公同者乎?亦好做官,亦好富贵,亦有妻孥⑦,亦有庐舍,亦有朋友,亦会宾客,公岂能胜我乎?何为乎公独有学可讲,独有许多不容已处也?我既与公一同,则一切弃人伦、离妻室、削发披缁⑧等语,公亦可以相忘于无言矣。何也?仆未尝有一件不与公同也,但公为大官耳。学问岂因大官长乎?学问如因大官长,则孔、孟当不敢开口矣。

[注释]①训蒙:对儿童的启蒙教育。 ②虚无寂灭之教:指道教和佛教。道教用"虚无"比喻道德本体,谓道体虚无,故能包容万物;性合于道,故有而若无,实而若虚。寂灭:"涅槃"的意译。指超脱生死的理想境界。③名教:指以正名定分为主的封建礼教。 ④大雄氏:印度佛教徒对佛教教主释迦牟尼的尊称。大雄,佛的德号。因佛具有非凡的智力,雄大无比,故称。 ⑤老氏:指老子。 ⑥颜子:指颜回。 ⑦妻孥(nú):妻子和儿女。⑧削发披缁:剔去头发,披上黑色袈裟。指出家做和尚。

且东廓先生①,非公所得而拟也。东廓先生专发挥阳明先生"良知"②之旨,以继往开来为己任,其妙处全在不避恶名以救同类之急,公其能此乎?我知公详矣,公其再勿说谎也!须如东廓先生,方可说是真不容已。近时唯龙豀③先生足以继之,近豀④先生稍能继之。公继东廓先生,终不得也。何也?名心太重也,回护太多也。实多恶也,而专谈志仁无恶⑤;实偏私所好也,而专谈泛爱博爱;实执定己见也,而专谈不可自是。公看近谿有此乎?龙谿有此乎?况东廓哉!此非强为尔也,诸老皆实实见得善与人同,不容分别故耳。既无分别,又何恶乎?公今种种分别如此,举世道学无有当公心者,虽以心斋⑥先生亦在杂种不入公彀率⑦矣,况其他乎!其同时所喜者,仅仅胡庐山⑧耳。麻城周柳塘、新邑吴少虞⑨,只此二公为特出,则公之取善亦太狭矣,何以能明明德于天下也?

[注释]①东廓先生:指邹守益(1491～1562),字谦之,号东廓。江西安福(今江西安福)人。正德六年(1511)会试第一。官至侍读学士、南京国子监祭酒。学宗王阳明。著有《东廓语录》。 ②良知:儒家谓人类先天具有的道德意识。 ③龙谿(xī):即王畿(1498～1583),字汝中,号龙谿,山阴(今浙江绍兴)人。嘉靖十一年(1532)进士。拜王守仁为师,深得其师器重,曾为其师守丧三年。官至兵部侍郎。主张"良知"即是佛性,为学以"致知见性"为主,把王守仁的"良知"说进一步引向禅学。著有《困知记》、《龙谿集》等。 ④近谿:即罗汝芳(1515～1588),字维德,号近谿,江西南城(今江西南城)人。嘉靖三十二年(1553)进士,除太湖知县,召诸生论学。终官云南布政司参政。泰州学派的代表人物之一。先学于颜钧,后又为王畿再传弟子,学主良知。明中后期著名哲学家、教育家、文学家、诗人,被誉为明末清初黄宗羲、顾炎武、王夫之等启蒙思想家的先驱。著有《近谿子明道录》、《近谿子文集》。⑤志仁无恶:语出《论语·里仁》:"苟志于仁矣,无恶也。"意为假如立定志向实行仁德,总没有坏处。 ⑥心斋:即王艮,见本卷《又答石阳太守》注。⑦彀(gòu)率:弓张开的程度。比喻衡量人物事理的标准、要求。 ⑧胡庐山:即胡直,见本卷《复邓石阳》注。 ⑨新邑吴少虞:新邑,指黄安(今湖北红安),嘉靖末年新设之县。吴少虞:名心学,号少虞,黄安人。曾在黄安似马山创洞龙书院,而自称"洞龙"。

我非不知敬顺公之为美也,以"齐人莫如我敬王"①也。亦非不知顺公则公必爱我,公既爱我则合县士民俱礼敬我,吴少虞亦必敬我,官吏师生人等俱来敬我,何等好过日子,何等快活。但以众人俱来敬我,终不如公一人独知敬我;公一人敬我,终不如公之自敬也。

[注释]①齐人莫如我敬王:语出《孟子·公孙丑下》。意为齐国人中没有一个比得上我这样尊敬王的。

吁!公果能自敬,则余何说①乎!自敬伊何?戒谨不睹,恐惧不闻②,毋自欺,求自慊③,慎其独。孔圣人之自敬者盖如此。若不能自敬,而能敬人,未之有也。所谓本乱而求末之治,无是理也。故曰"壹是皆以修身为本"。此正脉也,此至易至简之学,守约施博之道④,故曰"君子之守,修其身而天下平",又曰"人人亲其亲,长其长而天下平",又曰"上老老而民兴孝"⑤,更不言如何去平天下,但只道修身二字而已。孔门之教,如此而已,吾不知何处更有不容已之说也。

[注释]①说:通"悦",愉悦。　②戒谨不睹,恐惧不闻:意为君子在人们看不到的地方,行为也应该谨慎检点;在人们听不到的地方,讲话更要警惕畏惧。　③自慊:意念诚实,自我满足。　④守约施博之道:操持简单,效果却很大。　⑤上老老而民兴孝:语出《大学》。意为君主如果能够尊敬孝养老人,老百姓就会都兴起孝心。

公勿以修身为易,明明德为不难,恐人便不肯用工夫也。实实欲明明德者,工夫正好艰难,在埋头二三十年,尚未得到手,如何可说无工夫也?龙谿先生年至九十,自二十岁为学,又得明师①,所探讨者尽天下书,所求正者尽四方人,到末年方得实诣,可谓无工夫乎?公但用自己工夫,勿愁人无工夫用也。有志者自然来共学,无志者虽与之谈何益!近谿先生从幼闻道,一第十年乃官,至今七十二岁,犹历涉江湖各处访人,岂专为传法②计欤!盖亦有不容已者。彼其一生好名,近来稍知藏名之法,历江右③、两浙④、姑苏⑤以至秣陵⑥,无一道学不去参访,虽弟子之求师,未有若彼之切者,可谓致了良知,更无工夫乎?然则公第用起工夫耳,儒家书尽足参详,不必别观释典⑦也。解释文字,终难契入;执定己见,终难空空;耕人之田,终荒家稼⑧。愿公无以刍荛陶渔⑨之见而弃忽之也。古人甚好察此言耳。

[注释]①明师:指王守仁。 ②传法:佛教用语,指传播佛法或以佛法传于后人。这里指传播学问。 ③江右:江西省的别称,古时在地理上以西为右,江西以此得名。 ④两浙:浙东和浙西的合称。 ⑤姑苏:苏州吴县的别称。因其地有姑苏山而得名。 ⑥秣陵:古县名,约今南京市一带。这里代指南京。 ⑦释典:佛经。 ⑧耕人之田,终荒家稼:语出《孟子·尽心下》:"人病(有些人的毛病)舍其田而芸人之田——所求于人者重,而所以自仁(自己担负)者轻。"比喻要求别人很重,而对自己却很轻。 ⑨刍荛(ráo)陶渔:指普通人。刍荛:割草称"刍",打柴称"荛",指割草打柴的人。陶,制瓦器的人。渔,打鱼的人。

名乃锢身之锁,闻近老①一路无一人相知信者。柳塘②初在家时,读其书便十分相信,到南昌则七分,至建昌③又减二分,则得五分耳。及乎到南京,虽求一分相信,亦无有矣。柳塘之徒曾子④，虽有一二分相信，大概亦多惊讶。焦弱侯⑤自谓聪明特达，方子及⑥亦以豪杰自负，皆弃置大法师⑦不理会之矣。乃知真具只眼者，举世绝少，而坐令近老受遁世不见知之妙用也。至矣，近老之善藏其用也。曾子回，对我言曰："近老无知者，唯先生一人知之。"吁！我若不知近老，则近老有何用乎！惟我一人知之足矣，何用多知乎！多知即不中用，犹是近名之累，曷足贵欤！故曰"知我者希，则我贵矣"⑧。吾不甘近老之太尊贵也。近老于生⑨，岂同调乎？正尔⑩似公举动耳。乃生深信之，何也？五台⑪与生稍相似，公又谓五台公心热，仆心太冷。吁！何其相马于牝牡骊黄之间也！

[注释]①近老：指罗汝芳。 ②柳塘：即周思久。 ③建昌：江西南城。罗汝芳的老家。 ④曾子：可能是指曾中野，周思久的学生、女婿。 ⑤焦弱侯：即焦竑。见本卷《与焦弱侯》注。 ⑥方子及：方沆(1542～1608)，字子及，号讱庵，莆田(今福建莆田)人。隆庆二年(1568)进士，历官南京户部郎、刑部郎、云南提学、湖广佥事等。著有《漪兰堂集》。 ⑦大法师：这里指罗汝芳。法师，佛教语。精通佛经并能讲解佛法的高僧。 ⑧知我者希，则我贵矣：语出《老子》第七十章："知我者希，则我者贵。"意为了解我的人稀少，取法我的人就更为难得了。 ⑨生：李贽之谦称。 ⑩尔：指耿定向。 ⑪五台：即陆光祖，字与绳，号五台，平湖(今浙江平湖)人。嘉靖二十六年(1547)进士。曾官工部右侍郎，因忤张居正而引疾归。后再起，官至刑部尚书、吏部尚书。著有《庄简公存稿》。

展转①千百言，略不识忌讳，又家贫无代书者，执笔草草，绝不成句；又不敢纵笔作大字②，恐重取怒于公。书完，遂封上。极知当重病数十日矣，盖贱体尚未甚平，此劳遂难当。但得公一二相信,即刻死填沟壑③,亦甚甘愿。公思仆此等何心也?仆佛学也,岂欲与公争名乎,抑争官乎?皆无之矣。公傥④不信仆,试以仆此意质之五台,以为何如?以五台公所信也。若以五台亦佛学,试以问之近豁老何如?

[注释]①展转:反复。　②纵笔作大字:这里指洋洋洒洒,无拘无束地用文字表达之意。　③填沟壑:人死的自谦说法。　④傥:通"倘"。倘若,如果。

公又云"前者《二鸟赋》原为子礼而发,不为公也"。夫《二鸟赋》若专为子礼而发,是何待子礼之厚,而视不肖之薄也!生非护惜人也,但能攻发①吾之过恶,便是吾之师。吾求公施大炉锤②久矣。物不经锻炼,终难成器;人不得切琢,终不成人。吾来求友,非求名也;吾来求道,非求声称也。公其勿重为我盖覆可焉!我不喜吾之无过而喜吾过之在人③,我不患吾之有过而患吾过之不显。此佛说也,非魔说也;此确论也,非戏论也。公试虚其心以观之,何如?

[注释]①攻发:指出,揭发。　②炉锤:锤炼。比喻严重批评。　③吾过之在人:我的过错能被别人指出来。

每思公之所以执迷不返者,其病在多欲。古人无他巧妙,直以寡欲为养心之功,诚有味也。公今既宗孔子矣,又欲兼通诸圣之长:又欲清,又欲任,又欲和。既于圣人之所以继往开来者,无日夜而不发挥①,又于世人之所以光前裕后②者,无时刻而不系念。又以世人之念为俗念,又欲时时盖覆,只单显出继往开来不容已本心以示于人。分明贪高位厚禄之足以尊显也,三品二品③之足以褒宠父祖④二亲也,此公之真不容已处也,是正念⑤也。却回护之曰:"我为尧、舜君民而出⑥也,吾以先知先觉自任而出也。"是又欲盖覆此欲也,非公不容已之真本心也。且此又是伊尹志⑦,非孔子志也。孔、孟之志,公岂不闻之乎!孔、孟之志⑧曰:"故将大有为之君,必有所不召之臣,欲有谋焉则就之,其尊德乐道不如是,不足与有为也。"是以鲁缪公无人乎子思之侧⑨,则不能安子思⑩。孔、孟之家法,其自重如此,其重道也又如此。公法仲尼者,何独于此而不法,而必以法伊尹为也!岂以此非孔圣人之真不容已处乎?吾谓孔、孟当此时若徒随行逐队,旅进旅退⑪,以恋崇阶⑫,则宁终身空室陋巷穷饿而不悔矣。此颜子之善学孔子处也。

[注释]①发挥:对圣儒之学做出自己的解释。 ②光前裕后:显宗耀祖,福荫子孙。 ③三品二品:指三品官、二品官。耿定向当时任刑部左侍郎,是正三品官。封建时代官阶一般分为九品,各品又有"正"、"从"(副)之分。 ④褒宠父祖:褒宠,褒奖宠幸。封建时代儿孙当了高官,其父母和祖父母可以按例得到皇帝的封(生时)、赠(死后)。 ⑤正念:真正的心念。 ⑥我为尧、舜君民而出:我是为了辅佐像尧、舜一样的皇帝,治理百姓,才出来做官的。 ⑦伊尹志:伊尹的主张。《孟子·公孙丑上》说,"何事非君,何使非民;治亦进乱亦进,伊尹也。"意思是说伊尹任何君主都可以服事,任何百姓都可以役使;太平时也做官,乱世也做官。 ⑧孔孟之志:"故将大有为之君,必有所不召之臣,欲有谋焉则就之,其尊德乐道不如是,不足与有为也。"意为大有作为的君主一定有他的不能召唤的臣子。若有什么事要商量,就亲自到臣

子那里去。如果君主不是这样尊尚道德和乐行仁政,就不值得辅佐他们而有所作为。　⑨无人乎于思之侧:没有派人侍候在子思身边。　⑩安子思:使子思安心。　⑪旅进旅退:随众人共进共退。　⑫崇阶:高官。阶,指官阶。

不特是也。分明憾克明①好超脱不肯注意生孙,却回护之曰:"吾家子侄好超脱,不以嗣续为念。"乃又错怪李卓老曰:"因他超脱,不以嗣续为重,故儿效之耳。"吁吁!生子生孙何事也,乃亦效人乎!且超脱又不当生子乎!即儿好超脱,故未有孙,而公不超脱者也,何故不见多男子乎?我连生四子俱不育②,老来无力,故以命自安,实未尝超脱也。公何诬我之甚乎!

[注释]①克明:即耿汝愚,字克明,耿定向长子。多次科举未中,遂放弃科举,闭门著书。后因家庭经济困窘,遂做生意,很快家业大兴。　②不育:夭折,未成年而死。

又不特是也。分明憾克明好超脱,不肯注意举子业①,却回护之曰:"吾家子侄好超脱,不肯著实尽平常分内事。"乃又错怪李卓老曰:"因他超脱,不以功名为重,故害我家儿子。"吁吁!卓吾自二十九岁做官以至五十三岁乃休,何曾有半点超脱也!克明年年去北京进场②,功名何曾轻乎!时运未至,渠亦未尝不坚忍以俟③。而翁性急,乃归咎于举业之不工,是而翁欲心太急也。世间工此者何限,必皆一一中选,一一早中,则李、杜④文章不当见遗,而我与公亦不可以侥幸目之矣。

[注释]①举子业:即举业,中国封建时代科举考试。举子,科举时代被

推荐参加考试的读书人。　②进场:进入科场,及参加科举考试。指克明以"荫监"(三品以上官员子弟的特权)身份进京应试。　③坚忍以俟(sì):坚韧不拔地等待。俟:等待。　④李、杜:指唐代诗人李白和杜甫。李白(701~762),字太白,号青莲居士,祖籍陇西成纪(今甘肃省秦安县),家居四川绵州(今四川绵阳县西南),为唐代著名的大诗人。个性率真豪放,嗜酒好游。曾任翰林供奉,后因得罪权贵,遭排挤而离开京城,最后病死当途。其诗高妙清逸,世称为"诗仙"。与杜甫齐名,对人号称"李杜"。著有《李太白集》。杜甫(712~770),字子美,号少陵,有"诗圣"之称。唐代诗人。祖籍湖北襄阳,出生于河南巩县。官左拾遗、工部员外郎,故亦称为"杜工部"。杜甫博览群书,善为诗歌。在政治上始终不得志,中年后过着坎坷流离的生活。他的诗博大雄浑,千态万状,不仅慨叹自己遭时不遇,亦反映出当时的社会动乱形态,故有"诗史"之名。著有《杜工部集》。

　　夫所谓超脱者,如渊明①之徒,官既懒做,家事又懒治,乃可耳。今公自谓不超脱者固能理家;而克明之超脱者亦未尝弃家不理也,又何可以超脱憾之也!既能超脱足追陶公,我能为公致贺,不必憾也。此皆多欲之故,故致背戾,故致错乱,故致昏蔽如此耳。且克明何如人也,筋骨如铁,而肯效颦学步②从人脚跟走乎!即依人便是优人③,亦不得谓之克明矣。故使克明即不中举,即不中进士,即不作大官,亦当为天地间有数奇品,超类绝伦,而可以公眼前蹊径④限之欤?

　　[注释]①渊明:即陶潜(365~427),名潜,字渊明,浔阳柴桑(今江西九江市西南)人。东晋文学家、诗人。曾任江州祭酒、镇江参军,后任彭泽令。因不满当时官员的腐败而去职,归隐田园,至死不仕。今存《陶渊明集》。②效颦学步:比喻盲目效仿他人,一味跟着别人走的模仿作为,没有自己独到的见解。效颦,即东施效颦。典出于《庄子·天运》。美女西施有心病,在村

里皱着眉头，邻里的丑女东施看到觉得很美，也效仿西施皱眉头的姿势，反而出了洋相，显得更丑。学步，即邯郸学步。典出《庄子·秋水》，战国时燕国有一个少年到赵国国都邯郸去，看到赵国人走路的姿势很美，就跟着学起来。结果不但没有学会，反而连自己原来走路的方法也给忘了，只好爬着回去了。 ③优人：即优子，古代以乐舞、戏谑为业的艺人。 ④眼前蹊径：眼前狭窄的山路。这里指目光短浅。

吴少虞曾对我言曰："楚倥①放肆无忌惮，皆尔教之。"我曰："安得此无天理之谈乎？"吴曰："虽然，非尔亦由尔，故放肆方稳妥也。"吁吁！楚倥何曾放肆乎？且彼乃吾师，吾惟知师之而已。渠眼空四海，而又肯随人脚跟走乎？苟如此，亦不得谓之楚倥矣。大抵吴之一言一动，皆自公来，若出自公意，公亦太乖张②矣。纵不具只眼，独可无眼乎！吾谓公且虚心以听贱子③一言，勿蹉跎误了一生也。如欲专为光前裕后事，吾知公必不甘，吾知公决兼为继往开来之事者也。一身而二任，虽孔圣必不能。故鲤死则死矣，颜死则恸焉④，妻出⑤更不复再娶，鲤死更不闻再买妾以求复生子。无他，为重道也；为道既重，则其他自不入念矣。公于此亦可遽以超脱病之乎！

[注释]①楚倥(kōng)：耿定理(1534～1584)，字子庸，号楚倥，人称八先生。耿定向的二弟。对耿定向极力鼓吹儒家的伦理道德有不同看法，而与李贽的思想比较接近。所以，耿定理去世后，李贽便从耿家搬出外住。 ②乖张：违背情理。 ③贱子：李贽谦称。 ④鲤死则死矣，颜死则恸焉：孔子的儿子鲤死就死了，孔子没有太痛苦，而其弟子颜回死了，孔子则感到非常痛苦。鲤，字伯鱼，孔子的儿子。颜，即颜回。 ⑤妻出：休妻。孔鲤母亲后来被休弃。

然吾观公,实未尝有传道之意,实未尝有重道之念。自公倡道以来,谁是接公道柄者乎?他处我不知,新邑是谁继公之真脉者乎?面从而背违,身教自相与遵守①,言教则半句不曾奉行之矣。以故,我绝不欲与此间人相接,他亦自不与我接。何者?我无可趋之势故耳。吁吁!为师者忘其奔走承奉而来也,乃直任之而不辞②曰,"吾道德之所感召也";为弟子者亦忘其为趋势附热③而至也,乃久假而不归曰,"吾师道也,吾友德也"。吁!以此为学道,即稍稍有志向者,亦不愿与之交,况如仆哉!其杜门不出,非简亢④也,非绝人逃世也;若欲逃世,则入山之深矣。

[注释]①身教自相与遵守:你实际做的(为自身谋利)事情,他们都效法而行。 ②直任之而不辞:一味听其巴结讨好的话而不加以推辞、拒绝。 ③趋势附热:即趋炎附势,指奉承依附有权有势的人。 ④简亢:怠慢,高傲。

麻城去公稍远,人又颇多,公之言教已颇未及,故其中亦自有真人稍可相与处耳。虽上智之资①未可即得,然个个与语,自然不俗。黄陂祝先生②旧曾屡会之于白下③,生初谓此人质实可与共学,特气骨太弱耳。近会方知其能不昧自心,虽非肝胆尽露者,亦可谓能吐肝胆者矣。使其稍加健猛,亦足承载此事,愿公加意培植之也。

[注释]①上智之资:天资聪颖。 ②黄陂(pí)祝先生:黄陂,地名,在湖北省武汉。祝先生,即祝世禄(1539～1611),字无功,号石林。万历十七年(1589)进士。曾任安徽休宁(今安徽休宁)县令、南科给事中等。著有《环碧斋集》。 ③白下:今南京。

闻麻城新选邑侯①初到，柳塘因之欲议立会，请父母为会主。余谓父母爱民，自有本分事，日夜不得闲空，何必另标门户，使合县分党也？与会者为贤，则不与会者为不肖矣。使人人有不肖之嫌，是我辈起之也。且父母在，谁不愿入会乎？既愿入会，则入会者必多不肖；既多不肖，则贤者必不肯来：是此会专为会不肖也。岂为会之初意则然哉，其势不得不至此耳。况为会何益于父母，徒使小子乘此纷扰县公。县公贤则处置自妙，然犹未免分费精神，使之不得专理民事；设使聪明未必过人，则此会即为断性命②之刀斧矣，有仁心者肯为此乎！盖县公若果以性命为重，则能自求师寻友，不必我代之劳苦矣。何也？我思我学道时，正是高阁老、杨吏部、高礼部③诸公禁忌之时，此时绝无有会，亦绝无有开口说此件者。我时欲此件切，自然寻得朋友，自能会了许多不言之师④，安在必立会而后为学乎！此事易晓，乃柳塘亦不知，何也？若谓柳塘之道，举县门生无有一个接得者，今欲趁此传与县公，则宜自将此道指点县公，亦不宜将此不得悟入者尽数招集以乱聪听也。若谓县公得道，柳塘欲闻，则柳塘自与之商证可矣。且县公有道，县公自不容已，自能取人会人，亦不必我代之主赤帜⑤也。反覆思惟，总是名心牵引，不得不颠倒耳。

[注释]①新选邑侯：新选派来的知县。这里指邓应祈（见本卷《答邓明府》注）。邓于万历丙戌（1586）中进士后被授予麻城县令。邑侯，即知县的尊称。下文的"县公"义同。　②性命：指讲究"性命"之学。　③高阁老、杨吏部、高礼部：即高拱、杨博和高仪。高拱（1513～1578），字肃卿，号中玄。新郑

(今河南新郑)人。嘉靖二十年(1541)进士。穆宗为裕王时,任侍讲学士。嘉靖末任礼部尚书,后入阁。隆庆及万历初年,担任首辅(主政内阁大臣)。明代称入阁处理政事者为阁老,故称他为高阁老。杨吏部:即杨博(1509～1574),字惟约,号虞坡,蒲州人(今山西永济)。嘉靖八年(1529)进士,历官兵部尚书、吏部尚书。著有《兵部疏议》。高礼部,即高仪(1517～1572),字子象,号南宇,谥文端。钱塘(今浙江杭州)人。嘉靖二十年(1541)进士。官礼部尚书。隆庆时,官文渊阁大学士。著有《高文端奏议》等。 ④不言之师:不结社讲学者。 ⑤主赤帜:掌旗帜,比喻主持者。

答邓明府①

某偶尔游方之外②,略示形骸虚幻于人世如此③,且因以逃名避谴④于一时所谓贤圣大人者⑤。兹承过辱,勤恳慰谕⑥,虽真肉骨不啻矣,何能谢,第日者⑦奉教,尚有未尽请益者,谨略陈之。

[注释]①邓明府:即麻城县令邓应祁。 ②游方之外:出家为僧。方之外,超脱于礼教之外。 ③略示形骸虚幻于人世如此:略以显示人生世上形体是如此虚假。 ④逃名避谴:逃避恶名,免遭谴责。 ⑤一时所谓贤圣大人者:指耿定向等盛极一时的道学家们。 ⑥慰谕:安慰教导。 ⑦日者:往日。

夫舜之好察迩言者,余以为非至圣则不能察,非不自圣则亦不能察也。已至于圣,则自能知众言之非迩,无一迩言而非真圣人之言者。无一迩言而非真圣人之言,则天下无一人而不是真圣人之人,明矣。非强为也,彼盖曾实用知人之功,而真见本来面目无人故也;实从事为我之学,而亲见本来面目无我故也。本来无我,故本来无圣,本来无圣，又安得见己之为圣人，而天下之人之非圣人耶？本来无人，则本来无迩，本来无迩，又安见迩言之不可察，而更有圣人之言之可以察也耶？故曰"自耕稼陶渔，无非取诸人者"。居深山之中，木石居而鹿豕游①，而所闻皆善言，所见皆善行也。此岂强为，法如是故。今试就生一人论之。

[注释]①木石居而鹿豕游：在家只有树和石，出外只见鹿和猪。

生狷隘①人也，所相与处，至无几也。间或见一二同参②从入无门，不免生菩提心③，就此百姓日用处提撕④一番。如好货，如好色，如勤学，如进取，如多积金宝，如多买田宅为子孙谋，博求风水为儿孙福荫，凡世间一切治生产业等事，皆其所共好而共习，共知而共言者，是真迩言也。于此果能反而求之，顿得此心，顿见一切贤圣佛祖大机大用，识得本来面目，则无始旷劫未明大事，当下了毕。此余之实证实得处也，而皆自于好察迩言得之。故不识讳忌，时时提唱⑤此语。而令师⑥反以我为害人，诳诱他后生小子⑦，深痛恶我。不知他之所谓后生小子，即我之后生小子也，我又安忍害之？但我之所好察者，百姓日用之迩言也。则我亦与百姓同其迩言者，而奈何令师之不好察也？

[注释]①狷隘：偏急而狭隘。　②同参：共同参悟。　③菩提心：帮助开悟别人的心愿。　④提撕：引导，教导。　⑤提唱：倡导。　⑥令师：指耿定向。　⑦后生小子：指耿定向儿子及侄子。

生言及此，非自当于大舜也，亦以不自见圣，而能见人人之皆圣人者与舜同也；不知其言之为迩，而能好察此迩言者与舜同也。今试就正于门下：门下果以与舜同其好察者是乎，不与舜同其好察者是乎？自然好察者是乎？强以为迩言之中必有至理，然后从而加意以察之者为是乎？愚以为强而好察者，或可强于一时，必不免败缺于终身；可勉强于众人之前，必不免败露于余一人之后也。此岂余好求胜，而务欲令师之必余察也哉！盖此正舜、跖①之分，利与善之间，至甚可畏而至甚不可以不察也。既系友朋性命，真切甚于肉骨，容能自已而一任其不知察乎？俗人不知，谬谓生于令师有所言说②，非公聪明，孰能遽信余之衷赤也哉！

[注释]①跖：人名，曾住在柳下（今山东西部），也称柳下跖。春秋战国之际起义领袖，被统治者诬蔑为"盗跖"。儒家常用"舜、跖之分"，表示善与恶、义与利之别。　②言说：议论批评。

然此好察迩言，原是要紧之事，亦原是最难之事。何者？能好察则得本心①，然非实得本心者决必不能好察。故愚每每大言曰："如今海内无人。"正谓此也。所以无人者，以世之学者但知欲做无我无人工夫，而不知原来无我无人自不容做也。若有做作，即有安排，便不能久，不免流入欺己欺人不能诚意之病。欲其自得，终无日矣。然愚虽以此好察日望于令师，亦岂敢遂以此好察迩言取必于令师也哉！但念令师于此，未可遽以为害人，使人反笑令师耳。何也？若以为害人，则孔子"仁者人也"之说，孟氏"仁人心也"之说，达磨西来②单传直指③诸说，皆为欺世诬人，作诳语以惑乱天下后世矣。尚安得有周、程④，尚安得有阳明、心斋、大洲诸先生⑤及六祖、马祖、临济⑥诸佛祖事耶？是以不得不为法辨耳。千语万语，只是一语；千辩万辩，不出一辩。恐令师或未能察，故因此附发于大智之前，冀有方便或为我转致之耳。

[注释]①本心：真心，心之本然。　②达磨西来：达摩由西方来。达摩，又作菩提达磨，简称达摩，南北朝时人，佛教中国禅宗初代祖师，自称佛传禅宗第二十八祖，被尊称为"东土第一代祖师"、"达摩祖师"。　③单传直指：佛教禅宗传授禅法的一种方法，不立文字，见性成佛，单传心印（即佛法），直接人心。　④周、程：指周敦颐和程颢、程颐兄弟。周敦颐（1017～1073），字茂叔，号濂溪，宋营道楼田堡（今湖南道县）人，北宋著名哲学家，是学术界公认的理学派开山鼻祖。提出"诚"是"五常之本，百行之源"，是道德的最高境界。著有《太极图说》，后人编为《周子全书》。程颢（1032～1085），字伯淳，号明道，世称明道先生，北宋洛城伊川（今河南洛阳）人，北宋嘉祐二年（1057）进士，历官鄠县主簿、上元县主簿、泽州晋城令、太子中允、监察御史、监汝州酒税、镇宁军节度判官、宗宁寺丞等职，后追封"豫国公"，配祀孔庙。程颢曾和其弟程颐学于周敦颐，世称"二程"，同为北宋理学的奠基者，其学说在理学发展史上占有重要地位，后来为朱熹所继承和发展，世称程朱学派。程颢的主要代表作品有《论王霸札子》、《论十事札子》、《易传》等。程颐（1033～1107），字正叔，洛城伊川（今河南洛阳）人，世称伊川先生，北宋理学家和教育家。为程颢之胞弟。历官汝州团练推官、西京国子监教授。元祐元年（1086）除秘书省校书郎，授崇政殿说书。与其胞兄程颢共创"洛学"，为理学奠定了基础。　⑤阳明、心斋、大洲诸先生：指王守仁、王艮、赵贞吉。均见本卷《又答石阳太守》注。　⑥六祖、马祖、临济：指六祖慧能、马祖道一、临济宗创始人义玄。六祖慧能（638～713），俗姓卢氏，唐代岭南新州（今广东新兴县）人。佛教禅宗祖师，得黄梅五祖弘忍传授衣钵，继承东山法门，为禅宗第六祖，世称禅宗六祖。唐中宗追谥大鉴禅师。是中国历史上有重大影响的佛教高僧

之一。陈寅恪称赞六祖:"特提出直指人心、见性成佛之旨,一扫僧徒繁琐章句之学,摧陷廓清,发聋振聩,固我国佛教史上一大事也!"著有六祖《坛经》流传于世。惠能禅师的真身,供奉于广东韶关南华寺的灵照塔中。马祖道一(709～788),俗姓马,名道一,世称"马祖道一",因在江西弘扬禅学,又称"江西马祖"。唐代汉州什邡(fāng)(今四川什邡)人。怀让弟子。唐大历四年(769)住持钟陵开元寺,因得官吏支持,发展甚大,称为"洪州宗"。其禅学特点为突出《楞伽经》的地位,将其中如来藏佛学思想结合老庄道家思想,运用于禅的实践。提倡心即佛,认为"平常心是道",极力否定坐禅和语言文字的作用,重视日常生活举止行为的自然发挥。唐宪宗敕谥"大寂禅师"。后人辑有《马祖道一禅师语录》、《马祖道一禅师广录》。义玄(？～766),临济宗创始人,又名"临济义玄"。该派在接引学人时,单刀直入,机锋峻列。自义玄使用"棒喝",至宗杲(gǎo)提倡"看话",皆以迅速猛烈方式令弟子直下悟入。

且愚之所好察者,迩言也。而吾身之所履者,则不贪财也,不好色也,不居权势也,不患失得也,不遗居积于后人也,不求风水以图福荫也。言虽迩而所为复不迩者何居?愚以为此特世之人不知学问者以为不迩耳,自大道观之,则皆迩也;未曾问学者以为迩耳,自大道视之,则皆不迩也。然则人人各自有一种方便法门①,既不俟②取法于余矣;况万物并育,原不相害者,而谓余能害之可欤?

[注释]①法门:门径,途径,方法。　②不俟(sì):不等待。

吾且以迩言证之:凡今之人,自生至老,自一家以至万家,自一国以至天下,凡迩言中事,孰待教而后行乎?趋利避害,人人同心。是谓天成,是谓众巧①,迩言之所以为妙也。大舜之所以好察而为古今之大智也,今令师之所以自为者,未尝有一厘自背于迩言;而所以诏学者②,则必曰专志道德,无求功名,不可贪位慕禄也,不可患得患失也,不可贪货贪色,多买宠妾田宅为子孙业也。视一切迩言,皆如毒药利刃,非但不好察之矣。审如是,其谁听之?若曰:"我亦知世之人惟迩言是耽③,必不我听也;但为人宗师④,不得不如此立论以教人耳。"果如此自不妨,古昔皆然,皆以此教导愚人,免使法堂草加深三尺耳矣,但不应昧却此心,便说我害人也。世间未有以大舜望人,而乃以为害人者也。以大舜事令师,而乃以为慢令师者也。此皆至迩至浅至易晓之言,想令师必然听察,第此时作恶已深,未便翻然若江河决耳⑤。故敢直望门下,惟门下大力,自能握此旋转机权也。若曰:"居士向日儒服而强谈佛,今居佛国⑥矣,又强谈儒。"则于令师当绝望矣。

[注释]①众巧:众人的智慧。 ②所以诏学者:用来教导学生的。 ③惟迩言是耽:只沉迷于迩言。 ④宗师:被人们崇仰的人。 ⑤未便翻然若江河决耳:不便一下子就能改变过来。翻然,很快的样子。若江河决,好像江河决口,比喻悔改迅速。 ⑥今居佛国:指现在出家为僧。

复周柳塘①

弟早知兄不敢以此忠告进耿老②也。弟向自通剂③,此直试兄耳。乃知平生聚友讲学之举,迁善去恶④之训,亦太欺人矣。欺人即自欺,更何说乎!夫彼专谈无善无恶之学⑤,我则以无善无恶待之;若于彼前而又谈迁善去恶事,则我为无眼人⑥矣。此专谈迁善去恶之学者,我则以迁善去恶望之；若于彼前而不责以迁善去恶事，则我亦为无眼人矣。世间学者原有此二种，弟安得不以此二种应之也耶！惟是一等无紧要人，一言之失不过自失，一行之差不过自差，于世无与，可勿论也。若特地出来⑦，要扶纲常⑧，立人极⑨，继往古，开群蒙，有如许担荷，则一言之失，乃四海之所观听，一行之谬，乃后生小子辈之所效尤，岂易放过乎？

[**注释**]①周柳塘：即周思久，见本卷《复丘若泰》注。　②进耿老：劝进耿定向。耿老，指耿定向，见本卷《答耿中丞》注。　③通劄(zhá)：通信。劄，古同"札"，书信。　④迁善去恶：趋向于善而去除邪恶。　⑤无善无恶之学：王阳明提出"无善无恶心之体"(《传习录》)的理论。并要求人们恢复这种"心之体"。　⑥无眼人：比喻没有见识到的人。　⑦特地出来：指从平常人中抽离出的那些特殊人。　⑧扶纲常：维护封建的三纲五常。　⑨立人极：树立做人的社会准则。

如弟岂特于世上为无要紧人，息焉游焉①，直与草木同腐，故自视其身亦遂为朽败不堪复用之器，任狂恣意，诚不足责也。若如二老②，自负何如，关系何如，而可轻耶！弟是以效孔门之忠告，窃前贤之善道，卑善柔③之贱态，附直谅④之后列，直欲以完名全节付二老，故遂不自知其犯于不可则止之科耳。虽然，二老何如人耶，夫以我一无要紧之人，我二老犹时时以迁善改过望之，况如耿老，而犹不可以迁善去恶之说进乎？而安敢以不可则止之戒事二老也。

[**注释**]①息焉游焉：生活安定自在。　②二老：指周思久和耿定向。

③善柔:谄媚的样子。 ④直谅:正直诚实。

偶有匡庐①之兴②,且小楼不堪热毒,亦可因以避暑。秋凉归来,与兄当大讲,务欲成就世间要紧汉矣。

[注释]①匡庐:庐山。传说殷周时期有匡姓兄弟七人结庐隐居于此,故名。 ②兴:游兴。

寄答耿大中丞①

观二公②论学,一者③说得好听,而未必皆其所能行;一者④说得未见好听,而皆其所能行,非但己能行,亦众人之所能行也。已能行而后言,是谓先行其言;己未能行而先言,则谓言不顾行。吾从其能行者而已,吾从众人之所能行者而已。

[注释]①耿大中丞:指耿定向。见本卷《答耿中丞》注。 ②二公:指周思久和杨起元。周思久,见本卷《复丘若泰》注。杨起元(1547~1599),字贞复,号复所。明代广东省归善(今广东惠阳)人。明代名儒,尊罗汝芳为师,以理学著称。著有《证学编》、《杨子学解》、《证道书义》等。 ③一者:指周思久。 ④一者:指杨起元。

夫知己之可能,又知人之皆可能,是己之善与人同也,是无己而非人①也,而何己之不能舍?既知人之可能,又知己之皆可能,是人之善与己同也,是无人而非己②也,而何人之不可从?此无人无己③之学,参赞位育④之实,扶世立教⑤之原,盖真有见于善与人同之极故也。今不知善与人同之学,而徒慕舍己从人之名,是有意于舍己也。

有意舍己,即是有己;有意从人,即是有人。况未能舍己而徒言舍己以教人乎?若真能舍己,则二公皆当舍矣。今皆不能舍己以相从,又何日夜切切以舍己言也?教人以舍己,而自不能舍,则所云舍己从人者妄也,非大舜舍己从人之谓也。言舍己者,可以反而思矣。

[注释]①无己而非人:没有自己有而别人没有的东西。 ②无人而非己:没有别人有而自己没有的东西。 ③无人无己:不强加于别人,也不抹杀自己。 ④参赞位育:参与、赞助天地生成万物,可以使人得其所,物遂其生。 ⑤扶世立教:扶助世道,立论教人。

真舍己者,不见有己。不见有己,则无己可舍。无己可舍,故曰舍己。所以然者,学先知己故也。真从人者,不见有人。不见有人,则无人可从。无人可从,故曰从人,所以然者,学先知人故也。今不知己而但言舍己,不知人而但言从人,毋怪其执吝不舍①,坚拒不从,而又日夜言舍己从人以欺人也。人其可欺乎?徒自欺耳。毋他,扶世立教之念为之祟也。扶世立教之念,先知先觉之任为之先也。先知先觉之任,好臣②所教之心为之驱也。以故终日言扶世,而未尝扶得一时,其与未尝以扶世为己任者等耳。终日言立教,未尝教得一人,其与未尝以立教为己任者均焉。此可耻之大者,所谓"耻其言而过其行③"者非耶!所谓"不耻不若人何若人有④"者又非耶!

[注释]①执吝不舍:吝啬而不肯舍弃。 ②臣:以……为臣。 ③耻其言而过其行:以说得多做得少为耻。 ④不耻不若人何若人有:不以赶不上别人为羞耻。

吾谓欲得扶世，须如海刚峰①之悯世，方可称真扶世人矣。欲得立教，须如严寅所②之宅身③，方可称真立教人矣。然二老有扶世立教之实，而绝口不道扶世立教之言；虽绝口不道扶世立教之言，人亦未尝不以扶世立教之实归之。今无其实，而自高其名，可乎？

[注释]①海刚峰：即海瑞(1514～1587)，字汝贤，号刚峰，广东琼山(今海南海口)人。嘉靖二十八年(1549)举人。嘉靖四十五年(1566)任户部主事时，因上疏而被捕入狱。世宗死后获释。后任应天巡抚，受张居正等排挤，革职闲居。万历时再被起用，先后任南京吏部右侍郎和南京右佥都御史。谥号忠介。　②严寅所：即严清(1524～1590)，字公直，号寅所，云南后卫(今云南昆明)人。嘉靖三十二年(1553)进士。曾任陕西参政、吏部侍郎、刑部尚书等官职。　③宅身：立身。

且所谓扶世立教，参赞位育者，虽聋瞽侏跛①亦能之，则仲子②之言，既已契于心矣，纵能扶得世教，成得参赞位育，亦不过能侏跛聋瞽之所共能者，有何奇巧而必欲以为天下之重而任之耶！若不信侏跛聋瞽之能参赞位育，而别求所谓参赞位育以胜之，以为今之学道者皆自私自利而不知此，则亦不得谓之参赞位育矣。是一己之位育参赞也，圣人不如是也。

[注释]①聋瞽侏跛：聋子、瞎子、矮子、瘸子。　②仲子：即耿定理。见本卷《答耿司寇》注。

卷二　书答

与庄纯夫①

日在②到,知葬事毕,可喜可喜!人生一世,如此而已。相聚四十余年,情境甚熟,亦犹作客并州③既多时,自同故乡,难遽离割也。夫妇之际,恩情尤甚,非但枕席之私,兼以辛勤拮据,有内助之益。若平日有如宾之敬,齐眉之诚④,孝友忠信,损己利人,胜似今世称学道者,徒有名而无实,则临别犹难割舍也。何也?情爱之中兼有妇行妇功妇言妇德,更令人思念耳,尔岳母黄宜人⑤是矣。独有讲学一事不信人言,稍稍可憾,余则皆今人所未有也。我虽铁石作肝,能不慨然!况临老各天,不及永诀耶!已矣!已矣!

[注释]①庄纯夫(1554~1606):名凤文,字纯夫(又作纯甫),泉州人,李贽的女婿。　②日在:庄纯夫的堂兄弟。　③作客并州:客居并州。并州,古州名。汉唐时期的并州州治均在今山西太原。　④齐眉之诚:夫妻间真正地相敬相爱。齐眉,即举案齐眉。后泛指夫妻相敬相爱。　⑤黄宜人:李贽妻子黄氏。明清时官至五品者,其母或妻被封为宜人。

自闻讣后,无一夜不入梦,但俱不知是死。岂真到此乎?抑吾念之,魂自相招也?想他平生谨慎,必不轻履僧堂。然僧堂一到亦有何妨。要之皆未脱洒耳。既单有魂灵,何①男何女,何远何近,何拘何碍!若犹如旧日拘碍不通,则终无出头之期矣。即此魂灵犹在,便知此身不死,自然无所拘碍,而更自作拘碍,可乎?即此无拘无碍,便是西方净土②,极乐世界,更无别有西方世界也。

[注释]①何:无论。 ②西方净土:佛教中所言的西方极乐佛国。

纯夫可以此书焚告尔岳母之灵,俾知此意。勿贪托生之乐,一处胎中,便有隔阴之昏①;勿贪人天之供,一生天上,便受供养,顿忘却前生自由自在夙念,报尽业现,还来六趣②,无有穷时矣。

[注释]①隔阴之昏:指人处于胎中,还未见天日。 ②六趣:佛教用语,也称"六道",即六种轮回境地:地狱、饿鬼、畜生、修罗、人间、天上。佛教认为,众生三业(心、口、意)的活动,善有善报,恶有恶报,报应结束,新的业也随之出现,不停地在六趣中轮回转生。直至证悟、解脱,修行成佛,而后才能出离轮回。

尔岳母平日为人如此,决生天上无疑。须记吾语,莫忘却,虽在天上,时时不忘记取,等我寿终①之时,一来迎接,则转转相依,可以无错矣。或暂寄念佛场中,尤妙。或见我平生交游②,我平日所敬爱者,与相归依,以待我至亦可。幸勿贪受胎,再托生也。纯夫千万焚香化纸钱,苦读三五遍,对灵叮嘱,明白诵说,则宜人自能知之。

[注释]①寿终:去世。 ②交游:结交的友朋。

复焦弱侯①

无念②回,甚悉近况。我之所以立计就兄者,以我年老,恐不能待也。既兄官身,日夜无闲空,则虽欲早晚不离左右请教,安能得?官身不妨,我能蓄发屈已相从,纵日间不闲,独无长夜乎?但闻兄身心俱不得闲,则我决不可往也无疑也。至于冲庵③,方履南京任,当用才之时,值大用之人,南北中外尚未知税驾④之处,而约我于焦山⑤,尤为大谬。舍稳便,就跋涉,株守空山,为侍郎⑥守院,则亦安用李卓老为哉?计且住此,与无念、凤里⑦、近城⑧数公朝夕龙湖之上,虽主人以我为臭秽不洁,不恤也。所望兄长尽心供职业!

[注释]①焦弱侯:即焦竑,见本书卷一《与焦弱侯》注。 ②无念:即深有,见本书卷一《答周友山》注。 ③冲庵:即顾养谦(1537～1604),字益卿,号冲庵,南通州(今江苏南通)人。嘉靖四十四年(1565)进士。官至兵部侍郎,总督蓟辽军务,卒赠兵部尚书。 ④税驾:犹解驾,停车。谓休息或归宿。税,通"脱"。 ⑤焦山:亦作樵山,在江苏镇江东北,相传因东汉末处士焦光隐居于此而得名。 ⑥侍郎:指顾养谦。 ⑦凤里:即杨定见。 ⑧近城:姓刘,麻城人,曾跟随李贽多年。

弟尝谓世间有三等作怪人,致使世间不得太平,皆由于两头照管①。第一等,怕居官束缚,而心中又舍不得官。既苦其外,又苦其内。此其人颇高,而其心最苦,直至舍了官方得自在,弟等是也。又有一等,本为富贵,而外矫词以为不愿,实欲托此以为荣身之梯,又兼采道德仁义之事以自盖。此其人身心俱劳,无足言者。独有一等,怕作官便舍官,喜作官便作官;喜讲学便讲学,不喜讲学便不肯讲学。此一等人,心身俱泰,手足轻安,既无两头照顾之患,又无掩盖表扬之丑,故可称也。赵文肃先生②云:"我这个嘴,张子③这个脸,也做了阁老,始信万事有前定。只得心闲一日,便是便宜一日。"世间功名富贵,与夫道德性命,何曾束缚人,人自束缚耳。狂言如此,有可采不?

[注释]①两头照管:指渴望名利双收。　②赵文肃先生:即赵贞吉,见本书卷一《又答石阳太守》注。　③张子:即张居正,见本书卷一《答邓明府》注。

　　无念得会顾冲庵,甚奇,而不得一会李渐庵①,亦甚可憾!邹公②有教赐我,杨公③有俸及我,皆当谢之。然我老矣,伏枕待死,笔墨久废,且以衰朽田野之老,通刺上国④,恐以我为不祥也。罢罢!自告免状,知不我怪。向邹公过古亭⑤时,弟偶外出,不得抠趋⑥侍从,悔者数日。夫金马玉堂⑦,所至蓬筚生光,既过三日,余香犹在,孰不争先快睹邪?鄙人独不得与,何缘之寡薄也!

[注释]①李渐庵:即李世达,见本书卷一《复京中友朋》注。　②邹公:邹德溥,字汝光,号四山,安福(今江西安福)人。著名学者邹守益之孙。万历十一年(1583)进士。曾官翰林院编修、太子洗马。著有《易会》、《春秋匡解》、《邹太史全集》等。　③杨公:即杨起元,见本书卷一《寄答耿大中丞》注。　④通刺上国:给京城里的达官贵人通信。刺,名片。上国,京城。　⑤古亭:即湖北麻城黄安(今湖北红安)。　⑥抠趋:表示极为恭敬。抠,抠衣,提起衣服前襟,碎步前行,表示恭敬。趋,古代的一种礼节,以碎步急行表示敬意。

⑦金马玉堂：金马门与玉堂署。汉时学士待诏之处，后因以称翰林院或翰林学士。邹德溥当时任翰林院编修，故称。

有《出门如见大宾篇》(《说书》)①，附往请教。尚有《精一》题、《圣贤所以尽其性》题，未写出，容后录奉。大抵圣言最切实，最有用，不是空头语。若如说者注解，则安用圣言为邪！世间讲学诸书，明快透髓，自古至今未有如龙谿先生②者。弟旧收得颇全，今俱为人取去，无一存者。诸朋友中读经既难，读大慧《法语》③及中峰《广录》④又难，惟读龙谿先生书，无不喜者。以此知先生之功在天下后世不浅矣。闻有《水浒传》，无念欲之，幸寄与之，虽非原本亦可；然非原本，真不中用矣。方切庵⑤至今在滇，何耶？安得与他一会面也！无念甚得意此行，以谓得遇诸老。闻山东李先生向往甚切，有绝类离群之意。审此，则令我寤寐尔思，展转反侧，曷其已耶！袁公⑥果能枉驾过龙湖，明年夏初当扫馆烹茶以俟之，幸勿爽约也！杨复所⑦憾与兄居住稍远，弟向与柳老⑧处，见其《心如谷种论》及《惠迪从逆》作，是大作家。论首三五翻，透彻明甚，可惜末后作道理议论，稍不称耳。然今世要未能作此者，所谓学从信门入是也。自此有路径可行，有大门可启，堂堂正正，日以深造，近谿先生⑨之望不孤，而兄等得良侣矣。弟虽衰朽，不堪雕琢，敢自外于法席⑩之下邪？闻此老求友不止，决非肯以小成自安者，喜何如也！

[注释]①《出门如见大宾篇》《说书》：李贽就《论语·颜渊》中"出门如见大宾"(出门办事好像去接待贵宾)这句话所作的一篇文章，收在他的《说

书》里。　②龙豀先生：即王畿，见本书卷一《答耿司寇》注。　③大慧《法语》：大慧(1089～1163)，姓奚，名宗杲，宁国(今安徽宣城)人。谥号普觉。"看话禅"的创始人。曾因议及朝政而遭秦桧迫害。著有《大慧普觉禅师语录》。《法语》，当指《大慧普觉禅师语录》。　④中峰《广录》：中峰(1263～1323)，宋元间僧人。名明本，自号幻住。钱塘(今浙江杭州)人。有《中峰和尚广录》传世。《广录》，当指《中峰和尚广录》。　⑤方切庵：即方沆，见本书卷一《答耿司寇》注。　⑥袁公：袁宗道(1560～1600)，字伯修，号玉蟠，又号石浦。明代文学家，明湖广公安(今湖北公安)人。万历十四年(1586)会试第一，选庶吉士，授编修，官至右庶子。"公安派"的发起者和领袖之一，与弟袁宏道、袁中道并称"公安三袁"。　⑦杨复所：即杨起元。见本书卷一《寄答耿大中丞》注。　⑧柳老：即周思久，见本书卷一《复丘若泰》注。　⑨近谿先生：即罗汝芳，见本书卷一《答耿司寇》注。　⑩法席：佛教语。讲解佛法的座席。亦泛指讲解佛法的场所。

　　我已主意在湖上，只欠五十金修理一小塔，冬尽即搬其中。祝无功①过此一会，虽过此，亦不过使人道他好学，孳孳求友如此耳。大抵今之学道者，官重于名，名又重于学。以学起名，以名起官。使学不足以起名，名不足以起官，则视弃名如敝帚矣。无怪乎有志者多不肯学，多以我辈为真光棍也。于此有耻，则羞恶之心自在。今于言不顾行处不知羞恶，而恶人作耍游戏②，所谓不能三年丧而小功是察③也，悲夫！

　　[注释]①祝无功：即祝世禄，见本书卷一《答耿司寇》注。　②作耍游戏：(道学家指责)不以讲学猎取功名富贵的人是对人生的玩笑游戏。　③不能三年丧而小功是察：不能够实行三年的丧礼，却对缌麻、小功的丧礼仔细讲求。比喻舍大求小。

近有《不患人之不己知，患不知人》(《说书》)①一篇。世间人谁不说我能知人，然夫子②独以为患，而帝尧独以为难，则世间自说能知人者，皆妄也。于问学上亲切，则能知人；能知人则能自知。是知人为自知之要务，故曰"我知言③"，又曰"不知言，无以知人"也。于用世上亲切不虚，则自能知人；能知人由于能自知。是自知为知人之要务，故曰"知人则哲，能官人"，"尧、舜之知而不遍物，急先务也"。先务者，亲贤之谓也。亲贤者，知贤之谓也。自古明君贤相，孰不欲得贤而亲之，而卒所亲者皆不贤，则以不知其人之为不贤而妄以为贤而亲之也。故又曰"不知其人，可乎"。知人则不失人，不失人则天下安矣。此尧之所难，夫子大圣人之所深患者，而世人乃易视之。呜呼！亦何其猖狂不思之甚也！况乎以一时之喜怒，以一人之爱憎，而欲视天下高蹈远引④之士，混俗和光⑤之徒，皮毛臭秽之夫，如周、丘其人者哉！故得位非难，立位最难。若但取一概顺己之侣，尊己之辈，则天下之士不来矣。今诵诗读书者有矣，果知人论世否也？平日视孟轲若不足心服，及至临时，恐未如彼"尚论"切实可用也。极知世之学者以我此言为妄诞逆耳，然逆耳不受，将未免复蹈同心商证⑥故辙矣，则亦安用此大官以诳朝廷，欺天下士为哉？毒药利病，刮骨刺血，非大勇如关云长⑦者不能受也。不可以自负孔子、孟轲者而顾不如一关义勇武安王者也。只此一书耳，终身之交在此，半路绝交亦在此，莫以状元恐吓人也。世间友朋如我者绝无矣。

[注释]①《不患人之不己知，患不知人》(《说书》)：李贽就《论语·学而》

中的"不患人之不已知,患不知人"(不怕别人不了解自己,就怕自己不了解别人)而作的一篇文章,收在李贽的《说书》中。　②夫子:指孔子。　③知言:善于分析别人的言辞。　④高蹈远引:隐居避世。　⑤混俗和光:混同世俗之中。　⑥同心商证:只与自己意见相同的人商量考证,即喜听顺耳之言。⑦关云长:关羽(?～219),字云长,河东解县(今陕西临猗西南)人。三国蜀汉大将。被后世尊称为"关公"、"关帝"、"关圣"等。

　　苏长公①何如人,故其文章自然惊天动地。世人不知,只以文章称之,不知文章直彼余事耳。世未有其人不能卓立而能文章垂不朽者。弟于全刻抄出作四册,俱世人所未尝取者。世人所取者,世人所知耳,亦长公俯就世人而作者也。至其真洪钟大吕②,大扣大鸣,小扣小应,俱系彼精神髓骨所在,弟今尽数录出,闲时一披阅,平生心事宛然如见,如对长公披襟面语,朝夕共游也。憾不得再写一部,呈去请教耳。倘印出,令学生子③置在案头,初场二场三场④毕具矣。龙谿先生全刻,千万记心遗我!若近谿先生刻,不足观也。盖《近谿语录》须领悟者乃能观于言语之外,不然,未免反加绳束,非如王先生字字皆解脱门,得者读之足以印心,未得者读之足以证入也。

　　[注释]①苏长公:苏轼(1037～1101),字子瞻,号东坡居士,北宋眉州眉山(今四川眉山)人。嘉祐(1056～1063)进士。曾官翰林学士、礼部尚书等。屡遭贬谪,病死在常州(今江苏常州)。追谥号文忠。其诗题材广阔,清新豪健,善用夸张比喻,独具风格,与黄庭坚并称"苏黄"。词开豪放一派,与辛弃疾同是豪放派代表,并称"苏辛"。又工书画。有《东坡七集》、《东坡易传》、《东坡乐府》等。　②洪钟大吕:形容作品有豪迈之气。洪钟,大钟。大吕,周代宗庙中的大钟。　③学生子:参加科考的学子。　④初场二场三场:明清

时代的乡试(在各省省会举行,中式者为举人)、会试(在京都举行,中式者为贡士、进士),均分为三场进行,每场相隔三天。

弟今年六十三矣,病又多,在世日少矣,故所言者皆直致①不委曲。虽若倚恃年老无赖②,然于相知之前,亦安用委曲为也!若说相知而又须委曲,则不得谓之相知矣。然则弟终无一相知乎?以今观之,当终吾身无一相知也。

[注释]①直致:直率坦诚。 ②无赖:这里指无聊,不可过于理喻之意。

又与焦弱侯①

郑子玄②者,丘长孺③父子之文会友也。文虽不如其父子,而质实有耻,不肯讲学,亦可喜,故喜之。盖彼全不曾亲见颜、曾、思、孟,又不曾亲见周、程、张、朱④,但见今之讲周、程、张、朱者,以为周、程、张、朱实实如是尔也,故耻而不肯讲。不讲虽是过,然使学者耻而不讲,以为周、程、张、朱卒如是而止,则今之讲周、程、张、朱者可诛也。彼以为周、程、张、朱者皆口谈道德而心存高官,志在巨富;既已得高官巨富矣,仍讲道德,说仁义自若也;又从而哓哓⑤然语人曰:"我欲厉俗而风世。"彼谓败俗伤世者,莫甚于讲周、程、张、朱者也,是以益不信。不信故不讲。然则不讲亦未为过矣。

[注释]①焦弱侯:即焦竑,见本书卷一《与焦弱侯》注。 ②郑子玄:与下文的丘长孺父子同为李贽的好友。 ③丘长孺:丘,一作丘。即丘坦,字坦

之,号长儒,麻城(今湖北麻城)人。万历三十四年(1606),武乡试第一,官至海州(今江苏连云港)参将。善诗,工书。 ④周、程、张、朱:指周敦颐、程颢程颐兄弟、张载、朱熹。 ⑤哓哓(xiāo xiāo):争辩。

黄生①过此,闻其自京师往长芦②抽丰③,复跟长芦长官别赴新任。至九江④,遇一显者,乃舍旧从新,随转而北,冲风冒寒,不顾年老生死。既到麻城,见我言曰:"我欲游嵩、少⑤,彼显者亦欲游嵩、少,拉我同行,是以至此。然显者俟我于城中,势不能一宿。回日当复道此,道此则多聚三五日而别,兹卒卒⑥诚难割舍云。"其言如此,其情何如?我揣其中实为林汝宁⑦好一口食难割舍耳。然林汝宁向者三任,彼无一任不往,往必满载而归,兹尚未厌足,如饿狗思想隔日屎,乃敢欺我以为游嵩、少。夫以游嵩、少藏林汝宁之抽丰来嗛⑧我;又恐林汝宁之疑其为再寻己也,复以舍不得李卓老,当再来访李卓老,以嗛林汝宁:名利两得,身行俱全。我与林汝宁几皆在其术中而不悟矣,可不谓巧乎!今之道学,何以异此!

[**注释**]①黄生:即黄克晦,字孔昭,号吾野,惠安(今福建惠安)人。著有《吾野诗集》。与李贽早年有交往。 ②长芦:在今河北沧县附近。 ③抽丰:也作"打抽丰"、"打秋风",旧时利用各种关系和借口向人索取财物。 ④九江:今江西九江。 ⑤嵩、少:指嵩山和少室山。嵩山,在河南登封北,五岳之一。少室山,在河南登封西北。 ⑥卒卒(cù cù):匆忙的样子。 ⑦林汝宁:即林云程,字登卿,晋江人。嘉靖四十四年(1565)进士,万历十四年(1586)任汝宁知府。 ⑧嗛(qiè):这里是欺瞒之意。

由此观之,今之所谓圣人者,其与今之所谓山人①者一也,特有幸不幸之异耳。幸而能诗,则自称曰山人;不幸而不能诗,则辞却山人而以圣人名。幸而能讲良知②,则自称曰圣人;不幸而不能讲良知,则谢却圣人而以山人称。展转反复,以欺世获利。名为山人而心同商贾,口谈道德而志在穿窬③。夫名山人而心商贾,既已可鄙矣,乃反掩抽丰而显嵩、少,谓人可得而欺焉,尤可鄙也!今之讲道德性命者,皆游嵩、少者也;今之患得患失,志于高官重禄,好田宅,美风水,以为子孙荫者,皆其托名于林汝宁,以为舍不得李卓老者也。然则郑子玄之不肯讲学,信乎其不足怪矣。

[注释]①山人:指隐士。 ②良知:孟子用以指天赋的道德观念。后来王守仁据以提出"致良知"说,作为道德的修养方法。 ③穿窬(yú):指偷窃行为。语出《论语·阳货》。穿,穿壁;窬,同"逾",越墙。

且商贾亦何可鄙之有?挟数万之赀①,经风涛之险,受辱于关吏,忍诟于市易,辛勤万状,所挟者重,所得者末。然必交结于卿大夫之门,然后可以收其利而远其害,安能傲然而坐于公卿大夫之上哉!今山人者,名之为商贾,则其实不持一文;称之为山人,则非公卿之门不履,故可贱耳。虽然,我宁无有是乎?然安知我无商贾之行之心,而释迦其衣以欺世而盗名也耶?有则幸为我加诛,我不护痛也。虽然,若其患得而又患失,买田宅,求风水等事,决知免矣。

[注释]①赀:同"资",财物。

复邓鼎石①

杜甫非耒阳之贤,则不免于大水之厄;相如②非临邛,则程郑、卓王孙辈当以粪壤视之矣。势到逼迫时,一粒一金一青目③,便高增十倍价,理势然也,第此时此际大难为区处耳。谨谢!谨谢!

[注释]①邓鼎石:即邓应祁,见本书卷一《答邓明府》注。 ②相如:即司马相如(前179~前117),字长卿,成都(今四川成都)人。汉代辞赋家。因家贫投奔当时蜀州林邛(今四川邛崃县一带)县令王吉,并结识当地富豪程郑、卓王孙。后与守寡在家的卓王孙之女卓文君爱慕有加,私奔成亲。著有《司马文园集》。 ③青目:即青眼,青睐。

焦心劳思,虽知情不容已,然亦无可如何,只得尽吾力之所能为者。闻长沙、衡、永①间大熟,襄、汉②亦好,但得官为籴本③,付托得人,不拘上流下流,或麦或米,令惯籴上户④各赍⑤银两,前去出产地面籴买,流水不绝,运到水次⑥。官复定为平价,贫民来籴者,不拘银数多少,少者虽至二钱三钱亦与方便。但有银到,即流水收银给票,令其自赴水次搬取。出籴者有利则乐于趋事,而籴本自然不失;贫民来转籴者既有粮有米,有谷有麦,亦自然不慌矣。至于给票发谷之间,简便周至,使人不阻不滞,则自有仁慈父母在。且当此际,便一分,实受一分赐,其感戴父母,又自不同也。

[注释]①衡、永:衡阳与永州,今属湖南省。 ②襄、汉:襄阳与汉阳(今

湖北武汉一带),今属湖北省。 ③官为籴本:官府提供籴粮的本钱。 ④惯籴上户:有经验的粮商和富裕之家。 ⑤赍(jī):携带。 ⑥水次:码头。

仆谓在今日,其所当为,与所得为,所急急为者,不过如此。若曰"救荒无奇策"①,此则俗儒②之妄谈,何可听哉! 世间何事不可处,何时不可救乎? 尧无九年水③,以有救水之奇策也。汤无七年旱④,以有救旱之奇策也。彼谓蓄积多而备先具者,特言其豫备之一事耳,非临时救之之策也。惟是世人无才无术,或有才术矣,又恐利害及身,百般趋避,故亦遂因循言不理,安坐待毙。然虽自谓不能,而未敢遽谓人皆不能也。独有一等俗儒,己所不能为者,便谓人决不能为,而又敢倡为大言曰:"救荒无奇策。"呜呼! 斯言出而阻天下之救荒者,必此人也。然则俗儒之为天下虐,其毒岂不甚哉!

[注释]①救荒无奇策:朱熹曾言"救荒无奇策",在此遭到李贽的激烈批判。 ②俗儒:思想平庸之儒士。 ③尧无九年水:相传尧时九年大水,但经过尧的治理没有使其成灾。 ④汤无七年旱:传说商汤时七年大旱,但没有成灾。

寄答京友①

"才难,不其然乎!"今人尽知才难,尽能言才难,然竟不知才之难,才到面前竟不知爱,幸而知爱,竟不见有若己有者,不见有称喜赞扬不啻若自其口出者,如孔北海②之荐祢正平③,跣足④救杨彪⑤也,何也? 以其非真惜才也;虽惜才,亦以惜才之名好,以名好故而惜之耳。则又安望其能若己有、不啻若口出如孔北海然也。呜呼！吾无望之矣！

[注释]①京友：不详。 ②孔北海：即孔融(153～208)，字文举。鲁国(今山东曲阜)人。东汉末年文学家，"建安七子"之一，家学渊源，是孔子的二十世孙，太山都尉孔宙之子。汉献帝即位后任北军中侯、虎贲中郎将、北海相，时称孔北海。性好宾客，喜抨议时政，言辞激烈，后因触怒曹操而为其所杀。 ③祢正平：即祢衡(173～198)，字正平，平原郡(今山东德州临邑德平镇)人。个性恃才傲物，和孔融交好。 ④跣(xiǎn)足：光脚。 ⑤杨彪(142～225)：字文先，东汉末年华阴县(今陕西渭南县)人。出身东汉名门"弘农杨氏"。少年时受家学的熏陶，最初被举为孝廉，州里举其为茂才。后因博学多闻，被公车征拜为议郎，迁侍中、京兆尹。历任侍中，五官中郎将，颍川、南阳太守，三次升迁后任永乐少府、太仆和卫尉。

举春秋①之天下，无有一人能惜圣人②之才者，故圣人特发此叹，而深羡于唐、虞之隆③也。然则才固难矣，犹时时有之；而惜才者则千古未见其人焉。孔子惜才矣，又知人之才矣，而不当其位。入齐而知晏平仲④，居郑而知公孙子产⑤，闻吴有季子⑥，直往观其葬。其惜才也如此，使其得志，肯使之湮灭而不见哉！然则孔子之叹"才难"，非直叹才难也，直叹惜才者之难也；以为生才甚难，甚不可不爱惜也。

[注释]①春秋：时代名。因鲁国编年史《春秋》而得名。起止年代说法不一，一般认为是公元前770年至公元前476年。 ②圣人：这里指孔子。 ③唐、虞之隆：唐尧和虞舜时人才兴盛。 ④晏平仲：即晏婴(？～前500)，字平仲，夷维(今山东高密)人。春秋时齐国大夫。有传世《晏子春秋》，是战国人搜集有关他的言行编辑而成的。 ⑤公孙子产：姓公孙，名子产，春秋时

郑国的贤相,执政二十年。　⑥季子:即季札,春秋时吴国的贵族。

夫才有巨细,巨才方可称才也。有巨才矣,而肯任事者为尤难。既有大才,又能不避祸害,身当其任,勇以行之,而不得一第①,则无凭,虽惜才,其如之何!幸而登上第,有凭据,可藉手②以荐之矣,而年已过时,则虽才如张襄阳③,亦安知听者不以过时而遂弃,其受荐者又安知其不以既老而自懈乎!

[注释]①第:科第,科举时代开始合格列入的等第。也指取得的功名。②藉手:犹借助。借人之手以为己助。　③张襄阳:即张柬之(625～706),字孟将,唐襄州襄阳(今湖北襄阳)人。以贤良征试,擢升为监察御史。武则天时为后周后期宰相,时年已八十多岁。后在恢复中宗地位中功劳显著,被擢为天官尚书,后封为郡王。

夫凡有大才者,其可以小知处必寡,其暇疵处必多,非真具眼者与之言必不信。当此数①者,则虽有大才,又安所施乎?故非自己德望过人,才学冠世,为当事者②所倚信,未易使人信而用之也。然非委曲竭忠,真若自己有,真不啻若口出,纵人信我,亦未必能信我所信之人,憾不得与之并时,朝闻而夕用之也。呜呼!可叹也夫!

[注释]①数:命运。　②当事者:这里指当权者。

与曾中野①

昨见公,令我两个月心事顿然冰消冻解也。乃知向之劝我者,只为我添油炽薪②耳。而公绝无一语,勤渠之意愈觉有加,故我不觉心醉矣。已矣已矣,自今以往,不复与柳老③为怨矣。

[注释]①曾中野:周思久的女婿。 ②添油炽薪:火上浇油,即激化矛盾。 ③柳老:即周思久,见本书卷一《复丘若泰》注。

夫世间是与不是,亦何常之有,乃群公劝我者不曾于是非之外有所发明,而欲我藏其宿怨,以外为好合,是以险侧小人事我也。苟得面交,即口蜜腹剑,皆不顾之矣,以故,所是愈坚而愈不可解耳。善乎朱仲晦①之言曰:"隐者多是带性负气之人。"仆隐者也,负气②人也。路见不平,尚欲拔刀相助,况亲当其事哉!然其实乃痴人也,皆为鬼所迷者也。苟不遇良朋胜友,其迷何时返乎?以此思胜己之友,一日不可离也。

[注释]①朱仲晦:即朱熹,见本书卷一《又答石阳太守》注。 ②负气:不肯屈居人下。

嗟乎!楚倥①既逝,而切骨之谈罔闻②,友山③日疏,而苦口之言不至。仆之迷久矣,何特今日也耶。自今已矣,不复与柳老为怨矣。且两人皆六十四岁矣,纵多寿考,决不复有六十四年在人世上明矣。如仆者,非但月化④,亦且日衰,其能久乎!死期已逼,而豪气尚在,可笑也已!

[注释]①楚倥:即耿定理,详见本书卷一《答耿司寇》注。 ②罔闻:听不到。 ③友山:即周思敬,见本书卷一《答周友山》注。 ④月化:身体一月一月地衰老。

与曾继泉①

闻公欲薙发②,此甚不可。公有妻妾田宅,且未有子。未有子,则妻妾田宅何所寄托;有妻妾田宅,则无故割弃,非但不仁,亦甚不义也。果生死道念真切,在家方便,尤胜出家万倍。今试问公果能持钵③沿门丐食乎?果能穷饿数日,不求一餐于人乎?若皆不能,而犹靠田作过活,则在家修行,不更方便乎?

[注释]①曾继泉:李贽的学生,曾在龙潭湖芝佛院跟从李贽学习。②薙(tì)发:剃发为僧。薙,同"剃"。 ③钵:僧徒食用器具。

我当初学道,非但有妻室,亦且为宰官①,奔走四方,往来数万里,但觉学问日日得力耳。后因寓楚②,欲亲就良师友,而贱眷③苦不肯留,故令小婿小女送之归。然有亲女外甥等朝夕伏侍,居官俸余又以尽数交与,只留我一身在外,则我黄宜人虽然回归,我实不用牵挂,以故我得安心寓此,与朋友嬉游也。其所以落发者,则因家中闲杂人等时时望我归去,又时时不远千里来迫我,以俗事强我,故我剃发以示不归,俗事亦决然不肯与理也。又此间无见识人多以异端目我,故我遂为异端以成彼竖子④之名。兼此数者,陡然去发,非其心也。实则以年纪老大,不多时居人世故耳。

[注释]①宰官:泛指做官。 ②寓楚:寓居在湖北的黄安(今湖北红安)与麻城,因这里在战国时是楚国故地,故称楚。 ③贱眷:家眷,这里指李贽

的妻子黄氏。　④竖子:小子,卑贱的称谓。

　　如公壮年,正好生子,正好做人,正好向上。且田地不多,家业不大,又正好过日子,不似大富贵人,家计①满目,无半点闲空也。何必落发出家,然后学道乎?我非落发出家始学道也。千万记取!

　　[注释]①家计:家产。

答刘方伯①书

　　此事②如饥渴然:饥定思食,渴定思饮。夫天下曷尝有不思食饮之人哉!其所以不食饮者有故矣:病在杂食也。今观大地众生,谁不犯是杂食病者。杂食谓何?见小而欲速也,所见在形骸③之内,而形骸之外则不见也,所欲在数十世之久,而万亿世数则不欲也。

　　[注释]①刘方伯:即刘东星,见本书卷一《答刘宪长》注。　②此事:指对学问的研讨。　③形骸:躯体,这里指所认识的事物。

　　夫功名富贵,大地众生所以奉此七尺之身者也,是形骸以内物也,其急宜也。是故终其身役役焉劳此心以奉此身,直至百岁而后止。是百岁之食饮也,凡在百岁之内者所共饥渴而求也。而不知止者犹笑之曰:"是奚足哉!男儿须为子孙立不拔之基,安可以身死而遂止乎?"于是卜宅而求诸阳①,卜地而求诸阴②,务图吉地以履荫后人,是又数十世之食饮也。凡贪此数十世之食饮者所共饥渴而求也。故或积德于冥冥③,或施报于昭昭④,其用心至繁至密,其为类至赜⑤至众。然皆贪此一口无穷茶饭以贻后人耳。而贤者又笑之曰:"此安能久!此又安足云!且夫形骸外矣。劳其心以事形骸,智者不为也,况复劳其形骸,以为儿孙作牛马乎?男儿生世,要当立不朽之名。"是啖名者也。名既其所食啖之物,则饥渴以求之,亦自无所不至矣。不知名虽长久,要与天壤相敝⑥者也。天地有尽,则此名亦尽,安得久乎?而达者又笑之曰:"名与身孰亲?夫役此心以奉此身,已谓之愚矣,况役此心以求身外之名乎?"然则名不亲于身审矣,而乃谓"疾⑦没世而名不称"者,又何说也?盖众人之病病在好利,贤者之病病在好名。苟不以名诱之,则其言不入。夫惟渐次导之,使令归实,归实之后,名亦无有,故曰"夫子善诱"。然颜氏没而能知夫子之善诱者亡矣,故颜子没而夫子善诱之术遂穷。

[注释]①卜宅而求诸阳:依照风水方法来占卜盖房屋的地点。　②卜地而求诸阴:依照风水方法来占卜造坟墓的地点。　③积德于冥冥:暗积阴德。　④施报于昭昭:明显得报。　⑤赜(zé):深奥,精微。　⑥敝:毁坏。　⑦疾:担心。

吁!大地众生惟其见小而欲速,故其所食饮者尽若此止矣,而达者其谁乎?而欲其思孔、颜之食饮①者,不亦难乎?故愚谓千载而下,虽有孔子出而善诱之,亦必不能易其所饥渴,以就吾之食饮也。计惟有自饱自歌,自饮自舞而已。况如生者,方外托身②,离群逃世,而敢呶呶哓哓③,不知自止,以犯非徒无益而且有祸之戒乎!然则今之自以为孔子而欲诱人使从我者,可笑也。何也?孔子已不能得之于颜子之外也,其谁兴饥渴之怀,以与我共食饮乎此也耶!纵满盘堆积,极山海之羞,尽龙凤之髓,跪而献纳,必遭怒遣而诃斥矣。纵或假相承奉,聊一举箸,即吐哕随之矣。何者?原非其所食饮之物,自不宜招呼而求以与之共也。然则生孔子之后者,讲学终无益矣,虽欲不落发出家,求方外之友以为伴侣,又可得耶!然则生乎今之世,果终莫与共食饮也欤?诚终莫与共食饮也已!

[注释]①孔、颜之食饮:孔子和颜渊的理论主张。 ②方外托身:出家为僧。 ③呶(náo)呶哓(xiāo)哓:指唠唠叨叨,令人厌烦。

答庄纯夫①书

学问须时时拈掇,乃时时受用,纵无人讲,亦须去寻人讲。盖日讲则日新,非为人也,乃专专为己也。龙谿、近谿②二大老可以观矣。渠岂不知此事无巧法耶!佛祖真仙,大率没身③于此不衰也。今人不知,皆以好度人目之,即差却题目④矣。

[注释]①庄纯夫:李贽女婿。见本卷《与庄纯夫》注。 ②龙谿、近谿:指王畿和罗汝芳,见本书卷一《答耿司寇》注。 ③没身:终生。 ④差却题目:理解上出现了偏差。

与周友山①书

不肖株守黄、麻②一十二年矣,近日方得一览黄鹤③

之胜,尚未眺晴川④,游九峰⑤也,即蒙忧世者有左道惑众之逐。弟反覆思之,平生实未曾会得一人,不知所惑何人也。然左道之称,弟实不能逃焉。何也? 孤居日久,善言罔闻,兼以衰朽,怖死念深,或恐犯此耳。不意忧世者乃肯垂大慈悲教我如此也!

[**注释**]①周友山:即周思敬,见本书卷一《答周友山》注。　②黄、麻:即黄安(今湖北红安)和麻城(今湖北麻城)。　③黄鹤:指黄鹤楼,位于武汉蛇山上。　④晴川:晴川阁,故址在武汉的龟山上,与蛇山的黄鹤楼遥相对应。⑤九峰:九峰寺,故址在今武汉九峰山上。

即日加冠畜发,复完本来面目,二三侍者,人与圆帽一顶,全不见有僧相矣。如此服善从教,不知可逭①左道之诛否? 想仲尼②不为已甚,诸公遵守孔门家法,决知从宽发落,许其改过自新无疑。然事势难料,情理不常,若守其禁约,不肯轻恕,务欲穷之于其所往,则大地皆其禁域,又安所逃死乎! 弟于此进退维谷,将欲"明日遂行",则故旧难舍;将遂"微服过宋"③,则司城贞子未生④。兄高明为我商之如何?

[**注释**]①逭(huàn):逃避。　②仲尼:指孔子。　③微服过宋:改换服装而逃离宋国。语出《孟子·万章上》。孔子到宋国时,宋司马桓魋(tuí)要杀他,所以只好"微服而过宋"。　④司城贞子未生:没有像司城贞子那样的人可以投靠。司城贞子,春秋时陈国人,孔子逃出宋国后,曾在他家寄居。司城,官名。贞子,谥号。

然弟之改过实出本心,盖一向以贪佛之故,不自知其陷于左道,非明知故犯者比也。既系误犯,则情理可恕;

既肯速改,则更宜加奖,供其馈食,又不但直赦其过误已也。倘肯如此,弟当托兄先容①,纳拜大宗师②门下,从头指示孔门"亲民"学术,庶几行年③六十有五,犹知六十四岁之非乎!

[注释]①先容:先加以雕饰。引申为替他人介绍、推荐。 ②大宗师:指耿定向。 ③行年:指将到的年龄。

又与周友山①书

承教塔事甚是,但念我既无眷属之乐,又无朋友之乐,茕然②孤独,无与晤语,只有一塔墓室可以厝骸③,可以娱老,幸随我意,勿见阻也!至于转身之后,或遂为登临之会④,或遂为读书之所,或遂为瓦砾之场,则非智者所能逆为之图矣。

[注释]①周友山:即周思敬,见本书卷一《答周友山》注。 ②茕(qióng)然:孤独无靠的样子。 ③厝(cuò)骸:安放尸体。 ④登临之会:游览的地方。

古人所见至高,只是合下①见得甚近,不能为子子孙孙万年图谋也。汾阳之宅为寺②,马燧之第为园③,可遂谓二老无见识乎?以禹之神智如此,八年勤劳如此,功德在民如此,而不能料其孙太康遂为羿所篡而失天下,则虽智之大且神者,亦只如此已矣。

[注释]①合下:当下,时下。 ②汾阳之宅为寺:郭子仪的府第后来变成了寺庙。 ③马燧之第为园:唐朝马燧的府第后来变为奉诚园亭观。

元世祖初平江南①,问刘秉忠②曰:"自古无不败之家,无不亡之国。朕之天下,后当何人得之?"秉忠对曰:"西方之人得之。"及后定都燕京③,筑城掘地,得一石匣,开视,乃一匣红头虫④,复诏问秉忠。秉忠对曰:"异日得陛下天下者,即此物也。"

[注释]①元世祖初平江南:元世祖忽必烈1279年灭南宋,统一中国。②刘秉忠(1216～1274):邢州(今河北邢台)人。少时为僧,后辅佐忽必烈统一中国。 ③定都燕京:忽必烈于1264年由上都(即开平,在今内蒙古多伦西北)迁都燕京(今北京),公元1271年,正式改蒙古国号为"元",又改称燕京为大都。 ④红头虫:暗喻后来元朝为朱(红)姓所取代。这是古代一种谶纬迷信说法。

由此观之,世祖方得天下,而即问失天下之日;秉忠亦不以失天下为不祥,侃然致对①。视亡若存,真英雄豪杰,诚不同于时哉!秉忠自幼为僧,世祖至大都见之,乃以释服相从军旅间,末年始就冠服,为元朝开国元老,非偶然也。

[注释]①侃然致对:从容不迫地应对。

我塔事无经营之苦,又无抄化①之劳,听其自至,任其同力,只依我规制耳。想兄闻此,必无疑矣。

[注释]①抄化:募化,化缘。

与焦漪园①

弟今又居武昌②矣。江汉③之上,独自邀游,道之难行,已可知也;"归欤"之叹,岂得已耶!然老人无归,以朋友为归,不知今者当归何所欤!汉阳城中尚有论说到此者,若武昌则往来绝迹,而况谭学④!写至此,一字一泪,不知当向何人道,当与何人读,想当照旧薙发归山去矣!

[注释]①焦漪园:即焦竑,见本书卷一《与焦弱侯》注。 ②武昌:与下文的汉阳城今均属武汉市。 ③江汉:长江和汉水。 ④谭学:谈论学问。谭,通"谈"。

与刘晋川①书

昨约其人来接,其人竟不来,是以不敢独自闯入衙门,恐人疑我无因自至,必有所干与也。今日暇否?暇则当堂遣人迎我,使衙门中人,尽知彼我相求,只有性命②一事可矣。缘我平生素履③未能取信于人,不得不谨防其谤我者,非尊贵相也。

[注释]刘晋川:即刘东星,见本书卷一《答刘宪长》注。 ②性命:中国古代哲学范畴。指万物的天赋和禀受。 ③素履:比喻质朴无华、清白自守的处世态度。

与友朋①书

顾虎头②虽不通问学,而具只眼,是以可嘉;周公瑾③既通学问,又具只眼,是以尤可嘉也。二公皆盛有识见,有才料④,有胆气,智仁勇三事皆备。周善藏,非万全不发,故人但见其巧于善刀,而不见其能于游刃。顾善发,然发而人不见，故人但见其能于游刃，而不见其巧于善刀。周收敛之意多，平生唯知为己，以故相知少而其情似寡，然一相知而胶漆难并矣。顾发扬⑤意多，平生惟不私己，以故相爱甚博而其情似不专。然情之所专，爱固不能分也。何也？以皆具只眼也。

[注释]①友朋：不详。　②顾虎头：即顾恺之，字长康，小字虎头。东晋著名画家。这里借指顾养谦，见本卷《复焦弱侯》注。　③周公瑾：即周瑜（175～210），字公瑾，三国时吴名将。这里借指周思敬（见本书卷一《答周友山》注）。　④才料：指才能。　⑤发扬：豪放。

吾谓二公者，皆能知人而不为知所眩，能爱人而不为爱所蔽，能用人而不为人所用者也。周装聋作哑，得老子之体，是故与之语清净宁一之化，无为自然之用，如以石投水，不相逆也。所谓不动声色而措天下于泰山之安者，此等是也，最上一乘之人也，何可得也！顾托孤寄命，有君子之风，是故半夜叩门，必不肯以亲为解①，而况肩钜②任大，扶危持颠，肯相辜负哉！是国家大可倚仗人也，抑又何可得也！顾通州人，周麻城人。

[注释]①以亲为解：以亲人在作为推辞的理由。　②钜：同"巨"。

答刘晋川①书

弟年近古稀矣，单身行游，只为死期日逼，阎君铁棒难支②，且生世之苦目击又已如此，使我学道之念转转急迫也。既学道不得不资先觉③，资先觉不得不游四方，游四方不得不独自而受孤苦。何者？眷属徒有家乡之念，童仆俱有妻儿之思，与我不同志也。志不同则难留，是以尽遣之归，非我不愿有亲随，乐于独自孤苦也。为道日急，虽孤苦亦自甘之，盖孤苦日短而极乐世界日长矣。

[注释]①刘晋川：即刘东星，见本书卷一《答刘宪长》注。　②铁棒难支：比喻人的死亡不随人愿。　③先觉：悟性。

久已欲往南北二都①为有道之就，二都朋友亦日望我。近闻二都朋友又胜②矣。承示吴中丞③札，知其爱我甚。然顾通州④虽爱我，人品亦我所师，但通州实未尝以生死为念也。此间又有友山⑤，又有公⑥家父子，则舍此何之乎？今须友山北上，公别转⑦，乃往南都一游。七十之年，有友我者，便当安心度日，以与之友，似又不必奔驰而自投苦海矣。吴中丞虽好意，弟谓不如分我俸资，使我盖得一所禅室于武昌⑧城下。草草奉笑，可即以此转致之。

[注释]①南北二都：指南京和北京。　②胜：增加。　③吴中丞：即吴自新(1541~1593)，字伯桓，号韫庵，自号中山和人。徽州祁门(今安徽祁门)人。隆庆二年(1568)进士。曾官右副都御史。著有《大受录集》。　④顾通州：即顾养谦，见本卷《复焦弱侯》注。　⑤友山：即周思敬，见本书卷一《答周友山》注。　⑥公：刘东星。　⑦别转：调任。刘东星于万历二十年(1592)擢右佥都御史，巡抚保定。　⑧武昌：今属武汉市。

别刘肖川①书

"大"字，公要药②也。不大则自身不能庇，而能庇人乎？且未有丈夫汉不能庇人而终身受庇于人者也。大人者③，庇人者也；小人者，庇于人者也。凡大人见识力量与众不同者，皆从庇人而生，日充日长，日长日昌。若徒荫于人，则终其身无有见识力量之日矣。今之人皆受庇于人者也，初不知有庇人事也。居家则庇荫于父母，居官则庇荫于官长，立朝④则求庇荫于宰臣，为边帅则求庇荫于中官⑤，为圣贤则求庇荫于孔、孟⑥，为文章则求庇荫于班、马⑦，种种自视，莫不皆自以为男儿，而其实则皆该子而不知也。豪杰凡民之分，只从庇人与庇荫于人处识取。

[注释]①刘肖川：名用相，字肖川，又称肖甫，刘东星之子，李贽的学生。②要药：应病之良药。 ③大人者：这里指德行高尚、志趣高远的人。 ④立朝：在朝廷做官。 ⑤中官：宦官。 ⑥孔、孟：孔子和孟子。 ⑦班、马：班固和司马迁。

答友人①书

或曰："李卓吾谓暴怒是学，不亦异乎！"有友答曰："卓老断不说暴怒是学，当说暴怒是性也。"或曰："发而皆中节②方是性，岂有暴怒是性之理！"曰："怒亦是未发中有的。"

[注释]①友人：不详。 ②发而皆中节：与下文的"未发中"均出自《中庸》，原文是："喜怒哀乐之未发，谓之中，发而皆中节，谓之和。"以为喜怒哀乐之情未发时都是性情的本然，无所偏倚，所以叫"中"；这种性情发出时，无所乖戾，符合礼制的要求，叫做"和"。中节，符合儒家规定的礼制。

吁吁！夫谓暴怒是性，是诬性也；谓暴怒是学，是诬学也。既不是学,也不是性,吾真不知从何处而来也,或待因缘而来乎？每见世人欺天罔人之徒,便欲手刃直取其首,岂特暴哉！纵遭反噬①,亦所甘心,虽死不悔,暴何足云！然使其复见光明正大之夫,言行相顾之士,怒又不知向何处去,喜又不知从何处来矣。则虽谓吾暴怒可也,谓吾不迁怒②亦可也。

[注释]①反噬(shì)：反咬。　②不迁怒：不拿别人出气。迁,转移。

答以女人学道为见短①书

昨闻大教,谓妇人见短,不堪学道。诚然哉！诚然哉！夫妇人不出阃域②,而男子则桑弧蓬矢以射四方③,见有长短,不待言也。但所谓短见者,谓所见不出闺阁之间；而远见者则深察乎昭旷之原也。短见者只见得百年之内,或近而子孙,又近而一身而已；远见则超于形骸之外,出乎死生之表,极于百千万亿劫不可算数譬喻之域是已。短见者只听得街谈巷议、市井小儿之语；而远见则能深畏乎大人,不敢侮于圣言,更不惑于流俗憎爱之口也。余窃谓欲论见之长短者当如此,不可止以妇人之见为见短也。故谓人有男女则可,谓见有男女岂可乎？谓见有长短则可,谓男子之见尽长,女人之见尽短,又岂可乎？设使女人其身而男子其见,乐闻正论而知俗语之不足听,乐学出世而知浮世④之不足恋,则恐当世男子视之,皆当羞愧流汗,不敢出声矣。此盖孔圣人所以周流天下,欲庶几一遇而不可得者,今反视之为短见之人,不亦冤乎！冤不冤与此人何与,但恐傍观者丑耳。

[注释]①女人学道为见短:一些封建卫道士和理学家反对李贽在讲学传道中与女子来往,所以编出女子因为识见短浅不适合学道的理由。李贽是就这些谬论加以辩驳。 ②阃(kǔn)域:内宅范围。 ③男子则桑弧蓬矢以射四方:而男子活动范围广阔,志在四方。 ④浮世:佛教用语,指人世。

自今观之,邑姜①以一妇人而足九人之数,不妨其与周、召、太公②之流并列为十乱③;文母④以一圣女而正《二南》⑤之风⑥,不嫌其与散宜生、太颠之辈并称为四友。彼区区者特世间法,一时太平之业耳,犹然不敢以男女分别,短长异视,而况学出世道,欲为释迦老佛⑦、孔圣人朝闻夕死⑧之人乎?此等若使闾巷小人闻之,尽当责以窥观之见,索以利女之贞,而以文母、邑姜为罪人矣,岂不冤甚也哉!故凡自负远见之士,须不为大人君子所笑,而莫汲汲欲为市井小儿所喜可也。若欲为市井小儿所喜,则亦市井小儿而已矣。其为远见乎,短见乎,当自辨也。余谓此等远见女子,正人家吉祥善瑞,非数百年积德未易生也。

[注释]①邑姜:周武王的王后。 ②周、召、太公:即周公旦、召公奭(shì)和姜太公望(尚)。 ③十乱:指周武王的十个治理国家的大臣,分别是:周公旦、召公奭和姜太公、毕公、荣公、太颠、闳夭、散宜生、南宫适和邑姜。乱,治理之意。 ④文母:周文王的后妃太姒(sì)的尊称。 ⑤《二南》:指《诗经》中的《周南》和《召南》诗歌。 ⑥风:指地方音乐。 ⑦释迦老佛:佛教的创始人释迦牟尼。 ⑧朝闻夕死:早上得道,晚上去世也不惋惜的人,表示追求真理的决心很大。

夫薛涛①蜀产也,元微之②闻之,故求出使西川,与之相见。涛因走笔作《四友赞》③以答其意,微之果大服。夫微之,贞元杰匠④也,岂易服人者哉!吁!一文才如涛者,犹能使人倾千里慕之,况持黄面老子⑤之道以行游斯世,苟得出世之人,有不心服者乎?未之有也。不闻庞公⑥之事乎?庞公,尔楚⑦之衡阳人也,与其妇庞婆、女灵照同师马祖⑧,求出世道,卒致先后化去,作出世人,为今古快事。愿公师其远见可也。若曰"待吾与市井小儿辈商之",则吾不能知矣。

[注释]①薛涛:唐代女诗人。原籍长安(今陕西西安),随父到四川,后流落为官妓。　②元微之:即元稹(779~831),字微之,洛阳(今河南洛阳)人。唐代诗人,与白居易共同倡导"新乐府运动",世称"元白"。著有《元氏长庆集》。　③《四友赞》:见沈刻《四夫人诗·薛涛诗》。四友,指笔墨纸砚。④贞元杰匠:唐贞元年间(785~805)的杰出诗人。　⑤黄面老子:指释迦牟尼。据说释迦牟尼身现金色光辉,故称。　⑥庞公:即庞蕴(?~808),字道元,居士,唐代襄阳(今湖北襄阳)人,曾寓居衡阳(今湖南衡阳)城南。世业儒,后至江西参马祖道一,领悟玄机,举家修行。　⑦楚:今湖南、湖北一带。⑧马祖(709~788):见本书卷一《答邓明府》注。

复耿侗老①书

世人厌平常喜新奇,不知言天下之至新奇,莫过于平常也。日月常而千古常新,布帛菽粟常而寒能暖,饥能饱,又何其奇也!是新奇正在于平常,世人不察,反于平常之外觅新奇,是岂得谓之新奇乎?蜀之仙姑②是已。众人咸谓其能知未来过去事,争神怪之。夫过去则余已知之矣,何待他说;未来则不必知,又何用他说耶!故曰"智者不惑"。不惑于新奇,以其不忧于未来之祸害也。故又曰"仁者不忧"。不忧祸于未来,则自不求先知于幻说而为新奇所惑矣。此非真能见利不趋,见害不避,如夫子所云"志士不忘在沟壑,勇士不忘丧其元③;志士仁人无求生以害仁,有杀身以成仁"④,孰能当之。故又曰"勇者不惧"。夫合智仁勇三德而后能不厌于平常,不惑于新奇,则世人之欲知未来,而以蜀仙为奇且新,又何足怪也。何也?不智故也。不智故不仁,故无勇,而智实为之先矣。

[注释]①耿侗老:即耿定向,见本书卷一《答耿中丞》注。 ②蜀之仙姑:当时传说四川有神奇占卜的女子。 ③元:即头颅。 ④志士仁人无求生以害仁,有杀身以成仁:志士仁人不因贪生而损害仁德,而会勇于牺牲去成全仁德。

与李惟清①

昨领教,深觉有益,因知公之所造已到声闻②佛矣。青州③夫子④之乡,居常未曾闻有佛号,陡然剧谈至此,真令人欢悦无量。

[注释]①李惟清:名时辉,字惟清,益都(今山东青州)人。万历十七年(1589)进士,授西安府推官,后任兵部主事。被劾,调大同府推官。 ②声闻:梵文意译。佛家称闻佛之言教,证四谛之理的得道者。常指罗汉。 ③青州:明代府名,属山东省,府治在今青州。 ④夫子:即孔子。

蒙劝谕同皈西方,甚善。但仆以西方是阿弥陀佛道场①,是他一佛世界,若愿生彼世界者,即是他家儿孙。既是他家儿孙,即得暂免轮回②,不为一切天堂地狱诸趣③所摄是的。彼上上品④化生者,便是他家至亲儿孙,得近佛光,得闻佛语,至美矣。若上品之中,离佛稍远,上品之下,见面亦难,况中品与下品乎。是以虽生彼,亦有退堕⑤者,以佛又难见,世间俗念又易起,一起世间念即堕矣。是以不患不生彼,正患生彼而不肯住彼耳。此又欲生西方者之所当知也。若仆则到处为客,不愿为主,随处生发,无定生处。既为客,即无常住之理,是以但可行游西方,而以西方佛为暂时主人足矣,非若公等发愿生彼,甘为彼家儿孙之比也。

[注释]①道场:释道二教称诵经礼拜的场所。 ②轮回:佛教语。梵语的意译,原意是流转。佛教认为众生各依善恶业因,在天道、人道、阿修罗道、地狱道、饿鬼道、畜生道等六道中生死交替,有如车轮般旋转不停,故称。也称六道轮回、轮回六道。 ③诸趣:即上述所指的六道。 ④上上品:佛教把西方极乐世界分为九等,叫做九品。上上品为九等级中最高位。 ⑤退堕:佛教语。指失去佛性而堕入恶道。

且佛之世界亦甚多。但有世界,即便有佛;但有佛,即便是我行游之处,为客之场。佛常为主,而我常为客,此又吾因果之最著者也。故欲知仆千万亿劫之果者,观仆今日之因即可知也。是故或时与西方佛①坐谈,或时与十方佛②共语,或客维摩净土③,或客祇洹精舍④,或游方丈、蓬莱⑤,或到龙宫海藏。天堂有佛,即赴天堂;地狱有佛,即赴地狱。何必拘拘如白乐天⑥之专往兜率内院⑦,天台智者⑧永明寿禅师⑨之专一求生西方乎?此不肖之志也。非薄西方而不生也,以西方特可以当吾今日之大同耳。若公自当生彼,何必相拘。

[注释]①西方佛:即指西方极乐世界的教主阿弥陀佛。 ②十方佛:指一切方位中的佛。 ③维摩净土:维摩居士所生活的世界。《维摩诘经》中说他和释迦牟尼同时,是毗耶离城中一位大乘居士。常以称病为由,向释迦遣来问讯的舍利弗和文殊师利等宣传教义。为佛典中现身说法、辩才无碍的代表人物。 ④祇洹精舍:可能为"祇园精舍",印度佛教圣地之一。相传释迦牟尼曾在此开示佛法,传教达二十年之久。 ⑤方丈、蓬莱:都是神话传说中的海上神山名。 ⑥白乐天:即白居易。 ⑦兜率内院:佛教把天分为很多层,兜率天属于第四层,它的内院是弥勒菩萨的住所。 ⑧天台智者:即天台宗的智顗(yǐ)和尚。 ⑨永明寿禅师:即五代、宋之际的和尚延寿。曾居永明寺主法席,世称"永明法师"。

所谕禁杀生事,即当如命戒杀。又谓仆性气重①者,此则仆膏肓之疾②,从今闻教,即有瘳③矣。第亦未可全戒,未可全瘳。若全戒全瘳,即不得入阿修罗④之域,与毒龙⑤魔王等为侣矣。

[注释]①性气重:性情倔强。 ②膏肓之疾:指无法治疗的疾病。 ③瘳:治疗。 ④阿修罗:不端正。古印度神话中的一种鬼神。佛教采用其名,名为无酒神,亦名为无善神。 ⑤毒龙:佛教故事。佛本身曾作大力毒龙,众生受害。但受戒以后,忍受猎人剥皮,小虫食身,以至身干命终,后卒成佛。

与　明　因①

世上人总无甚差别,唯学出世法,非出格丈夫②不能。今我等既为出格丈夫之事,而欲世人知我信我,不亦惑乎！既不知我，不信我，又与之辩，其为惑益甚。若我则直为无可奈何，只为汝等欲学出世法者或为魔③所扰乱，不得自在，故不得不出头作魔王④以驱逐之，若汝等何足与辩耶！况此等皆非同住同食饮之辈，我为出世人，光彩不到他头上，我不为出世人，羞辱不到他头上，如何敢来与我理论！对面唾出，亦自不妨，愿始终坚心此件大事。释迦佛⑤出家时，净饭王是其亲爷⑥，亦自不理，况他人哉！成佛是何事，作佛是何等人，而可以世间情量为之？

[注释]①明因：李贽好友梅国祯之女。　②出格丈夫：才智超群的大丈夫。　③魔：这里指对明因等学佛进行诽谤的道学家们。　④魔王：李贽自称。　⑤释迦佛：即释迦牟尼。　⑥爷：父亲。

与焦弱侯①

兄所见者向年之卓吾耳，不知今日之卓吾固天渊之悬也。兄所喜者亦向日之卓吾耳，不知向日之卓吾甚是卑弱，若果以向日之卓吾为可喜，则必以今日之卓吾为可悲矣。夫向之卓吾且如彼，今日之卓吾又何以卒能如此也，此其故可知矣。人但知古亭②之人时时憎我，而不知实时时成我。古人比之美疢③药石，弟今实亲领之矣。

[注释]①焦弱侯：即焦竑，见本书卷一《与焦弱侯》注。　②古亭：即黄安（今湖北红安）。　③美疢（chèn）：溺爱、姑息。李贽这里是讽刺语。

闻有欲杀我者，得兄分剖①乃止。此自感德，然弟则以为生在中国而不得中国半个知我之人，反不如出塞行行,死为胡地②之白骨也。兄胡比劝我复反龙湖③乎？龙湖未是我死所,有胜我之友,又真能知我者,乃我死所也。嗟嗟！以邓豁渠八十之老,尚能忍死于保定慵夫之手,而不肯一食赵大洲④之禾,况卓吾子哉！与其不得朋友而死,则牢狱之死,战场之死,固甘如饴也,兄何必救我也？死犹闻侠骨之香,死犹有烈士之名,岂龙湖之死所可比耶！大抵不肯死于妻孥⑤之手者,必其决志欲死于朋友之手者也,此情理之易见者也。唯世无朋友,是以虽易见而卒不见耳。我岂贪风水之人耶！我岂坐枯禅⑥,图寂灭⑦,专一为守尸鬼⑧之人耶！何必龙湖而后可死,认定龙湖以为冢舍也！

[**注释**]①分剖:分析,辩白。　②胡地:古代泛称北方和西方各族居住的地方。　③龙湖:又名龙潭湖,位于麻城东。湖畔有芝佛院,李贽于万历十六年(1588)寓居于此。　④赵大洲:即赵贞吉。　⑤妻孥(nú):妻子和儿女。⑥坐枯禅:放下一切,专心学禅。　⑦寂灭:佛教用语。"涅槃"的意译。指超脱生死的理想境界。　⑧守尸鬼:死后守住自己的灵魂。

更可笑者:一生学孔子,不知孔夫子道德之重自然足以庇荫后人,乃谓孔林①风水之好足以庇荫孔子,则是孔子反不如孔林矣。不知孔子教泽之远自然遍及三千七十,以至万万世之同守斯文一脉②者,乃学其讲道学,聚徒众,收门生,以博名高,图富贵,不知孔子何尝为求富贵而聚徒党乎？贫贱如此,患难如此,至不得已又欲浮海③,又欲居九夷④,而弟子欢然从之,不但饿陈、蔡⑤,被匡围⑥,乃见相随不舍也。若如今人,一日无官则弟子离矣,一日无财则弟子散矣,心悦诚服其谁乎?非无心悦诚服之人也,无可以使人心悦诚服之师也。若果有之,我愿为之死,莫劝我回龙湖也!

[**注释**]①孔林:孔子及其后裔的墓园。在山东曲阜市城北门外,有林道与城区相连。面积约三千亩,环以高墙。林内古木参天,有享殿等建筑,历代碑刻、石兽等很多。是我国著名的古迹,现为全国重点文物保护单位之一。②同守斯文一脉:坚守孔子学说一派人。 ③浮海:到海外去。语出《论语·公冶长》:"道不行,乘桴浮于海"。 ④九夷:即淮夷。古代居于淮河流域的部族。 ⑤饿陈、蔡:指孔子被饿于陈国、蔡国之事。 ⑥被匡围:指孔子经过匡(今河南长垣县西南)地时曾被围困。典出《论语·子罕》。

与 弱 侯①

客生②曾对我言:"我与公大略相同,但我事过便过,公则认真耳。"余时甚愧其言,以谓"世间戏场耳,戏文演得好和歹,一时总散,何必太认真乎。然性气③带得来是个不知讨便宜的人,可奈何!时时得近左右,时时得闻此言,庶可渐消此不自爱重之积习也。"余时之答客生者如此。今兄之认真,未免与仆同病,故敢遂以此说进。

[**注释**]①弱侯:即焦竑,见本书卷一《与焦弱侯》注。 ②客生:指李贽好友梅国桢。 ③性气:性格与气质。

苏长公①云:"世俗俚语②亦有可取之处:处贫贱易,处富贵难;安劳苦易,安闲散难;忍痛易,忍痒难。"余又见乩笔③亦有甚说得好者:"乐中有忧,忧中有乐。"夫当乐时,众人方以为乐,而至人独以为忧,正当忧时,众人皆以为忧,而至人乃以为乐。此非反人情之常也,盖祸福相倚伏④,惟至人真见倚伏之机⑤,故宁处忧而不肯处乐。人见以为愚,而不知至人得此微权⑥,是以终身常乐而不忧耳,所谓落便宜处得便宜是也。又乩笔云:"乐时方乐,忧时方忧。"此世间一切庸俗人态耳,非大贤事也。仆以谓"乐时方乐,忧时方忧",此八个字,说透世人心髓矣。世人所以敢相侮者,以我正乐此乐也,若知我正忧此乐,则彼亦悔矣。此自古至人所以独操上人之柄⑦,不使权柄落在他人手者。兄倘以为然否?

[注释]①苏长公:即苏轼。 ②俚语:民间浅近的话语。 ③乩(jī)笔:扶乩时在沙盘上写字的木锥。亦指扶乩中假托神灵书写的字迹。 ④祸福相倚(yǐ)伏:意谓祸福相因,互相依存,互相转化。倚,依托;伏,隐藏。 ⑤机:事物变化之所由。 ⑥微权:机变。 ⑦上人之柄:凌驾于他人之上的权力。

仆何如人,敢吐舌①于兄之傍乎?聊有一管之窥②,是以不觉潦倒③如许。

[注释]①吐舌:说话,发言。 ②一管之窥(kuī):从一根管子中观察事物,比喻片面的看法。 ③潦倒:不自检束。

与方伯雨①柬

去年詹孝廉②过湖,接公手教,乃知公大孝人也。以先公之故,犹能记忆老朽于龙湖③之上,感念!汪本钶④道公讲学,又道公好学。然好学可也,好讲学则不可以,好讲之于口尤不可也。知公非口讲者,是以敢张言之。本钶与公同经,欲得公为之讲习,此讲即有益后学,不妨讲矣。呵冻草草⑤。

[注释]①方伯雨:名时化,字伯雨,号少初,安徽歙县(今安徽歙县)人。焦竑的门徒,也是李贽的学生。著有《易颂》等。 ②詹孝廉:即詹轸光,号君衡,婺源(今江西婺源)人。万历七年(1579)举人。孝廉,原为汉代选拔官吏的科目之一,相当于后来考试选拔的举人,所以明清时期亦称举人为孝廉。③龙湖:指麻城龙潭湖,李贽曾寓居于此。 ④汪本钶:字鼎甫,安徽新安(今安徽新安)人。万历二十二年(1594)到龙潭湖跟从李贽学道。李贽死后,曾作《哭卓吾先师告文》、《续刻李氏书序》等,并对李贽著作的搜集刻印作出了很大贡献。 ⑤呵冻草草:由于极其寒冷所以就草草到此吧。呵冻,冬季天寒,手指和笔砚冰冻,哈气使之温暖、融化。

与杨定见①

世人之爱我者,非爱我为官也,非爱我为和尚也,爱我也。世人之欲我杀者,非敢杀官也,非敢杀和尚也,杀我也。我无可爱,则我直为无可爱之人耳,彼爱我者可妨乎!我不可杀,则我自当受天不杀之祐,杀我者不亦劳乎!然则我之加冠,非虑人之杀和尚而冠之也。侗老②原是长者,但未免偏听。故一切饮食耿氏之门者,不欲侗老与我如初,犹朝夕在武昌倡为无根言语,本欲甚我之过,而不知反以彰我之名。恐此老不知,终始为此辈败坏,须速达此意于古愚③兄弟。不然或生他变,而令侗老坐受主使之名④,为耿氏累甚不少也。小人之流不可密迩⑤,自古若是,特恨此老不觉,恐至觉时,噬脐⑥又无及。此书览讫,即封寄友山⑦,仍书⑧一纸专寄古愚兄弟。

[注释]①杨定见:见本书卷一《与杨定见》注。 ②侗老:指耿定向。③古愚:即耿汝愚,耿定向的长子。 ④主使之名:主要指使的恶名。 ⑤密迩:亲近。 ⑥噬脐:咬自己的肚脐,比喻后悔不及。 ⑦友山:即周思敬,见本书卷一《答周友山》注。 ⑧仍书:照抄。

与杨凤里①

医生不必来,尔亦不必来,我已分付取行李先归矣。我痢尚未止,其势必至十月初间方敢出门。到此时,可令道②来取个的信。塔屋既当时胡乱做,如今独不可胡乱居乎?世间人有家小、田宅、禄位③、名寿④、子孙、牛马、猪羊、鸡犬等,性命非一,自宜十分稳当。我僧家清高出尘⑤之士,不见山寺尽在绝顶白云层乎?我只有一副老骨,不怕朽也,可依我规制速为之。

[注释]①杨凤里:即杨定见,见本书卷一《与杨定见》注。 ②道:指杨道,芝佛院的和尚。 ③禄位:俸禄和官位。 ④名寿:名誉和寿命。 ⑤出尘:超凡脱俗。

又与杨凤里①

行李已至湖上,一途无雨,可谓顺利矣。我湖上屋低处就低处做,高处就高处做,可省十分气力,亦又方便。低处作佛殿等屋,以塑佛聚僧②,我塔屋独独一座,高出云表③,又像西方妙喜④世界矣。我回,只主张众人念佛,专修西方⑤,不许一个闲说嘴。曾继泉⑥可移住大楼下,怀捷⑦令上大楼歇宿。

[注释]①杨凤里：即杨定见，见本书卷一《与杨定见》注。　②以塑佛聚僧：用来塑造佛像和聚居众僧。　③云表：云外。　④妙喜：佛教语。东方佛国名，佛名阿閦（chù）。　⑤西方：指西方净土。　⑥曾继泉：见本卷《与曾继泉》注。　⑦怀捷：芝佛院僧人。

与梅衡湘①答书二首附

承示系单于之颈②，仆谓今日之颈不在夷狄③而在中国④。中国有作梗者，朝廷之上自有公等诸贤圣在，即日可系也。若外夷，则外之⑤耳。外之为言，非系之也。惟汉时冒顿⑥最盛强，与汉结怨最深，白登之辱⑦，嫚书之辱⑧，中行说之辱⑨，嫁以公主⑩，纳之岁币⑪，与宋之献纳何殊也！故贾谊⑫慨然任之，然文帝⑬犹以为生事扰民，不听贾生之策，况今日四夷效顺如此哉！若我边彼边各相戕伐，则边境常态，万古如一，何足挂齿牙耶！

[注释]①梅衡湘：即梅国桢（1542～1605），字客生，号衡湘，麻城（今湖北麻城）人。隆庆元年（1567）举人，万历十一年（1583）进士。历官都察院右佥都御史、巡抚大同、兵部右侍郎等。著有《西征草》、《西征集》等。　②系单（chán）于之颈：平定宁夏叛乱，俘虏了哱拜之子承恩等人。系，拴缚。　③夷狄：古称东方部族为夷，北方部族为狄。常用以泛称除华夏族以外的各族。　④中国：指汉族居住的中原地区。　⑤外之：按照少数民族对待。　⑥冒顿（mò dú）：匈奴单于，姓挛鞮氏，秦二世元年弑父自立，建立军政制度，东灭东胡，西逐月氏，北服丁零，南服楼烦、白羊。西汉初年，经常侵扰边地。　⑦白登之辱：即白登之围。汉高祖七年（前200），匈奴大军围攻晋阳（今山西太原），汉高祖亲率三十万余军迎战，被围困于平成（今山西大同东北）达七日

之久。后用陈平之计,重赂冒顿之阏(yān)氏(皇后),方突围。 ⑧嫚(màn)书之辱:指西汉吕后执政时,匈奴冒顿单于写信侮辱吕后之事。 ⑨中行(háng)说(yuè)之辱:西汉太监中行说出使匈奴后投降,替匈奴出谋划策,侵扰中原。 ⑩嫁以公主:西汉初年,为了避免强盛的匈奴的侵犯,西汉皇室嫁公主于单于,以缓和冲突。 ⑪纳之岁币:西汉初年与匈奴和亲,每年给匈奴金银彩帛。 ⑫贾谊:(前200～前168),西汉雒阳(今河南洛阳东)人。历任博士、右中大夫、长汉王太傅和梁怀王太傅等。他主张打击诸侯王势力以加强中央集权,发展农业生产、打击匈奴等,对西汉政权巩固起了很大作用。代表著作是《新书》。 ⑬文帝:汉文帝刘恒(前202～前157),公元前179年至公元前157在位。

附衡湘答书

"佛高一尺,魔高一丈"。昔人此言,只要人知有佛即有魔,如形之有影,声之有响,必然不相离者。知其必然,便不因而生恐怖心,生退悔心矣。世但有魔而不佛者,未有佛而不魔者。人患不佛耳,毋患魔也。不佛而魔,宜佛以消之;佛而魔,愈见其佛矣,佛左右有四天王八金刚,各执刀剑宝杵拥护,无非为魔,终不若山鬼伎俩有限,老僧不答无穷也。自古英雄豪杰欲建一功,立一节,尚且屈耻忍辱以就其事,况欲成此一段大事耶!

又

丘长孺①书来,云翁有老态,令人茫然。桢之于翁,虽心向之而未交一言,何可老也。及问家人,殊不尔。又读翁扇头细书,乃知复转精健耳。目病一月,未大愈,急索《焚书》读之,笑语人曰:"如此老者,若与之有隙,只宜捧之莲花座上,朝夕率大众礼拜以消折其福;不宜妄意挫抑，反增其声价也！"

[注释]①丘长孺：见本卷《又与焦弱侯》注。

复麻城①人书

谓身在是之外则可，谓身在非之外即不可，盖皆是见得恐有非于我②，而后不敢为耳。谓身在害之外则可，谓身在利之外即不可，盖皆是见得无所利于我，而后不肯为耳。如此说话，方为正当，非漫语矣。

[注释]①麻城：今湖北麻城。　②恐有非于我：恐怕自己身上有不对的地方。

今之好饮者，动以高阳酒徒①自拟，公知高阳之所以为高阳乎？若是真正高阳，能使西夏叛卒②不敢逞，能使叛卒一起即扑灭，不至劳民动众，不必损兵费粮，无地无兵，无处无粮，亦不必以兵寡粮少为忧，必待募兵于他方，借粮于外境也。此为真正高阳酒徒矣。方亚夫③之击吴、楚也，将兵至洛阳，得剧孟④，大喜曰："吴、楚举大事而不得剧孟，吾知其无能为矣。"一个博徒⑤有何烜赫⑥，能使真将军⑦得之如得数千万雄兵猛将然？然得三十万猛将强兵，终不如得一剧孟，而吴、楚失之，其亡便可计日。是谓真正高阳酒徒矣。是以周侯⑧情愿为之执杯而控马首⑨也。汉淮阴⑩费千金觅生左车⑪，得即东向坐⑫，西向侍⑬，师事之。以此见真正高阳酒徒之能知人下士，识才尊贤又如此，故吾以谓真正高阳酒徒可敬也，彼盖真知此辈之为天下宝,又知此辈之为天下无价宝也,是以深宝惜之。纵然涓滴不入口,亦当以高阳酒徒目之矣。

[注释]①高阳酒徒:指任性放荡的嗜酒者。这里指任性放荡而有才识的人。　②西夏叛卒:指宁夏副总兵哱拜叛乱一事。　③亚夫:周亚夫(?～前143),沛县(今江苏沛县)人,西汉名将,右丞相周勃之子。景帝时,平定吴、楚等七个诸侯国的叛乱有功,迁为丞相。　④剧孟:西汉洛阳人,以任侠闻名,在河南地区极有势力。　⑤博徒:指低下者。　⑥煊赫:形容名声大,声势盛。　⑦真将军:指周亚夫。　⑧周侯:指周亚夫。　⑨执杯而控马首:表示屈已礼待。　⑩汉淮阴:指西汉韩信(前226～前196),淮阴(今江苏淮安)人,军事家,文学家。是西汉开国名将,汉初三杰之一,留下许多著名战例和策略。韩信为西汉立下汗马功劳,历任齐王、楚王、淮阴侯等,却也因其军事才能引起猜忌。刘邦战胜主要对手项羽后,韩信的势力被一再削弱;最后,韩信由于被控谋反,被吕雉(即吕后)及萧何骗入宫内,最后被处死于长乐宫钟室。　⑪觅生左车:寻找左车。左车,姓李,秦末谋士,先依附赵王武臣,韩信破赵后出重赏得到他,并加以礼待。后用他的计谋,促使燕向汉投降。⑫东向坐:面向东坐,即坐在西边。古人以西(左)为尊。　⑬西向侍:面向西侍候。

曾闻李邢州①之饮许赵州②云:"白眼③风尘④一酒卮⑤,吾徒犹足傲当时;城中年少空相慕,说着高阳总不知。"此诗俗子辈视之便有褒贬,吾以为皆实语也,情可哀也。漫书到此,似太无谓,然亦因公言发起耳,非为公也。

[注释]①李邢州:指李攀龙(1514～1570),字于鳞,号沧溟,汉族,历城(今山东济南)人。明代著名文学家。继"前七子"之后,与谢榛、王世贞等倡导文学复古运动,为"后七子"的领袖人物,被尊为"宗工巨匠"。主盟文坛20余年,其影响及于清初。　②饮许赵州:请许赵州喝酒。许赵州,指许邦才,字殿卿,历城(今山东济南)人。李攀龙好友。曾任赵州(今河北赵县)知府,

故称其为"许赵州"。著有《海右唱和集》。　③白眼:露出白眼,表示冷眼看人。　④风尘:指世俗。　⑤一酒卮(zhī):一杯酒。卮,古代盛酒的器皿。

　　时有麻城人旧最相爱,后两年不寄一书,偶寄书便自谓高阳酒徒,贪杯无暇,是以久旷。又自谓置身于利害是非之外,故不欲问我于利害是非之内。其尊己卑人甚矣。吁!果若所云,岂不为余之良朋胜友哉!然其怕利害是非之实如此,则其沉溺利害是非为何如者,乃敢大言欺余。时闻灵、夏兵变①,因发愤感叹于高阳,遂有《二十分识》与《因记往事》②之说。设早闻有梅监军③之命,亦慰喜而不发愤矣。

　　[**注释**]①灵、夏兵变:即宁夏副总兵哱拜叛乱一事。　②《二十分识》与《因记往事》:均为李贽为"灵、夏兵变"而作。　③梅监军:即李贽好友梅国祯。

与河南吴中丞①书

　　仆自禄仕②以来,未尝一日获罪于法禁;自为下僚以来,未尝一日获罪于上官。虽到处时与上官迕,然上官终不以我为迕己者,念我职虽卑而能自立也。自知参禅以来,不敢一日触犯于师长;自四十岁以至今日,不敢一日触犯于友朋。虽时时与师友有诤③有讲④,然师友总不以我为嫌者,知我无诤心⑤也,彼此各求以自得也。迄居武昌,甚得刘晋老⑥之力。昨冬获读与晋老书,欲仆速离武昌,甚感远地惓惓⑦至意。兹因晋老经过之便,谨付《焚书》四册,盖新刻也。稍能发人道心,故附请教。

[注释]①吴中丞:指河南巡抚吴自新。 ②禄仕:居官食禄。 ③诤:直言劝告。 ④讲:商讨。 ⑤无诤心:没有一争高下胜负之心。 ⑥刘晋老:指刘东星,见本书卷一《答刘宪长》注。 ⑦惓惓:恳切。

答陆思山①

承教方知西事②,然倭奴水寇③,不足为虑,盖此辈舍舟无能为也。特中原有奸者④,多引结之以肆其狼贪之欲,实非真奸雄也,特为高丽⑤垂涎耳。诸老素食厚禄,抱负不少,卓异屡荐,自必能博此蜂虿⑥,似不必代为之虑矣。

[注释]①陆思山:李贽友人,生平不详。 ②西事:指宁夏副总兵哱拜叛乱一事。 ③倭奴水寇:当时的日本侵略者。 ④特中原有奸者:只是中国国内有勾结倭寇的内奸。 ⑤高丽:朝鲜古国名。 ⑥蜂虿(chài):蜂和虿。都是有毒刺的螫虫。比喻恶人或敌人。这里指日本倭寇。

晋老①此时想当抵任。此老胸中甚有奇抱,然亦不见有半个奇伟卓绝之士在其肺腑之间,则亦比今之食禄者聪明忠信,可敬而已。舍公②练熟素养③,置之家食,吾不知天下事诚付何人料理之也!些小变态,便仓惶失措,大抵今古一局耳,今日真令人益思张江陵④也。热甚,寸丝不挂,故不敢出门。

[注释]①晋老:指刘东星。见本书卷一《答刘宪长》注。 ②公:指陆思山。 ③练熟素养:纯熟干练的办事能力和涵养。 ④张江陵:即张居正。

见本书卷一《答邓明府》注。

与周友山①

晋老②初别,尚未觉别,别后真不堪矣。来示云云,然弟生平未尝见有与我绸缪③者,但不见我触犯之过,免其积怒,即为幸事,安得绸缪也!刘晋老似稍绸缪矣,然皆以触犯致之。以触犯致绸缪,此亦可也,然不可有二也。

[注释]①周友山:即周思敬,见本书卷一《答周友山》注。 ②晋老:即刘东星。见本书卷一《答刘宪长》注。 ③绸缪:情意深厚。

与 友 山①

疏中"且负知己"四字,甚妙。惟不负知己,故生杀不计,况毁誉荣辱得丧之小者哉!江陵②,兄知己也,何忍负之以自取名耶?不闻康德涵之救李献吉③乎:但得脱献吉于狱,即终身废弃,受刘瑾党诬而不悔,则以献吉知己也。士为知己死,死且甘焉,又何有于废弃欤!

[注释]①友山:即周思敬,见本书卷一《答周友山》注。 ②江陵:指张居正,见本书卷一《答邓明府》注。 ③康德涵之救李献吉:指康海救李梦阳之事。康德涵,康海(1475～1540),字德涵,号对山,陕西武功(今陕西武功)人。明代文学家。弘治十五年(1502)状元,任翰林院修撰。武宗时宦官刘瑾败,因名列瑾党而免官。以诗文名列"前七子"之一。所著有诗文集《对山集》、杂剧《中山狼》、散曲集《沜(pàn)东乐府》等。李献吉,即李梦阳(1473～1530),字献吉,号空同,汉族,祖籍河南扶沟,明代中期文学家,复古派前七子的领袖人物。提倡"文必秦汉,诗必盛唐",强调复古,《自书诗》师法颜真卿,

结体方整严谨,不拘泥规矩法度,学卷气浓厚。

　　但此语只可对死江陵与活温陵①道耳,持以语朝士,未有不笑我说谎者。今惟无江陵其人,故西夏叛卒至今负固,壮哉梅公②之疏请也,莫谓秦遂无人也!令师想必因其弟高迁抵家,又因克念自省回去,大有醒悟,不复与我计较矣。我于初八夜,梦见与侗老聚,颜甚欢悦。我亦全然忘记近事,只觉如初时一般,谈说终日。此梦又不是思忆,若出思忆,即当略记近事,安得全无影响也。我想日月定有复圆之日,圆日即不见有蚀时迹矣。果如此,即老汉有福,大是幸事,自当复回龙湖,约兄同至天台无疑也。若此老终始执拗,未能脱然,我亦不管,我只有尽我道理而已。谚曰:"冤仇可解不可结。"渠纵不解,我当自有以解之,刘伯伦③有言,"鸡肋不足以当尊拳",其人遂笑而止。吾知此老终当为我一笑而止也。

　　[注释]①温陵:李贽自称。　②梅公:指梅国桢。　③刘伯伦:即刘伶,字伯伦,西晋沛国(今安徽宿县)人。"竹林七贤"之一,纵酒放诞,对"礼法"极其蔑视。

　　世事如此,若似可虑,然在今日实力极盛之时,向中之日,而二三叛卒为梗,庙堂专阃①竟无石画②,是则深可愧者!兄可安坐围碁,收租筑室,自为长计耶?

　　[注释]①专阃(kǔn):专主京城以外的权事。后称将帅在外统军。②石画:雄图大计。石,通"硕",大。画,谋划。

寄京友①书

弟今秋苦痢,一疾几废矣。乃知有身是苦,佛祖上仙②所以孜孜学道,虽百般富贵,至于上登转轮圣王③之位,终不足以易其一眄④者,以为此分段之身⑤祸患甚大,虽转轮圣王不能自解免也。故穷苦极劳以求之。不然,佛乃是世间一个极拙痴人矣,舍此富贵好日子不会受用,而乃十二年雪山,一麻一麦⑥,坐令鸟鹊巢其顶⑦乎?想必有至富至贵,世间无一物可比尚者,故竭尽此生性命以图之。在世间顾目前者视之,似极痴拙,佛不痴拙也。今之学者不必言矣。中有最号真切者,犹终日皇皇计利避害,离实绝根⑧,以宝重此大患之身,是尚得为学道人乎?

[注释]①京友:不详。 ②佛祖上仙:指佛教始祖释迦牟尼。 ③转轮圣王:即转轮王,梵语的意译。亦泛指有威德的国王。 ④一眄(xì):看一眼。 ⑤分段之身:即"分段身",佛教语。谓轮回六道的凡身俗体。轮回六道之身,各随其业因而寿命有分限,形体有段别,故曰分段身。 ⑥一麻一麦:每天只吃一麻一麦,形容极其艰苦。 ⑦坐令鸟鹊巢其顶:小鸟在头顶上筑巢都无动于衷。 ⑧离实绝根:佛教用语。意为离开实相,断绝根器。实相,佛教语。指宇宙事物的真相或本然状态。根器,佛教语。指人的禀赋、气质。

《坡仙集》①我有披削旁注在内,每开看便自欢喜,是我一件快心却疾之书,今已无底本矣,千万交付深有来还我!大凡我书,皆为求以快乐自己,非为人也。

[注释]①《坡仙集》:李贽批选的苏轼文集,共十六卷。

与焦弱侯①书

昨闲步清凉②,瞻拜一拂郑先生③之祠,知一拂,兄之乡先哲前贤也。一拂自少至老读书此山寺,后之人思慕遗风,祠而祀之。今兄亦读书寺中,祠既废而复立,不亦宜乎!归来读《江宁初志》④,又知一拂于余,其先同为光州固始⑤人氏,唐末随王审知⑥入闽,遂为闽人,则余于先生为两地同乡,是亦余之乡先哲前贤也。且不独为兄有,而亦不必为兄羡矣。一拜祠下,便有清风⑦,虽曰闲步以往,反使余载璧而还⑧,谁谓昨日之步竟是闲步乎?余实于此有荣耀焉!

[注释]①焦弱侯:即焦竑,见本书卷一《与焦弱侯》注。 ②清凉:即清凉山,在今南京市西南,右有清凉寺,左有一拂清忠祠。 ③一拂郑先生:郑一拂,即郑侠(1041~1119),字介夫,号"一拂居士"、"大庆居士"。曾官光州(今河南潢川)司法参军。因反对新法被贬逐。徽宗时得归,家居而卒。著有《西塘集》。 ④《江宁初志》:最早修撰的江宁地方志。江宁,今南京。 ⑤固始:今河南固始。 ⑥王审知(862~925),字信通,号祥乡。唐僖宗光启元年(885),黄巢义军王绪占光州,王审知与兄带固始五千乡民从义军入闽。乾宁五年(898)朝廷任王审知为武威节度使。天复元年(901),昭宗封王审知为琅琊王。梁开平三年(909),梁太祖封王审知为闽王,闽正式建立。 ⑦清风:有清节高风之感。 ⑧载璧而还:比喻有宝贵的收获。

夫先生王半山①门下高士也,受知最深,其平日敬信半山亦实切至,盖其心俱以民瘼②为急,国储为念。但半山过于自信,反以忧民爱国之实心,翻成毒民误国之大害。先生切于目击，乃不顾死亡诛灭之大祸，必欲成吾吴、越同舟之本心，卒以流离窜逐，年至八十，然后老此山寺。故余以为一拂先生可敬也。若但以其一拂而已，此不过乡党自好者之所歆羡，谁其肯以是而羡先生乎？今天下之平久矣，中下之士③肥甘是急④，全不知一拂为何物，无可言者。其中上士砥砺名行⑤，一毫不敢自离于绳墨，而遂忘却盐梅相济⑥之大义，则其视先生为何如哉！余以为一拂先生真可敬也。余之景行先哲，其以是哉！

[注释]①王半山：即王安石（1021～1086），字介甫，号半山，抚州临川（今江西临川）人。庆历进士。神宗熙宁年间两次任宰相，积极推行变法。北宋政治家、文学家、思想家，为"唐宋八大家"之一。　②民瘼（mò）：民众疾苦。　③中下之士：指才德差的人。　④肥甘是急：极力追求生活享受。⑤砥砺（dǐ lì）名行：磨炼节操。　⑥盐梅相济：指为国家尽力。盐味咸，梅味酸，均为调味必需品。比喻国家不可少的人才。

今先生之祠既废而复立，吾知兄之敬先生者亦必以是矣，断然不专专为一拂故也。吾乡有九我先生①者，其于先哲尤切景仰；其于爱民忧国一念尤独惓惓②。使其知有一拂先生祠堂在此清凉间，慨然感怀，亦必以是，惜其未有以告之耳。闻之邻近故老，犹能道一拂先生事，而旧祠故址废莫能考，则以当时无有记之者，记之者非兄与九我先生欤？先贤者，后贤之所资以模范；后贤者，先贤之所赖以表章。立碑于左，大书姓字，吾知兄与九老不能让矣。吁！名垂万世，可让也哉！

[注释]①九我先生：即李廷机（1542～1616），字尔张，号九我，明代晋江

(今福建晋江)人。万历十一年(1583)进士,累官礼部尚书兼东阁大学士。是我国历史上少有的清官贤相。卒谥文节。　②悋(quán)悋:恳切貌。

复士龙悲二母吟①

杨氏族孙,乃近从兄议,继嗣杨虚游②先生之子之后,非继嗣李翰峰③先生之后也。非翰峰之后,安得住翰峰之宅?继杨姓而住李宅,非其义矣。杨氏族孙又是近议立为虚游先生之子之后,亦非是立为李翰峰先生守节之妹之后也。盖翰峰之妹之后,又安得朝夕李氏之宅,而以服事翰峰先生守节之妹为辞也?继杨虚游先生之子之后,而使服事翰峰先生守节之妹于李氏之门,尤非义矣。虽欲不窥窬④强取节妹衣食之余,不可得矣。交搆是非⑤,诬加翰峰先生嗣孙以不孝罪逆恶名,又其势之所必至矣。是使之争也,我辈之罪也,亦非杨氏族孙之罪也。幸公虚心以听,务以翰峰先生为念,翰峰在日,与公第一相爱,如仆旁人耳,仆知公必念之极矣。念翰峰则必念及其守节之妻顾氏,念及其守节之妹李氏,又念及其嗣孙无疑矣。

[注释]①复士龙悲二母吟:就"悲二母吟"回复李登。士龙,即李登,字士龙,号如真,上元(今江苏南京)人。隆庆五年(1571)进士,授新野(今河南新野)令,万历时改崇仁(今江西崇仁)教谕,后辞官。耿定向的学生,与李贽也有交往。二母,指李逢阳的遗孀顾氏和寡妹李氏。　②杨虚游:即杨希淳(1531～1572),字道南,号虚游,上元人,耿定向的学生。　③李翰峰:即李逢阳(1529～1572),字维明,号翰峰,白下人。隆庆二年(1568)进士,历官户部主事、礼部郎中,李贽的朋友。　④窥窬(kuī yú),亦作"窥觎"。亦作"窥踰"。觊觎(jì yú),非分的希望或企图。　⑤交搆是非:引起是非争端。

夫翰峰合族无一人可承继者，仅有安人顾氏①生一女尔。翰峰先生没而后招婿姓张者，入赘其家，生两儿，长养成全，皆安人顾氏与其妹李氏鞠育提抱②之力也。见今③娶妻生子，改姓李，以奉翰峰先生香火矣。而婿与女又皆不幸早世，故两节妇咸以此孙朝夕奉养为安，而此孙亦藉以成立。弱侯④与公等所处⑤如此，盖不过为翰峰先生念，故弱侯又以其女所生女妻之也。近闻此孙不爱读书，稍失色养⑥于二大母，此则双节⑦平日姑息太过，以致公之不说，而二大母实未尝不说之也。仆以公果念翰峰旧雅⑧，只宜择师教之，时时勤加考省，乃为正当。若遽为此儿孙病而别有区处，皆不是真能念翰峰矣。

[注释]①安人顾氏：即李逢阳妻子顾氏。安人，封建时代命妇的一种封号。　②鞠育提抱：养育。　③见今：现如今。见，同"现"。　④弱侯：即焦竑，见本书卷一《与焦弱侯》。　⑤处：商议。　⑥色养：承顺父母颜色。⑦双节：指李逢阳的遗孀顾氏及其妹李氏。　⑧旧雅：过去的交情。

夫翰峰之妹，一嫁即寡，仍归李家。翰峰在日，使与其嫂顾氏同居南北两京①，相随不离；翰峰没后，顾氏亦寡，以故仍与寡嫂同居。计二老母前后同居已四十余年，李氏妹又旌表著节②，翕然③称声于白门之下矣。近耿中丞④又以"双节"悬其庐，二母相安，为日已久，当不以此孙失孝敬而遂欲从杨氏族孙以去也。此言大为李节妇诬矣，稍有知者决不肯信，而况于公。大抵杨氏族孙贫甚，或同居，或时来往，未免垂涎李节妇衣簪之余，不知此皆李翰峰先生家物，杨家安得有也。且节妇尚在，尚不可缺乎？若皆为此族孙取去，李节妇一日在世，又复靠谁乎？种种诬谤，尽从此生。唯杨归杨，李归李，绝不相干，乃为妥当。

[注释]①南北两京：南京和北京。　②旌表著节：表彰其节操。　③翕然：众口同声地。　④耿中丞：指耿定向。见本书卷一《答耿中丞》注。

复晋川翁①书

往来经过者颂声不辍，焦弱侯②盖屡谈之矣。天下无不可为之时，以翁当其任，自然大力士民倚重，世道恃赖，但贵如常处之，勿作些见识也。果有大力量，自然默默斡旋，人受其赐而不知。若未可动，未可信，决须忍耐以须时。《易》之《蛊》曰："干母之蛊，不可贞③。"言虽干蛊，而不可用正道，用正道必致相忤，虽欲干办母事而不可得也。又曰："干父用誉④。"而夫子⑤传之曰："干父用誉，承以德也。"言父所为皆破家亡身之事，而子欲干之，反称誉其父，反以父为有德，如所云"母氏圣善，我无令人⑥"者。如是则父亲喜悦，自然入其子孝敬之中，变蛊成治⑦无难矣。倘其父终不肯变，亦只得随顺其间，相几而动。夫臣子之于君亲，一理也。天下之财皆其财，多用些亦不妨；天下民皆其民，多虐用些亦只得忍受。但有大贤在其间，必有调停之术，不至已甚足矣。只可调停于下，断不可拂逆于上。叔台相见，一诵疏稿⑧，大快人！大快人！只此足矣，再不可多事也。阳明先生与杨邃庵书极可玩，幸置座右！

[注释]①晋川翁:即刘东星,见本书卷一《答刘宪长》注。 ②焦弱侯:即焦竑,见卷一《与焦弱侯》注。 ③干母之蛊,不可贞:处理母亲做的错事,不能用正常的办法。蛊(gǔ),《周易》中的卦名。贞,正道,正常的办法。 ④干父用誉:处理父亲做的错事,要替父亲掩丑扬美。 ⑤夫子:指孔子。 ⑥母氏圣善,我无令人:母亲贞节善良,我辈有愧不成材。 ⑦变蛊成治:变坏为好。 ⑧疏稿:当指刘东星总理河槽竣工时上的奏疏。

书晋川翁①寿卷后

此余丙申②中坪上笔也,今又四载矣,复见此于白下③。览物思仁寿,意与之为无穷。公今暂出至淮上,淮上何足烦公耶!然非公亦竟不可。夫世固未尝无才也,然亦不多才。唯不多才,故见才尤宜爱惜,而可令公卧理④淮上耶!在公虽视中外如一,但居中制外,选贤择才,使布列有位,以辅主安民,则居中为便。吾见公之入矣,入即持此卷以请教当道。今天下多事如此,将何以辅佐圣主,择才图治?当事者皆公信友,吾知公决不难于一言也,是又余之所以为公寿也。余以昨戊戌⑤初夏至,今又一载矣。时事如棋,转眼不同,公当系念。

[注释]①晋川翁:即刘东星,见本书卷一《答刘宪长》注。 ②丙申:指万历二十四年(1596)。 ③白下:今南京市。 ④卧理:治理政事清简,掌握要领收到成效。 ⑤戊戌:万历二十六年(1598)。

会期①小启②

会期之不可改,犹号令之不可反,军令之不可二也。

故重会期,是重道也,是重友也。重友以故重会,重会以故重会期。仆所以屡推辞而不欲会者,正谓其无重道重友之人耳。若重道,则何事更重于道会也耶!故有事则请假不往可也,不可因一人而遂废众会也,况可遽改会期乎?若欲会照旧是十六,莫曰"众人皆未必以会为重,虽改以就我亦无妨。"噫!此何事也!众人皆然,我独不敢,亦望庶几③有以友朋为重,以会为重者。今我亦如此,何以望众人之重道乎?我实不敢以为然,故以请教。

[**注释**]①会期:讲会的时间安排。 ②启:书信。 ③庶几:希望。

与友人①书

古圣之言,今人多错会②,是以不能以人治人③,非恕④也,非絜矩⑤也。试举一二言之。

[**注释**]①友人:不详。 ②错会:错误领会。 ③以人治人:根据不同人的情况而采取不同的方法。 ④恕:宽恕之道。 ⑤絜(xié)矩:絜,度量;矩,画方形的用具,引申为法度。儒家以絜矩来象征道德上的规范。

夫尧①明知朱②之嚚讼③也,故不传以位;而心实痛之,故又未尝不封之以国。夫子④明知鲤⑤之痴顽也,故不传以道;而心实痛之,故又未尝不教以《礼》与《诗》。又明知《诗》、《礼》之言终不可入,然终不以不入而遽已,亦终不以不入而遽强。以此知圣人之真能爱子矣。乃孟氏谓舜之喜象非伪喜,则仆实未敢以谓然。夫舜明知象之欲己杀也,然非真心喜象则不可以解象之毒,纵象之毒终不可解，然舍喜象无别解之法矣。故其喜象是伪也；其主意必欲喜象以得象之喜是真也，非伪也。若如轲⑥言，则是舜不知象之杀己，是不智也。知其欲杀己而喜之，是喜杀也，是不诚也。是尧不知朱之嚚讼，孔不知鲤之痴顽也，不明甚矣。故仆谓舜为伪喜，非过也。以其情其势，虽欲不伪喜而不可得也。以中者养不中，才者养不才，其道当如是也。养者，养其体肤，饮食衣服宫室之而已也。如尧之于朱，舜之于象，孔之于伯鱼，但使之得所养而已也，此圣人所以为真能爱子与悌弟⑦也。此其一也。

[注释]①尧：陶唐氏，史称陶唐。传说中父系氏族社会后期部落联盟首领。　②朱：即丹朱，传说是唐尧的儿子。　③嚚(yín)讼：奸诈而好争讼。④夫子：指孔子。　⑤鲤：孔子的儿子，字伯鱼。　⑥轲：即孟子，名轲。⑦悌弟：爱护弟弟，即承担自己的爱护职责。

又观古之狂者，孟氏以为是其为人志大言大而已。解者以为志大故动以古人自期，言大故行与言或不相掩。如此，则狂者当无比数于天下矣，有何足贵而故思念之甚乎？盖狂者下视古人，高视一身，以为古人虽高，其迹往矣，何必践彼迹为也。是谓志大。以故放言高论，凡其身之所不能为，与其所不敢为者，亦率意妄言之。是谓大言。固宜其行之不掩耳。何也？其情其势自不能以相掩故也。夫人生在天地间，既与人同生，又安能与人独异？是以往往徒能言之以自快耳，大言之以贡高①耳，乱言之以愤世耳。渠见世之桎梏已甚，卑鄙可厌，益以肆其狂言。观者见其狂，遂指以为猛虎毒蛇，相率而远去之。渠见其狂言之得行也,则益以自幸,而唯恐其言之不狂矣。唯圣人视之若无有也,故彼以其狂言吓人而吾听之若不闻,则其狂将自歇矣。故唯圣人能医狂病。观其可子桑,友原壤,虽临丧而歌,非但言之,且行之而自不掩,圣人绝不以为异也。是千古能医狂病者,莫圣人若也。故不见其狂,则狂病自息。又爱其狂,思其狂,称之为善人,望之以中行②,则其狂可以成章,可以入室。仆之所谓夫子之爱狂者此也。盖唯世间一等狂汉,乃能不掩于行。不掩者,不遮掩以自盖也,非行不掩其言之谓也。

[注释]①贡高:自命高超不凡。 ②中行:合乎中庸之道的人。

若夫不中不才子弟,只可养,不可弃,只可顺,不可逆。逆则相反,顺则相成。是为千古要言。今人皆未知圣人之心者,是以不可齐家治国平天下,以成栽培倾覆①之常理。

[注释]①栽培倾覆:可以栽培生长的就培育它,要倾倒的就让它倾倒。意为顺其自然。

复顾冲庵翁①书

某非负心人也,况公盖世人豪;四海之内,凡有目能视,有足能行,有手能供奉,无不愿奔走追陪,藉一顾以为重②,归依以终老也,况于不肖某哉!公于此可以信其心矣。自隐天中山③以来,再卜龙湖,绝类逃虚近二十载,岂所愿哉!求师访友,未尝置怀,而第一念④实在通海⑤,但老人出门大难,讵谓⑥公犹惓惓⑦念之耶!适病暑,侵侵晏寂⑧,一接翰诲,顿起矣。

[注释]①顾冲庵翁:即顾养谦,见本卷《复焦弱侯》注。 ②藉一顾以为重:能得到您看上一眼就认为是得到了您的重视。 ③隐天中山:隐居在天中山。天中山,在湖北黄安(今湖北红安)。李贽有时也称其为天窝山。 ④第一念:首先思念的。 ⑤通海:镇名,在南通州(今江苏南通)东南。当时顾养谦辞官家居于此。 ⑥讵谓:怎么想到。 ⑦惓(quán)惓:恳切诚挚。 ⑧侵侵晏寂:简直快要死了。

又　书

昔赵景真①年十四,不远数千里佯狂出走,访叔夜②于山阳③,而其家竟不知去向,天下至今传以为奇。某自幼读之,绝不以为奇也。以为四海求友,男儿常事,何奇之有。乃今视之,虽欲不谓之奇不得矣。向在龙湖,尚有长江一带为我限隔,今居白下④,只隔江耳。住来十余月矣,而竟不能至,或一日而三四度发心,或一月而六七度欲发。可知发心容易,亲到实难,山阳之事未易当也。岂凡百尽然,不特此耶;抑少时或可勉强,乃至壮或不如少,老又决不如壮耶。抑景真若至今在,亦竟不能也?计不出春三月矣。先此报言,决不敢食。

[注释]①赵景真:即赵至,魏晋间人。 ②叔夜:即嵇康(224～263),字叔夜。汉族,谯郡铚县(今安徽宿县西南)人。三国曹魏时著名思想家、音乐家、文学家。正始末年与阮籍等竹林名士共倡玄学新风,主张"越名教而任自然"、"审贵贱而通物情",为"竹林七贤"的精神领袖。后因得罪钟会,被其诬陷,而被司马昭处死。 ③山阳:太行山以南,今河南辉县、修武之间。嵇康

曾在此隐居二十余年。　④白下：今南京。

又书使通州①诗后

某②奉别公近二十年矣，别后不复一致书问，而公念某犹昔也。推食解衣③，至今犹然。然则某为小人，公为君子，已可知矣。方某之居哀牢④也，尽弃交游，独身万里，戚戚无欢，谁是谅我者？其并时诸上官，又谁是不恶我者？非公则某为滇中人，终不复出矣。夫公提我于万里之外，而自忘其身之为上，故某亦因以获事公于青云之上，而自忘其身之为下也。则岂偶然之故哉！

[注释]①通州：顾养谦的老家，当时顾辞官家居。　②某：李贽自称。③推食解衣：衣食等生活方面给予很大帮助。　④居哀牢：居于云南时。哀牢，山名，处于云南南部元江和阿墨之间，这里是云南的代称。万历五年(1577)至万历八年(1580)李贽曾任云南姚安知府。

嗟嗟！公天人也，而世莫知，公大人也，而世亦莫知。夫公为天人而世莫知，犹未害也；公为一世大人而世人不知，世人又将何赖耶？目今倭奴屯结釜山①，自谓十年生聚②，十年训练，可以安坐而制朝鲜矣。今者援之，中、边皆空，海陆并运，八年未已，公独鳌钓③通海，视等乡邻，不一引手投足，又何其忍耶！非公能忍，世人固已忍舍公也。此非仇公，亦非仇国，未知公之为大人耳。诚知公之为大人也，即欲舍公，其又奚肯？

[注释]①倭奴屯给釜山：万历二十年(1592)，日本封建主丰臣秀吉发动

侵朝战争,陷王京(朝鲜汉城),妄图占领朝鲜,并进一步侵略中国。　②生聚:繁殖人口,积蓄物力。　③鳌钓:比喻豪迈的举止或远大的抱负。

既已为诗四章,遂并述其语于此,亦以见①某与公原非偶者。

[注释]①以见:用以表明。见,同"现",表明。

附　顾冲老送行序（顾养谦）

顾冲老《赠姚安守①温陵李先生②致仕③去滇序》云:温陵李先生为姚安府且三年,大治,恳乞致其仕去。

[注释]①姚安守:即姚安知府。　②温陵李先生:即李贽。　③致仕:旧时指交还官职,即辞官。

初先生以南京刑部尚书郎①来守姚安,难万里,不欲携其家,其室人②强从之。盖先生居常游,每适意辄留,不肯归,故其室人患之,而强与偕行至姚安,无何即欲去,不得遂,乃强留。然先生为姚安,一切持简易③,任自然,务以德化人,不贾世俗能声。其为人汪洋停蓄④,深博无涯涘⑤,人莫得其端倪。而其见先生也,不言而意自消。自僚属、士民、胥隶、夷酋⑥,无不化先生者,而先生无有也。此所谓无事而事事,无为而无不为者耶。

[注释]①尚书郎:官名。东汉之制,取孝廉中之有才能者入尚书台,在皇帝左右处理政务,初入台称守尚书郎中,满一年称尚书郎,三年称侍郎。魏晋以后尚书各曹有侍郎、郎中等官,综理职务,通称为尚书郎。　②室人:指

李贽的妻子黄氏。　③持简易:采取简便易行的方法。　④汪洋停蓄:比喻胸怀宽广。　⑤深博无涯涘(sì):深广得没有边际。涘,水边。　⑥僚属、士民、胥隶、夷酋:下属官吏、百姓、小吏与差役、少数民族首领。

　　谦之备员①洱海②也,先生守姚安已年余,每与先生谈,辄夜分不忍别去,而自是先生不复言去矣。万历八年庚辰之春,谦以入贺③当行。是时先生历官且三年满矣,少需之,得上其绩,且加恩或上迁。而侍御刘公④方按⑤楚雄⑥,先生一日谢簿书,封府库,携其家,去姚安而来楚雄,乞侍御公一言以去。侍御公曰:"姚安守,贤者也。贤者而去之,吾不忍——非所以为国,不可以为风,吾不敢以为言。即欲去,不两月所为上其绩而以荣名终也,不其无恨⑦于李君乎?"先生曰:"非其任而居之,是旷官也,贽不敢也。需满以幸恩,是贪荣也,贽不为也。名声闻于朝矣而去之,是钓名也,贽不能也。去即去耳,何能顾其他?"而两台⑧皆勿许,于是先生还其家姚安,而走大理之鸡足⑨。鸡足者,滇西名山也。两台知其意已决,不可留,乃为请于朝,得致其仕。

　　[注释]①备员:表示充当官员的自谦词。　②洱海:指洱海道,明代行政区域名称,在今云南大理东一带。顾养谦当时任云南按察司佥事,兼巡洱海道。　③入贺:入京朝贺。　④侍御刘公:指监察御史刘维。　⑤按:按察。　⑥楚雄:府名,府治在今云南楚雄。　⑦恨:遗憾。　⑧两台:藩台和臬台的合称,明代对布政使和按察使的别称。　⑨鸡足:即鸡足山,在洱海东北,明代属大理府。

　　命下之日,谦方出都门①还趋滇,恐不及一晤先生而别也,乃至楚之常、武②而程程③物色之,至贵竹④而知先生尚留滇中遨游山水间,未言归,归当以明年春,则甚喜。或谓谦曰:"李姚安始求去时,唯恐不一日去,今又何迟迟也?何谓哉!"谦曰:"李先生之去,去其官耳。去其官矣,何地而非家,又何迫迫于温陵者为?且温陵又无先生之家。"及至滇,而先生果欲便家滇中,则以其室人昼夜涕泣请,将归楚之黄安。盖先生女若婿皆在黄安依耿先生以居,故其室人第愿得归黄安云。先生别号曰卓吾居士⑤。卓吾居士别有传⑥,不具述,述其所以去滇者如此。

[注释]①都门:京都城门。 ②楚之常、武:即湖南的常德(今湖南常德)一带。 ③程程:每到一驿站。程,道路的段落。古代指以驿站邮亭或其他停顿住宿地点为起讫而形成的段落。 ④贵竹:亦作"贵筑"。在今贵州省贵阳市南,为明代重要驿道。 ⑤居士:古代称有德才而隐居不仕或未仕的人。 ⑥传:即《卓吾论略》,见本书卷三。

先生之行,取道西蜀①,将穿三峡②,览瞿塘、滟滪③之胜,而时时过访其相知故人,则愿先生无复留,携其家人一意达黄安,使其母子得相共,终初念,而后东西南北,唯吾所适,不亦可乎?先生曰:"诺。"遂行。

[注释]①西蜀:四川省西部原为西蜀国。这里指四川。 ②三峡:长江游览名胜瞿塘峡、巫峡、西陵峡的简称。 ③滟滪:即滟滪滩,为长江江心突起的巨石。三峡主要险滩之一。

复澹然大士①

《易经》②未三绝③,今史方伊始,非三冬二夏未易就绪,计必至明夏四五月乃可。过暑毒④,即回龙湖矣。回湖唯有主张净土⑤,督课西方公案⑥,更不作小学生钻故纸事也。参禅⑦事大,量非根器⑧浅弱者所能担。今时人最高者,唯有好名,无真实为生死苦恼怕欲求出脱也。日过一日,壮者老,少者壮,而老者又欲死矣。出来不觉就是四年,只是怕死在方上⑨,侍者不敢弃我尸,必欲装棺材赴土中埋尔。今幸未死,然病苦亦渐多,当知去死亦不远,但得回湖上葬于塔屋,即是幸事,不须劝我,我自然来也。来湖上化,则湖上即我归成之地,子子孙孙道场是依,未可谓龙湖蕞⑩之地非西方极乐净土矣。

[注释]①大士:对高僧的敬称,这里是对梅澹然的尊称。 ②《易经》:即《周易》,中国儒家经典之一,分《经》、《传》两部分,《经》据传为周文王所作。 ③三绝:即"韦编三绝"。形容好学不倦,勤奋用功。 ④暑毒:酷热的夏季。 ⑤净土:佛教指没有尘世庸俗气的清净世界。 ⑥督课西方公案:认真学习西方极乐世界中的前辈祖师的言行范例。 ⑦参禅:佛教禅宗的修持方法。有游访问禅、参究禅理、打坐禅思等形式。 ⑧根器:佛教语。指人的禀赋、气质。 ⑨方上:外地。 ⑩蕞(zuì)尔:形容小。

为黄安①二上人②三首

大孝一首

黄安上人为有慈母孀居③在堂,念无以报母,乃割肉出血,书写愿文,对佛自誓,欲以此生成道,报答母慈。以为温清④虽孝,终是小孝,未足以报答吾母也。即使勉强勤学,成就功名以致褒崇,亦是荣耀他人耳目,未可以拔吾慈母于苦海也。唯有勤精进,成佛道,庶可藉此以报答耳。若以吾家孔夫子⑤报父报母之事观之,则虽武周继述⑥之大孝,不觉眇乎小矣。今观吾夫子之父母,至于今有耿光⑦,则些小功名,真不足以成吾报母之业也。上人刺血书愿,其志盖如此而不敢笔之于文,则其志亦可悲矣!故余代书其意,以告诸同事云。

[注释]①黄安:今湖北红安。 ②上人:旧时尊称僧人。 ③孀居:寡居。孀,寡妇。 ④温清:冬天使其温暖,夏天使其凉爽。 ⑤孔夫子:指孔子。 ⑥武周继述:武王姬发和周公姬旦能继承祖志,完成建立和巩固周王朝这样的大事。继述,继承。 ⑦耿光:光辉,光彩。

余初见上人时,上人尚攻举子业①,初亦曾以落发出家事告余,余甚不然之。今年过此,乃秃然一无发之僧,余一见之,不免惊讶,然亦知其有真志矣。是以不敢显言,但时时略示微意于语言之间,而上人心实志坚,终不可以说辞诤②也。今复如此,则真出家儿矣,他人可得比耶!因叹古人称学道全要英灵汉子,如上人非真英灵汉子乎?当时阳明③先生门徒遍天下,独有心斋④为最英灵。心斋本一灶丁也,目不识一丁,闻人读书,便自悟性,径往江西见王都堂⑤,欲与之辩质所悟。此尚以朋友往也。后自知其不如,乃从而卒业焉。故心斋亦得闻圣人之道,此其气骨为何如者!心斋之后为徐波石⑥,为颜山农⑦。山农以布衣讲学,雄视一世而遭诬陷;波石以布政使请兵督战而死广南。云龙风虎,各从其类,然哉!盖心斋真英雄,故其徒亦英雄也。波石之后为赵大洲⑧,大洲之后为邓豁渠;山农之后为罗近谿,为何心隐,心隐之后为钱怀苏⑨,为程后台⑩:一代高似一代。所谓大海不宿死尸,龙门不点破额⑪,岂不信乎!心隐以布衣出头倡道而遭横死,近谿虽得免于难,然亦幸耳,卒以一官不见容于张太岳⑫。盖英雄之士,不可免于世而可以进于道。今上人以此进道,又谁能先之乎?故称之曰大孝。

[注释]①举子业:科举业,为应试科举而准备的学业。 ②以说辞诤:用游说的话以劝阻。 ③阳明:即王守仁,见本书卷一《又答石阳太守》注。 ④心斋:即王艮,见本书卷一《又答石阳太守》注。 ⑤王都堂:即王守仁。明代称都察院长官都御使、副都御史、佥都御使为都堂。正德十一年(1516),王守仁以右佥都御使巡抚赣南,故称王都堂。 ⑥徐波石:即徐樾(?~1551),又名波石,字子直,贵溪(今江西乐平)人。王艮的学生。嘉靖十一年(1532)进士。官至云南左布政使。 ⑦颜山农:名钧,字子和,号山农,江西吉安(今江西吉安)人。泰州学派代表人物之一。主张"平日率性而行,纯任自然"便为道。 ⑧赵大洲:即赵贞吉,见本书卷一《又答石阳太守》注。 ⑨钱怀苏:名同文,字大行,号怀苏,嘉兴府秀水(今浙江嘉兴)人。官至郡守。曾拜何心隐为师。 ⑩程后台:名学颜,字二浦,号后台,湖北孝感(今湖北孝感)人。官至太仆寺丞。与其弟学博同为何心隐的学生。 ⑪龙门不点破额:比喻是越过龙门的高人。 ⑫张太岳:即张居正,见本书卷一《答邓明府》注。

真师二首

黄安二上人到此,时时言及师友之重。怀林①曰:"据和尚平日所言师友,觉又是一样者。"余谓师友原是一样,有两样耶?但世人不知友之即师,乃以四拜受业②者谓之师;又不知师之即友,徒以结交亲密者谓之友。夫使友而不可以四拜受业也,则必不可以与之友矣;师而不可以心腹告语也,则亦不可以事之为师矣。古人知朋友所系之重，故特加师字于友之上，以见所友无不可师者，若不可师，即不可友。大概言之，总不过友之一字而已，故言友则师在其中矣。若此二上人，是友而即师者也。其师兄常恐师弟之牵于情而不能摆脱也，则携之远出以坚固其道心；其师弟亦知师兄之真爱己也，遂同之远出而对佛以发其弘愿。此以师兄为友，亦以师兄为师者也，非友而师者乎？其师弟恐师兄徒知皈依西方而不知自性西方③也，故常述其师称赞邓豁渠之语于师兄之前，其师兄亦知师弟之托意④婉也，亦信念佛即参禅⑤，而不可以徒为念佛之计。此以师弟为友，亦以师弟为师者也，又非友而师者乎？故吾谓二上人方可称真师友矣。若泛泛然群聚，何益耶，宁知师友之为重耶！

[注释]①怀林：芝佛院和尚。　②受业：从师学习。　③自性西方：人人都有成佛的本性。　④托意：以事物寄语其意。　⑤参禅：禅宗的修行方法。

故吾因此时时论及邓豁渠，又推豁渠师友之所自，二上人喜甚，以为我虽忝①为豁渠之孙，而竟不知豁渠之所自，今得先生开示，宛然如在豁渠师祖之旁，又因以得闻阳明、心斋先生之所以授受，其快活无量何如也！今但不闻先生师友所在耳。余谓学无常师，"夫子焉不学"，虽在今日不免套语，其实亦是实语。吾虽不曾四拜受业一个人以为师，亦不曾以四拜传受一个人以为友，然比世人之时时四拜人，与时时受人四拜者，真不可同日而语也。我问此受四拜人，此受四拜人非聋即哑，莫我告也。我又遍问此四拜于人者,此四拜于人者亦非聋即哑,不知所以我告也。然则师之不在四拜明矣。然孰知吾心中时时四拜百拜,屈指不能举其多,沙数不能喻其众乎?吾何以言吾师友于二上人之前哉!

[注释]①忝:有愧于。

失言三首

余初会二上人时,见其念佛精勤,遂叙吾生平好高好洁之说以请教之。今相处日久,二上人之高洁比余当十百千倍,则高洁之说为不当矣。盖高洁之说,以对世之委靡浑浊①者则为应病之药。余观世人恒无真志,要不过落在委靡浑浊之中,是故口是心非,言清行浊,了不见有好高好洁之实,而又反以高洁为余病,是以痛切而深念之。若二上人者,岂宜以高洁之说进乎?对高洁人谈高洁,已为止沸益薪②,况高洁十倍哉!是余蠢也。"过犹不及",孔夫子言之详矣。委靡浑浊而不进者,不及者也;好为高洁而不止者,大过者也。皆道之所不载也。二上人只宜如是而已矣。如是念佛,如是修行,如是持戒。如是可久,如是可大,如是自然登莲台③而证真乘④,成佛果,不可再多事也。念佛时但去念佛,欲见慈母时但去见慈母,不必矫情,不必逆性,不必昧心,不必抑志,直心⑤而动,是为真佛。故念佛亦可,莫太高洁可矣。

[注释]①委靡浑浊:颓废不振,好坏不分。 ②止沸益薪:本想停止沸水的沸腾,反而往炉灶里加柴火。比喻所做与愿望相反。 ③莲台:亦作"莲华台"。指佛座。 ④真乘:佛家谓真实的教义。 ⑤直心:顺着心之所指。

复李渐老①书

数千里外山泽无告之老②,翁皆得而时时衣食之,则翁之禄,岂但仁九族③,惠亲友已哉!感德⑧多矣,报施未也,可如何!承谕④烦恼心,山野⑤虽孤独,亦时时有之。即此衣食之赐,既深以为喜,则缺衣少食之烦恼不言可知已。身犹其易者⑥,等而上之,有国则烦恼一国,有家则烦恼一家,无家则烦恼一身,所任愈轻,则烦恼愈减。然则烦恼之增减,唯随所任之重轻耳。世固未闻有少烦恼之人也,唯无身⑦乃可免矣。老子云:"若吾无身,更有何患?"无身则自无患,无患则自无恼。吁!安得闻出世之旨,以免此后有之身哉!翁幸有以教之!此又山泽癯老⑧晚年之第一烦恼处也。

[注释]①李渐老:即李世达,见本书卷一《复京中友朋》注。 ②无告之老:指李贽。无告,比喻孤独之意。 ③九族:以自己为本位,上推至四世之高祖,下推至四世之玄孙为九族。这里泛指多方面的亲属关系。 ④承谕:承蒙您用书信的方式对我进行教导,让我知道。 ⑤山野:山野之人,这里是李贽的谦称。 ⑥身犹其易者:人感到烦恼是很正常的事情。 ⑦无身:没有现世之身。 ⑧山泽癯(qú)老:李贽自称。癯,瘦。

答李如真①

弟学佛人也,异端②者流,圣门③之所深辟④。弟是以于孔氏之徒不敢轻易请教者,非一日矣。非恐其辟己也,谓其志不在于性命⑤,恐其术业不同,未必能开我之眼,愈我之疾。我年衰老,又未敢泛泛然为无益之请,以虚度此有限时光,非敢忘旧日亲故之恩,如兄所云"亲者无失其为亲,故者无失其为故"之云也。念弟非薄人也,自己学问未曾明白,虽承朋友接引之恩,切欲报之而其道无由,非能报之而不为之报也。

[注释]①李如真:即李登,见本卷《复士龙悲二母吟》注。 ②异端:古代儒家称其他学说、学派为异端。 ③圣门:指儒家学派。 ④深辟:痛加排斥。 ⑤性命:中国古代哲学范畴。指万物的天赋和禀受。

承兄远教,感切难言。第弟禅学也,路径不同,可如之何!且如"亲民"之旨,"无恶"之旨,种种"不厌""不倦"之旨,非不亲切可听,的的①可行。但念弟至今德尚未明,安能作亲民事乎?学尚未知所止,安敢自谓我不厌乎?既未能不厌,又安能为不倦事乎?切恐知学则自能不厌,如饥者之食必不厌饱,寒者之衣必不厌多。今于生死性命尚未如饥寒之甚,虽欲不厌,又可能耶?若不知学,而但取"不厌"者以为题目功夫,则恐学未几而厌自随之矣。欲能如颜子之好学,得欤?欲如夫子②之忘食忘忧,不知老之将至,又可得欤?况望其能不倦也乎哉!此盖或侗老③足以当之,若弟则不敢以此自足而必欲人人同宗此学脉也。

[注释]①的的:确实。 ②夫子:指孔子。 ③侗老:指耿定向。见本书卷一《答耿中丞》注。

何也?未能知学之故也,未能自明己德故也,未能成己①、立己②、尽己之性③故也。惟德有未明,故凡能明我者则亲之;其不如己者,不敢亲也;便佞④者、善柔⑤者皆我之损,不敢亲也。既不敢亲,则恶我者从生焉,我恶之者亦从生焉,亦自然之理耳。譬如父之于子然,子之贤不肖虽各不同,然为父者未尝不亲之也,未尝有恶之之心也。何也?父既有子,则田宅财帛欲将有托,功名事业欲将有寄,种种自大父⑥来者,今皆于子乎授之,安能不以子为念也?今者自身朝餐未知何给,暮宿未知何处,寒衣未审谁授,日夕窃窃焉唯恐失所尚,无心于得子,又安知有子而欲付托此等事乎?正弟之谓也。此弟于侗老之言不敢遽聆⑦者以此也。弟非薄于故旧之人也,虽欲厚之而其道固无从也。吁!安得大事遂明,轮回永断⑧,从此一听长者⑨之教,一意亲民而宗"不厌""不倦"学脉乎!

[注释]①成己:自身有所成就。 ②立己:使自己的观点站得住脚。 ③尽己之性:发挥自己的天然本性。 ④便佞(nìng):用花言巧语逢迎人。 ⑤善柔:阿谀奉承的人。 ⑥大父:祖父。 ⑦遽聆:马上听从。 ⑧轮回永断:这里指修成佛道。轮回,佛教语。梵语的意译,原意是流转。佛教认为众生各依善恶业因,在天道、人道、阿修罗道、地狱道、饿鬼道、畜生道等六道中生死交替,有如车轮般旋转不停,故称。也称六道轮回、轮回六道。 ⑨长者:指耿定向之类的伪道学家们,这里有讽刺意味。

且兄祇①欲为仁,不务识仁,又似于孔门明德②致知③之教远矣;今又专向文学之场,精研音释④等事,似又以为仁为第二义⑤矣。杂学如此,故弟犹不知所请教也,非薄之谓也,念兄未必能开弟之眼,愈弟之疾也。大抵兄高明过于前人,德行欲列于颜⑥、闵,文学欲高于游、夏,政事不数于求、由,此亦惟兄之多能能自兼之,弟惟此一事犹惶惶然恐终身不得到手也。人之贤不肖悬绝且千万余里,真不可概论有如是哉!弟今惟自愧尔矣。

[注释]①祇(zhī):只。 ②明德:发扬美好的德行。 ③致知:探究知识。 ④音释:对文字读音的注释。 ⑤第二义:第二要事。 ⑥颜:即颜回。与下文的闵子骞、子游、子夏、冉求、子路都是孔子有成就的七十二弟子中的成员。

答何克斋尚书①

某②生于闽③,长于海④,丐食于卫⑤,就学于燕⑥,访友于白下⑦,质正⑧于四方。自是两都⑨人物之渊,东南才富之产,阳明先生⑩之徒若孙及临济的派⑪、丹阳正脉⑫,但有一言之几乎道者,皆某所参礼⑬也,不扣尽底蕴⑭固不止矣。五十而至滇,非谋道矣,直糊口万里之外耳。三年而出滇,复寓楚,今又移寓于楚之麻城矣。人今以某为麻城人,虽某亦自以为麻城人也。公百福具备,俗之人皆能颂公,某若加上辞,赘矣。故惟道其平生取友者如此。

[注释]①何克斋尚书:即何祥,字子修,号可斋,四川内江(今四川内江)人。嘉靖举人,历官华阴知县、襄阳府同知。曾师事赵贞吉。其子何起鸣曾任工部尚书,依朝廷例封给他的荣名和尊称。 ②某:李贽自称。 ③闽:即福建。 ④海:泉州临海。 ⑤丐食于卫:在卫辉讨饭吃。李贽曾在河南卫辉任教谕,期间曾因绝粮七日而讨食。 ⑥燕:旧时河北省的别称,这里指北京。 ⑦白下:今南京。 ⑧质正:质询求正。 ⑨两都:指北京和南京。

⑩阳明先生:即王守仁,见本书卷一《又答石阳太守》注。　⑪临济的派:临济派嫡派。　⑫丹阳正脉:丹阳派嫡派。　⑬参礼:请教,研究。　⑭扣尽底蕴:探究各派的真义。

与焦从吾①

此间自楚倥②去后,寥寥太甚,因思向日亲近善知识时,全不觉知身在何方,相看度日,真不知老之将至。盖真切友朋,死生在念,万分精进,亦自不知故耳。自今实难度日矣。

[注释]①焦从吾:即焦竑,见本书卷一《与焦弱侯》注。　②楚倥:即耿定理,见本书卷一《答耿司寇》注。

去年十月曾一到亭州,以无处馆宿,不数日即回。今春三月复至此中,拟邀无念、曾承庵①泛舟白下②,与兄相从。夫兄以盖世聪明,而一生全力尽向诗文草圣场中,又不幸而得力,故于死生念头不过一分两分,微而又微也如此。且当处穷之日,未必能为地主,是以未敢决来。然念兄实不容不与弟会者。兄虽强壮,然亦几于知命矣。此时不在念,他年功名到手,事势益忙,精力渐衰,求文字者造门日益众,恐益不暇为此矣。功名富贵等,平生尽能道是身外物,到此反为主而性命反为宾,奈之何?我与兄相处,惟此一事,故不觉如此。

[注释]①无念、曾承庵:芝佛院的和尚。　②白下:今南京。

又与从吾①

无念②来归,得尊教,今三阅月③矣,绝无音使,岂科场④事忙不暇作字乎?抑湖中无鸿雁,江中少鲤鱼也?都院⑤信使不断,亦可附之,难曰不便也。此中如坐井,舍无念无可谈者。虽时时对古人,终有眼昏气倦时。想白下⑥一字如万金,兄何故靳⑦不与耶?

[注释]①从吾:即焦竑。见本书卷一《与焦弱侯》注。 ②无念:芝佛院的和尚。 ③三阅月:已经三个月了。 ④科场:科举考试。 ⑤都院:这里指南京的都察院。 ⑥白下:今南京。 ⑦靳:吝惜,不肯给予。

念弟实当会兄。古人言语多有来历,或可通于古未必可通于今者,时时对书,则时时想兄,愿得侍兄之侧也,此弟之不可少兄者一也。学问一事,至今未了,此弟之不可少兄者二也。老虽无用,而时时疑著三圣人①经纶大用②,判若黑白,不啻千里万里,但均为至圣,未可轻议之,此又弟之不可少兄者三也。若夫目击在道③,晤言消忧,则半刻离兄不得,此弟之所以日望兄往来佳信也。闻霍丘④有高中门生,便一往贺,顺道至此,慰我渴怀,然后赴京,不亦可欤?万勿以多事自托也。

[注释]①三圣人:指孔子、老子和释迦牟尼。 ②经纶大用:指政治才能。 ③目击在道:眼睛看见就知道天道体现在他身上。 ④霍丘:今安徽霍邱。

《福建录孝第策》①冠绝，当与阳明《山东试录》②并传。"朱紫阳断案"③至引伯玉④四十九、孔子七十从心⑤，真大手段，大见识，弟向云"善作者纯贬而褒意自寓，纯褒而贬意自存"是也。兄于大文章殊佳，如碑记等作绝可。苏长公⑥片言只字与金玉同声，虽千古未见其比，则以其胸中绝无俗气，下笔不作寻常语，不步人脚故耳。如大文章终未免有依仿在。后辈有志向者何人，暇中一一示我，我亦爱知之。世间无根器人莫引之谈学，彼不为名便是为利，无益也。

[注释]①《福建录孝第策》：指《福建乡试试录》中的一篇"策问"。②《山东试录》：指王守仁主持山东乡试时所编的"试录"。 ③朱紫阳断案：不详。朱紫阳，即朱熹。 ④伯玉：即蘧伯玉，名瑗，春秋时卫国大夫，孔子弟子。传说他"年五十而知四十九之非"。 ⑤孔子七十从心：孔子到七十岁，便随心所欲，任何念头都不越规矩。 ⑥苏长公：即苏轼。

又与从吾孝廉①

《经》②云："尘劳之俦，为如来种③。"彼真正具五力④者，向三界⑤中作如意事，入魔王侣⑥为魔王伴，全不觉知是魔与佛也。愿兄早了业缘⑦，速登上第⑧，完世间人，了出世法，乃见全力云。

[注释]①从吾孝廉：即焦竑。见本书卷一《与焦弱侯》注。孝廉，举人的别称。焦竑于万历十七年(1589)中进士，此称其为孝廉当是对其中进士之前的称呼。 ②《经》：指《维摩经》，全称《维摩诘所说经》。内容针对小乘佛教脱离世俗生活，闭门修行，以求解脱的偏向，提出只要身处尘世而心超凡俗，居家也能成佛，涅槃境界就在世俗生活之中。 ③尘劳之俦，为如来种：具有

众生的烦恼,是成佛的种子。 ④五力:佛教语。五种力。即信力、精进力、念力、定力和慧力。 ⑤三界:佛教指众生轮回的欲界(包括六欲天、人间和地狱等。以色、食两欲炽盛而得名)、色界(有精美的物质而无男女贪欲)和无色界(无形体、无物质的世界)。 ⑥魔王侣:魔王的伴侣。魔王,魔界之王,鬼的首领,佛的对立面。 ⑦了业缘:完成世俗的业缘。业缘,佛教语。谓苦乐皆为业力而起,故称为"业缘"。 ⑧登上第:参加会试而中第。

近居龙湖①,渐远城市,比旧更觉寂寞,更是弟之晚年便宜处耳。尝谓百姓生而六十,便免差役,盖朝廷亦知其精力既衰,放之闲食,全不以世间事责问之矣,而自不知暇逸,可乎!

[注释]①龙湖:指湖北麻城的龙潭湖芝佛院。

《弘明集》①无可观者,只有一件最得意事。昔时读《谢康乐》②,自负慧业文人③,颇疑其夸;日于集中见其辨学诸篇,乃甚精细。彼其自志学之年④即事远公⑤,得会道生⑥诸名侣,其自负固宜。然则陶公⑦虽同时,亦实未知康乐,矧⑧遗民⑨诸贤哉!谢公实重远公,远公实雅爱谢公,彼谓嫌其心杂不许入社者,俗士之妄语耳。远公甚爱贤,所见亦高,观其与人书,委曲⑩过细,唯恐或伤,况谢公聪悟如是,又以师道事远公,远公安忍拒之!千载高贤埋没至今,得我方尔出见于世,此一喜也。王摩诘⑪以诗名,论者虽谓其通于禅理,犹未遽以真禅归之,况知其文之妙乎!盖禅为诗所掩,而文章又为禅所掩,不欲观之矣。今观《六祖塔铭》⑫等文章清妙,岂减诗才哉!此又一喜也。

[注释]①《弘明集》：佛教文集。南朝梁僧祐撰于天监年间。14卷。本书价值在其文献性，载文总计183篇，涉及人物122人。为研究中国佛教史的重要材料。 ②《谢康乐》：指《谢康乐集》，南朝谢灵运之诗文集。谢灵运(385～433)，浙江会稽人，东晋将领谢玄之孙，陈郡谢氏士族，著名诗人。谢灵运小名"客"，人称谢客。又以袭封康乐公，称谢康公、谢康乐、谢公。主要创作活动在刘宋时代，主要成就在于山水诗，是中国山水诗派第一人。 ③慧业文人：有文学天才并与文学结为业缘的人。 ④志学之年：即十五岁。 ⑤远公：即慧远(334～416)，东晋时代人，俗姓贾，出生于雁门楼烦(今山西宁武附近)，世代书香之家。远公从小资质聪颖，勤思敏学，十三岁时便随舅父游学许昌、洛阳等地。精通儒学，旁通老庄。二十一岁时，偕同母弟慧持前往太行山聆听道安法师讲《般若经》，于是悟彻真谛，发心舍俗出家，随从道安法师修行。相传他与十八高贤共结白莲社，同修净业。后世净土宗人推尊他为初祖。著有《法性论》、《匡山集》等。 ⑥道生：即竺道生(355～434)，东晋佛教学者，本姓魏，巨鹿(今河北平乡)人。寓居彭城，官宦世家，幼年跟从竺法汰出家，改姓竺。后来从鸠摩罗什译经，是鸠摩罗什的著名门徒之一。他主张佛性人人"本有"，认为法显所译六卷《泥洹经》经义不够圆满，提出一阐提迦(佛教用来称呼不具信心、断了成佛善根的人)也可成佛，此说受到"旧学僧党"的攻击，被逐出建康。后来大本《涅盘经》在凉州译出，其说得到证实，于是在庐山宣讲此经。他的顿悟成佛之说，在南北朝初期曾风行一时。 ⑦陶公：即陶潜，见本书卷一《答耿司寇》注。 ⑧矧(shěn)：况且。 ⑨遗民：即刘遗民(352～410)，原名刘程之，字仲思，彭城(江苏铜山县)人。年少丧父，对母亲极为孝顺。擅长老子、庄子的学说，不随便混杂于当时的俗世。 ⑩委曲：委婉。 ⑪王摩诘：即王维(701～761)，字摩诘。河东(今山西永济西)人，盛唐诗人的代表，创造了水墨山水画派，有"诗佛"之称。开元九年(721)中进士，任太乐丞。历官右拾遗、监察御史、史部郎中、给事中等。王维精通佛学，受禅宗影响很大。有《王摩诘文集》等行世。 ⑫《六祖塔铭》：原名《能禅师碑》，王维为佛教禅宗六祖慧能所作的碑铭。

意欲别集《儒禅》一书，凡说禅者依世次汇入，而苦无书;有者又多分散,如杨亿、张子韶、王荆公、文文山集皆分散无存。若《僧禅》则专集僧语,又另为一集,与《儒禅》并行,大约以精切简要为贵。使读者开卷了然,醍醐①一味,入道更易耳。

[注释]①醍醐(tí hú):从酥酪中提制出的油,佛教用以比喻佛性,使人觉悟的力量。

《华严合论》①精妙不可当,一字不可改易,盖又一《华严》②也。如向、郭注《庄子》③,不可便以《庄子》为经④,向、郭为注;如左丘明传《春秋》⑤,不可便以《春秋》为经,左氏⑥为传。何者?使无《春秋》,左氏自然流行,以左氏又一经也。使无《庄子》,向、郭自然流行,以向、郭又一经也。然则执向、郭以解《庄子》,据左氏以论《春秋》者,其人为不智矣。

[注释]①《华严合论》:讲解《华严经》的书。宋代僧人惠研据唐代高僧李玄通所撰的《决疑论》重新整理而成。　②《华严》:即《华严经》,全称《大方广佛华严经》,中国佛教宗派之一华严宗的主要典籍。　③向、郭注《庄子》:向秀、郭象的《庄子注》。　④经:古代儒释道等学派对其所奉为典范的尊称。　⑤左丘明传《春秋》:左丘明为《春秋》而写的《春秋左氏传》。　⑥左氏:指左丘明。

复耿中丞①

四海虽大而朋友实难,豪士无多而好学者益鲜。若夫一往参诣②,务于自得,直至不见是而无闷,不见知而不悔者,则令弟子庸③一人实当之,而今不幸死矣!仆尚友四方,愿欲生死于友朋之手而不可得,故一见子庸,遂自谓可以死矣,而讵意子庸乃先我以死也耶!兴言及此,我怀何如也!

[注释]①耿中丞:即耿定向,见本书卷一《答耿中丞》注。 ②参诣:求学问道。 ③子庸:即耿定理,见本书卷一《答耿司寇》注。

公素笃于天伦①,五内之割②,不言可知。且不待远求而自得同志之朋于家庭之内,祝予③之叹,岂虚也哉!屡欲附一书奉慰,第神绪忽忽,自心且不能平,而敢遽以世俗游词奉劝于公也耶?今已矣!惟念此问学一事,非小小根器者所能造诣耳。夫古人明以此学为大学,此人为大人矣。夫大人者,岂寻常人之所能识耶?当老子时,识老子者惟孔子一人;当孔子时,识孔子者又止颜子一人。盖知己之难如此。使令弟子庸在时,若再有一人能知之,则亦不足以为子庸矣。

[注释]①天伦:这里指兄弟。 ②五内之割:形容内心十分悲痛。 ③祝予:丧失我的(亲人)。

嗟嗟!勿言之矣!今所憾者,仆数千里之来,直为公兄弟二人耳。今公又在朝矣,旷然离索①,其谁陶铸②我也?夫为学而不求友与求友而不务胜己者,不能屈耻忍痛,甘受天下之大炉锤③,虽曰好学,吾不信也。欲成大器,为大人,称大学,可得耶?

[注释]①旷然离索:空虚而孤独。 ②陶铸:比喻造就、培养。 ③炉锤:锻炼。

答周二鲁

士贵为己,务自适①。如不自适而适人之适,虽伯夷、叔齐②同为淫僻③;不知为己,惟务为人,虽尧、舜同为尘垢秕糠④。此儒者之用,所以竟为蒙庄⑤所排,青牛⑥所诃,而以为不如良贾也。盖其朝闻夕可,虽无异路,至于用世处身之术,断断乎非儒者所能企及。后世稍有知其略者,犹能致清净宁一⑦之化,如汉文帝、曹相国⑧、汲长孺等,自利利他,同归于至顺极治,则亲当黄帝、老子时又何如耶?仆实喜之而习气太重,不能庶几⑨其万一,盖口说自适而终是好适人之适,口说为己而终是看得自己太轻故耳。

[注释]①自适:遂自己的心而行。 ②伯夷、叔齐:见本书卷一《与耿司寇告别》注。 ③淫僻:邪恶不正。 ④尘垢秕糠:比喻没有价值。 ⑤蒙庄:即庄子(约前369～前286),名周,宋国蒙(今河南商丘东北)人。做过蒙地的漆园吏,故称"蒙庄"。战国时期著名的哲学家,道家学派的创始人之一。著有《庄子》。 ⑥青牛:即老子。 ⑦清净宁一:政治清明,民俗安定。 ⑧曹相国:即曹参(?～前190)字敬伯,沛县(今江苏沛县)人。汉朝建立后,刘邦封长子刘肥为齐王,以曹参为齐相。 ⑨庶几:希望,但愿。

老子曰,"挫其锐,解其纷,和其光,同其尘","处众人之所恶,则几于道矣。"仆在黄安时,终日杜门,不能与众同尘;到麻城,然后游戏三昧①,出入于花街柳市②之间,始能与众同尘矣,而又未能和光也。何也?以与中丞③犹有辩学诸书也。自今思之,辩有何益?祇见纷纷不解,彼此锋锐益甚,光芒愈炽,非但无益而反涉于夸骄,自蹈于宋儒攻新法④之故辙而不自知矣。岂非以不知为己,不知自适,故不能和光,而务欲以自炫其光之故欤?静言思之,实为可耻。故决意去发,欲以入山之深,免与世人争长较短。盖未能对面忘情,其势不得不复为闭户独处之计耳。虽生死大事不必如此,但自愧劳扰一生,年已六十二,风前之烛,曾无几时,况自此以往,皆未死之年,待死之身,便宜岁月日时也乎!若又不知自适,更待何时乃得自适也耶?且游戏玩耍者,众人之所同,而儒者之所恶;若落发毁貌,则非但儒生恶之,虽众人亦恶之矣。和光之道,莫甚于此,仆又何惜此几茎毛⑤而不处于众人之所恶耶?非敢自谓庶几于道,特以居卑处辱,居退处下,居虚处独,水之为物,本自至善,人特不能似之耳。仆是以勉强为此举动,盖老而无用,尤相宜也。

[**注释**]①游戏三昧:放浪形骸,自由自在地与朋友们来往。 ②花街柳市:指妓院聚集的街市。这里指繁华热闹的地方。 ③中丞:指耿定向。见本书卷一《答耿中丞》注。 ④宋儒攻新法:指宋代理学家程颢等对王安石变法的攻击。 ⑤茎毛:这里指头发。

白下①此时,五台先生②在刑曹③,而近谿④先生亦已到。仆愧老矣,不能匍匐趋侍,兄既同官于此,幸早发兴一会之,五台先生骨刚胆烈,更历⑤已久,练熟世故,明解朝典,不假言矣。至其出世之学,心领神解,又已多年,而绝口不谈,逢人但说因说果,令人鄙笑。遇真正儒者,如痴如梦,翻令见⑥疑。则此老欺人太甚,自谓海内无人故耳。亦又以见此老之善藏其用，非人可及也。兄有丈夫志愿，或用世，或出世，俱不宜磋过此老也。近老今年七十四矣，少而学道，盖真正英雄，真正侠客，而能回光敛焰⑦，专精般若⑧之门者，老而糟粕尽弃，秽恶聚躬⑨、盖和光同尘之极，俗儒不知，尽道是实如此不肖。老子云："天下谓我道大，似不肖。夫惟大，故似不肖；若肖，久矣其细。"盖大之极则何所不有，其以为不肖也固宜。人尽以此老为不肖，则知此老者自希⑩；知此老者既希，则此老益以贵矣。又何疑乎！

[注释]①白下：指南京。 ②五台先生：即陆光祖，字与绳，号五台，平湖（今浙江嘉兴）人。嘉靖二十六年（1547）进士。为官时能广引人才，不念旧恶，人服其量。谥号"庄简"。 ③刑曹：在南京刑部当侍郎。 ④近谿：即罗汝芳，见本书卷一《答耿司寇》注。 ⑤更历：经历。 ⑥见：被。 ⑦回光敛焰：意为收敛锋芒，返照自己。 ⑧般若：佛教用语。这里指佛学。 ⑨躬：身。 ⑩希：同"稀"。

仆实知此二老者，今天下之第一流也，后世之第一流也。用世处世，经世出世，俱已至到①。兄但细心听之，决知兄有大受用处也。然此言亦仆之不能自适处也，不真为己处也。何也？兄未尝问我此两人，又未尝欲会此两人者，我何故说此两人至此极也，岂非心肠太热之故欤！一笑！一笑！

[注释]①至到：至极，高超。

答周柳塘①

耿老②与周书云，"往见说卓吾狎妓③事，其书尚存，而顷书来乃谓弟不能参会④卓吾禅机⑤。昔颜山农⑥于讲学会中忽起就地打滚,曰:'试看我良知!'士友至今传为笑柄。卓吾种种作用,无非打滚意也。第惜其发之无当,机锋⑦不妙耳。"又谓"鲁桥⑧诸公之会䜩⑨邓令君⑩也,卓吾将优旦⑪调弄,此亦禅机也,打滚意也。盖彼谓鲁桥之学,随身规矩太严,欲解其枷锁耳。然鲁桥之学,原以恭敬求仁,已成章⑫矣。今见其举动如是,第益重其狎主辱客之憾耳。未信先横,安能悟之令解脱哉!"又谓"卓吾曾强其弟狎妓,此亦禅机也。"又谓"卓吾曾率众僧入一嫠妇⑬之室乞斋,卒令此妇冒帷簿之羞⑭,士绅多憾之,此亦禅机也。夫子见南子⑮是也。南子闻车声而知伯玉之贤,必其人可与言者。卓吾蔑视吾党无能解会其意,故求之妇人之中。吾党不已之憾,而卓吾之憾,过矣。弟恐此妇聪明未及南子,则此机锋又发不当矣。"

[注释]①周柳塘:即周思久。见本书卷一《复丘若泰》注。 ②耿老:指耿定向,见本书卷一《答耿中丞》注。 ③狎妓:旧指玩弄妓女。 ④参会:参酌领会。 ⑤禅机:佛教禅宗和尚谈禅说法时,用含有机要秘诀的言辞、动作或事物来暗示教义,使人得以触机领悟。 ⑥颜山农:即颜钧,见本卷《为黄安二上人三首·大孝一首》注。 ⑦机锋:佛教禅宗用语。指问答迅捷锐利、不落迹象、含意深刻的语句。 ⑧鲁桥:即刘师召(?~1593),号鲁桥。麻城(今湖北麻城)人。梅国桢出其门下。 ⑨会䜩(yàn):相聚宴饮。䜩,同"宴"。 ⑩邓令君:即邓鼎石,见本书卷一《答邓明府》注。 ⑪优旦:戏曲中旦角演员。 ⑫成章:达到一定程度和阶段。 ⑬嫠(lí)妇:寡妇。 ⑭冒帷簿之羞:蒙受行为不检点之羞辱。 ⑮士夫子见南子:孔子拜见卫灵公的夫人南子,子路对此不满,孔子只好对天发誓。事见《论语·雍也》。

余观侗老①此书，无非为我掩丑，故作此极好名色以代我丑耳。不知我生平吃亏正在掩丑著好，掩不善以著善，堕在"小人闲居无所不至"之中，自谓人可得欺，而卒陷于自欺者。幸赖真切友朋针砭膏肓，不少假借②，始乃觉悟知非，痛憾追省，渐渐发露本真③，不敢以丑名介意耳。在今日正恐犹在诈善掩恶途中，未得全真还元，而侗老乃直以我为丑，曲为我掩，甚非我之所以学于友朋者也，甚非我之所以千里相求意也。迹④真用意，非不忠厚款至，而吾病不可瘳⑤矣。

[注释]①侗老：即耿定向，本书卷一《答耿中丞》注。　②假借：宽容。③发露本真：发现本来的真性。　④迹：推究。　⑤瘳：治疗。

夫所谓丑者，亦据世俗眼目言之耳。俗人以为丑则人共丑之，俗人以为美则人共美之。世俗非真能知丑美也，习见如是，习闻如是。闻见为主于内，而丑美遂定于外，坚于胶脂①，密不可解，故虽有贤智者亦莫能出指非指②，而况顽愚固执如不肖者哉！然世俗之人虽以是为定见，贤人君子虽以是为定论，而察其本心，有真不可欺者。既不可欺，故不能不发露于暗室屋漏③之中，惟见以为丑，故不得不昭昭申明于大廷广众之下，亦其势然耳。夫子所谓独之不可不慎者，正此之谓也。故《大学》屡言慎独则毋自欺，毋自欺则能自慊④，能自慊则能诚意，能诚意则出鬼门关矣。人鬼之分，实在于此，故我终不敢掩世俗之所谓丑者，而自沉于鬼窟⑤之下也。使侗老而知此意，决不忍为我粉饰遮护至此矣。

[注释]①胶脂:形容坚固。 ②出指非指:这里指摆脱虚妄之见。③暗室屋漏:指别人看不见的地方。 ④自慊:自足;自快。 ⑤鬼窟:比喻邪门歪道。

中间所云"禅机",亦大非是。夫祖师①于四方学者初入门时,未辩深浅,顾以片言单词,或棒或喝②试之,所谓探水竿也。学者不知,粘著竿头,不肯舍放,即以一棒趁出③,如微有生意④,然后略示鞭影⑤,而虚实⑥分矣。后学不知,指为机锋,已自可笑。况我则皆真正行事,非禅也;自取快乐,非机也。我于丙戌之春,脾病载余,几成老废,百计调理,药转无效。及家属既归,独身在楚,时时出游,恣意所适。然后饱闷自消,不须山查导化之剂⑦;郁火自降,不用参蓍扶元之药⑧;未及半载而故吾复矣。乃知真药非假金石⑨,疾病多因牵强,则到处从众携手听歌,自是吾自取适,极乐真机,无一毫虚假掩覆之病,故假病自瘳耳。吾已吾病,何与禅机事乎?

[注释]①祖师:佛教道教中创立宗派的人。 ②或棒或喝:佛教禅宗用语。禅师接待初机学人,对其所问,不用言语答复,或以棒打,或以口喝,以验知其根机的利钝,叫"棒喝"。相传棒的使用,始于德山宣鉴与黄檗希运;喝的使用,始于临济义玄,故有"德山棒、临济喝"之称。以后禅师多棒喝交施,无非借此促使人觉悟。 ③趁出:赶出。 ④生意:指学道的希望。 ⑤鞭影:借指鞭策自己的事物。 ⑥虚实:学道根机的不同。 ⑦山查导化之剂:可以起到疏导消化作用的山楂之类中药方剂。 ⑧参蓍(shī)扶元之药:扶补元气的人参蓍草之类的中药。 ⑨金石:丹药。

既在外,不得不用舍弟辈相随;弟以我故随我,我得所托矣。弟辈何故弃妻孥①从我于数千里之外乎？心实怜之，故自体念之耳，又何禅机之有耶？

[注释]①妻孥(nú)：妻子和儿女。

至于嫠妇，则兄所素知也。自我入邑中来，遣家属后，彼氏①时时送茶馈果，供奉肉身菩萨②，极其虔恪矣。我初不问，惟有等视十方诸供佛者，但有接而无答也。后因事闻县中，言语颇杂，我亦怪之，叱去不受彼供，此又邑中诸友所知也。然我心终有一点疑：以为其人既誓不嫁二宗③，虽强亦誓不许，专心供佛，希图来报，如此诚笃，何缘更有如此传闻事，故与大众共一访之耳。彼氏有嗣子④三十余岁，请主陪客，自有主人，既一访问，乃知孤寡无聊，真实受人欺吓也。其氏年已不称天之外矣，老年嫠身，系秣陵⑤人氏，亲属无堪倚者，子女俱无，其情何如？流言止于智者，故予更不信而反怜之耳。此又与学道何与乎？

[注释]①彼氏：指上文提到的"嫠妇"。　②肉身菩萨：佛教语。谓即生修成的菩萨。亦为大善知识的尊称。　③二宗：二姓，二夫。　④嗣子：旧时无子者以近支兄弟或他人之子为后嗣。　⑤秣陵：今南京。

念我入麻城①以来，三年所矣，除相爱数人外，谁肯以升合②见遗者？氏既初终如一，敬礼不废，我自报德而重念之，有冤必代雪，有屈必代伸，亦其情然者，亦何禅机之有，而以见南子事相证也？大抵我一世俗庸众人心肠耳，虽孔夫子亦庸众人类也。人皆见南子，吾亦可以见南子，何禅而何机乎？子路不知，无怪其弗悦夫子之见也，而况千载之下耶！人皆可见，而夫子不可见，是夫子有不可也。夫子无不可者，而何不可见之有？若曰礼，若曰禅机，皆子路等伦，可无辩也。

[注释]①麻城：今湖北麻城。　②升合：量词，一斗为十升，一升为十合。

所云山农打滚事，则浅学未曾闻之；若果有之，则山农自得良知真趣，自打而自滚之，何与诸人事，而又以为禅机也？夫世间打滚人何限，日夜无休时，大庭广众之中，谄事权贵人以保一日之荣；暗室屋漏之内，为奴颜婢膝事以幸一时之宠。无人不然，无时不然，无一刻不打滚，而独山农一打滚便为笑柄也！佴老恐人效之，便日日滚将去。予谓山农亦一时打滚，向后绝不闻有道山农滚者，则虽山农亦不能终身滚，而况他人乎？即他人亦未有闻学山农滚者，而何必愁人之学山农滚也？此皆平日杞忧太重之故，吾独憾山农不能终身滚滚也。当滚时，内不见己，外不见人，无美于中，无丑于外，不背而身不获①，行庭而人不见，内外两忘，身心如一，难矣，难矣。不知山农果有此乎，不知山农果能终身滚滚乎！吾恐亦未能到此耳。若果能到此，便是吾师，吾岂敢以他人笑故，而遂疑此老耶！若不以自考，而以他人笑，惑矣！非自得之学，实求之志也。然此亦自山农自得处耳，与禅机总不相干也。山农为己之极，故能如是，傥有一毫为人之心，便做不成矣。为己便是为人，自得便能得人，非为己之外别有为人之学也。非山农欲于大众之中试此机锋,欲人人信己也,不信亦何害！然果有上根大器②,默会深契,山农亦未始不乐也。吾又安知其中无聪明善悟者如罗公③其人,故作此丑态以相参乎？此皆不可知。然倘有如罗公其人者在,则一打滚而西来大意默默接受去矣,安得恐他人传笑而遂已也？笑者自笑,领者自领。幸有领者,即千笑万笑,百年笑,千年笑,山农不理也。何也？佛法原不为庸众人说也,原不为不可语上者说也,原不以恐人笑不敢说而止也。今切切于他人笑之恐,而不急急于一人领之喜,吾又不知其何说矣。其亦太徇外④而为人矣。

[注释]①不背而身不获:不背过身就看不见自身。　②上根大器:指禀赋很高。　③罗公:即罗近谿,见本书卷一《答耿司寇》注。　④徇外:放弃自己的见解,屈从外在的意见。

至于以刘鲁桥为恭敬,又太悖谬。侗老之粗浮有可怜悯者,不妨饶舌重为注破,何如？夫恭敬岂易易耶！古人一笃恭而天下平,一恭己而南面正,是果鲁桥之恭乎？吾特恨鲁桥之未恭耳,何曾以恭为鲁桥病也。古人一修敬而百姓安,一居敬而南面可,是果鲁桥之敬乎？吾特憾鲁桥之未敬耳,何曾以敬为鲁桥病也。甚矣吾之痛苦也！若信如鲁桥便以为恭敬,则临朝端默如神者决不召祸败。卫士传餐①,衡石程书②,如此其敬且勤也,奈何一再世而遂亡也耶？故知恭敬未易言也。非恭敬之未易言也,以恭敬之未易知也。知而言之则为圣人；不知而言之而学之,则为赵括读父书③,优孟学孙叔④,岂其真乎！岂得不谓之假乎！诚可笑也。

[注释]①卫士传餐：指忙于公事。 ②衡石程书：形容君主勤于国政。③赵括读父书：指死读书。 ④优孟学孙叔：春秋时楚国乐人优孟，化装成故相孙叔敖去见楚王，弄得楚王真假难辨。

弟极知兄之痛我，侗老之念我，然终不敢以庸众人之心事兄与侗老者，亦其禀性如是；亦又以侗老既肯出此言以教我矣，我又安敢默默置可否于度外，而假为世间承奉之语以相奉承，取快于二公一时之忻悦①已耶！

[注释]①忻(xīn)悦：欣喜。

寄答留都①

观兄②所示彼书，凡百生事，皆是仰资于人者。此言谁欺乎！然其中字字句句皆切中我之病，非但我时时供状招称，虽与我相处者亦洞然知我所患之症候如此也。所以然者，我以自私自利之心，为自私自利之学，直取自己快当，不顾他人非刺。故虽屡承诸公之爱，诲谕之勤，而卒不能改者，惧其有碍于晚年快乐故也。自私自利则与一体万物③者别矣，纵狂自恣则与谨言慎行者殊矣。万千丑态，其原皆从此出。彼之责我是也。

[注释]①留都：即南京。 ②兄：指李世达。 ③一体万物：即万物为一体。

然已无足责矣。何也？我以供招到官，问罪归结，容之为化外①之民矣。若又责之无已,便为已甚,非"万物一体"之度也,非"无有作恶"②也,非心肝五脏皆仁心之蕴蓄也,非爱人无已之圣贤也,非言为世法、行为世则、百世之师也。故余每从而反之曰:吾之所少者,万物一体之仁也,作恶也。今彼于我一人尚不能体,安能体万物乎?于我一人尚恶之如是,安在其无作恶也?屡反责之而不知痛,安在其有恻隐③之仁心也?彼责我者,我件件皆有,我反而责彼者亦件件皆有,而彼便断然以为妄,故我更不敢说耳。虽然,纵我所言未必有当于彼心,然中间岂无一二之几乎道者?而皆目之为狂与妄,则以作恶在心,固结而难遽解,是以虽有中听之言,亦并弃置不理。则其病与我均也,其为不虚与我若也,其为有物④与我类也;其为捷捷辩言,惟务己胜,欲以成全师道,则又我之所不屑矣。而乃以责我,故我不服之。使建昌先生⑤以此责我,我敢不受责乎?何也?彼真无作恶也,彼真万物一体也。

[注释]①化外:指政令教化范围之外。 ②"无有作恶":没有偏恶。③恻隐:同情,怜悯。 ④有物:这里指欲望。 ⑤建昌先生:指罗汝芳。见本书卷一《答耿司寇》注。罗汝芳是南城(今江西南城)人,南城在明代是建昌府的所在地,故称他为建昌先生。

今我未尝不言孝、弟①、忠、信也,而谓我以孝弟为剩语,何说乎?夫责人者必己无之而后可以责人之无,己有之而后可以责人之有也。今己无矣而反责人令有,已有矣而反责人令无,又何也?然此亦好意也。我但承彼好意,更不问彼之有无何如;我但虚己,勿管彼之不虚;我但受教，勿管彼之好臣②所教；我但不敢害人，勿管彼之说我害人。则处己处彼，两得其当，纷纷之言，自然冰释。何如，何如？

[注释]①弟：同"悌"，顺从和敬爱兄长。　②好臣：喜欢别人为下臣。

然弟终有不容默者。兄固纯是仁体①矣，合邑士大夫亦皆有仁体者也。今但以仁体称兄，恐合邑士大夫皆以我为麻痹不仁之人矣。此甚非长者之言"一体"之意也。分别②太重，自视太高，于"亲民"③"无作恶"之旨亦太有欠缺在矣。前与杨太史④书亦有批评，倘一一寄去，乃足见兄与彼相处之厚也。不然，便是敬大官，非真彼之益友矣。且彼来书时时怨憾邓和尚⑤，岂以彼所恶者必令人人皆恶之，有一人不恶，便时时雠憾⑥此人乎？不然，何以千书万书骂邓和尚无时已也？即此一事，其作恶何如！其忌刻不仁何如！人有谓邓和尚未尝害得县中一个人，害县中人者彼也。今彼回矣，试虚心一看，一时前呼后拥，填门塞路，趋走奉承，称说老师不离口者，果皆邓和尚所教坏之人乎？若有一个肯依邓豁渠之教，则门前可张雀罗，谁肯趋炎附热，假托师弟名色以争奔竞耶？彼恶邓豁渠，豁渠决以此恶彼，此报施常理也。但不作恶，便无回礼。至嘱！至嘱！

[注释]①仁体：指耿定向提出的"万物一体之仁"。　②分别：好坏、爱憎之别。　③"亲民"：亲近民众。亦作"新民"，通过教化，使民众革旧布新，不断提高道德修养。　④杨太史：即杨起元，见本书卷一《寄答耿大中丞》注。　⑤邓和尚：即邓豁渠。见本书卷一《又答石阳太守》注。　⑥雠(chóu)憾：仇

恨。雠,同"仇"。

书常顺手卷①呈顾冲庵

无念②归自京师,持顾冲庵书。余不见顾十年余矣,闻欲攀③我于焦山④之上。余不喜焦山,喜顾君为焦山主也。虽然,倘得从顾君游,即四方南北可耳,何必焦山?必焦山,则焦山重;若从顾君,则不复知有山,况焦山特江⑤边一髻⑥者哉!可不必也。

[注释]①书常顺手卷:书写在常顺的手卷上。常顺,僧无念的徒弟。手卷,只能卷舒而不能悬挂的横幅书画长卷。 ②无念:芝佛院的僧人,见本书卷一《答周友山》注。 ③攀:邀请。 ④焦山:即樵山。在江苏镇江东北。 ⑤江:长江。 ⑥髻:发髻。比喻焦山的形状。

余有友在四方,无几人也。老而无朋,终日读书,非老人事,今惟有等死耳。既不肯死于妻妾之手,又不肯死于假道学之手,则将死何手乎?顾君当知我矣,何必焦山之之①也耶?南北中边②,随其所到,我能从焉,或执鞭③,或随后乘④,或持拜帖匣⑤,或拿交床⑥俱可,非戏论也。昔季子葬子于嬴、博之间⑦,子尚欲其死得所也,况其身乎?梁鸿欲埋于要离冢傍⑧,死骨犹忻慕⑨之。况人杰盖世,正当用世之人乎?吾志决矣。

[注释]①之之:前一"之"是助词,后一"之"是动词,"到"的意思。 ②中边:中原和边疆。 ③执鞭:为顾驾车,为其服务。 ④后乘:比喻跟从。 ⑤拜帖匣:放置柬帖或礼品的木匣子,这里指为顾拿东西,为其服务。 ⑥交床:胡床的别称,一种有靠背能折叠的坐具。 ⑦季子葬子于嬴、博之间:季

子将儿子葬于异乡。季子,见本卷《寄答京友》注。嬴、博,春秋时齐国的两个邑名。后用以指死葬异乡。 ⑧梁鸿欲埋于要离冢傍:梁鸿死后要葬在要离的墓旁。梁鸿,字伯鸾,东汉初扶风平陵(今陕西咸阳西北)人。因写诗抨击朝政,为朝廷所不容,遂改姓名,东逃齐鲁。后投奔皋伯通。与其妻举案齐眉。临死嘱托不归乡而葬。要离,春秋时期吴国人,刺客。生得身材瘦小,仅五尺余,腰围一束,形容丑陋,有万人之勇。 ⑨忻(xīn)慕:高兴而仰慕。

因无念高徒常顺执卷索书,余正欲其往见顾君以订此盟约①也,即此是书,不必再写书也。

[注释]①盟约:表示要跟随顾的誓言。

与管登之书①

承远教,甚感。细读佳刻,字字句句皆从神识②中模写③,雄健博达,真足以超今绝古。其人品之高,心术之正,才力之杰,信足以自乐,信足以过人矣。虽数十年相别,宛然面对,令人庆快④无量也。如弟者何足置齿牙间,烦千里枉问哉?愧感!愧感!

[注释]①管登之(1536～1608):名志道,字登之,号东溟,学者称"东溟先生"。太仓(今江苏太仓)人,为诸生。笃学力行。耿定向的学生。隆庆五年(1571)进士。历官南京兵部主事、刑部主事。著有《问辨牍》、《孟义订测》等。 ②神识:神志;精神意识。这里指灵感。 ③模写:临摹。 ④庆快:庆幸喜悦。

第有所欲言者,幸兄勿谈及问学①之事。说学问反埋却种种可喜可乐之趣。人生亦自有雄世之具②,何必添此一种也？如空同先生③与阳明先生④同世同生，一为道德，一为文章，千万世后，两先生精光⑤具在，何必更兼谈道德耶？人之敬服空同先生者岂减于阳明先生哉？愿兄已之！待十万劫之后，复与兄相见，再看何如，始与兄谈。笑笑。

[注释]①问学：即学问。这里指道德性命一类的理论。　②雄世之具：借以独立于世的东西。　③空同先生：即李梦阳，见本卷《与友山》注。　④阳明先生：即王守仁，见本书卷一《又答石阳太守》注。　⑤精光：精神光彩。

卷三　杂述

卓吾论略① 滇中②作

孔若谷③曰:吾犹及见卓吾居士④,能论其大略云。

[注释]①卓吾论略:李贽前半生(五十四岁以前)的大致情况。　②滇中:云南姚安。　③孔若谷:不详。　④居士:在家信佛修道的人。

居士别号非一,卓吾特其一号耳。卓又不一,居士自称曰卓,载在仕籍①者曰笃,虽其乡之人,亦或言笃,或言卓,不一也。居士曰:"卓与笃,吾土音一也,故乡人不辨而两称之。"余曰:"此易矣,但得五千丝②付铁匠胡同梓人③,改正矣。"居士笑曰:"有是乎?子欲吾以有用易无用乎?且夫卓固我也,笃亦我也。称我以'卓',我未能也;称我以'笃',亦未能也。余安在以未能易未能乎?"故至于今并称卓、笃焉。

[注释]①仕籍:旧指记载官吏名籍的簿册。　②五千丝:指五分银子。丝,计量单位名,十忽是一丝,十丝是一毫,十毫是一厘,十厘是一分。　③铁

匠胡同梓(zǐ)人:铁匠胡同的刻版工人。梓人:指印刷业的刻版工人。

居士生大明嘉靖丁亥①之岁,时维阳月②,得全数焉。生而母太宜人③徐氏没,幼而孤,莫知所长。长七岁,随父白斋公④读书歌诗,习礼文⑤。年十二,试《老农老圃论》⑥,居士曰:"吾时已知樊迟之问⑦,在荷蒉丈人⑧间。然而上大人丘乙己⑨不忍也,故曰'小人哉,樊须也。'则可知矣。"论成,遂为同学所称。众谓"白斋公有子矣"。居士曰:"吾时虽幼,早已知如此臆说未足为吾大人有子贺,且彼贺意亦太鄙浅,不合于理。彼谓吾利口能言,至长大或能作文词,博夺人间富与贵,以救贱贫耳,不知吾大人不为也。吾大人何如人哉?身长七尺,目不苟视,虽至贫,辄时时脱吾董母太宜人⑩簪珥以急朋友之婚,吾董母不禁也。此岂可以世俗胸腹窥测而预贺之哉!"

[**注释**]①嘉靖丁亥:即嘉靖六年(1527)。嘉靖,明世宗朱厚熜年号。②阳月:农历十月的别称。　③太宜人:指李贽的母亲徐氏。明代封五品官的妻子为宜人,其母为太宜人。李贽当时任云南姚安知府为五品官,故称。④白斋公:李贽父亲,号白斋。　⑤习礼文:学习礼仪文章。　⑥试《老农老圃论》:试着写《老农老圃论》。老圃,老农。　⑦樊迟之问:见《论语·子路》:"樊迟请学稼(问种田的事儿)。子曰:'吾不如老农。'请学圃(问种菜的事儿)。曰:'吾不知老圃。'樊迟出。子曰:'小人哉,樊须也!'"樊迟,孔子学生,姓樊,名须,字子迟,春秋末齐国人。　⑧荷蒉(kuì)丈人:用拐杖挑着草筐的老者。蒉,古代用草编的筐子。《论语·微子》中用作"荷蓧(diào)丈人"。⑨上大人丘乙己:指孔子。　⑩董母太宜人:李贽的继母董氏。

稍长,复愦愦①,读传注②不省,不能契朱夫子③深心。因自怪。欲弃置不事。而闲甚,无以消岁日。乃叹曰:"此直戏耳。但剽窃得滥目④足矣,主司⑤岂一一能通孔圣精蕴者耶!"因取时文⑥尖新可爱玩者,日诵数篇,临场得五百。题旨下,但作缮写誊录生,即高中矣。居士曰:"吾此幸不可再侥也。且吾父老,弟妹婚嫁各及时。"遂就禄,迎养其父,婚嫁弟妹各毕。居士曰:"吾初意乞一官,得江南便地,不意走共城⑦万里,反遗父忧。虽然,共城,宋李之才宦游地⑧也,有邵尧夫安乐窝⑨在焉。尧夫居洛,不远千里就之才问道。吾父子倘亦闻道于此,虽万里可也。且闻邵氏苦志参学,晚而有得,乃归洛,始婚娶,亦既四十矣。使其不闻道,则终身不娶也。余年二十九而丧长子,且甚戚。夫不戚戚于道之谋,而惟情是念,视康节不益愧乎!"安乐窝在苏门山百泉之上。居士生于泉,泉为温陵禅师福地⑩。居士谓:"吾温陵人,当号温陵居士。"至是日游遨百泉之上,曰:"吾泉而生,又泉而官,泉于吾有夙缘哉!"故自谓百泉人,又号百泉居士云。在百泉五载,落落竟不闻道,卒迁南雍⑪以去。

[注释]①愦(kuì)愦:糊涂。　②传注:解释经典的文字。这里指朱熹的《四书集注》。　③朱夫子:即朱熹。见本书卷一《又答石阳太守》注。　④滥目:蒙混过主考官的眼睛。　⑤主司:主持考试的官员。　⑥时文:科举时代称应试的文章,特指八股文。　⑦共城:今河南辉县。李贽于嘉靖三十五年(1556)任共城教谕。　⑧宋李之才宦游地:宋代的李之才在此做官。李之才,字挺之,北宋青州(今山东青州)人。曾传授《周易》给邵雍。又曾代理共城县令,后官至殿中丞。　⑨邵尧夫安乐窝:邵雍的住所。邵尧夫,即邵雍。见本书卷一《答耿中丞论淡》注。　⑩温陵禅师福地:温陵禅师的住地。温陵禅师,即戒环,宋代泉州开元寺和尚。温陵,泉州的代称。福地,道教指神仙

居住的地方。　⑪南雍:指南京国子监。雍,辟雍,古之大学。

　　数月,闻白斋公没,守制东归。时倭夷窃肆①,海上所在兵燹②。居士间关③夜行昼伏,余六月方抵家。抵家又不暇试孝子事,墨衰④率其弟若侄,昼夜登陴击柝⑤为城守备。城下矢石交,米斗斛十千无籴处。居士家口零三十,几无以自活。三年服阕⑥,尽室入京,盖庶几欲以免难云。

　　[注释]①倭夷窃肆:日军疯狂侵扰。　②所在兵燹(xiǎn):到处都是战乱造成的焚烧破坏等灾害。兵燹,因战乱而造成的焚烧破坏等灾害。　③间关:辗转曲折。　④墨衰:穿着丧服。　⑤登陴(pī)击柝(tuò):登上城墙打梆巡逻。陴,城上的矮墙。柝,古代打更用的梆子。　⑥服阕:守丧期满,除去丧服。

　　居京邸①十阅月,不得缺,囊垂尽,乃假馆受徒。馆复十余月,乃得缺,称国子先生②,如旧官。未几,竹轩大父讣又至。是日也,居士次男亦以病卒于京邸。余闻之,叹曰:"嗟嗟!人生岂不苦,谁谓仕宦乐。仕宦若居士,不乃更苦耶!"吊之。入门,见居士无异也。居士曰:"吾有一言,与子商之:吾先曾大父大母③殁五十多年矣,所以未归土者,为贫不能求葬地;又重违俗,恐取不孝讥。夫为人子孙者,以安亲为孝,未闻以卜吉自卫暴露为孝也。天道神明,吾恐决不肯留吉地以与不孝之人,吾不孝罪莫赎矣。此归必令三世依土。权置家室于河内④,分赙金⑤一半买田耕作自食,余以半归,即可得也。第恐室人不从耳。我入不听,请子继之!"居士入,反覆与语。黄宜人曰:"此非不是,但吾母老,孀居守我,我今幸在此,犹朝夕泣忆我,双眼盲矣。若见我不归,必死。"语未终,泪下如雨。居士正色⑥不顾,宜人亦知终不能迕也,收泪改容谢⑦曰:"好好!第见吾母,道寻常无恙,莫太愁忆,他日自见吾也。勉行襄事⑧,我不归,亦不敢怨。"遂收拾行李托室买田种作如其愿。

[注释]①京邸:京都的邸舍。 ②国子先生:国子监里的老师。 ③曾大父大母:曾祖父和曾祖母。 ④河内:指今河南辉县。 ⑤赙(fù)金:为助办丧事而赠送给丧主的钱财。 ⑥正色:脸色严肃。 ⑦谢:认错,道歉。 ⑧勉行襄事:尽力去办好丧事。

时有权墨吏①吓富人财不遂,假借漕河名色,尽彻泉源入漕,不许留半滴沟洫间。居士时相见,虽竭情代请,不许。计自以数亩请,必可许也。居士曰:"嗟哉,天乎!吾安忍坐视全邑万顷,而令余数亩灌溉丰收哉!纵与,必不受,肯求之!"遂归。岁果大荒,居士所置田仅收数斛稗②。长女随艰难日久,食稗如食粟。二女三女遂不能下咽,因病相继夭死。老媪③有告者曰:"人尽饥,官欲发粟。闻其来者为邓石阳推官④,与居士旧,可一请。"宜人曰:"妇人无外事,不可。且彼若有旧,又何待请耶!"邓君果拨己俸二星⑤,并驰书与僚长各二两者二至,宜人以半籴粟,半买花纺为布。三年衣食无缺,邓君之力也。居士曰:"吾时过家葬毕,幸了三世业缘,无宦意矣。回首天涯,不胜万里妻孥⑥之想,乃复抵共城。入门见室家,欢甚。问二女,又知归未数月,俱不育矣。"此时黄宜人,泪相随在目睫间,见居士色变,乃作礼,问葬事,及其母安乐。居士曰:"是夕也,吾与室人秉烛相对,真如梦寐矣。乃知妇人势逼情真。吾故矫情镇之,到此方觉'屐齿之折'⑦也!"

[**注释**]①墨吏:指贪官污吏。　②稗:稗子,形状似稻的野草。　③老媪:老妇人。　④推官:官名。唐朝始置,节度使、观察使、团练使、防御使、采访处置使下皆设一员,位次于判官、掌书记,掌推勾狱讼之事。五代沿袭唐制。宋朝时三司下各部每部设一员,主管各案公事。金朝时推官始为地方正式职官,品秩为从六品或正七品。元朝各路总管府及各府亦沿置,掌治刑狱。明朝为各府的佐贰官,属顺天府、应天府的推官为从六品,其它府的推官为正七品,掌理刑名、赞计典。　⑤己俸二星:自己俸禄中的二钱。　⑥妻孥:妻子及儿女。　⑦屐齿之折:表示内心很复杂。

至京,补礼部司务①。人或谓居士曰:"司务之穷,穷于国子②,虽子能堪忍,独不闻'焉往而不得贫贱'语乎?"盖讥其不知止也。居士曰:"吾所谓穷,非世穷也。穷莫穷于不闻道,乐莫乐于安汝止。吾十年余奔走南北,祗③为家事,全忘却温陵、百泉安乐之想矣。吾闻京师人士所都,盖将访而学焉。"人曰:"子性太窄,常自见过,亦时时见他人过,苟闻道,当自宏阔。"居士曰:"然,余实窄。"遂以宏父自命,故又为宏父居士焉。

[**注释**]①礼部司务:礼部抄写、收发等事的官员。　②穷于国子:比国子监博士还穷的一个官职。　③祗:只。

居士五载春官①,潜心道妙②,憾不得起白斋公于九原,故其思白斋公也益甚,又自号思斋居士。一日告我曰:"子知我久,我死请以志嘱③。虽然,余若死于朋友之手,一听朋友所为,若死于道路,必以水火葬,决不以我骨贻累他方也。墓志可不作,作传其可。"余应曰:"余何足以知居士哉!他年有顾虎头④知居士矣。"遂著论,论其大略。后余游四方,不见居士者久之,故自金陵⑤已后,皆不撰述。或曰:"居士死于白下⑥。"或曰:"尚在滇南未死也。"

[注释]①春官:古官名。以大宗伯为长官,掌理礼制、祭祀、历法等事。②潜心道妙:专心探究深奥的道理。③志嘱:嘱托自己的心志。④顾虎头:即东晋著名画家顾恺之。这里借指顾养谦。⑤金陵:今南京。⑥白下:今南京。

论 政 篇 为罗姚州①作

先是杨东淇②为郡,南充陈君实③守是州,与别驾张马平④、博士陈名山⑤皆卓然一时,可谓盛矣。今三十余年,而君⑥来为州守,余与周君、张君各以次先后并至。诸父老有从旁窃叹者曰:"此岂有似于曩时⑦也乎?何其济济尤盛也!"未几,唐公⑧下车⑨,复尔相问,余乃骤张⑩之曰:"此间官僚皆数十年而一再见者也,愿公加意培植于上,勿生疑贰足矣。惟余知府一人不类。虽然,有多贤足以上人,为余夹辅,虽不类,庸何伤!"唐公闻余言而壮之。是春,两台⑪复命⑫,君与诸君俱蒙礼待,虽余不类,亦窃滥及,前年之言迨合⑬矣。余固因汇次其语以为君与诸君贺,而独言余之不类者以质于君焉。盖余尝闻于有道者而深有感于"因性牖民"⑭之说焉。

[注释]①罗姚州:即罗琪,四川剑门(今四川剑阁东北)人。当时任姚安府治下的姚州知州,是李贽的僚属。 ②杨东淇:即杨日赞,字克臣,号东淇,广东揭阳(今广东揭阳)人。嘉靖时任姚安知府。 ③陈君实:名辂,四川南充(今四川南充)人。嘉靖时任姚州知州。 ④别驾张马平:即张翊(yì),马平(今广西柳州)人。嘉靖时任姚安府通判。通判在旧时是别驾之职,故称。 ⑤博士陈名山:即陈生,名山(四川名山)人。嘉靖时任姚安府学教授,职务近似于古代学官博士,故称。 ⑥君:指罗姚州罗琪。 ⑦曩(nǎng)时:以前。 ⑧唐公:即唐文灿,字若素,号鉴江,漳浦(今福建漳浦)人。当时以云南金事分巡洱海道。 ⑨下车:到任。 ⑩骤张:屡次表明看法。 ⑪两台:指藩台(布政使)和臬台(按察使)的合称。 ⑫复命:回报。 ⑬迨合:基本吻合。 ⑭因性牖(yǒu)民:顺着人的本性进行治理。牖,同"诱",诱导。

夫道者,路也,不止一途;性①者,心所生也,亦非止一种已也。有仕于土②者,乃以身之所经历者而欲人之同往,以已之所种艺者而欲人之同灌溉。是以有方之治而驭无方之民也,不亦昧于理欤!且夫君子之治,本诸身者也;至人之治,因乎人者也。本诸身者取必于己,因乎人者恒顺于民,其治效固已异矣。夫人之与己不相若也。有诸己矣,而望人之同有;无诸己矣,而望人之同无。此其心非不恕也,然此乃一身之有无也,而非通于天下之有无也,而欲为一切有无之法以整齐之,惑也。于是有条教之繁,有刑法之施,而民日以多事矣。其智而贤者,相率而归吾之教,而愚不肖则远矣。于是有旌别淑慝③之令,而君子小人从此分矣。岂非别白太甚,而导之使争乎?

至人则不然,因其政不易其俗,顺其性不拂④其能。闻见熟矣,不欲求知新于耳目,恐其未瘳而惊也。动止安矣,不欲重之以桎梏,恐其絷⑤而颠且仆也。

[注释]①性:人的本性。 ②仕于土:在少数民族地区做官。 ③旌别淑慝(shū tè):区别善恶。淑慝,犹善恶。 ④拂:违反。 ⑤絷(zhí):束缚。

今余之治郡也,取善太恕,而疾恶也过严。夫取善太恕,似矣,而疾人之恶,安知己之无恶乎?其于反身之治且未之能也,况望其能因性以牖民乎?余是以益惧不类,而切倚仗于君焉。吾闻君生长剑门,既壮而仕,经太华①,而独观昭旷②于衡岳③之巅,其中岂无至人可遇而不可求者欤!君谈说及此乎?不然,何以两宰疲邑④,一判衡州⑤,而民诵之至今也。意者君其或有所遇焉,则余言为赘;如其不然,则余之所闻于有道者详矣,君其果有当于心乎?否也?夫君而果有当于心也,则余虽不类,庸何伤乎!

[注释]①太华:太华山,即华山,在陕西华阴一带。 ②昭旷:光明空旷。 ③衡岳:指衡山,在今湖南衡山境内。 ④两宰疲邑:两次担任贫困县的县令。 ⑤一判衡州:一度任衡州通判。

何心隐①论

何心隐,即梁汝元也。余不识何心隐,又何以知梁汝元哉!姑以心隐论之。

世之论心隐者,高之者有三,其不满之者亦有三。高心隐者曰："凡世之人靡②不自厚其生，公独不肯治生。公家世饶财者也，公独弃置不事，而直欲与一世贤圣共生于天地之间。是公之所以厚其生者与世异也。人莫不畏死，公独不畏，而直欲博一死以成名。以为人尽死③也，百忧怆心④，万事瘁形⑤，以至五内分裂⑥，求死不得者皆是也。人杀鬼杀，宁差别乎。且断头则死，断肠则死，孰快；百药成毒，一毒而药，孰毒；烈烈亦死，泯泯亦死，孰烈。公固审之熟矣，宜公之不畏死也。"

[注释]①何心隐：见本书卷一《答邓明府》注。 ②靡(mǐ)：无。 ③人尽死：人心尽死。这里指精神信仰的消弭。 ④怆心：伤心。 ⑤瘁(cuì)形：身体劳累，形象憔悴。瘁，劳累。 ⑥五内分裂：内心极度痛苦。

其又高之者曰："公诵法孔子者也。世之法孔子者，法孔子之易法者耳。孔子之道，其难在以天下为家而不有其家，以群贤为命而不以田宅为命。故能为出类拔萃之人，为首出庶物之人，为鲁国之儒一人，天下之儒一人，万世之儒一人也。公既独为其难者，则其首出于人者以是，其首见①怒于人者亦以是矣。公乌得免死哉！削迹伐木②，绝陈畏匡，孔圣之几死者亦屡，其不死者幸也。幸而不死，人必以为得正而毙③矣，不幸而死，独不曰'仁人志士，有杀身以成仁'者乎？死得其死，公又何辞也！然则公非畏死也？非不畏死也，任之而已矣。且夫公既如是而生矣，又安得不如是而死乎？彼谓公欲求死以成名者非也，死则死矣，此有何名而公欲死之钦？"

[注释]①见：助词，被。 ②削迹伐木：指孔子周游列国时曾有过的遭

遇。　③得正而毙：死得其所，死的正当。

其又高之者曰："公独来独往，自我无前者也。然则仲尼①虽圣，效之则为矕②，学之则为步丑妇之贱态，公不尔为也。公以为世人闻吾③之为，则反以为大怪，无不欲起而杀我者，而不知孔子已先为之矣。吾故援孔子以为法，则可免入室而操戈④。然而贤者疑之，不贤者害之，同志终鲜，而公亦竟不幸为道以死也。夫忠孝节义，世之所以死也，以有其名也，所谓死有重于泰山者是也，未闻有为道而死者。道本无名，何以死为？公今已死矣，吾恐一死而遂湮灭无闻也。今观其时武昌上下，人几数万，无一人识公者，无不知公之为冤也。方其揭榜通衢⑤，列公罪状，聚而观者咸指其诬，至有嘘呼叱咤不欲观焉者，则当日之人心可知矣。由祁门⑥而江西，又由江西而南安⑦而湖广⑧，沿途三千余里，其不识公之面而知公之心者，三千余里皆然也。非惟得罪于张相⑨者有所憾于张相而云然，虽其深相信以为大有功于社稷⑩者，亦犹然以此举为非是，而咸谓杀公以媚张相者之为非人也。则斯道之在人心，真如日月星辰，不可以盖覆矣。虽公之死无名可名，而人心如是，则斯道之为也，孰能遏之！然公岂诚不畏死者！时无张子房⑪，谁为活项伯⑫？时无鲁朱家⑬，谁为脱季布⑭？吾又因是而益信谈道者之假也。由今而观，彼其含怒称冤者，皆其未尝识面之夫，其坐视公之死，反从而下石者，则尽其聚徒讲学之人。然则匹夫无假，故不能掩其本心；谈道无真，故必欲铲其出类：又可知矣。夫惟世无真谈道者,故公死而斯文遂丧。公之死顾不重耶!而岂直泰山氏之比哉!"此三者,皆世之贤人君子,犹能与匹夫同其真者之所以高心隐也。

[注释]①仲尼:即孔子。 ②效之则为颦:即"东施效颦"。 ③吾:李贽自称。 ④入室而操戈:比喻以其人之说反驳其人。 ⑤揭榜通衢:把布告贴在四通八达的道路旁。 ⑥祁门:今安徽祁门。 ⑦南安:今江西大余。 ⑧湖广:即湖广行省,治所在武昌。 ⑨张相:即张居正。见本书卷一《答邓明府》注。 ⑩社稷:土神和谷神。古代用以代表国家。 ⑪张子房:即张良。见本书卷四《题关公小像》注。 ⑫项伯:名缠,字伯,项羽的叔父。项伯杀人犯罪,张良曾把他藏匿起来。 ⑬鲁朱家:汉初一游侠。 ⑭季布:楚国人,项羽部下名将,曾多次带兵围困刘邦。项羽败后,刘邦悬赏缉拿季布,朱家通过夏侯婴向刘邦说情,赦免了季布。

其病心隐者曰:"人伦有五①,公舍其四,而独置身于师友贤圣之间,则偏枯②不可以为训。与上訚訚③,与下侃侃④,委蛇⑤之道也,公独危言危行⑥,自贻厥咎⑦,则明哲不可以保身。且夫道本人性,学贵平易。绳人以太难,则畔者必众;责人于道路,则居者不安;聚人以货财,则贪者竞起。亡固其自取矣。"此三者,又世之学者之所以为心隐病也。

[注释]①人伦有五:封建礼教所规定的人与人之间的五种关系,即君臣、父子、夫妇、兄弟、朋友之间的关系。 ②偏枯:偏执于一方面。 ③与上訚訚:与上者说话正直恭敬。 ④与下侃侃:与下者说话温和快乐。 ⑤委蛇(wēi yí):随顺,顺应。 ⑥危言危行:指不畏危难而直言敢为。 ⑦自贻厥咎:自招其祸。

吾以为此无足论矣。此不过世之庸夫俗子，衣食是耽①，身口是急，全不知道为何物，学为何事者，而敢妄肆讥诋，则又安足置之齿颊间耶！独所谓高心隐者，似亦近之，而尚不能无过焉。然余未尝亲睹其仪容，面听其绪论②，而窥所学之详，而遽以为过，抑亦未可。吾且以意论之，以俟世之万一有知公者可乎？吾谓公以"见龙"③自居者也，终日见而不知潜，则其势必至于亢矣，其及也宜也。然亢亦龙也，非他物比也。龙而不亢，则上九④为虚位，位不可虚，则龙不容于不亢。公宜独当此一爻者，则谓公为上九之大人⑤可也，是又余之所以论心隐也。

[注释]①衣食是耽：沉湎于衣食之中。耽，沉湎。 ②绪论：言论。 ③见龙：象征道德高尚的人物将由隐忍中出现。语出《周易·乾》卦："见龙在田，利见大人。"见，同"现"。 ④上九：《易》卦在第六位的阳爻叫上九。《易·乾》："上九：亢龙，有悔。"《文言》释曰："贵而无位，高而无民，贤人在下位而无辅，是以动而有悔也。" ⑤上九之大人：居于"上九"之位，作为"亢龙"的圣人。

夫 妇 论 因畜有感①

夫妇，人之始也。有夫妇然后有父子，有父子然后有兄弟，有兄弟然后有上下。夫妇正，然后万事无不出于正。夫妇之为物始也如此。极而言之，天地一夫妇也，是故有天地然后有万物。然则天下万物皆生于两，不生于一，明矣。

[注释]①因畜(xù)有感：由夫妇养育子女这件事引起的感想。

而又谓一能生二①,理能生气②,太极能生两仪③,何欤?夫厥初生人,惟是阴阳二气,男女二命④,初无所谓一与理也,而何太极之有。以今观之,所谓一者果何物,所谓理者果何在,所谓太极者果何所指也?若谓二生于一,一又安从生也?一与二为二,理与气为二,阴阳与太极为二,太极与无极⑤为二。反覆穷诘⑥,无不是二,又乌睹⑦所谓一者,而遽尔妄言之哉!

[注释]①一能生二:意为万物是由绝对精神的理所产生的。这里的"一"即宋明理学家所说的"理"。 ②理能生气:即认为理是绝对观念。 ③太极能生两仪:天地两物是由原始的混沌之气而产生的。语本《周易·系辞上》:"是故易有太极,是生两仪。"太极,天地未分之前的原始的混沌之气。两仪,即天地。 ④男女二命:男女两种自然之性。 ⑤无极:即"无"。 ⑥反覆穷诘:反复追问,追究到底。 ⑦乌睹:哪里见。

故吾究物始,而见夫妇之为造端也。是故但言夫妇二者而已,更不言一,亦不言理。一尚不言,而况言无①,无尚不言,而况言无无②!何也?恐天下惑也。夫惟多言数穷③,而反以滋人之惑,则不如相忘于无言,而但与天地人物共造端于夫妇之间,于焉食息,于焉语语已矣。

[注释]①无:中国古代的哲学范畴,指虚无,空虚。 ②无无:连"无"也不存在。 ③多言数穷:议论太多,注定行不通。

《易》①曰:"大哉乾元②,万物资始。至哉坤元③,万物资生。资始资生,变化无穷。保合太和④,各正性命。"夫性命之正,正于太和;太和之合,合于乾坤。乾为夫,坤为妇。故性命各正，自无有不正者。然则夫妇之所系为何如，而可以如此也夫！可以如此也夫！

[注释]①《易》：即《易经》。 ②乾元：指天。 ③坤元：指地。 ④保合太和：阴阳二气协调会合，万物的生命才能正常发展。

鬼　神　论①

《生民》之什②云："厥初生民③，时维姜嫄④。生民如何？克禋克祀⑤，以祓⑥无子。履帝武敏歆⑦，攸介攸止⑧，载震载夙⑨，载生载育，时维后稷⑩。诞弥厥月，首生如达⑪，不坼不副⑫，无菑⑬无害，以赫厥灵。上帝不宁，不康⑭禋祀，居然⑮生子，诞寘之隘巷，牛羊腓⑯字之；诞寘之平林，会伐平林；诞寘之寒冰，鸟覆翼之。鸟乃去矣，后稷呱矣，实覃实訏⑰，厥声载路。"朱子⑱曰："姜嫄出祀郊禖⑲，见大人迹而履其拇，遂欣欣然如有人道之感，于是有娠，乃周人所由以生之始也。周公制祀典，尊后稷以配天，故作此诗以推本其始生之样。"由此观之，后稷，鬼子也；周公而上，鬼孙也。周公非但不讳，且以为至祥极瑞，歌咏于郊禘⑳而以享祀之，而自谓文子文孙焉。乃后世独讳言鬼；何哉？非讳之也，未尝通于幽明之故而知鬼神之情状也。

[注释]①鬼神论：谈论敬鬼神和务民事之关系。 ②《生民》之什：《诗经·大雅》中《生民》篇。什，《诗经》中《雅》、《颂》部分多以十篇为一组，称之为什。后用以泛指诗篇、文卷。这里是篇的意思。 ③厥初生民：其初生周人。 ④时维姜嫄：就是姜嫄。 ⑤克禋（yīn）克祀：能祭天。禋祀，古代祭

天的一种礼仪。先烧柴升烟,再加牲体或玉帛于柴上焚烧。 ⑥祓(fú):扫除。 ⑦履帝武敏歆:姜嫄踩到天帝的脚拇指印而怀孕。履,踩、踏。帝,天帝。武,足迹。敏,脚拇指。歆,欣喜。 ⑧攸介攸止:祭祀后休息。 ⑨载震载夙:怀孕并发育很正常。 ⑩后稷:周之先祖。相传姜嫄践天帝足迹,怀孕生子,因曾弃而不养,故名之为"弃"。虞舜命为农官,教民耕稼,称为"后稷"。 ⑪首生如达:头次生育就很顺利。 ⑫不坼(chè)不副(pì):指胎儿出生很顺利。坼,裂开。副,裂开。 ⑬无菑:没有灾害。菑,同"灾"。 ⑭不康:不满意。 ⑮居然:徒然。指生子而不敢养育。 ⑯腓(féi):覆庇,倚庇。 ⑰实覃实訏(xū):意为后稷哭时,气息既长声音又大。覃,长。訏,大。 ⑱朱子:指朱熹。见本书卷一《又答石阳太守》注。 ⑲郊禖(méi):古帝王求子所祭之神。其祠在郊,故称。 ⑳郊禘(dì):古代帝王或诸侯在始祖庙里对祖先的一种盛大祭祀。

子①曰:"鬼神之为德,其盛矣乎!使天下之人斋明盛服以承祭祀,洋洋乎如在其上,如在其左右。""吾不与祭,如不祭。""祭如在,祭神如神在。"夫子之敬鬼神如此。使其诬之以为无,则将何所不至耶?小人之无忌惮,皆由于不敬鬼神,是以不能务民义以致昭事之勤,如临女以祈陟降之飨②。故又戒之曰:"务民之义,敬鬼神而远之。"夫有鬼神而后有人,故鬼神不可以不敬;事人即所以事鬼,故人道不可以不务。则凡数而渎,求而媚,皆非敬之之道也。夫神道远,人道迩。远者敬而疏之,知其远之近③也,是故惟务民义而不敢求之于远。近者亲而务之,知其迩之可远④也,是故不事谄渎,而惟致吾小心之翼翼。今之不敬鬼神者皆是也,而未见有一人之能远鬼神者,何哉?揲蓍布卦⑤,卜地选胜,择日请时,务索之冥冥之中,以徼未涯之福⑥,欲以遗所不知何人,其谄渎甚矣。而犹故为大言以诳人曰："佛、老为异端,鬼神乃淫祀⑦。"慢侮不信,若靡有悔。一旦缓急,手脚忙乱,祷祀祈禳⑧,则此等实先奔走,反甚于细民之敬鬼者,是可怪也! 然则其不能远鬼神者,乃皆其不能敬鬼神者也。若诚知鬼神之当敬,则其不能务民之事者鲜矣。

[注释]①子:孔子。 ②如临女以祈陟降之飨:不能求得鬼神降临在你面前来享用你对他的祭祀。女,同"汝"。飨,同"享"。 ③远之近:即神道虽远,却在近处体现。 ④迩之可远:人道虽近,却体现着渺远的神道。 ⑤揲(shé)蓍(shī)布卦:分蓍草布卦爻。 ⑥以徼未涯之福:用来求得无边之福。 ⑦淫祀:这里指不符合封建礼制的祭祀。 ⑧祈禳(ráng):祈福除灾。

朱子曰:"天,即理也。"又曰:"鬼神者,二气之良能①。"夫以天为理可也,而谓祭天所以祭理,可欤? 以鬼神为良能可也,而谓祭鬼神是祭良能,可欤? 且夫理,人人同具,若必天子而后祭天地,则是必天子而后可以祭理也,凡为臣庶人者,独不得与于有理之祭,又岂可欤? 然则理之为理,亦大伤民财,劳民力,不若无理之为愈矣。圆丘②方泽③之设,牲币爵号④之陈,大祀之典,亦太不经,骏奔执豆⑤者,亦太无义矣。国之大事在祀,审如此,又安在其为国之大事也? "我将我享,维羊维牛⑥",不太可惜乎? "钟鼓喤喤,磬管将将",又安见其能"降福穰穰⑦","怀柔百神,及河乔岳⑧"也?

[注释]①良能:天赋之能。 ②圆丘:古代祭天的圆形高坛。 ③方泽:即方丘。古代夏至祭地祇的方坛。因为坛设于泽中,故称。 ④牲币爵号:牲币,牺牲和币帛。古代用以祀日月星辰、社稷、五岳等。后泛指一般祭

祀供品。爵号,爵位的名号。　⑤执豆:手捧祭器。　⑥我将我享,维羊维牛:我奉献牛羊。语出《诗经·周颂·我将》。　⑦降福穰(ráng)穰:降福很多。　⑧怀柔百神,及河乔岳:安抚众神,包括河神和山神。

《周颂》曰:"念兹皇祖①,陟降庭止②。"若衣服不神,则皇祖陟降,谁授之衣?昭事③小心,俨然如在其上者,当从祼祖之形,文子文孙又安用对越为也?《商书》④曰:"兹予大享于先王,尔祖其从予享之。"周公之告太王⑤、王季⑥、文王曰:"乃元孙,不若旦多才多艺,能事鬼神。"若非祖考之灵,赫然临女,则尔祖我祖,真同儿戏;《金縢》策祝⑦,同符新室⑧。上诳武王,下诳召、毕⑨,近诳元孙,远诳太王、王季、文王,"多才多艺"之云,真矫诬也哉!

[注释]①皇祖:周成王姬诵对他祖父文王的尊称。　②庭止:朝廷。庭,同"廷"。止,助词。　③昭事:勤勉地服事。　④《商书》:《尚书》中的一部分,相传是记载商代史事之书。　⑤太王:周文王的祖父。　⑥王季:周文王的父亲。　⑦《金縢》策祝:藏在"金縢之匮"中周公的祷词。　⑧同符新室:王莽的作为与周公一模一样。　⑨召、毕:指召公和毕公。召公,名奭,曾辅佐武王灭商,被封于燕,为周代燕国的始祖。成王时与周公分陕而治。毕公,名高。武王灭商,被封于毕(今陕西西安、咸阳北),故称。

《玄鸟》①之颂曰:"天命玄鸟,降而生商,宅殷土芒芒②。古帝命武汤③,正域④彼四方。"又曰:"浚哲维商⑤,长发其祥。"而朱子又解曰:"春分玄鸟降,有戎氏⑥女简狄,高辛氏⑦之妃也,祈于郊禖,鳦⑧遗卵,简狄吞之而生契⑨,其后遂为有商氏而有天下。"呜呼!周有天下,历年八百,厚泽深仁,鬼之嗣也。商有天下,享祀六百,贤圣之王,六七继作,鸟之遗也。一则祖鳦,一则祖敏⑩,后之君子,敬鬼可矣。

[注释]①《玄鸟》:《诗经·商颂》篇名。玄鸟,即燕子。 ②宅殷土芒芒:居住在这广大的殷商的土地上。 ③武汤:即威武的成汤,商王朝的开国君主。 ④正域:治理疆域。 ⑤浚哲维商:商代有很聪明的君主。 ⑥有戎氏:古代传说中的一个部落名。 ⑦高辛氏:古代传说中的一个部落首领帝喾(kù)的号。 ⑧鳦(yǐ):燕子。 ⑨契:商的始祖。 ⑩祖敏:以天帝的脚拇指印为祖先。

战 国 论①

余读《战国策》而知刘子政②之陋也。夫春秋之后为战国。既为战国之时,则自有战国之策。盖与世推移,其道必尔。如此者,非可以春秋之治治之也明矣,况三王之世③欤!

[注释]①战国论:由《战国策》而引发的议论。《战国策》,是一部国别体史书。西汉成帝时,刘向进行整理,主要记述了战国时期的纵横家的政治主张和策略,展示了战国时代的历史特点和社会风貌,是研究战国历史的重要典籍。 ②刘子政:即刘向(约前77年~前6年),原名更生,字子政,沛(今江苏沛县)人。历任谏大夫、宗正、光禄大夫等。著名经学家、目录学家、文学家,其整理编辑的《战国策》对后世影响很大。著有《新序》、《说苑》等。 ③三王之世:夏禹、商汤、周文王之时代。

五霸①者,春秋之事也。夫五霸何以独盛于春秋也?盖是时周室既衰,天子不能操礼乐征伐之权以号令诸侯,故诸侯有不令者,方伯②、连帅③率诸侯以讨之,相与尊天子而协同盟,然后天下之势复合于一。此如父母卧病不能事事,群小构争,莫可禁阻,中有贤子自为家督,遂起而身父母之任焉。是以名为兄弟,而其实则父母也。虽若侵父母之权,而实父母赖之以安,兄弟赖之以和,左右童仆诸人赖之以立,则有劳于厥④家大矣。管仲相桓⑤,所谓首任其事者也。从此五霸迭兴,更相雄长,夹辅王室,以藩屏周。百足之虫,迟迟复至二百四十余年者,皆管仲之功,五霸之力也。诸侯又不能为五霸之事者,于是有志在吞周,心图混一⑥,如齐宣之所欲为者焉。晋氏为三⑦,吕氏为田⑧,诸侯亦莫之正也。则安得不遂为战国而致谋臣策士于千里之外哉！其势不至混一,故不止矣。

[注释]①五霸:指春秋时期五个先后称霸的诸侯。一般指齐桓公、晋文公、秦穆公、宋襄公、楚庄王。 ②方伯:一方诸侯的首领。 ③连帅:十国诸侯的首领。 ④厥:其。 ⑤管仲相桓:管仲辅佐齐桓公。 ⑥混一:统一。 ⑦晋氏为三:即三家分晋。公元前403年,晋国代表新兴势力的卿大夫韩、赵、魏三家瓜分了晋,建立了韩、赵、魏三个诸侯国。 ⑧吕氏为田:即田氏代齐。春秋末,代表新兴势力的田氏日益扩大,于公元前379年完全取代了齐国的吕氏,掌握政权。

刘子政当西汉之末造①,感王室之将毁。徒知羡三王之盛,而不知战国之宜,其见固已左矣,彼鲍②、吴③者,生于宋、元之季,闻见塞胸④,仁义盈耳,区区褒贬,何足齿及！乃曾子固⑤自负不少者也,咸谓其文章本于《六经》⑥矣,乃讥向自信之不笃,邪说之当正,则亦不知《六经》为何物,而但窃褒贬以绳世,则其视鲍与吴亦鲁、卫之人⑦矣。

[注释]①末造:末年。　②鲍:即鲍彪,字子虎,宋代人,著有《鲍氏战国策注》。　③吴:即吴师道,字正传,元代人,著有《战国策校注》。　④闻见塞胸:指见识短浅,对《战国策》及其所述历史的评论都有不正确之处。　⑤曾子固:即曾巩(1019～1083),字子固,建昌南丰(江西南丰)人。嘉祐二年(1057)进士。官至中书舍人。北宋政治家、散文家,"唐宋八大家"之一。在学术思想和文学事业上贡献卓越。南宋理宗时追谥为"文定"。　⑥《六经》:即儒家经典,《诗》、《书》、《礼》、《易》、《乐》、《春秋》。　⑦鲁、卫之人:语本《论语·子路》:"子曰:'鲁卫之政,兄弟也。'"意为鲁国与卫国的政治,像兄弟一般相差不远。

兵　食　论①

民之初生,若禽兽然:穴居而野处,拾草木之实以为食。且又无爪牙以供搏噬②,无羽毛以资翰蔽③,其不为禽兽啖食者鲜矣。夫天之生人,以其贵于物也,而反遗之食,则不如勿生,则其势自不得不假物以为用,而弓矢戈矛甲胄剑楯④之设备矣。盖有此生,则必有以养此生者,食也。有此身,则必有以卫此身者,兵也。食之急,故井田作⑤;卫之急,故弓矢甲胄兴。是甲胄弓矢,所以代爪牙毛羽之用,以疾驱虎豹犀象而远之也。民之得安其居者,不以是欤!

[注释]①兵食论:强调兵、食重要性的议论。　②搏噬:搏击咬啃。　③翰蔽:遮盖,掩护。　④弓矢戈矛甲胄剑楯(dùn):古代兵器名称。楯,同"盾"。　⑤井田作:指井田产生。井田,即井田制,古代的一种土地制度。以九百亩为一里,划为九区,形如"井"字,故名。其中为公田,外八区为私田。

夫子曰:"足食足兵,民信之矣。"夫为人上而使民食足兵足,则其信而戴之也何惑焉。至于不得已犹宁死而不离者,则以上之兵食素足也。其曰"去食"、"去兵",非欲去也,不得已也。势既出于不得已,则为下者自不忍以其不得已之故,而遂不信于其上。而儒者①反谓信重于兵食,则亦不达圣人立言之旨矣。然则兵之与食,果有二乎?曰:苟为无兵,食固不可得而有也,然而兵者死地也,其名恶,而非是则无以自卫,其实美也。美者难见,而恶则非其所欲闻。惟下之人不欲闻,以故上之人亦不肯以出之于口,况三令而五申之耶!是故无事而教之兵,则谓时方无事,而奈何其扰我也。其谁曰以佚道使我,虽劳不怨乎?有事而调之兵,则谓时方多事,而奈何其杀我也。其谁曰以生道杀我,虽死不怨杀者乎?凡此皆矫诬②之语,不过欲以粉饰王道耳。不知王者以道化民,其又能违道以干百姓之誉③乎?要必有神而明之,使民宜之,不赏而自劝,不谋而同趋;嘿而成之④,莫知其然:斯为圣人笃恭不⑤显之至德矣。

[注释]①儒者:这里指那些宣扬"信重于兵食"的俗儒们。　②矫诬:假借名义欺骗人。　③干百姓之誉:赢取百姓的赞誉。　④嘿而成之:默不作声却能有所作为。　⑤不:同"丕",大。

夫三王之治,本于五帝①,帝轩辕氏②尚矣。轩辕氏之王也,七十战而有天下,杀蚩尤③于涿鹿之野④,战炎帝⑤于阪泉之原⑥,亦深苦卫生⑦之难,而既竭心思以维之矣。以为民至愚也,而可以利诱;至神也,而不可以忠告。于是为之井而八分之,使民咸知上之养我也。然蒐狩之礼⑧不举,得无有伤吾之苗稼者乎?且何以祭田祖而告成岁也?是故四时有田⑨,则四时有祭;四时有祭,则四时有猎。是猎也,所以田也,故其名曰田猎焉。是故国未尝有养兵之费,而家家收获禽之功;上之人未尝有治兵之名,而人人皆三驱之选⑩。戈矛之利,甲胄之坚,不待上之与也;射疏及远,手轻足便,不待上之试也;攻杀击刺,童而习之,白首而不相代,不待上之操也。此其视搏猛兽如搏田兔然,又何有于即戎乎?是故入相友而出相呼,疾病相视,患难相守,不得上之教以人伦也。折中矩而旋中规⑪,坐作进退,无不如志,不待上之教以礼也。欢欣宴乐,鼓舞不倦,不待耀之以旌旗,宣之以金鼓,献俘授馘⑫而后乐心生也。分而为八家,布而为八阵;其中为中军,八首八尾,同力相应,不待示之以六书⑬,经之以算法,而后分数明也。此皆六艺⑭之术,上之所以卫民之生者,然而圣人初未尝教之以六艺也。文事武备,一齐具举,又何待庠序之设,孝弟之申,如孟氏画蛇添足之云乎?彼自十五岁以前,俱已熟试而闲习之矣,而实不知上之使也,以谓上者养我者也。至其家自为战,人自为兵,礼乐以明,人伦以兴,则至于今凡几千年矣而不知,而况当时之民欤!

[注释]①五帝:上古传说中的五位帝王,一般认为是黄帝、颛顼、帝喾、唐尧、虞舜。 ②帝轩辕氏:即黄帝。 ③蚩尤:相传是黄帝时代东方九黎族首领。 ④涿鹿之野:在今河北怀来南。 ⑤炎帝:相传是黄帝时南方姜姓部族首领。 ⑥阪泉之原:一说在今河北涿鹿东,一说在今山西运城盐池附近。 ⑦卫生:保卫人们生存。 ⑧蒐(sōu)狩之礼:古代打猎前要先举行祭

礼。蒐,春猎。狩,冬猎。 ⑨四时有田:四季佃种。田,通"佃",耕种。 ⑩三驱之选:打猎能手。 ⑪折中矩而旋中规:曲折排列符合方形阵列,盘旋排列符合圆形阵列。 ⑫授馘(guó):记功。馘,古代战争中割取敌人的左耳以计数。 ⑬六书:这里指文字。 ⑭六艺:古代教育学生的六种科目和技能。

至矣!圣人鼓舞万民之术也。盖可使之由者同井之田,而不可使之知者则六艺之精、孝弟忠信之行也。儒者不察,以谓圣人皆于农隙以讲武事。夫蒐苗獮狩①,四时皆田,安知田隙?且自田耳,曷尝以武名,曷尝以武事讲耶?范仲淹②乃谓儒者自有名教③,何事于兵。则已不知兵之急矣。张子厚④复欲买田一方,自谓井田。则又不知井田为何事,而徒慕古以为名,祗益丑焉。商君⑤知之,慨然请行,专务攻战,而决之以信赏必罚,非不顿令秦强,而车裂之惨,秦民莫哀。则以不可使知者而欲使之知,固不可也。故曰:"圣人之道,非以明民,将以愚之⑥。鱼不可以脱于渊,国之利器不可以示人。"至哉深乎!历世宝之,太公望⑦行之,管夷吾⑧修之,柱下史⑨明之。姬公⑩而后,流而为儒,纷纭制作,务以明民,琐屑烦碎,信誓周章⑪,而轩辕氏之政遂衰矣。

[注释]①蒐苗獮(xiǎn)狩:春夏秋冬四时打猎的名称。 ②范仲淹:北宋政治家、文学家。 ③名教:以正名定分为主的封建礼教。 ④张子厚:即张载。北宋哲学家。 ⑤商君:即商鞅,战国时期主张变法,史称商鞅变法。 ⑥将以愚之:而是使人民淳朴。 ⑦太公望:即姜尚。见本书卷一《复周南士》注。 ⑧管夷吾:即管仲。见本书卷一《复周南士》注。 ⑨柱下史:周代官名,即汉代以后的御史。因主管官府文案史册,并常侍立殿柱之下而得名。

这里指老子,传说他曾任过守藏室之史,故称。　⑩姬公:即周公旦。见本书卷二《答以女人学道为见短书》注。　⑪信誓周章:真诚的誓约却繁杂不能实行。

杂　　说①

《拜月》②、《西厢》③,化工④也;《琵琶》⑤,画工⑥也。夫所谓画工者,以其能夺天地之化工,而其孰知天地之无工乎?今夫天之所生,地之所长,百卉具在,人见而爱之矣,至觅其工,了不可得,岂其智固不能得之欤!要知造化无工,虽有神圣,亦不能识知化工之所在,而其谁能得之?由此观之,画工虽巧,已落二义⑦矣。文章之事,寸心千古,可悲也夫!

[**注释**]①杂说:对《拜月》、《西厢》、《琵琶》等的评论。　②《拜月》:即《拜月亭记》。　③《西厢》:即《西厢记》。　④化工:自然形成的工巧。⑤《琵琶》:即《琵琶记》。　⑥画工:人为之工。这里指作品的蓄意雕琢,而缺乏自然之美。　⑦二义:二等。

且吾闻之:追风逐电之足①,决不在于牝牡骊黄②之间;声应气求③之夫,决不在于寻行数墨④之士,风行水上⑤之文,决不在于一字一句之奇。若夫结构之密,偶对之切;依于理道,合乎法度;首尾相应,虚实相生:种种禅病⑥皆所以语文⑦,而皆不可以语于天下之至文也。杂剧院本⑧,游戏之上乘也,《西厢》、《拜月》,何工之有!盖工莫工于《琵琶》矣。彼高生⑨者,固已殚其力之所能工,而极吾才于既竭。惟作者穷巧极工,不遗余力,是故语尽而意亦尽,词竭而味索然亦随以竭。吾尝揽《琵琶》而弹之矣:一弹而叹,再弹而怨,三弹而向之怨叹无复存者。此其故何耶?岂其似真非真,所以入人之心者不深耶!盖虽工巧之极,其气力限量只可达于皮肤骨血之间,则其感人仅仅如是,何足怪哉!《西厢》、《拜月》,乃不如是。意者宇宙之内,本自有如此可喜之人,如化工之于物,其工巧自不可思议尔。

[注释]①追风逐电之足:指快马。 ②牝牡骊黄:指马的外貌。 ③声应气求:指情投意合或志同道合的人彼此间相互呼应或唱和。 ④寻行数墨:谓为文专在词句上下功夫。 ⑤风行水上:比喻自然流畅,不矫揉造作。 ⑥禅病:这里指为文的清规戒律。 ⑦语文:针对一般的文学作品而言。 ⑧杂剧院本:金元时期的戏曲作品。 ⑨高生:指《琵琶记》的作者高明。

且夫世之真能文者,比①其初,皆非有意于为文也。其胸中有如许无状可怪之事,其喉间有如许欲吐而不敢吐之物,其口头又时时有许多欲语而莫可所以告语②之处,蓄极积久,势不能遏。一旦见景生情,触目兴叹,夺他人之酒杯,浇自己之垒块③;诉心中之不平,感数奇于千载。既已喷玉唾珠④,昭回云汉,为章于天⑤矣,遂亦自负,发狂大叫,流涕恸哭,不能自止。宁使见者闻者切齿咬牙,欲杀欲割,而终不忍藏于名山,投之水火。余览斯记,想见其为人,当其时必有大不得意于君臣朋友之间者,故借夫妇离合因缘以发其端。于是焉喜佳人之难得,羡张生之奇遇,比云雨之翻覆⑥,叹今人之如土⑦。其尤可笑者:小小风流一事耳,至比之张旭、张颠⑧、羲之、献之⑨而又过之。尧夫⑩云:"唐、虞揖让三杯酒⑪,汤、武征诛一局棋⑫。"夫征诛揖让何等也;而以一杯一局觑之,至眇小矣。

[注释]①比:每每,往往。 ②告语:用语言表达。 ③垒块:比喻心中郁积的不平之气。 ④喷玉唾珠:比喻写出的文字像珠玉一样美好。 ⑤昭回云汉,为章于天:比喻写出的文章像天上形成的灿烂云彩一样美好神奇。 ⑥比云雨之翻覆:用以比喻世态人情就像云雨那样反复无常。 ⑦叹今人之如土:感叹时人视信义如粪土而只重名利的世风。 ⑧张旭、张颠:实为一人,字伯高,吴(今江苏苏州)人。唐代书法家,长于草书,时称"草圣"。 ⑨羲之、献之:即王羲之和王献之父子。 ⑩尧夫:即邵雍。 ⑪唐、虞揖让三杯酒:尧、舜把天下让给别人就像推让三杯酒。 ⑫汤、武征诛一局棋:商汤、周武王讨伐夏桀和殷纣王,就像下了一盘棋。

呜呼!今古豪杰,大抵皆然。小中见大,大中见小,举一毛端建宝王刹①,坐微尘里转大法轮②。此自至理,非干戏论。倘尔不信,中庭月下③,木落秋空,寂寞书斋,独自无赖,试取《琴心》④一弹再鼓,其无尽藏⑤不可思议,工巧固可思也。呜呼!若彼作者,吾安能见之欤!

[注释]①举一毛端建宝王刹:在毛尖上能建起佛寺。 ②坐微尘里转大法轮:坐在微尘里能传授佛法。 ③中庭月下:比喻很寂寞。 ④《琴心》:即《西厢记》中第二本第四折《听琴》。 ⑤无尽藏:佛教用语。意为佛德光大无边,作用于万物,穷无尽。这里指《西厢记》一类作品的感染力无穷无尽。

童 心① 说

龙洞山农②叙《西厢》③末语云:"知者勿谓我尚有童

心可也。"夫童心者，真心也。若以童心为不可，是以真心为不可也。夫童心者，绝假纯真，最初一念之本心也。若失却童心，便失却真心，失却真心，便失却真人。人而非真，全不复有初矣。

[注释]①童心：真心。　②龙洞山农：即焦竑。见本书卷一《与焦弱侯》注。　③《西厢》：即《西厢记》。

童子①者，人之初也；童心者，心之初也。夫心之初曷可失也！然童心胡然而遽失也？盖方其始也，有闻见从耳目而入，而以为主于其内而童心失。其长也，有道理从闻见而入，而以为主于其内而童心失。其久也，道理闻见日以益多，则所知所觉日以益广，于是焉又知美名之可好也，而务欲以扬之而童心失；知不美之名之可丑也，而务欲以掩之而童心失。夫道理闻见，皆自多读书识义理而来也。古之圣人，曷尝不读书哉！然纵不读书，童心固自在也，纵多读书，亦以护此童心而使之勿失焉耳，非若学者反以多读书识义理而反障之也。夫学者既以多读书识义理障其童心矣，圣人又何用多著书立言以障学人为耶？童心既障，于是发而为言语，则言语不由衷；见而为政事，则政事无根抵；著而为文辞，则文辞不能达。非内含以章美②也，非笃实生辉光③也，欲求一句有德之言，卒不可得。所以者何？以童心既障，而以从外入者闻见道理为之心也。

[注释]①童子：儿童。　②非内含以章美：(如果)内心不能蕴含着美好。　③非笃实生辉光：(如果)内心不能因诚实深厚而发出光辉。

夫既以闻见道理为心矣，则所言者皆闻见道理之言，非童心自出之言也。言虽工①，于我何与，岂非以假人言假言，而事假事文假文乎？盖其人既假，则无所不假矣。由是而以假言与假人言，则假人喜；以假事与假人道，则假人喜；以假文与假人谈，则假人喜。无所不假，则无所不喜。满场是假，矮人②何辩也？然则虽有天下之至文，其湮灭于假人而不尽见于后世者，又岂少哉！何也？天下之至文，未有不出于童心焉者也。苟童心常存，则道理不行，闻见不立，无时不文，无人不文，无一样创制体格③文字而非文者。诗何必古选④，文何必先秦。降而为六朝，变而为近体⑤；又变而为传奇⑥，变而为院本⑦，为杂剧⑧，为《西厢曲》，为《水浒传》，为今之举子业，皆古今至文，不可得而时势先后论也。故吾因是而有感于童心者之自文也，更说甚么六经⑨，更说甚么《语》、《孟》乎？

[注释]①工：技术和技术修养。这里指辞藻很讲究。　②矮人：见识短浅的人。　③体格：体裁格式。　④古选：这里指被选编出来的唐以前的古体诗。　⑤近体：指唐代形成的律诗、绝句等近体诗。　⑥传奇：指唐宋人写的短篇小说。　⑦院本：元朝时行院进行戏曲表演时的脚本，明、清时称各种戏剧。　⑧杂剧：宋代的一种以滑稽调笑为特点的表演。元代发展成戏曲，每本多为四折，每折由同宫调同韵的北曲套曲和宾白组成。明清两代的杂剧每本不限四折。　⑨六经：指被儒家封为经典的六部书：《诗》、《书》、《礼》、《易》、《乐》、《春秋》。

夫《六经》、《语》、《孟》，非其史官过为褒崇之词，则其臣子极为赞美之语。又不然，则其迂阔门徒，懵懂①弟子，记忆师说，有头无尾，得后遗前，随其所见，笔之于书。后学不察,便谓出自圣人之口也,决定目之为经矣,孰知其大半非圣人之言乎? 纵出自圣人,要亦有为而发,不过因病发药,随时处方,以救此一等懵懂弟子,迂阔门徒云耳。药医假病,方难定执②,是岂可遽以为万世之至论乎? 然则《六经》、《语》、《孟》,乃道学之口实③,假人之渊薮⑤也,断断乎其不可以语于童心之言明矣。呜呼! 吾又安得真正大圣人童心未曾失者而与之一言文哉!

[注释]①懵(měng)懂:无知。 ②方难定执:很难固定不变。 ③口实:借口。 ④渊薮:比喻人或物聚集的场所。

心经提纲①

《心经》者,佛说心之径要也。心本无有,而世人妄以为有;亦无无,而学者执以为无。有无分而能、所立,是自罣碍②也,自恐怖也,自颠倒也,安得自在? 独不观于自在菩萨③乎? 彼其智慧行深,既到自在彼岸矣,斯时也,自然照见色、受、想、行、识五蕴皆空④,本无生死可得,故能出离生死苦海,而度脱一切苦厄焉。此一经之总要也。下文重重说破,皆以明此,故遂呼而告之曰:舍利子⑤,勿谓吾说空,便即着空⑥也! 如我说色,不异于空也;如我说空,不异于色也。⑦然但言不异,犹是二物有对,虽复合而为一,犹存一也。其实我所说色,即是说空,色之外无空矣;我所说空,即是说色,空之外无色矣。非但无色,而亦无空,此真空也。故又呼而告之曰:"舍利子,是诸法空相⑧。"无空可名,何况更有生灭、垢净、增减名相? 是故色本不生,空本不灭;说色非垢,说空非净;在色不增,在空不减。非亿⑨之也,空中原无是耳。是故五蕴皆空,无色、受、想、行、识也;六根皆空,无眼、耳、鼻、舌、身、意也;六尘皆空,无色、声、香、味、触、法也;十八界皆空,无限界乃至无意识界也。以至生老病死,明与无明,四谛智证⑩等,皆无所得。此自在菩萨智慧观照到无所得之彼岸也。如此所得既无,自然无罣碍恐怖与大颠倒梦想矣,现视生死而究竟涅槃⑪矣。岂惟菩萨,虽过去现在未来三世诸佛,亦以此智慧得到彼岸,共成无上正等正觉焉耳,则信乎尽大地众生无有不是佛者。乃知此真空妙智,是大神咒⑫,是大明咒⑬,是无上咒⑭,是无等等咒⑮,能出离生死苦海,度脱一切苦厄,真实不虚⑯也。然则空之难言也久矣。执色者泥色,说空者滞空,及至两无所依,则又一切拨无因果⑰。不信经中分明赞叹,空即是色,更有何空;色即是空,更有何色;无空无色,尚何有有有无,于我罣碍而不得自在耶?然则观者但以自家智慧时观照,则彼岸当自得之矣。菩萨岂异人哉,但能一观照之焉耳。人人皆菩萨而不自见也,故言菩萨,则人人一矣,无圣愚也。言三世诸佛,则古今一矣,无先后也。奈之何可使由而不可使知者众也?可使知则为菩萨;不可使知则为凡民,为禽兽,为木石,卒归于泯泯尔矣!

[注释]①心经提纲:见本书卷一《答焦漪园》注。 ②罣碍:受周围环境影响,不能解脱。罣,同"挂"。 ③自在菩萨:即观世音菩萨。 ④五蕴皆空:指物质和精神世界都是虚幻不实的。 ⑤舍利子:尊者舍利弗的另一名称,释加牟尼的十大弟子之一,以"智慧第一"著称。 ⑥着空:认为是空。

⑦"如我说色"四句：佛教认为，客观物质世界是不真实的，所以说是空的。但这种空并不是绝对的空无所有，空也是一种实然本体，所以又叫"真空"。⑧诸法空相：世界是真空实相。　⑨亿：猜想，同"臆"。　⑩四谛智证：悟得佛教真谛，用智慧去获得涅槃境界。　⑪涅槃：是佛教全部修习所要达到的最高理想，一般指熄灭生死轮回后的境界。　⑫大神咒：具有不可思议的力量能破魔障者。　⑬大明咒：能灭断痴暗者。　⑭无上咒：能显明至理者。⑮无等等咒：佛道超绝者。　⑯真实不虚：指修波若法，不但可以明心见性，还可以证得佛果，除尽一切苦难。　⑰拨无因果：不承认有因果。

四　勿　说①

人所同者谓礼，我所独者谓己。学者多执一己定见，而不能大同于俗，是以入于非礼也。非礼之礼，大人勿为；真己无己，有己即克②。此颜子③之四勿也。是四勿也，即四绝④也，即四无⑤也，即四不⑥也。四绝者，绝意、绝必、绝固、绝我是也。四无者，无适、无莫、无可、无不可是也。四不者，《中庸》卒章所谓不见、不动、不言、不显是也。颜子得之而不迁不贰⑦，则即勿而不⑧，由之而勿视勿听，则即不而勿⑨。此千古绝学，惟颜子足以当之。颜子没而其学遂亡，故曰"未闻好学者"。虽曾子、孟子亦已不能得乎此矣，况濂、洛诸君子⑩乎！未至乎此而轻谈四勿，多见其不知量也。

［注释］①四勿说：四勿，见《论语·颜渊》："非礼勿视，非礼勿听，非礼勿言，非礼勿动"。　②有己即克：有了一己定见就要给以抑制。　③颜子：即颜渊。见本书卷一《答周若庄》注。　④四绝：语出《论语·子罕》："子绝四：毋意，毋必，毋固，毋我。"意为，孔子杜绝四种毛病：不凭空揣测，不绝对肯定，不拘泥固执，不唯我独是。　⑤四无：指《论语·里仁》中的"无适"（没有规定

怎么干)、"无莫"(没有规定不要怎么干),和《论语·微子》中的"无可无不可"。 ⑥四不:指《中庸》第三十三章所说的"不见"、"不动"、"不言"、"不显"。 ⑦不迁不贰:即不迁怒和不贰过。不拿别人出气,不再犯同样的过失。 ⑧即勿而不:通过四勿达到二不。 ⑨即不而勿:通过二不达到四勿。 ⑩濂、洛诸君子:指周敦颐和程颢、程颐等。

聊且博为注解①,以质正诸君何如?盖由中②而出者谓之礼,从外而入者谓之非礼;从天降者③谓之礼,从人得者谓之非礼;由不学、不虑、不思、不勉、不识④、不知⑤而至者谓之礼,由耳目闻见、心思测度⑥、前言往行⑦、仿佛比拟⑧而至者谓之非礼。语言道断,心行路绝⑨,无蹊径可寻,无涂辙可由,无藩卫可守,无界量可限,无扃钥⑩可启,则於四勿也当不言而喻矣。未至乎此而轻谈四勿,是以圣人谓之曰:"不好学"。

[注释]①注解:这里指对"礼"的新解。 ②中:内心。 ③从天降者:这里指自然而然。 ④不识:不必有意探究。 ⑤不知:不必有意认识。 ⑥心思测度:用尽心思去推测。 ⑦前言往行:前代圣贤的言行经验。 ⑧仿佛比拟:照搬照抄所谓圣贤的言行。 ⑨语言道断,心行路绝:不可言,不可思。 ⑩扃钥(jiōng yuè):门户锁钥。这里指束缚。

虚 实 说①

学道贵虚,任道贵实。虚以受善,实焉固执。不虚则所择不精,不实则所执不固。虚而实,实而虚,真虚真实,真实真虚。此唯真人②能有之,非真人则不能有也。非真人亦自有虚实,但不可以语于真人之虚实矣。故有似虚而其中真不虚者,有似不虚而其中乃至虚者。有始虚而终实,始实而终虚者。又有众人皆信以为至虚,而君子独不谓之虚,此其人犯虚怯之病。有众人皆信以为实,而君子独不谓之实,此其人犯色取③之症。真伪不同,虚实异用,虚实之端,可胜言哉!且试言之。

[注释]①虚实说:这里所谈的"虚"和"实"是指"学道贵虚"、"任道贵实"。　②真人:这里指真心求道的人。　③色取:伪装行道,窃取声誉。

何谓始虚而终实?此如人没在大海之中,所望一救援耳。舵师怜之,以智慧眼,用无碍才,一举而援之,可谓幸矣。然其人庆幸虽深,魂魄尚未完也。闭目噤口①,终不敢出一语,经月累日,唯舵师是听,抑②何虚也!及到彼岸,摄衣先登,脚履实地,万无一死矣。纵舵师复绐③之曰:"此去尚有大海,须还上船,与尔俱载别岸,乃可行也。"吾知其人,摇头摆手,径往直前,终不复舵师之是听矣,抑又何实乎!所谓始虚而终实者如此。吁!千古贤圣,真佛真仙,大抵若此矣。

[注释]①噤(jìn)口:闭口不说话。　②抑:文言连词,"可是"。　③绐(dài):欺骗;欺诈。这里指开玩笑。

何谓始实而终虚?如张横渠①已为关中夫子矣,非不实任先觉之重也,然一闻二程②论《易》③,而皋比④永撤,遂不复坐。夹山和尚⑤已登坛说法矣,非不实受法师⑥之任也,然一见道吾拍手大笑,遂散众而来,别求船子说法。此二等者,虽不免始实之差,而能获终虚之益,盖千古大有力量人,若不得道,吾不信也。

[注释]①张横渠:即张载。为凤翔郿县(今陕西眉县)人,故称其为"关中夫子"。　②二程:指程颢和程颐。见本书卷一《答邓明府》注。　③《易》:即《周易》。　④皋比:虎皮,这里指讲席。　⑤夹山和尚:与下文的"道吾"、"船子"都是唐代的高僧。　⑥法师:佛教用语,精通佛经并能讲解佛法的高僧。

何谓众人皆以为实,而君子独不谓之实?彼其于己实未敢自信也,特因信人而后信己耳。此其于学,实未尝时习之而说也,特以易说①之故,遂冒认②以为能说兹心耳。是故人皆悦之,则自以为是。是其自是也,是于人之皆说也。在邦必闻③,则居之不疑④,是其不疑也,以其闻之于邦家也。设使不闻,则虽欲不疑,不可得矣。此其人宁有实得者耶?是可笑也。

[注释]①易说:容易取悦于人。　②冒认:轻率认定。　③在邦必闻:在朝廷做官时有一定名望。　④居之不疑:就以仁人自居而不加质疑。

何谓众人皆以为至虚,而君子独不谓之虚?彼其未尝一日不与人为善也,是以人皆谓之舜①也,然不知其能舍己从人否也。未尝一日不拜昌言②也,是以人皆谓之禹③也,然不知其能过门不入,呱呱弗子④否也。盖其始也,不过以虚受为美德而为之,其终也,习惯成僻⑤,亦冒认以为战战兢兢,临深履薄,而安知其为怯弱而不能自起者哉!

[注释]①舜:像舜一样的人。尧、舜、禹被认为是儒家理想的圣君。

②拜昌言:恭恭敬敬地听取善言。　③禹:像禹一样的人。　④呱呱弗子:孩子呱呱地啼哭也顾不上照顾。　⑤僻:同"癖"。

然则虚实之端,未易言也。盖虚实之难言也,以真虚真实之难知也。故曰:"人不知而不愠①。"夫人,众人也。众人不知,故可谓之君子。若众人而知,则吾亦众人而已,何足以为君子。众人不知,故可直任②之而不愠。若君子而不知之,则又如之何而不愠也?是则大可惧也,虽欲勿愠,得乎?世间君子少而众人多,则知我者少,不知我者多。固有举世而无一知者,而唯颜子③一人独知之,所谓"遯世④不见知而不悔"是也。夫唯遯世而不见知也,则虽有虚实之说,其谁听之!

[**注释**]①人不知而不愠(yùn):人们不了解自己,也不怨恨。语出《论语·学而》。　②直任:随意任从。　③颜子:即颜渊。见本书卷一《答周若庄》注。　④遯世:避世。遯,同"遁"。

定 林 庵 记①

余不出山久矣。万历戊戌②,从焦弱侯③至白下④,诣定林庵,而庵犹然无恙者,以定林在日素信爱于弱侯也。定林不受徒,今来住持⑤者弱侯择僧守之,实不知定林作何面目,则此庵第属定林创建,名曰定林庵,不虚耶?定林创庵甫成,即舍去,之牛首⑥,复创大华严阁⑦,弱侯碑纪其事甚明也。阁甫成,又舍去之楚,访余于天中山⑧,而遂化于天中山,塔于天中山。马伯时⑨隐此山时,特置山居一所,度一僧,使专守其塔矣。今定林化去又十二年,余未死,又复来此,复得见定林庵。夫金陵⑩多名刹,区区一定林庵安足为轻重,而旧椽败瓦,人不忍毁,则此庵虽小,实赖定林久存,名曰定林庵,岂虚耶!

[**注释**]①定林庵记:定林庵,在南京。定林,即周安,南京人。 ②万历戊戌:万历二十六年(1598)。 ③焦弱侯:即焦竑。见本书卷一《与焦弱侯》注。 ④白下:今南京。 ⑤住持:主持一个佛寺的和尚或主持一个道观的道士。 ⑥牛首:即牛首山,在南京西南。 ⑦大华严阁:在牛首山弘觉寺后。 ⑧天中山:在湖北黄安(今红安)的五云山中。 ⑨马伯时:马逢旸,字伯时,江宁(今南京)人。 ⑩金陵:即南京。

夫定林,白下人也,自幼不茹荤血①,又不娶,日随其主周生②赴讲,盖当时所谓周安其人者也。余未尝见周生,但见周安随杨君道南③至京师。时李翰峰先生④在京,告余曰:"周安知学。子欲学,幸毋下视周安!"盖周安本随周生执巾屦之任⑤,乃周生不力学,而周安供茶设馔⑥,时时窃听,或独立檐端,或拱身柱侧,不欹不倚,不退不倦,卒致斯道。又曰:"周安以周生病故,而道南乃东南名士,终岁读书破寺中,故周安复事道南。"夫以一周安,乃得身事道南,又得李先生叹羡,弱侯信爱,则周安可知矣。后二年,余来金陵,获接周安,而道南又不幸早死。周安因白弱侯曰:"吾欲为僧。夫吾迄岁⑦山寺,只多此数茎发,不剃何为?"弱侯无以应,遂约余及管东溟⑧诸公,送周安于云松禅师⑨处披剃为弟子,改法名曰定林。此定林之所由名也。弱侯又于馆侧别为庵院,而余复书"定林庵"三字以匾之,此又定林庵之所由名也。

[注释]①不茹荤血:不吃肉食。 ②周生:不详。 ③杨君道南:即杨希淳,字道南,号虚游,上元(今南京)人。 ④李翰峰先生:即李逢阳。见本书卷二《复士龙悲二母吟》注。 ⑤执巾屦之任:指当仆役。 ⑥馔:饮食。⑦迄岁:常年。 ⑧管东溟:即管志道。 ⑨禅师:有德行的和尚。

弱侯曰:"庵存人亡,见庵若见其人矣。其人虽亡,其庵尚存;庵存则人亦存。虽然,人今已亡,庵亦安得独存;惟有记①庶几②可久。"余谓庵已不足记也,定林之庵不可以不记也。今不记,恐后我而生者且不知定林为何物,此庵为何等矣。

[注释]①记:为庵作记。 ②庶几:差不多。

夫从古以来,僧之有志行者亦多,独定林哉!子独怪其不辞卑贱,而有志于圣贤大道也。故曰:"贱莫贱于不闻道。"定林自视其身为何如者,故众人卑之以为贱,而定林不知也。今天下冠冕之士①,俨然而登讲帷②,口谈仁义,手挥麈尾③,可谓尊且贵矣,而能自贵者谁欤!况其随从于讲次④之末者欤!又况于仆厮之贱,鞭棰之辈⑤,不以为我劳,则必以为无益于充囊饱腹,且相率攘袂而窃笑矣。肯俯首下心,归礼穷士,日倚檐楹,欣乐而忘其身之贱,必欲为圣人然后已者耶!古无有矣。是宜记,遂为之记。不记庵,专记定林名庵之由。呜呼!道不虚谈,学务实效,则此定林庵真不虚矣。

[注释]①冠冕之士:指官吏。 ②讲帷:讲坛。 ③麈(zhǔ)尾:古人闲

谈时执以驱虫、掸尘的一种工具。后古人清谈时必执麈尾,相沿成习,为名流雅器,不谈时,亦常执在手。　④讲次:讲席。　⑤鞭棰之辈:拿马鞭的人。

高洁①说

余性好高,好高则倨傲而不能下②。然所不能下者,不能下彼一等倚势仗富之人耳,否则稍有片长寸善,虽隶卒人奴,无不拜也。余性好洁,好洁则狷隘③而不能容。然所不能容者,不能容彼一等趋势谄富之人耳,否则果有片善寸长,纵身为大人王公,无不宾④也。能下人,故其心虚;其心虚,故所取广;所取广,故其人愈高。然则言天下之能下人者,固言天下之极好高人者也。余之好高,不亦宜乎!能取人,必无遗人⑤;无遗人,则无人不容,无人不容,则无不洁之行矣。然则言天下之能容人者,固言天下之极好洁人者也。余之好洁,不亦宜乎!

[**注释**]①高洁:清高纯洁,不与世俗同流合污。　②下:屈从他人。③狷隘:偏激而狭隘。　④宾:以礼相待。　⑤无遗人:不会遗落下可取的人。

今世龌龊①者皆以余狷隘而不能容,倨傲而不能下。谓余自至黄安②,终日锁门,而使方丹山③有好个四方求友之讥。自住龙湖④,虽不锁门,然至门而不得见,或见而不接礼者,纵有一二加礼之人,亦不久即厌弃。是世俗之论我如此也。殊不知我终日闭门,终日有欲见胜己之心也。终年独坐,终年有不见知己之恨也。此难与尔辈道也！其颇说得话者，又以余无目而不能知人，故卒为人所欺；偏爱而不公，故卒不能与人以终始。此自谓离毛见皮⑤，吹毛见孔，所论确矣。其实视世之龌龊者仅五十步，安足道耶！

[注释]①龌龊：卑鄙，丑恶。 ②黄安：今湖北红安。 ③方丹山：即方一凤，字丹山。黄陂（今湖北黄陂）人。罗钦顺的学生。 ④龙湖：龙潭湖，在湖北麻城东南。 ⑤离毛见皮：同下文"吃毛见孔"都是比喻透过表层看到里面。

夫空谷足音①，见似人犹喜，而谓我不欲见人，有是理乎？第恐尚未似人耳，苟其略似人形，当即下拜而忘其人之贱也，奔走而忘其人之贵也。是以往往见人之长而遂忘其短，非但忘其短也，方且隆礼而师事之，而况知吾之为偏爱耶！何也？好友难遇，若非吾礼敬之至，师事之诚，则彼聪明才贤之士，又曷肯为我友乎？必欲与之为友，则不得不致吾礼数之隆。然天下之真才真聪明者实少也。往往吾尽敬事之诚，而彼聪明者有才者终非其真，则其势又不得而不与之疏。且不但不真也，又且有奸邪焉，则其势又不得而不日与之远。是故众人咸谓我为无目耳。夫使我而果无目也，则必不能以终远；使我而果偏爱不公也，则必护短以终身。故为偏爱无目之论者，皆似之而非也。

[注释]①空谷足音：空旷的山谷里听到的人的脚步声。比喻十分难得，极为可贵的。

今黄安二上人①到此，人又必且以我为偏爱矣。二上人其务与我始终之，无使我受无目之名可也。然二上人实余于之苦心也，实知余之孤单莫可告语也，实知余之求人甚于人之求余也。吾又非以二上人之才，实以二上人之德也；非以其聪明，实以其笃实也。故有德者必笃实，笃实者则必有德，二上人吾何患乎？二上人师事李寿庵②，寿庵师事邓豁渠。邓豁渠志如金刚，胆如天大，学从心悟，智过于师，故所取之徒如其师，其徒孙如其徒。吾以是卜之，而知二上人之必能为我出气无疑也，故作好高好洁之说以贻③之。

[注释]①黄安二上人：黄安的两位和尚若无与曾继泉。　②李寿庵：黄安的和尚，"二上人"的师傅。　③贻(yí)：赠。

三　蠹　记①

刘翼②性峭直③，好骂人。李百药④语人曰："刘四⑤虽复骂人，人亦不恨。"噫！若百药者，可谓真刘翼知己之人矣。

[注释]①三蠹：这里指没有气骨、没有远志人格品质等。　②刘翼：即刘子翼，字小心，唐代常州晋陵（今江苏武进）人。曾任著作郎。　③峭直：严峻刚正。　④李百药：字重规，安平（今河北安平）人。唐初史学家。撰有《北齐书》。　⑤刘四：即刘子翼。

余性亦好骂人，人亦未尝恨我。何也？以我口恶而心善，言恶而意善也。心善者欲人急于长进，意善者又恐其人之不肯急于长进也,是以知我而不恨也。然世人虽不我恨,亦终不与我亲。若能不恨我,又能亲我者,独有杨定见①一人耳。所以不恨而益亲者又何也?盖我爱富贵,是以爱人之求富贵也。爱贵则必读书,而定见不肯读书,故骂之;爱富则必治家,而定见不做人家,故骂之。骂人不去取富贵,何恨之有?然定见又实有可骂者:方我之困于鄂城②也,定见冒犯暑雪,一年而三四至,则其气骨果有过人者。我知其可以成就,故往往骂詈③之不休耳。然其奈终不可变化何哉?不读书,不勤学,不求生世之产,不事出世之谋,盖有气骨而无远志,则亦愚人焉耳,不足道也。深有虽稍有向道之意,然亦不是直向上去之人,往往认定死语,以辛勤日用为枷锁,以富贵受用为极安乐自在法门④,则亦不免误人自误者。盖定见有气骨而欠灵利,深有稍灵利而无气骨,同是山中一蠢物而已。

[注释]①杨定见:号凤里,麻城(今湖北麻城)人。 ②鄂城:今武昌。③骂詈(lì):责骂。 ④法门:佛教用语,原指修行者入道的门径,今泛指修德、治学或做事的途径。

夫既与蠢物为伍矣,只好将就随顺,度我残年①,犹尔责骂不已,则定见一蠢物也,深有一蠢物也,我又一蠢物也,岂不成三蠢乎?作《三蠢记》。

[注释]①残年:晚年。

三　叛　记①

时在中伏②,昼日苦热,夜间颇凉。湖水骤满,望月初上，和风拂面，有客来伴，此正老子耻眙③时也。杨胖④平日好瞌睡，不知此夜何忽眼青⑤，乃无上⑥事，欣然而笑，惊蝴蝶之梦周，怪铁杵之唊广⑦。和尚⑧不觉矍然开眼而问曰："子何笑？"曰："吾笑此时有三叛人，欲作传而未果耳。"余谓三叛是谁？尔传又欲如何作？胖曰："杨道⑨自幼跟我，今年二十五矣，见我功名未就，年纪又长，无故而逃，是一叛也。怀喜⑩本是杨道一类人，幸得湖僧与之落发，遂以此僧为师，以深为师祖。故深自有怀喜，东西游行，咸以为伴，饮食衣服，尽与喜同。今亦一旦弃之而去，托言入县闭关⑪诵经。夫县城喧杂，岂闭关地耶？明是背祖，反扬言祖可以背李老去上黄柏⑫，吾独不可背之以闭关城下乎？虽祖涕泗交颐⑬，再四苦留，亦不之顾，是三叛也。"余又问何者是三，不答，但笑，盖指祖也。

[注释]①三叛记：指为三个背叛了原来信仰的人而作的记。这三个人是指僧人深有、深有的徒弟怀喜、小沙弥杨道。　②中伏：三伏的第二伏。也称二伏。通常指从夏至后第四个庚日起到立秋后第一个庚日前一天的一段时间。　③耻眙(jiá)：闭目养神。　④杨胖：即杨定见。　⑤眼青：形容兴奋。　⑥无上：从来没有过。　⑦惊蝴蝶之梦周，怪铁杵之唊广：像庄周梦蝴蝶、乐广"捣齑唊铁杵"一样使人感到惊讶。　⑧和尚：这里指李贽。　⑨杨道：芝佛院和尚。　⑩怀喜：僧人深有的学生。　⑪闭关：闭门谢客。　⑫黄柏：即黄檗(bò)山，在湖北麻城东北。　⑬涕泗交颐：形容非常伤心。

时有鱼目子①、东方生、卯酉客并在座，鱼目子问曰："虽是三叛，独无轻重不同科乎？"东方生曰："三者皆可死，有何轻重！盖天下唯忘恩背义之人不可以比于夷狄②禽兽，以夷狄禽兽尚知守义报恩也。既名为叛，则一切无轻重皆杀！"鱼目子曰："深之罪,不须再申明定夺矣,若喜受祖恩养日久,岂道所可同乎？使杨胖之待道有深万一,则道亦必守死而不肯叛杨以去矣。二子人物虽同,要当以平日情意厚薄为差,况道之灵利可使,犹有过喜者哉！故论人品则道为上,喜居中,深乃最下；论如法则祖服上刑,喜次之,道又次之。此论不可易也。"东方生终不然其说,鱼目子因与之反诘不已。公方生曰："夫祖之痛喜,岂诚痛喜之聪明可以语道耶？抑痛喜之志气果不同于凡僧耶？抑又以人品气骨真足以继此段大事耶？同是道一样人,特利其能饮食供奉己也,寝处枕席之足以备冬温夏凉之快己也。此以有利于己而痛之,此以能利于彼而受其痛,报者施者,即时已毕,无余剩矣,如今之雇工人是已,安得而使之不与道同科也？"

[注释]①鱼目子：与下文的"东方生"、"卯酉客",可能是作者虚拟的对"三叛"持不同观点的人。　②夷狄：我国古代统治者对华夏以外的少数部族的蔑称。

　　二子既争论不决,而杨又默默无言,于是卯酉客从旁持刀而立曰："三者皆未可死,唯老和尚可死,速杀此老,贵图天下太平！本等是一个老实无志气的,乃过而爱之,至比之汾阳①,比之布袋②。夫有大志而不知,无目者也。非有大志,而以爱大志之爱爱之,亦无目者也。是可杀也。长别人志气,灭自己威风。不杀更又何待！"持刀直逼和尚。和尚跪而请曰："此实正论,此实正论。且乞饶头,免做无头鬼！"呜呼！昔既无目,今又无头,人言祸不单行,谅哉!

[**注释**]①汾阳:即汾阳善昭禅师,俗姓俞,太原(今山西太原)人。北宋僧人。少年习儒,后学佛,受戒后住汾州(今山西汾阳)说法。 ②布袋:指布袋和尚。五代后梁僧人。

《忠义水浒传》①序

太史公②曰:"《说难》、《孤愤》②,贤圣发愤③之所作也。"由此观之,古之贤圣,不愤则不作矣。不愤而作,譬如不寒而颤,不病而呻吟也,虽作何观乎?《水浒传》者,发愤之所作也。盖自宋室不竞,冠屦倒施④,大贤处下,不肖处上。驯致夷狄⑤处上,中原⑥处下,一时君相犹然处堂燕鹊⑦,纳币称臣,甘心屈膝于犬羊已矣。施、罗⑧二公身在元,心在宋;虽生元日,实愤宋事。是故愤二帝之北狩⑨,则称大破辽⑩以泄真愤;愤南渡之苟安,则称灭方腊⑪以泄其愤。敢问泄愤者谁乎?则前日啸聚水浒之强人也,欲不谓之忠义不可也。是故施、罗二公传《水浒》而复以忠义名其传焉。

[**注释**]①《忠义水浒传》:即《水浒传》。 ②太史公:即司马迁。②《说难》、《孤愤》:战国末期韩非子的两篇作品。 ③发愤:出于激愤。④冠屦倒施:帽鞋倒置。 ⑤夷狄:古称东方部族为夷,北方部族为狄。常用以泛称除华夏族以外的各族。这里指宋代的契丹、女真等族。 ⑥中原:这里指宋王朝。 ⑦处堂燕鹊:比喻处境极其危险而不自知。 ⑧施、罗:即施耐庵、罗贯中。 ⑨二帝之北狩:即宋徽宗、宋钦宗及其宗室、后妃数千人被金兵掳走。 ⑩破辽:指《水浒传》第八十三回宋江"奉旨征辽"的情节。⑪灭方腊:指《水浒传》第九十回至九十九回宋江受招安后镇压方腊起义的情

节。方腊,北宋末年浙江农民起义领袖。

　　夫忠义何以归于《水浒》也？其故可知也。夫水浒之众何以一一皆忠义也？所以致之者可知也。今夫小德役大德,小贤役大贤,理也。若以小贤役人,而以大贤役于人,其肯甘心服役而不耻乎？是犹以小力缚人,而使大力者缚于人,其肯束手就缚而不辞乎？其势必至驱天下大力大贤而尽纳之水浒矣。则谓水浒之众,皆大力大贤有忠有义之人可也。然未有忠义如宋公明①者也。今观一百单八人者,同功同过,同死同生,其忠义之心,犹之乎宋公明也。独宋公明者身居水浒之中,心在朝廷之上,一意招安,专图报国,卒至于犯大难②,成大功,服毒自缢,同死而不辞,则忠义之烈也！真足以服一百单八人者之心,故能结义梁山,为一百单八人之主。最后南征方腊,一百单八人者阵亡已过半矣；又智深坐化于六和③,燕青涕泣而辞主④,二童就计于"混江"⑤。宋公明非不知也,以为见几明哲⑥,不过小丈夫自完之计,决非忠于君义于友者所忍屑矣。是之谓宋公明也,是以谓之忠义也,传其可无作欤！传其可不读欤！

　　[注释]①宋公明:即宋江。　②犯大难:指宋江手下的梁山伯头领,在打方腊过程中"十损七八"。　③智深坐化于六和:指鲁智深死于杭州城郊的六和寺。　④燕青涕泣而辞主:指燕青在征方腊后,苦劝主人卢俊义隐迹埋名,卢不从,燕青辞之自去。　⑤二童就计于"混江":二童,指童威、童猛。"混江",即"混江龙"李俊。就计是指征方腊后,李俊诈称中风,病倒在床,留二童在身边,后投奔外国。　⑥见几明哲:从细微的变化中预见先兆,善于明哲保身。

故有国者不可以不读,一读此传,则忠义不在水浒而皆在于君侧矣。贤宰相不可以不读,一读此传,则忠义不在水浒,而皆在于朝廷矣。兵部掌军国之枢,督府专阃外之寄①,是又不可以不读也,苟一日而读此传,则忠义不在水浒,而皆为干城②心腹之选矣。否则不在朝廷,不在君侧,不在干城腹心,乌乎在?在水浒。此传之所为发愤矣。若夫好事者资其谈柄,用兵者藉其谋画,要以各见所长,乌睹所谓忠义者哉!

[注释]①督府专阃(kǔn)外之寄:都督府掌控重要军职。阃,郭门。②干城:盾牌和城墙。比喻捍卫者。

子由《解老》序①

食之于饱,一也。南人食稻而甘,北人食黍而甘,此一南一北者未始相羡也。然使两人者易地而食焉,则又未始相弃也。道之于孔、老②,犹稻黍之于南北也,足乎此者,虽无羡于彼,而顾③可弃之哉!何也?至饱者各足,而真饥者无择也。

[注释]①子由《解老》序:就苏辙的《解老》而作的序文。子由,即苏辙。《解老》,即《老子解》,是苏辙关于《老子》一书的著作。 ②孔、老:这里指孔子和老子分别代表的儒家学说和道家学说。 ③顾:文言连词,反而,却。

盖尝北学①而食于主人之家矣。天寒,大雨雪三日,绝粮七日,饥冻困踣②,望主人而向往③焉。主人怜我,炊黍饷我④,信口大嚼,未暇辨也。撤案而后问曰:"岂稻粱也欤！奚其有此美也？"主人笑曰："此黍稷也，与稻粱埒⑤。且今之黍稷也，非有异于向之黍稷者也。惟甚饥，故甚美，惟甚美，故甚饱。子今以往，不作稻粱想，不作黍稷想矣。"余闻之，慨然而叹，使余之于道若今之望食，则孔、老暇择乎！自此专治《老子》，而时获子由《老子解》读之。解《老子》者众矣，而子由称最，子由之引《中庸》曰："喜怒哀乐之未发谓之中。"夫未发之中，万物之奥，宋儒自明道⑥以后，递相传授，每令门弟子看其气象为何如者也。子由乃独得微言于残篇断简⑦之中，宜其善发《老子》之蕴，使五千余言烂然如皎日，学者断断乎不可以一日去手也。解成，示道全⑧，当道全意；寄子瞻⑨，又当子瞻意。今去子由五百余年，不意复见此奇特。嗟夫！亦惟真饥而后能得之也。

[注释]①北学：在北方求学问道。　②踣（bó）：跌倒。　③向往：这里是请求之意。　④饷我：用食物款待我。　⑤埒（liè）：等同。　⑥明道：即程颢。见本书卷一《答邓明府》注。　⑦残篇断简：残缺不全的书籍。　⑧道全：即北宋筠州黄檗（niè）山和尚。　⑨子瞻：即苏轼。见本书卷二《复焦弱侯》注。

高同知①奖劝序高系土官②父祖作逆

余尝语高子曰："我国家统一寰宇，泽流区内，威制六合，不务广地而地自广，盖秦皇所不能臣，汉武所不能服者，悉入版图矣。若干羽之格③，东渐西被，朔南暨及④。以今视之，奚啻千百耶！然此人能言之矣，吾且言其设官分职以为民极⑤者,与子扬厉之可乎?

　　[注释]①高同知:当指高金宸。同知,知府、知州的佐官。　②土官:明代在我国西北、西南各少数民族地区设置土司制度,土官为土司制度下的文武官员。土官均由少数民族头领担任,并子孙世袭。　③干羽之格:显耀武力,盛行文德。　④朔南暨及:达到南北方。朔,北方。　⑤民极:民众的准则。

　　"夫滇南迤西①,流土②并建,文教敷洽,二百余年矣。盖上采前王封建③之盛制,下不失后王郡县之良规者也。夫前有封建,其德厚矣,而制未周;后有郡县,其制美矣,而德未厚。惟是我朝,上下古今,俯仰六王④,囊括并包,伦制兼尽,功德盛隆,诚自生民以来之圣之所未有也。故余谓若我圣朝卜世卜年⑤,岂特丕若有夏⑥,勿替有殷,且兼成周有道之长,衍汉、唐、宋无疆之历,万亿斯年,未有艾矣。此岂直为小臣祝愿之私哉!其根本盛者,其枝叶无穷,理固然耳。

　　[注释]①迤西:昆明以西。　②流土:流官土官。流官,与"土官"相对而言。明朝廷派往西北、西南少数民族的地方官。　③封建:封土建国。④六王:指夏商周、汉唐宋。　⑤卜世卜年:预计明朝统治的世代和年数。⑥丕若有夏:与下文的"勿替有殷",会如夏朝统治年数,不废商代统治年数。

　　"尔高氏之先,吾不知其详矣。自为内臣①以来,我高皇帝怜其来归而不忍迁之也,则使之仍有土之业;因其助顺而不忍绝之也,则使之与于世及之典。又念其先世曾有功德于民,而吾兵初不血刃也,则授以大夫之秩②,以延其子孙而隆其眷。夫当混一廓清之日,摧枯拉朽之际,谋臣猛将,屯集如云,设使守汉、唐之故事③,或因其来归也,而待以不死,可若何?或因其效顺也,而遂迁之内地,使不得食其故土之毛,可若何?虽其先或有功德,而没世勿论也,其又若之何?故吾以谓我祖宗之恩德至厚也。

[注释]①内臣:内附之臣。指归服明朝中央政权。 ②大夫之秩:大夫的品级。 ③故事:成例。

"且今之来此而为郡守州正县令者,岂易也哉?彼其读书曾破万卷,胸中兵甲亦且数十万,积累勤矣。苟万分一中选,亦必迟回郎署①十余年,跋涉山川万余里。视子之爵不甚加,而亲戚坟墓则远矣。然犹日惶惶焉以不得称厥职是惧,一有愆尤②,即论斥随之,与编户③等矣。

[注释]①迟回郎署:徘徊郎署。即长期担任郎官,得不到提升。 ②愆尤:过失。 ③编户:指老百姓。

其来远,其去速,其得之甚难,而失之甚易也。如此回视吾子安步而行,乘马而驰,足不下堂阶,而终身逸乐,累世富贵不绝,未尝稽颡厥廷①,而子孙秩爵与流官埒。是可不知其故乎?

[注释]①稽颡(sǎng)厥廷:向皇帝叩头。

"且夫汗马之功臣,其殊勋懋伐①,载在盟府②,尚矣。乃其后嗣不类,或以骄奢毁败,虽有八议③,不少假借④。外之卫所,其先世非与于拔城陷阵之勋,则未易以千户赏,况万户乎。今其存者无几矣。幸而存,非射命中⑤,力搏虎,则不得以破格调;其平日非敬礼君子,爱恤军人,则不可以久安:亦既岌岌矣。惟土官不然。若有细误,辄与盖覆;若有微劳,辄恐后时⑥。郡守言之监司⑦,监司言之台院⑧,而赏格下矣。

[注释]①懋伐:大功。 ②盟府:古代掌管保存盟约文书的官府。 ③八议:古代减免罪罚的八种规定。 ④假借:宽容。 ⑤射命中:指武艺高强。 ⑥后时:不及时。 ⑦监司:监察州县的地方长官。 ⑧台院:御史台、都察院的简称。

"夫同一臣子,同一世官也,乃今以郡守则不得比,以卫所世官则不得比,以功臣之子孙则又不得比,其故何哉?盖功臣之子孙,恐其恃功而骄也,则难制矣,故其法不得不详,非故薄之也。若郡守,则节制此者也,非大贤不可;卫所世官,则拥卫此者也,非强有力知礼义亦不可:故宜其责之备耳。夫有拥卫以防其蔓,有节制以杜①其始,则无事矣,故吾子得以安意肆志②焉,以世受有爵之荣,是其可不知恩乎?知恩则思报,思报则能谨守礼而重犯法,将与我国家相为终始,无有穷时,其何幸如之!"

[注释]①杜:杜绝。 ②安意肆志:放心享乐。

余既与高子时时作是语已。今年春,巡按刘公直指铁骢①,大敉②群吏,乃高子亦与奖赏。然则高子岂不亦贤哉!高子年幼质美,深沉有智,循循雅饬③,有儒生之风焉。其务世其家以求克盖④前人者,尤可嘉也。于戏!余既直书奖语悬之高门,以为高氏光宠矣,因同官之请,又仍次前语以贺之,其尚知恩报恩,以无弃余言,无负于我国家可也!

[**注释**]①刘公直铁骢:刘维铁面无私。刘公,即刘维,字德紘,号九泽,江陵(今湖北江陵一带)人。 ②敉(mǐ):安抚。 ③雅饬:典雅。 ④克盖:抵过,掩盖。

送郑大姚序①

昔者曹参②以三尺剑佐汉祖③平天下,及为齐相④,九年而齐国安集⑤。严助⑥谓汲长孺⑦任职居官无以逾人,至出为东海,而东海大治。今观其所以治齐治东海者,实大不然。史称汲黯戆,性倨⑧少礼。初授为荥阳⑨令,不受,耻之;后为东海,病卧闺阁⑩内,岁余不出。参日夜饮醇酒,不事事。吏舍⑪日饮歌呼,参闻之,亦取酒张坐饮歌呼,与相应和。此岂有轨辙蹊径哉!要何与于治而能令郡国以理也?《语》⑫曰:"其身正,不令而行。""庄以莅之。动之不以礼,未善也。"以余所闻,则二子者,将不免以其不正之身,肆于民上。不庄不正,得罪名教甚矣。而卒为汉名相,古之社稷臣者,何也?岂其所以致理者或自有在,彼一切观美之具有不屑欤?抑苟可以成治,于此有不计欤?将民实自治,无容别有治之之方欤?是故恬焉以嬉,遨焉以游,而民自理也?夫黄帝远矣,虽老子之学,亦概乎其未之闻也。岂二子者或别有黄、老之术,未可以其畔于吾之教而非诋之欤?吾闻至道无为,至治无声,至教无言。虽赐⑬也,亦自谓不可得闻矣,岂其于此实未有闻,而遂不知求之绳墨⑭之外也？余甚疑焉,而未敢以告人。属⑮郑君为大姚令,乃以余平昔之所疑者质之。

[注释]①送郑大姚序:为送别郑大姚而作的赠序。郑大姚,云南姚安府大姚县(今云南楚雄彝族自治州大姚)知县。　②曹参:汉朝功臣。见本书卷二《答周二鲁》注。　③汉祖:即汉高祖刘邦。见本书卷五《琴赋》注。　④齐相:因曹参曾随刘邦屡立战功,所以汉朝建立后,赐其作齐王(刘邦长子刘肥)之相。　⑤安集:安定。　⑥严助:即庄助,会稽吴(今江苏吴县)人。曾向汉武帝推荐汲黯。　⑦汲长孺:即汲黯(？～前112),字长孺,濮阳(今河南濮阳)人。汉武帝时,任东海太守,"学黄老之言,治官理民,好清静"。　⑧性倨:性情傲慢。　⑨荥阳:今河南荥阳。　⑩闺阁:内室。　⑪吏舍:官吏居住或办公的房子。　⑫《语》:即《论语》。　⑬赐:即端木赐,孔子的学生。⑭绳墨:比喻规矩或法度。　⑮属:适逢。

夫大姚,滇下邑①也,僻小而陋,吾知君久矣其不受也。观君魁然其容②,充然其气,洞然不设城府③。其与上大夫④言,如对群吏,处大庭如在燕私⑤,偃倨⑥似汲黯,酣畅似曹参。此岂儒者耳目所尝睹记哉！君独神色自若,饮啖不辍,醉后耳热,或歌诗作大字以自娱,陶陶然若不以邑事为意,而邑中亦自无事。嗟夫！君岂亦学黄、老而有得者耶！抑天资冥契⑦,与道合真⑧,不自知其至于斯也！不然,将惧儒者窃笑而共指之矣,而宁能遽尔也耶！吾与君相聚二载余矣,亦知君之为人矣,今其归也,其有不得者乎？夫渊明⑨辞彭泽⑩而赋"归去",采菊东篱,有深意矣。刺史王弘⑪,一旦二十千掷付酒家,可遂谓世无若人焉一知陶令之贤乎？阮嗣宗⑫旷达不仕,闻步兵厨有酒,求为校尉⑬。君既耻为令矣,纵有步兵之达,莫可告语,况望有知而大用君者,亦惟有归去而已。行李萧条⑭,童仆无欢,直云穷矣,能无恸乎!如君作达⑮,皆可勿恤⑯也。君第行,吾为君屈指而数之,计过家之期⑰,正菊花之候⑱,饮而无资⑲,当必有白衣送酒如贤刺史王公者⑳,能令君一醉尔也。

[注释]①滇下邑:云南的一个小县。 ②魁然其容:身材魁梧,仪表堂堂。 ③洞然不设城府:心胸洞彻,心地坦白。 ④上大夫:这里指上级高官。 ⑤处大庭如在燕私:在朝廷之上就像在家中一样从容。 ⑥偃倨:深居闺阁,傲慢少礼。 ⑦天资冥契:天性暗合(天意)。 ⑧合真:吻合。 ⑨渊明:即陶渊明。 ⑩辞彭泽:指陶渊明不能屈节而辞去彭泽(今江西彭泽)令。 ⑪刺史王弘:王弘(379~432),字休元,临沂(今山东临沂)人。曾任江州刺史(掌管一州的地方长官)。 ⑫阮嗣宗:即阮籍。见本书卷四《豫约》注。 ⑬校尉:这里指步兵校尉,汉代开始设置,掌上林苑门屯兵,唐以后废置。 ⑭萧条:形容很少。 ⑮作达:通达。 ⑯勿恤:不顾。 ⑰过家之期:到家的日期。 ⑱正菊花之候:正是菊花开放之时。 ⑲资:这里指酒。 ⑳白衣送酒如贤刺史王公者:喻指朋友送酒、赠酒。典出南朝宋檀道鸾《续晋阳秋·恭帝》:"王宏(弘)为江州刺史,陶潜九月九日无酒,于宅边东篱下菊丛中摘盈把,坐其侧。未几,望见一白衣人至,乃刺史王宏送酒也。即便就酌而后归。"

《李中丞奏议①》序 代作

传曰:"识时务②者在于俊杰。"夫时务亦易识耳,何以独许俊杰为也?且夫俊杰之生,世不常有,而事之当务,则一时不无,若必待俊杰而后识,则世之所谓时务皆非时务者欤?抑③俊杰之所识者,必俊杰而后识,非俊杰则终不能识欤?吾是以知时务之大也。

[注释]①李中丞奏议:即李世达,详见本书卷一《复京中友朋》注。奏议,臣子向帝王上书陈述事情,议论是非。 ②时务:当前的重大事情或客观形势。 ③抑:或者。

奏议者,议一时之务,而奏之朝廷,行之邦国,断断乎不容以时刻缓焉者也。奏议多矣,而唐独称陆宣公①者,则以此公之学有本,其于人情物理②,靡不周知,其言词温厚和平,深得告君之体,使人读其言便自心开目明,惟恐其言之易尽也。则真所谓奏议矣,然亦不过德宗③皇帝时一时之务耳。盖德宗时既多艰,又好以猜忌为聪明,故公宛曲及之④,长短疾徐,务中其肯綮⑤,以达乎膏肓⑥,直欲穷之于其受病⑦之处,蠹弊之源,令人主读之,不觉不知入其中而不怒,则奏议之最也。若非德宗之时,则又乌用此哉?

[注释]①陆宣公:即陆贽(754~805),字敬舆。苏州嘉兴(今浙江嘉兴)人。唐代政治家,文学家。大历八年(773)进士。德宗即位,召充翰林学士。贞元八年(792)出任宰相,但两年后即因与裴延龄有矛盾,被贬充忠州(今重庆忠县)别驾(州主管官的佐吏),谥号宣。所作奏议数百篇,讥陈时弊,深切著明,为后世推崇。有《陆宣公翰苑集》24卷行世。 ②物理:事理。 ③德宗:即李适,公元779年至805年在位。曾一度逃离都城长安至丰田(今陕西乾县)。 ④宛曲及之:婉转地说明问题。 ⑤肯綮(qìng):筋骨结合的地方,比喻要害或最重要的关键。 ⑥膏肓(gāo huāng):比喻事物的要害或关键。 ⑦受病:出现问题。

汉有晁、贾①:晁错有论②,贾谊有策。今观谊之策,如改正朔③,易服色④,早辅教⑤等,皆依仿《周官》⑥而言之。此但可与俗儒道,安可向孝文神圣之主⑦谈也。然三表、五饵之策,推恩分王之策,以梁为齐、赵、吴、楚之边,剖淮南诸国以益梁而分王其子⑧。梁地二千余里,卒之灭七国者,梁王力也。孰谓洛阳年少⑨,通达国体⑩,识时知务如此哉!至今读其书,犹想见其为人,欲不谓之千古之俊杰,不可得矣。若错之论兵事⑪,与夫募民徙边,屯田塞下,削平七国等,皆一时急务,千载石画⑫,未可以成败论人,妄生褒贬也。盖时者如鸷鸟之趋时⑬,务者如易子之交务⑭,稍缓其时,不知其务则殆,孰谓时务可易言哉!其势非天下之俊杰,固不能以识此矣。

[注释]①晁、贾:即晁错和贾谊。晁错,见本书卷四《五死篇》注。贾谊,见本书卷二《与梅衡湘》注。 ②论:与下文的"策",均指大臣写给皇帝的奏疏。 ③改正朔:改定岁首,即改变历法。正朔,即岁首。 ④易服色:改变车马服饰的颜色。 ⑤早辅教:及早为太子选择师傅和左右之人。 ⑥《周官》:即《周礼》,儒家经典之一。 ⑦孝文神圣之主:即汉文帝刘恒,见本书卷二《与梅衡湘》注。 ⑧剖淮南诸国以益梁而分王其子:扩展梁王刘武(汉文帝之子)的封地,同时将淮南王废徙,把淮南国分而为三。 ⑨洛阳年少:指贾谊。 ⑩国体:治国之法。 ⑪错之论兵事:指晁错的《言兵事疏》。 ⑫千载石画:千年大计。 ⑬鸷鸟之趋时:抓住时机要像鸷鸟疾飞时那样迅速。 ⑭务者如易子之交务:识务,就如同每天一开始就要知道当天的事物一样。子,子时,一天十二个时辰中的第一个时辰。

宋人议论太多,虽谓之无奏议可也,然苏文忠公①实推陆忠宣②奏议矣。今观其上皇帝诸书与其他奏议,真忠肝义胆,读之自然恸哭流涕,又不待以痛哭流涕自言也。然亦在坡公③时当务之急耳,过此而徽、钦③,则无用矣。

亦犹晁、贾之言,只可对文、景、武④三帝道耳,过此则时非其时,又易其务,不中用也。

[注释]①苏文忠公:即苏轼。见本书卷二《复焦弱侯》注。 ②陆忠宣:即陆贽。 ③坡公:即苏轼。苏轼自称东坡居士。 ④徽、钦:即宋徽宗、宋钦宗。 ④文、景、武:即汉文帝刘恒、汉景帝刘启、汉武帝刘彻。

余读先贤奏议,其所以尚论①之者如此。今得中丞李公奏议读之,虽未知其于晁、贾何如,然陆敬舆、苏子瞻②不能过也。故因书昔日之言以请教于公,公其信不妄否?如不妄,则愿载之末简③。

[注释]①尚论:追论古代人物。 ②陆敬舆、苏子瞻:即陆贽、苏轼。 ③末简:书后。简,古代用来刻写文字的竹板,后引申为书籍。

《先行录》序 代作

言一①也,有先行之言②,有可行之言③,又有当行之言④。吾尝以此三言者定君子之是非,而益以见立言⑤者之难矣。

[注释]①一:总体来说。 ②先行之言:先行动,后见于口笔的言论。 ③可行之言:即绝对的真理之言。 ④当行之言:对某时、某人来说可行之言。 ⑤立言:著书立说。

何谓先行之言?则夫子之告子贡是已。既已先行其言矣,安有言过其行之失乎?何谓可行之言?则《易》也,《中庸》也,皆是也。《易》曰"以言乎远则不御①",是远言皆可行也；"以言乎迩则静而正"，是迩言皆可行也；"以言天地之间则备"，是天地之间之言皆可行也。《中庸》曰："夫妇之不肖，可以能行焉。"夫夫妇能行，则愚不肖者自谓不及，贤智者自谓过之，皆不可得矣，其斯以为可行之言乎？既曰可行之言，则言之千百世之上不为先，行之千百世之下不为后；则以言行合一，先后并时，虽圣人亦不能置先后于其间故也。

[注释]①以言乎远则不御：与下文的"以言乎迩则静而正"、"以言天地之间则备"均语出《周易·系辞上》。意为《易》理极广大，说到远，则可以扩展到无尽的极远；说到近则宁静而端正，说到天地之间，则充溢其中无所不有。不御，无尽。备，无不具备。

若夫当行之言，则虽今日言之，而明日有不当行之者，而况千百世之上下哉！不独此也，举一人而言，在仲由①则为当行，而在冉求②则为不当行矣，盖时异势殊，则言者变矣。故行随事迁，则言焉人殊，安得据往行以为典要③，守前言以效尾生④耶？是又当行之言不可以执一⑤也。

[注释]①仲由：即子路，孔子学生。　②冉求：孔子学生。　③典要：永远不变的准则、标准。　④守前言以效尾生：对泥古不化之人的讽刺。尾生，人名，古代传说中坚守信约的人。《庄子·盗跖》："尾与女子期（约会）于梁（桥）下，女子不来，水至不去，抱梁柱而死。"　⑤执一：固执于一种见解不改变。

夫当行而后言，非通于道者不能，可行而后言，非深于学者不能。若中丞李公①，真所谓通于道、深于学者也，故能洁己裕人②,公恕并用③,其言之而当行而可行者乎!乃今又幸而获读所为《从政集》者,则又见其在朝在邑,处乡处家,已往之迹皆如是也,所谓先行其言者也。某是以知公之学,实学也,其政,实政也,谓之曰《先行录》,不亦宜乎!然既先行其言矣,又何不当行之有?又何不可行之有?

[注释]①中丞李公:即李渭(1513～1588),字提之,号同野,贵州思南府安华(今贵州德江)人。嘉靖十三年(1534)举人,由华阴(今四川双流)知县,历官高州府(府治在今广东高州)同知、工部侍郎、云南左参政等职。曾受学于耿定向与罗汝芳,著有《先行录》、《家乘》、《大儒治规》等。中丞,汉代御史大夫下设两丞,一称御史丞,一称中丞。中丞居殿中,故以为名。东汉以后,以中丞为御史台长官。明清时用作对巡抚的称呼。　②洁己裕人:对自己严格要求,对别人宽容对待。　③公恕并用:既符合于公道又不输情理。

时 文①后 序代作

时文者,今时取士之文也,非古也。然以今视古,古固非今;由后观今,今复为古。故曰文章与时高下。高下者,权衡之谓也。权衡定乎一时,精光流于后世,曷可苟也!夫千古同伦,则千古同文,所不同者一时之制耳。故五言②兴,则四言③为古;唐律④兴,则五言又为古。今之近体⑤既以唐为古,则知万世而下当复以我为唐无疑也,而况取士之文乎?彼谓时文可以取士,不可以行远,非但不知文,亦且不知时矣。夫文不可以行远而可以取士,未之有也。国家名臣辈出,道德功业,文章气节,于今烂然,非时文之选欤?故棘闱⑥三日之言,即为其人终身定论。

苟行之不远,必言之无文⑦,不可选也,然则大中丞李公⑧所选时文,要以期于行远耳矣。吾愿诸士留意观之。

[注释]①时文:科举时代称应试的文章,明清时指八股文。 ②五言:指五言诗,即由每句五个字构成的诗体。 ③四言:指四言诗,即由每句四个字构成的诗体。 ④唐律:指唐代的律诗。 ⑤近体:即近体诗,与古体诗相对而言,主要是唐代的律诗与绝句。 ⑥棘闱:科举时代对考场、试院的称谓。 ⑦言之无文:指文章没有实际内容。 ⑧大中丞李公:即李元阳(1497～1580),字仁甫,号中谿。大理府大和(今云南大理)人。嘉靖五年(1526)进士,曾任江阴(今江苏江阴)知县、闽中巡按,荆州知府,监察御史等。与张居正有师生之谊。嘉靖中,因与当道不合,辞官回家,精究理学。颇善诗。李贽弃官离开云南时,曾写文盛赞李贽的政绩。著有《李中谿全集》。

张横渠《易说》序① 代作

横渠先生与学者论《易》久矣,后见二程②论《易》,乃谓其弟子曰:"二程深明《易》道,吾不如。"勇撤皋比③,变易而从之,其勇也如此。吾谓先生即此是④《易》矣。晋人论《易》,每括之以三言:曰易简⑤而天下之理得。是易简,一《易》也。又曰不易⑥乎世。是不易,一《易》也。又曰变动不居⑦,周流六虚⑧,不可为典要⑨,惟变所适。是变易,又一《易》也。至简故易,不易故深,变易故神。虽曰三言,其实一理。深则无有不神,神则无有不易矣。先生变易之速,易如反掌,何其神乎!故吾谓先生即此是《易》矣。作《易说序》。

[注释]①张横渠《易说》序:为张载的《易说》而作的序文。张横渠,即张载。 ②二程:即程颢、程颐。见本书卷一《答邓明府》注。 ③皋比:讲席。

④是:符合。　⑤易简:通俗简约。　⑥不易:(《易》的精神主旨)不变。　⑦变动不居:(《易》的道理)是经常变动迁移而不固定的。与下文的"变动不居","周流六虚","不可为典要","惟变所适"均出自《周易·系辞下》。⑧周流六虚:(《易》的道理)循环流动于阴阳六爻之间。　⑨典要:经常不变的法则。

《龙豀先生文录抄》序①

　　《龙豀王先生集》共二十卷,无一卷不是谈学之书;卷凡数十篇,无一篇不是论学之言。夫学问之道,一言可蔽,卷若积至二十,篇或累至数十,能无赘乎?然读之忘倦,卷卷若不相袭,览者唯恐易尽,何也?盖先生学问融贯,温故知新,若沧洲瀛海②,根于心,发于言,自时出而不可穷,自然不厌而文且理也。而其谁能赘之欤!故余尝谓先生此书,前无往古,今无将来,后有学者可以无复著书矣,盖逆料其决不能条达明显一过于斯也。而刻板贮于绍兴官署,印行者少,人亦罕读。又先生少壮至老,一味和柔③,大同无我,无新奇可喜之行,故俗士亦多不悦先生之为人,而又肯读先生之书乎?学无真志,皮相相矜④,卒以自误,虽先生万语千言,亦且奈之何哉!

　　[注释]①《龙豀先生文录抄》序:李贽受何继高之托,精选并加圈点王畿的著作,并为此选本作的序言。龙豀,即王畿。见本书卷一《答耿司寇》注。②沧洲瀛海:形容学识渊博。沧洲,这里指水滨。瀛海,大海。　③和柔:宽和柔顺。　④皮相相矜:只学些皮毛就相互夸赞。

　　今春,余偕焦弱侯①放舟南迈,过沧洲②,见何泰宁③。泰宁视龙谿为乡先生④，其平日厌饫⑤先生之教为深，熟读先生之书已久矣，意欲复梓⑥行之，以嘉惠山东、河北数十郡人士，即索先生全集于弱侯所。弱侯载两船书，一时何处觅索。泰宁乃约是秋专人来取，而命余圈点其尤精且要者，曰："吾先刻其精者以诱之令读，然后梓其全以付天下后世。夫先生之书，一字不可轻掷，不刻其全则有沧海遗珠之恨；然简袠⑦浩繁，将学者未览先厌，又不免有束书不观之叹。必先后两梓，不惜所费，然后先生之教大行。盖先生之学具在此书，若苟得其意，则一言可毕，何用二十卷；苟不肯读，则终篇亦难，又何必二十卷也。但在我后人，不得不冀其如此而读，如此而终篇，又如此而得意于一言之下也。"泰宁之言如此，其用意如之何？秋九月，沧洲使者持泰宁手札，果来索书白下⑧。适余与弱侯咸在馆。弱侯遂付书，又命余书数语述泰宁初志并付之。计新春二三月，余可以览新刻矣。将见泰宁学问从此日新而不能已，断断乎其必有在于是！断断乎其必有在于是！

[注释]①焦弱侯：即焦竑。见本书卷一《与焦弱侯》注。 ②沧洲：即沧州，明代州名，治所在长芦（今河北沧州）。 ③何泰宁：即何继高，号泰宁，山阴（今浙江绍兴）人。万历十一年（1583）进士。历官长芦转运使、南京刑部郎、江西参政兼金事等。善决断案件。 ④乡先生：何继高与王畿同为山阴人，故称。 ⑤厌饫（yù）：饱受。 ⑥梓：刊刻。 ⑦袠（zhì）：同"帙"。 ⑧白下：即南京。

关王告文①

惟神②忠义贯金石③，勇烈冠古今。方其镇荆州，下襄阳也,虎视中原,夺老瞒④之精魄,孙吴犹鼠⑤,貌割据之英雄,目中无魏、吴久矣。使其不死,则其吞吴并曹,岂但使魏欲徙都⑥已哉!其不幸而不成混一之业,复卯金之鼎⑦者,天也。

[**注释**]①关王告文:祭告关羽。关羽,见本书卷二《复焦弱侯》注。告文,祭文。　②神:指关羽。　③忠义贯金石:忠义永存。　④老瞒:指曹操。见本书卷四《八物》注。　⑤孙吴犹鼠:把吴国孙权视为狐鼠。　⑥使魏欲徙都:襄樊战役初期,关羽得胜,威胁曹魏挟天子的都城许昌(今河南许昌),曹操曾一度打算迁都。　⑦复卯金之鼎:恢复刘氏的天下。卯金,刘的繁体字"劉"的略称。

然公虽死,而吕蒙①小丑亦随吐血亡矣。盖公以正大之气压狐媚之孤②,虽不逆料③其诈,而呼风震霆④,犹足破权奸之党⑤;驾雾鞭雷,犹足裂逸贼⑥之肝。固宜其千秋万祀,不问⑦海内外足迹至与不至,无不仰公之为烈。盖至于今日,虽男妇老少,有识无识,无不拜公之像,畏公之灵,而知公之为正直,俨然如在宇宙之间也。

[**注释**]①吕蒙:三国时孙吴大将,趁关羽与曹军争夺樊城时,袭击关羽后方荆州,使关羽进退失据,终于被他擒杀,吕蒙不久也病亡。　②狐媚之孤:指孙权。　③逆料:预料。　④霆:疾雷。　⑤权奸之党:指曹操。⑥逸贼:指吕蒙。　⑦不问:不论。

某等①来守兹土②,慕公如生,欲使君臣劝忠,朋友效义,固③因对公之灵,复反覆而致意焉。彼不知者,谓秉烛达旦④为公大节。噫!此特硁硁⑤小丈夫之所易为,而以此颂公,公其享之乎?

[注释]①某等:李贽自称。 ②兹土:指姚安府。 ③固:同"故"。④秉烛达旦:手持烛火到天亮。典出《三国演义》地二十五回:关羽因护送甘、糜二嫂(刘备之妻),被曹操所俘,曹操欲使关羽乱君臣之礼,将其与二嫂关在一室中。关羽秉烛立于户外直到天亮,毫无倦色。 ⑤硁(kēng)硁:浅薄鄙陋。

李中谿①先生告文

公从幼嗜学,到老不倦;人无微不收②,言无诞而不录③;诞言靡信,公意弥笃④。盖众川合流,务欲以成其大;土石并砌,务欲以实其坚,是故大智若愚焉耳,公之向道,其笃也如此。平生禄入,尽归梵宫⑤;交际问遗,总资贫乞,六度⑥所称布施忍辱精进者,公诚有之。

[注释]①李中谿:见本卷《时文后序》注。 ②人无微不收:不因为人卑微而不吸收他的意见。 ③言无诞而不录:不因为言语荒诞而不做记录。④弥笃:更加诚挚。 ⑤梵宫:佛寺。 ⑥六度:见本卷《篁山碑文代作》注。

李贽曰:公倜傥①非常人也,某②见其人,又闻其语矣。世庙③时,驾幸承天④,公为荆州⑤。惟时有司不能承宣德意⑥,以致纤夫走渴,疫死无数。公先期市药材,煮参著⑦,令置水次⑧,役无病者。后筑堤障江,人感公,争出力,至于今赖焉。夫其所市药费,不过四五百金耳,而令全活者以万计,又卒致其力筑堤,为荆人世世赖。公之仁心盖若此矣。

[注释]①倜傥:洒脱,不拘束。 ②某:李贽自称。 ③世庙:明世宗朱厚熜庙号世宗,故称。 ④驾幸承天:皇帝出巡承天府(治所在今湖北钟祥)。

⑤公为荆州：指李元阳任荆州府(治所在今湖北江陵)知府。　⑥有司不能承宣德意：有关部门不能秉承执行皇帝的意图。　⑦参(shēn)蓍(shī)：人参和黄蓍。　⑧水次：码头。

公初第①，由翰林②出为县令③，又由侍御史④复出为郡守⑤。盖慈祥恺悌⑥，虽于人无不爱，然其刚毅正直之气，终不可以非法屈挠⑦，故未四十而挂冠以老⑧。又能以其余年肆力于问学，勇猛坚固，转不退轮⑨，为海内贤豪驱先，非常人明矣。

[注释]①初第：刚刚中进士时。　②翰林：即翰林学士，官名。唐玄宗开元初以张九龄、张说、陆坚等掌四方表疏批答、应和文章，号"翰林供奉"，与集贤院学士分司起草诏书及应承皇帝的各种文字。德宗以后，翰林学士成为皇帝的亲近顾问兼秘书官，常值宿内廷，承命撰拟有关任免将相和册后立太子等事的文告，有"内相"之称。唐代后期，往往即以翰林学士升任宰相。北宋翰林学士仍掌制诰。清代以翰林掌院学士为翰林院长官，其下有侍读学士、侍讲学士。清末复置翰林学士，仅备侍读学士的升迁。　③出为县令：指李元阳出任江阴县(今江苏江阴)知县。　④侍御史：官名。秦置，汉沿设，在御史大夫之下。　⑤郡守：郡的长官，主一郡之政事。秦废封建设郡县，郡置守、丞、尉各一人。守治民，丞为佐。汉唐因之；宋以后郡改府，知府亦称郡守。　⑥恺悌(kǎi tì)：和乐平易。　⑦屈挠：屈服于人。　⑧挂冠以老：辞官以终老。　⑨转不退轮：坚持问学而不松懈。

余等或见而知，或闻而慕。今其死矣，云谁之依！地阻官羁①，生刍曷致②？为位而告，魂其听之。且余等与公同道为朋，生时何须识面；同气相应，来时自遍十方。惟愿我公照临法会③，降此华山④，钟鼓齐鸣，俨然其间。富贵荣名，无谓可乐，此但请客时一场筵席耳，薄暮则散去矣。生年满百,未足为寿,以今视昔,诚然一呼吸之间也。平昔文章,咸谓过人,不知愚者得之,徒增口业⑤,智者比之,好音过耳,达人大观⑥,视之犹土苴⑦也。"有子万事足",俗有是言也。不曰扬子云《法言》⑧,白乐天《长庆》⑨,人至于今传乎?使待嗣⑩而后传,则古今有子者何限也。须知孔子不以孔鲤⑪传,释迦不以罗睺⑫传,老聃不以子宗传,则公可以抚掌大笑矣。勿谓道家法力⑬胜禅家,道家固不能离道而为法也。勿谓服食⑭长生可冀,公固不死矣,何用长生乎?勿谓灌顶阳神可出⑮,公固精神在天矣,又何用劳神求出乎?公但直信本心,勿顾影⑯,勿疑形,则道力固自在也,法力固自在也,神力亦自在也。

[注释] ①地阻官羁:道路阻隔,官务缠身。 ②生刍曷致:祭品怎能送达? ③照临法会:光临集会。 ④华山:在今陕西东部,神话传说是群仙降临之地。 ⑤口业:佛教语。佛教以身、口、意为三业。口业,指妄言、恶口、两舌和绮语。 ⑥大观:见多识广。 ⑦土苴(jū):渣滓,糟粕。比喻微贱的东西。 ⑧扬子云《法言》:即扬雄的《法言》。扬子云,即扬雄,字子云,西汉蜀郡成都(今四川成都郫县)人。年四十余,始游京师长安,以文见召,奏《甘泉》、《河东》等赋。成帝时任给事黄门郎。王莽时任大夫,校书天禄阁。西汉后期著名辞赋家,曾撰写有《太玄》、《法言》及《方言》等。是汉朝道家思想的继承和发展者。《法言》,扬雄模拟《论语》体裁的著作,共十三卷。内容以儒家传统思想为核心。 ⑨白乐天《长庆》:即白居易的《白氏长庆集》。白乐天,即白居易。见本书卷二《与李惟清》注。 ⑩嗣:儿子。指传宗接代的人。 ⑪孔鲤:孔子的儿子。 ⑫罗睺:释迦牟尼的儿子。 ⑬法力:神奇的力量。 ⑭服食:指吃丹药。 ⑮灌顶阳神可出:灌顶以后人的灵魂就可以升天。 ⑯顾影:受外界影响而自我怀疑。

再致我公:为我传语李维明①。维明者,白下②人,名逢阳,别号翰峰,仕为礼部郎。于贽为同曹友③,于沉④为同年友⑤,皆同道雅相爱慕者。故并设位,俾得与公会云。

[注释]①李维明:即李逢阳。见本书卷二《复士龙悲二母吟》注。②白下:即南京。 ③同曹友:既是同事又是朋友。 ④沉:即方沉(1542～1608),字子及,号讱庵,莆田(今福建莆田)人。隆庆二年(1568)进士。历官南京户部郎、刑部郎、云南提学、湖广佥事等。著有《漪兰堂集》。 ⑤同年友:既是同年进士又是朋友。

王龙谿先生①告文

圣代儒宗②,人天法眼③;白玉无瑕,黄金百炼。今其没矣,后将何仰!吾闻先生少游阳明先生④之门,既以一往而超诣;中升西河夫子⑤之坐,遂至殁身而不替。要以朋来为乐兮,不以不知而愠也,真得乎不迁不贰⑥之宗。正欲人知而信兮,不以未信而懈也,允符乎不厌不倦之理。盖修身行道者将九十岁,而随地雨法⑦者已六十纪矣。以故四域⑧之内,或皓首而执经⑨,五陵⑩之间,多继世以传业。遂令良知密藏⑪,昭然揭日月而行中天⑫;顿令洙、泗渊源⑬,沛乎决江、河而达四海。非直斯文之未丧,实见吾道之大明。先生之功,于斯为盛。

[注释]①王龙谿先生:即王畿。见本书卷一《答耿司寇》注。 ②圣代儒宗:明代儒家的宗师。 ③人天法眼:天地之间的智慧。 ④阳明先生:即王守仁。见本书卷一《又答石阳太守》注。 ⑤西河夫子:本指孔子死后其学生子夏在西河(今济水、黄河间)讲学,继续传播孔子之道。这里借指继承并传播道学。 ⑥不迁不贰:不迁怒于别人也不再犯同样的过失。语出《论语·雍也》。 ⑦随地雨法:到处传播王守仁学说。 ⑧四域:借指人世间。

⑨皓首而执经:指年龄很大了还从师受业。　⑩五陵:借指京城附近。
⑪良知密藏:良知的奥秘。　⑫中天:高空。　⑬洙、泗渊源:儒家学派的源泉。

忆昔淮南①儿孙布地②,猗欤盛欤,不可及矣。今观先生渊流更长,悠也久也,何可当哉!所怪学道者病在爱身而不爱道,是以不知前人付托之重,而徒为自私自利之计,病在尊名而不尊己,是以不念儿孙陷溺之苦,而务为远嫌远谤之图。嗟夫!以此设心,是灭道也,非传道也;是失己也,非成己也。先生其忍之乎?嗟我先生,唯以世人之聋瞽③为念,是故苟可以坐进此道④,不敢解嘲⑤也;唯以子孙之陷溺为忧,是故同舟而遇风,则吴、越必相救⑥,不自知其丧身而失命也。此先生付托之重所不能已也。此余小子所以一面先生而遂信其为非常人也。虽生也晚,居非近,其所为凝眸而注神,倾心而悚⑦听者,独先生尔矣。先生今既没矣,余小子将何仰乎!

[注释]①淮南:指王艮。见本书卷一《又答石阳太守》注。　②儿孙布地:学生到处都有。　③瞽:瞎。　④坐进此道:安然地向世人传播儒家之道。　⑤解嘲:因被别人嘲笑而自我解释。　⑥吴、越必相救:指不计前嫌倾心相救。　⑦悚:敬畏。

嗟乎!"嘿而成之,存乎其人;不言而信,存乎德行。"先生以言教天下,而学者每咕哔①其语言,以为先生之妙若斯也,而不知其糟粕也,先生不贵也。先生以行示天下,而学者每惊疑其所行,以为先生之不妙若斯也,而不知其精神也,是先生之所重也。我思古人实未有如先生者也，故因闻先生之讣也，独反覆而致意焉。先生神游八极②，道冠终古；夭寿不二③，生死若一。吾知先生虽亡，故存者也。其必以我为知言也夫！其必以我知先生也夫！

[注释]①呫哔(tiè bì)：泛称诵读。 ②神游八极：精神遨游八方。 ③夭寿不二：不管寿命长短。

罗近谿先生告文①

戊子②冬月③二十四日，南城④罗先生之讣至矣，而先生之没，实九月二日也。夫南城，一水间⑤耳，往往至者不能⑥十日余，而先生之讣直至八十余日而后得闻，何其缓也！岂龙湖⑦处僻，往来者寡耶？而往来者非寡，直知⑧先生者寡也？然吾闻先生之门⑨，如仲尼⑩而又过之，盖不啻中分鲁⑪矣。其知先生者，宜若非寡，将实未闻好学者，以故虽及门，而终不知先生之所系于天下万世者如此其甚重也耶？夫惟其视先生也不甚重，则其闻先生之讣也，自不容于不缓矣。余是以痛恨先生之没，而益信先生之未可以死也。

[注释]①罗近谿先生告文：为罗汝芳先生而写的祭文。罗近谿，即罗汝芳。见本书卷一《答耿司寇》注。告文，祭文。 ②戊子：指万历十六年(1588)。 ③冬月：十一月。 ④南城：今江西南城。 ⑤一水间：李贽当时寓居麻城龙潭湖在长江以北，而罗汝芳的家乡南城在长江以南，两地处于长江一水之隔，故称。 ⑥不能：不超过。 ⑦龙湖：指龙潭湖芝佛院，李贽寓居之处。 ⑧知：领悟(其精神)。 ⑨门：指门下受业的弟子。 ⑩仲尼：指孔子。 ⑪中分鲁：半个鲁国，形容弟子很多。

有告我者曰:"先生欲以是九月朔①辞世长往,故作别语以示多士。多士苦不忍先生别,于是先生复勉留一日与多士谈,谈竟矣,而后往耳。今先生往矣,无可奈何矣,于是多士始乃拭泪含哀,共梓②先生别语以告四方之士。若曰得正而毙③,吾师无忝曾参④矣;扶杖逍遥⑤,吾师不愧夫子⑥矣。岂惟不惜死,又善吾死,吾师至是,真有得矣。大为其师喜,故欲梓而传之。"

[注释]①朔:初一。 ②梓:刻印。 ③得正而毙:得到正道正名定分而死。 ④无忝曾参:不愧于曾参。 ⑤扶杖逍遥:借指面临死亡时的泰然态度。 ⑥夫子:指孔子。

嗟乎!先生之寿七十而又四矣,其视仲尼有加矣,夫人生七十,古来所稀。寿跻古稀①,虽恒人②能不惜死,而谓先生惜死乎?何以不惜死为先生喜也?且夫市井小儿,辛勤一世,赢得几贯钱钞,至无几也。然及其将终也,已死而复甦③,既瞑而复视,犹恐未得所托然者④。使有托也,则亦甘心瞑目已矣。先生生平之谓何,顾此历代衣钵⑤,竟不思欲置何地乎?其所为勉留一日者何故?或者亦恐未得所托矣。如使有托,虽不善死⑥,亦善也。使未有托也,则虽善死,先生不善也,又何可以善死称先生也?吾谓先生正当垂绝之际,欲恸⑦不敢恸之时,思欲忍死一再见焉,而卒不可得者,千载而下,闻之犹堪断肠,望之犹堪堕泪,此自是其至痛不可甘忍,而谓先生忍死而不惜可乎?盖惜死莫甚于先生者,吾恐更有甚于多士之惜先生之死也。何也?天既丧予,予亦丧天;无父则望孤,无子而望绝矣,其为可悲可痛皆一也。若如所云,则千圣之衣钵,反不如庸夫之一贯。市井小儿犹不忍于无托也,而先生能忍之矣,又何以为先生也!

[注释]①寿跻古稀:人寿到七十。 ②恒人:常人。 ③甦(sū):同"苏"。 ④所托然者:可以托付的人或物。 ⑤衣钵:原指佛教中师父传授给徒弟的袈裟和钵,后泛指传授下来的思想、学问、技能等。 ⑥善死:正常死亡。 ⑦恸(tòng):极其悲痛。

方闻讣时,无念僧深有①从旁赞曰:"宜即为位以告先生之灵。"余时盖默不应云。既而腊至矣,岁又暮矣;既而改岁,复为万历己丑②,又元月,又二月,春又且分也。深有曰:"某自从公游,于今九年矣,每一听公谈,谈必首及王先生③也,以及先生④。癸未⑤之冬,王公讣至,公即为文告之,礼数加焉,不待诏也。忆公告某曰:'我于南都得见王先生者再,罗先生者一。及入滇,复于龙里得再见罗先生焉。'然此丁丑⑥以前事也。自后无岁不读二先生之书,无口不谈二先生之腹⑦。令某听之,亲切而有味,详明而不可厌,使有善书者执管⑧侍侧,当疾呼手腕脱矣,当不止十纸百纸,虽千纸且有余矣。今一何默默也?且丙戌⑨之春,某将杖锡⑩南游,公又告某曰:'急宜上盱江⑪见罗先生。'于时龙谿王先生死矣,戊子⑫之夏,某复自南部来至,传道罗先生有书欲抵南都,云'趁此大比⑬之秋,四方士大和会,一入秣陵⑭城,为群聚得朋计。'公即为书往焦弱侯所:'罗先生今兹来,慎勿更磋过!恐此老老矣,后会难可再也。'既又时时物色诸盱江来者,稍道罗先生病。

语病,又稍稍张皇矣。公告某曰:'先生既病,当不果南下矣,然先生实无甚病也。吾观先生骨刚气和,神完志定,胜似王先生。王先生尚享年八十六,先生即不百岁,亦当九十,决不死也。'然某觇⑮公,似疑罗先生病欲死者,而竟绝口不道罗先生死。试屡问之,第云:'先生不死,先生决不死!'今罗先生实死矣,更默默何也。"

[注释]①深有:芝佛院和尚,师从李贽。 ②万历己丑:万历十七年(1589)。 ③王先生:即王畿。 ④先生:即罗汝芳。 ⑤癸未:万历十一年(1583)。 ⑥丁丑:万历五年(1577)。 ⑦腹:这里指学说,思想。 ⑧执管:拿笔。 ⑨丙戌:万历十四年(1586)。 ⑩杖锡:手握禅杖。 ⑪盱(xū)江:在江西省东部,流经南城。这里代指南城。 ⑫戊子:万历十六年(1588)。 ⑬大比:隋唐以后泛指科举考试。 ⑭秣陵:古县名,辖境在今南京市。这里代指南京。 ⑮觇(chān):暗中观察。

嗟乎!余默不应,不知所以应也。盖余自闻先生讣来,似在梦寐中过日耳。乃知真哀不哀,真哭无涕,非虚言也。我今痛定思痛,回想前事,又似大可笑者。夫谓余不思先生耶?而余实思先生。谓余不知先生耶?而余实知先生深也。谓余不能言先生耶?而能言先生者实莫如余。乃竟口不言,心不思,笔不能下,虽余亦自不知其所说矣。岂所谓天丧余,余丧天;无父何怙①,无子而望孤者耶!

[注释]①怙:(hù):依靠,依赖。

今余亦既老矣,虽不曾亲受业于先生之门,而愿买田筑室厝①骸于先生之旁者,念无时而置也,而奈何遂闻先生死也! 然惟其不曾受业于先生之门也,故亦不能遍友先生之门下士而知其孰为先生上首弟子也。意者宁无其人,特恨未见之耳。言念先生束发从师,舍身从道;一上春官②,蜚声锁院③。而出世夙念,真结肺肠;有道之思,恐孤师友。于是上下四方,靡足不聘,咨询既竭,步趋遂正。饮河知足④,空手归来。越又十年,岁当癸丑⑤,乃对明庭,释褐从政⑥。公庭讼简,委蛇乐多⑦,口舌代钺⑧,论心无兢⑨。胥徒令史,浑如其家。即仕而学,不以仕废;即学称仕,何必仕优。在朝如此,居方可知。自公既然,家食何如:堂前击鼓,堂下唱歌;少长相随,班荆共坐⑩。此则先生七十四岁以前之日恒如此也。

[注释]①厝(cuò):安置。 ②一上春官:参加礼部主持的考试。春官,礼部的别称。 ③蜚声锁院:在考场中赢得一片赞誉。 ④饮河知足:欲望有限,易于满足。 ⑤癸丑:嘉靖三十二年(1553)。 ⑥释褐从政:开始做官。褐,粗麻衣服,古时贫贱者所服。 ⑦委蛇乐多:从容自乐。 ⑧口舌代钺:以说服教育代替刑罚。钺,铡刀,古代斩人的刑具。 ⑨论心无兢:讲道理从容不迫。 ⑩班荆共坐:朋友相遇于途中,铺开荆席坐地,共叙情怀。形容彼此感情很好。

若夫大江之南,长河之北,招提梵刹①,巨浸名区②,携手同游,在在成聚,百粤③、东瓯④,罗施、鬼国⑤,南越⑥、闽越⑦、滇越⑧、腾越⑨,穷发鸟语⑩,人迹罕至,而先生墨汁淋漓,周遍乡县矣。至若牧童樵竖,钓老渔翁,市井少年,公门将健,行商坐贾,织妇耕夫,窃屦⑪名儒,衣冠大盗,此但心至则受,不同所由也。况夫布衣韦带⑫,水宿岩栖,白面书生,青衿子弟,黄冠白羽,缁衣大士,缙绅先生,象笏朱履⑬者哉!是以车辙所至,奔走逢迎,先生抵掌其间,坐而谈笑。人望丰采,士乐简易,解带披襟,八风时至。有柳士师⑭之宽和,而不见其不恭;有大雄氏⑮之慈悲,而不闻其无当。同流合污,狂简斐然;良贾深藏,难识易见。居柔处下,非乡愿也。泛爱容众,真平等也。力而至,巧而中,是以难及;大而化,圣而神⑯,夫谁则知。

盖先生以是自度,亦以是度人。七十余年之间,东西南北无虚地,雪夜花朝无虚日,贤愚老幼贫病贵富无虚人,矧伊⑰及门若此其专且久,有不能得先生之传者乎?吾不信也。

[**注释**]①招提梵刹:指大小佛寺。 ②巨浸名区:指大湖泊和著名风景之地。 ③百粤:即"百越","越"与"粤"古通。古代越族居住在浙、闽、粤、桂各地,各部落各有名称,而统称百越。 ④东瓯:古族名。越族的一支。相传为越王勾践的后裔。分布在今浙江省南部瓯江、灵江流域。其首领摇助汉灭项羽,受封为东海王,因都东瓯(今浙江省温州市),俗称东瓯王。 ⑤罗施、鬼国:今贵州省的黔西、大方一带。 ⑥南越:今广东、广西一带。 ⑦闽越:今福建北部、浙江南部、广东潮州及梅州一带。 ⑧滇越:今云南省。 ⑨腾越:今云南腾冲一带。 ⑩穷发鸟语:指边远少数民族地区。 ⑪窃屦:偷鸡摸狗之徒。 ⑫布衣韦带:借指贫寒之士。 ⑬象笏(hù)朱履:指当官者。 ⑭柳士师:即展禽,姓展,名获,字子禽。春秋时鲁国大夫,任士师(掌管刑狱的官),食邑在柳下,银城柳下惠。以善于讲究贵族礼节著称,见《论语·微子》即《左传·僖公二十六年》。 ⑮大雄氏:即释迦牟尼的尊称。 ⑯大而化,圣而神:指学问渊博而能融会贯通,达到神妙莫测的境地。 ⑰矧(shěn)伊:况且他。

先生幸自慰意焉！余虽老,尚能驱驰,当不辞跋涉,为先生访求门下士谁是真实造诣得者。得即焚香以告,以妥①先生之灵曰:"余今而后,而知先生之可以死也,真可以不惜死,真非徒自善其死者之比也。"而余痛恨先生之死之心可以释矣。若孔子之与鲁君言②也,直曰"今也则亡,未闻好学者也"。是谓无子而望绝也,先生不如是也。

[注释]①妥:告慰。 ②孔子之与鲁君言:鲁哀公问孔子的学生中哪个最好学,孔子说颜回,但只可惜颜回短命而亡,以后没有如此好学者了。语出《论语·雍也》。

祭无祀①文 代作

窃以生而为人,不得所依,则不免冻馁而疾病作。是故圣帝明王知而重之,仁人君子见而矜②之,于是设养济之院,建义社之仓,以至邻里乡党之相赒③,车马轻裘之共敝④,皆圣帝明王所谓茕独⑤之哀,仁人君子之所以周急也。而后四海始免怨号之夫矣,而岂徒然也哉！死而为鬼,不得所依,则谁为享奠而疫疠⑥作。是故圣帝明王哀而普度,仁人君子怜而设飨⑦。于是乎上元⑧必祭,中元必祭,以至清明之节,霜降之夕,无不有祭。盖我太祖高皇帝之所谆切,更列圣而不敢替者,又不独古圣昔王相循已也。而后天下始无幽愁之鬼矣,而岂无谓也哉！何也？圣帝明王与仁人君子,皆神人之主也。不有主,将何所控诉乎？又何以谐神人而协上帝,通幽明而承天休⑨也？生人之无依者,又是何等?若文王所称四民,其大概也。死人之无依者,又是何等?若我太祖高皇帝所录死亡,至详悉也。是故京则祭以上卿,郡则祭以大夫,邑则祭以百里之侯⑩,至于乡祭、里祭、村祭、社祭,以及十家之都,咸皆有祭。而唯官祭则必以城隍之神主之。前此一日,本官先行牒告⑪,临期诣坛躬请,祭毕,乃敢送神以归而后妥焉。此岂无义而圣人为之哉!此岂谄黩⑫于无祀之鬼,空费牲币以享⑬无用,而太祖高皇帝肯为之哉!

[注释]①无祀:没有子孙祭祀的鬼魂。 ②矜:同情。 ③赒(zhōu):接济,救济。 ④车马轻裘之共敝:愿意把自己的车马衣服跟朋友共同使用,坏了也没有什么不满。 ⑤茕(qióng)独:孤独无靠的人。 ⑥疫疠(lì):瘟疫。 ⑦设飨(xiǎng):陈设祭品。 ⑧上元:与下文的"中元"分别是指农历正月十五日(也叫元宵节)和七月十五。 ⑨天休:天赐福佑。 ⑩百里之侯:指县令。 ⑪牒告:布告。 ⑫谄黩:即"谄渎",阿谀在上的人和轻侮在下的人。 ⑬享:祭祀。

今兹万历丁酉①之清明,是夕也,自京国郡国,以至穷乡下里,莫敢不钦依令典②,相随赴坛而祭,或设位而祭矣。况我沁水坪上③,仁人君子比屋可封④,生人无依,尚仰衣食,鬼苟乏祀,能不望祭乎?所恨羁守一官⑤,重违乡井⑥,幸兹读《礼》先庐⑦,念熭蒿之悽怆⑧,因思亲以及亲,为位比郭,请僧讽经,自今夕始矣。凡百无主鬼神,有饭一饱,无痛乏宗;有钱分授,无争人我:是所愿也。

[注释]①万历丁酉:万历二十五年(1597)。 ②钦依令典:敬遵法令。 ③沁水坪上:陕西省沁水县坪上村。 ④比屋可封:家家户户都有贤人可以封赐。 ⑤羁守一官:受官职之羁绊。 ⑥重违乡井:多次离开家乡。

⑦先庐：父母墓。　⑧焄蒿（xūn hāo）之悽怆：由祭祀时祭品所发出的气味，引发内心的悲伤。

抑①余更有说焉：凡为人必思出苦，更于苦中求乐；凡为鬼必愁鬼趣②，更于趣中望生乃可。若但得饱便足，得钱便欢，则志在钱饱耳，何时得离此苦趣耶！醉饱有时，幽愁长在，吾甚为诸鬼虑之。窃闻《阿弥陀经》③等，《金刚经》④等，诸佛真言等，众僧为尔宣言，再三再四，皆欲尔等度脱鬼伦，即生人天⑤，或趣佛乘⑥，或皈西方⑦者，诚可听也，非但欲尔等一饱已也。又闻地藏王菩萨⑧发愿欲代一切地狱众生之苦，此夕随缘在会，有话须听。又闻面然⑨大士统领三千大千⑩神鬼，与尔等相依日久，非不欲尽数超拔尔等，第亦无奈尔等自家不肯何耳。今尔等日夜守着大士，瞻仰地藏菩萨，可谓最得所主矣。幸时时听其开导，毋终沉迷，则我此坛场，其为诸鬼成圣成贤，生人生天之场，大非偶也。若是，则不但我坪上以及四境之无祀者所当敬听，即我宗亲并内外姻亲，诸凡有人奉祀者，亦当听信余言，必求早早度脱也。虽有祀与无祀不同，有嗣与无嗣不同，然无嗣者呼为无祀之鬼，有嗣者亦呼为有祀之鬼，总不出鬼域耳。总皆鬼也，我愿一听此言也。我若狂言无稽，面然大士必罚我，地藏王菩萨必罚我，诸佛诸大圣众必罚我，诸古昔圣君贤相仁人君子必罚我。兼我太祖高皇帝，成祖文皇帝，以及列圣皆当罚我矣。不敢不敢，不虚不虚。谨告。

[注释]①抑：也许。　②鬼趣：佛教语。又称鬼道，六道轮回之一。六

道分别是:天道、人道、阿修罗道、畜生道、饿鬼道和地狱道。 ③《阿弥陀经》:佛经名。 ④《金刚经》:佛经名。 ⑤人天:即"六道"中的人间和天上。 ⑥佛乘:佛教谓教导众生成佛之法。 ⑦皈西方:皈依四方佛国。 ⑧地藏王菩萨:以度死鬼为主的菩萨名。 ⑨面然:佛经中的饿鬼名。 ⑩三千大千:指佛教化的极大世界。

篁山碑文代作①

篁山庵在江西饶州德兴县界万山中,其来旧矣,而人莫知。山有灵气。唐元和②间,有张庵孙③者修真得道于此。迨④胜国至元⑤,里人胡一真⑥又于此山修真得道去。相传至今,山盖有二真人焉。嗣后山缺住持⑦,庵院几废,失今不修,将不免为瓦砾之场矣。一兴一废,理固常然;既废复兴,宁独无待⑧。此僧真空⑨之所为作也。

[注释]①篁(huáng)山碑文代作:代潘士藻而写的篁山庵碑文。篁山庵,当在德兴(今江西德兴)。 ②元和:唐宪宗李纯年号(806~820)。 ③张庵孙:不详。 ④迨(dài):等到。 ⑤至元:元世祖忽必烈年号(1264~1294)。 ⑥胡一真:不详。 ⑦住持:佛教寺院主管僧的职称。起于禅宗。 ⑧宁独无待:难道不可以等待吗? ⑨真空:不详。

真空少修戒律,行游京师,从兴圣禅师说戒。比还故里,才到舟次①,忽感异梦:仿然若见观音大士②指引入篁山修行者。归而问人,人莫晓也。真空遂发愿:愿此生必见大士乃已。拨草穷源,寻至其地,果见大士俨然在于废院之中,真空不觉进前拜礼,伏地大哭。于是复矢心誓天③,务毕此牛之力修整旧刹,复还故物。苦行斋心④,戒律愈厉。居民长者感其至诚，协赞募化，小者输木石，大者供粮米。未及数年而庵院鼎新，圣像金灿；朝钟暮鼓，灯火荧煌。非但大士出现，僧众有皈，且与山陬⑤野叟、岩畔樵夫同依佛日⑥，获大光明。向之闷然莫晓其处者，今日共登道场⑦，皆得同游于净土矣。向非真空严持有素，则大士必不肯见梦以相招；又非发愿勤渠⑧，礼拜诚笃，则居民又安有肯捐身割爱，以成就此大事乎？固知僧律之所系者重也。

[注释]①舟次：码头。　②观音大士：观世音的别称。　③矢心誓天：以诚心向天立誓。　④斋心：祛除杂念，使心神凝寂。　⑤山陬（zōu）：山角落。借指山区偏僻处。　⑥佛日：对佛的敬称。　⑦道场：释道二教称诵经礼拜的场所。　⑧勤渠：殷勤。

佛说六波罗蜜①，以布施②为第一，持戒为第二。真空之所以能劝修者，戒也；众居士之所以布施者，为其能持戒也。真空守其第二，以获其第一；而众居士出其第一，以成其第二。可知持戒固重，而布施尤重也。布施者比持戒为益重，所谓青于蓝也。众居士可以踊跃赞叹，同登极乐之乡矣，千千万万劫，宁复是此等乡里之常人耶！持戒者宁为第二，而使世人尽居第一布施波罗蜜极乐道场，所谓青出于蓝也。僧真空虽居众人后，实居众人前，盖引人以皈西方，其功德益无比也，余是以益为真空喜也，向两真人已去，今戒真人复继之，千余年间，成三真人。然戒真人念佛勤，皈依切，定生西方无疑。它日如见向者两真人，幸一招之，毋使其或迷于小道，则戒真人之功德益溥③矣。

[注释]①六波罗蜜:又称"六度",指使人由生死之此岸度到涅槃(寂灭)之彼岸的六种法门:布施、持戒、忍辱、精进、精虑(禅定)、智慧(般若)。②布施:向僧道施舍财物或斋食。　③溥:广大。

兹因其不远数千里乞言①京师,欲将勒石②以记,余以此得与西方之缘。戒真人见今度余也,余其可以不记乎?若其中随力散财之多寡,随分出力之广狭,兴工③于某年月,讫工于某时日,殿宇之宏敞,僧房之幽邃,以至斋堂厨舍井灶之散处,其中最肯协赞之僧众,最肯竭力之檀越④,各细书名实于碑之阴⑤矣。

[注释]①乞言:请求写文字。　②勒石:刻石。　③讫工:竣工。④檀越:施主。　⑤阴:(碑石的)背面。

李生十交文①

或问李生曰:"子好友,今两年所②矣,而不见子之交一人何?"曰:"此非君所知也。余交最广,盖举一世之人,毋有如余之广交者矣。余交有十。十交,则尽天下之交矣。

[注释]①李生十交文:李贽所交之友的十种类型。李生,李贽自称。②今两年所:从辞去姚安知府到现在已经约两年时间。

"何谓十?其最切为酒食之交,其次为市井①之交。如和氏交易平心②,闵氏油价不二,汝交之,我亦交之,汝今久矣日用而不知也。其三为遨游之交,其次为坐谈之交。遨游者,远则资舟③,近则谭笑④,谑⑤而不为虐⑥,亿而多奇中⑦。虽未必其人何如,亦可以乐而忘返,去而见思矣。技能可人,则有若琴师、射士、棋局、画工其人焉。术数相将,则有若天文、地理、星历、占卜其人焉。其中达士高人,未可即得,但其技精,则其神王⑧,决非拘牵龌龊⑨,卑卑琐琐⑩之徒所能到也。聊以与之游,不令人心神俱爽,贤于按籍索古⑪,谈道德,说仁义乎?以至文墨之交,骨肉之交,心胆之交,生死之交:所交不一人而足也。何可谓余无交?又何可遽以一人索余之交也哉?"

[注释]①市井:这里指商贾。　②交易平心:公平买卖,不欺诈。③资舟:提供舟车。　④谭笑:面对面谈笑。　⑤谑:开玩笑。　⑥虐:过分。⑦亿而多奇中:猜测却往往巧合。　⑧神王:精神旺盛。王,通"旺"。　⑨拘牵龌龊:器量狭隘而固执。　⑩卑卑琐琐:显得不大方。　⑪按籍索古:即读死书。

夫所交真可以托生死者,余行游天下二十多年,未之见也。若夫剖心析肝①相信,意者其唯古亭周子礼②乎!肉骨相亲,期于无斁③,余于死友李维明④盖庶几焉。诗有李⑤,书有文⑥,是矣,然亦何必至是。苟能游心于翰墨⑦,蜚声于文苑,能自驰骋,不落蹊径,亦可玩适以共老也。唯是酒食之交,有则往,无则止不往。然亦必爱贤好客,贫而整,富而洁者,乃可往耳。爱客为上,好贤次之,整而洁又次之。然是酒食也,最日用之第一义也。余唯酒食是需,饮食宴乐是困,则其人亦以饮食为媒,而他可勿论之矣。故爱客可也,好贤可也,整而洁亦可也。无所不可,故无所不友。而况倾盖⑧交欢,饮水可肥⑨,无所用媒者哉!已矣!故今直道饮食之事,以识余交游之最切者。饮食之人,则人贱之,余愿交汝,幸勿弃也。

[注释]①剖心析肝:指真诚相见。 ②古亭周子礼:即麻城(今湖北麻城)周思敬。麻城在北周时称古亭,故称。 ③期于无斁(yì):希望不厌弃。 ④李维明:即李逢阳。见本书卷二《复士龙悲二母吟》注。 ⑤李:即李攀龙。见本书卷二《复麻城人书》注。 ⑥文:即文徵明(1470～1559),初名壁,字徵明,长洲(今江苏吴县)人。明代书法家、画家。 ⑦翰墨:借指文章书画。 ⑧倾盖:比喻情真意切。 ⑨饮水可肥:即使喝水也能心宽体胖。

自　　赞①

其性褊急②,其色矜高③,其词鄙俗,其心狂痴④,其行率易,其交寡而面见亲热。其与人也,好求其过,而不悦其所长;其恶人⑤也,既绝其人,又终身欲害其人。志在温饱,而自谓伯夷、叔齐⑥;质本齐人⑦,而自谓饱道饫德⑧。分明一介不与,而以有莘⑨藉口;分明豪毛不拔,而谓杨朱贼仁⑩。动与物迕,口与心违。其人如此,乡人皆恶之矣。昔子贡⑪问夫子⑫曰:"乡人皆恶之何如?"子曰:"未可也。"若居士,其可乎哉!

[注释]①自赞:李贽对自己的自画像。属于讽刺小品文。 ②褊(biǎn)急:气量狭隘,性情急躁。 ③矜(jīn)高:高傲自大。 ④狂痴:狂妄不通事理。 ⑤恶人:讨厌人。 ⑥伯夷、叔齐:见本书卷一《与耿司寇告别》注。 ⑦质本齐人:本性本像古代以乞讨为生而又向其妻妾炫耀的齐国人。 ⑧饱道饫(yù)德:道德修养高尚。 ⑨有莘:指伊尹。商代开国大臣。 ⑩

杨朱贼仁:杨朱伤害仁道。杨朱,战国哲学家,主张"为我",反对墨家"兼爱"和儒家的"仁义"之伦理思想。　⑪子贡:孔子的弟子。　⑫夫子:即孔子。

赞 刘 谐①

有一道学②,高屐大履,长袖阔带,纲常③之冠,人伦④之衣,拾纸墨⑤之一二,窃唇吻⑥之三四,自谓真仲尼⑦之徒焉。时遇刘谐。刘谐者,聪明士,见而哂⑧曰:"是未知我仲尼兄也。"其人勃然作色⑨而起曰:"天不生仲尼,万古如长夜。子何人者,敢呼仲尼而兄之?"刘谐曰:"怪得羲皇以上⑩圣人尽日燃纸烛而行也!"其人默然自止。然安知其言之至哉!李生⑪闻而善曰:"斯言也,简而当,约而有余,可以破疑网⑫而昭中天⑬矣。其言如此,其人可知也。盖虽出于一时调笑之语,然其至者百世不能易。"

[注释]①刘谐:号宏源,麻城(今湖北麻城)人。明隆庆五年(1571)进士,历官兵科给事中、福建按察金事、江西余干知县等。　②道学:这里指道学先生。　③纲常:"三纲五常"的简称。封建时代以君为臣纲,父为子纲,夫为妻纲为三纲,仁、义、礼、智、信为五常。　④人伦:封建道德所规定的伦理道德准则。　⑤纸墨:指儒家经典《五经》和《四书》。　⑥唇吻:指孔子等儒家的只言片语。　⑦仲尼:即孔子。　⑧哂:嘲笑。　⑨作色:发怒。　⑩羲皇以上:指远古时代。羲皇,即伏羲氏,中国传说中人类之始祖。　⑪李生:李贽自称。　⑫破疑网:打破迷惑人们的思想迷雾。　⑬昭中天:使天空明亮。

方竹①图卷②文

昔之爱竹者,以爱故,称之曰"君"。盖谓其有似于有斐③之君子而君之④也,直怫悒⑤无与谁语,以为可以与我者唯竹耳,是故倘相约而谩相呼,不自知其至此也。或曰:"以竹为此君,则竹必以王子⑥为彼君矣。此君有方有圆,彼君亦有方有圆。圆者常有,而方者不常有。常不常异矣,而彼此君之,则其类同也,同则亲矣。"然则王子非爱竹也,竹自爱王子耳。夫以王子其人,山川土石,一经顾盼,咸自生色,况此君哉!

[注释]①方竹:竹子的一种。 ②图卷:图画。 ③有斐:有文采。 ④君之:以君子相称。 ⑤怫悒(fú yì):心情郁闷。 ⑥王子:指王徽之,字子猷,琅琊临沂(今山东临沂)人,书法家王羲之之子。

且天地之间,凡物皆有神,况以此君虚中直上①,而独不神乎!传②曰:"士为知己用,女为悦己容。"此君亦然。此其一遇王子,则疏节奇气③,自尔神王④,平生挺直凌霜之操⑤,尽成箫韶鸾凤之音⑥,而务欲以为悦己者之容矣,彼又安能孑然独立⑦,穷年瑟瑟⑧,长抱知己之恨乎?由此观之,鹤飞翩翩,以王子晋也⑨。紫芝烨烨,为四皓饥也⑩。宁独是,龙马负图⑪,洛龟呈瑞⑫,仪于舜⑬,鸣于文⑭,获于鲁叟⑮,物之爱人,自古而然矣,而其谁能堪之。

[注释]①虚中直上:虚心正直向上。 ②传:即《汉书》卷六二《司马迁传》。 ③疏节奇气:孤高的节操,不凡的气质。 ④自尔神王:自然如王子一样精神。 ⑤凌霜之操:坚贞不屈之操守。 ⑥箫韶鸾凤之音:悦耳动听的音乐召来了鸾鸟和凤凰的和鸣。 ⑦孑然独立:孤单站立。 ⑧穷年瑟瑟:终年轻微摇曳。 ⑨鹤飞翩翩,以王子晋也:白鹤翩翩飞舞,是因为王子晋知遇之故。王子晋,神话人物,相传最后乘白鹤升天而去。 ⑩紫芝烨烨,为四皓饥也:紫芝光彩照人,是为商山四皓而生。四皓,秦末汉初四位年纪都

在八十岁以上的隐士。　⑪龙马负图：龙马负图从河而出。　⑫洛龟呈瑞：神龟出于洛水。　⑬仪于舜：凤凰来朝贺舜。　⑭鸣于文：相传周文王时凤凰鸣于岐山（今陕西岐山北），以示吉祥。　⑮获于鲁叟：麒麟被在西边打猎的鲁叟所捕获。

今之爱竹者，吾惑焉。此其于王子，不类也。其视放傲不屑，至恶也，而唯爱其所爱之竹以似之①。则虽爱竹，竹固不之爱矣。夫使若人而不为竹所爱也，又何以爱竹为也？以故余绝不爱夫若而人者之爱竹也。何也？以其似而不类也。然则石阳②之爱竹也，类也，此爱彼君者也。石阳习静庐山，山有方竹，石阳爱之，特绘而图之，以方竹世不常有也。石阳将归，难与余别，持是示余，何为者哉？余谓子之此君已相随入蜀去矣，何曾别。

[注释]①唯爱其所爱之竹以似之：只有在爱竹这一点上和王徽之相似。②石阳：即邓石阳。见本书卷一《答邓石阳》注。

书黄安二上人①手册

出家者终不顾家，若出家而复顾家，则不必出家矣。出家为何？为求出世也。出世则与世隔，故能成出世事；出家则与家绝，故乃称真出家儿。今观释迦佛②，岂不是见身为净饭王③之子，转身即居转轮圣王④之位乎？其为富贵人家，孰与比也？内有耶输女⑤之贤为之妻，又有罗睺罗⑥之聪明为之儿，一旦弃去，入穷山，忍饥冻，何为而自苦乃尔也？为求出世之事也。出世方能度世。夫此世间人，犹欲度之使成佛，况至亲父母妻儿哉！故释迦成道而诸人同证妙乐⑦,其视保守⑧一家之人何如耶?

[注释]①黄安二上人:见本书卷二《为黄安二上人三首》注。 ②释迦佛:即释迦牟尼。 ③净饭王:释迦牟尼之父,公元前6世纪至公元前5世纪古印度迦毗罗卫国(今尼泊尔境内)国王。 ④转轮圣王:又称转轮王,古印度神话中的国王。 ⑤耶输女:即耶输陀罗,相传是释迦牟尼的妻子。⑥罗睺(hóu)罗:相传为释迦牟尼的儿子。后成为释迦牟尼的弟子之一。⑦同证妙乐:共同参悟佛教精妙。 ⑧保守:保卫守护。

人谓佛氏戒贪,我谓佛乃真大贪者。唯所贪者大,故能一刀两断,不贪恋人世之乐也。非但释迦,即孔子亦然。孔子之于鲤①,死也久矣,是孔子未尝为子牵也。鲤未死而鲤之母已卒,是孔子亦未尝为妻系也。三桓②荐之,而孔子不仕,非人不用孔子,乃孔子自不欲用也。视富贵如浮云,唯与三千七十游行四方,西至晋,南走楚,日夜皇皇③以求出世知己。是虽名为在家,实终身出家者矣。故余谓释迦佛辞家出家者也,孔夫子在家出家者也,非诞也。

[注释]①鲤:孔子的儿子,名鲤,字伯鱼,年五十而先于孔子死。 ②三桓:春秋时鲁国大夫孟孙、叔孙、季孙三兄弟,因都是鲁桓公之后,故称。③皇皇:同"遑遑"。

今我自视聪明力量既远不逮二老①矣,而欲以悠悠之念②证佛祖大事,多见其不自量也,上人又何为而远来乎?所幸双亲归土,妻宜人黄氏③又亡。虽有一女嫁与庄纯夫④,纯夫亦是肯向前努力者。今黄安二上人来此,欲以求出世大事,余何以告之?第为书释迦事,又因其从幼业儒，复书孔子生平事以为譬。欲其知往古，勉将来，以不负此初志而已也。

[注释]①二老：释迦牟尼和孔子。　②悠悠之念：不切实际的世俗人的想法。　③妻宜人黄氏：指李贽的妻子。　④庄纯夫：指李贽的女婿。

读律肤说①

淡则无味，直则无情②。宛转③有态，则容冶④而不雅；沉着可思⑤，则神伤而易弱。欲浅不得，欲深不得。拘于律则为律所制，是诗奴也，其失也卑，而五音⑥不克谐；不受律则不成律，是诗魔⑦也，其失也亢，而五音相夺伦。不克谐则无色⑧，相夺伦则无声⑨，盖声色之来，发于情性，由乎自然，是可以牵合矫强而致乎？故自然发于情性，则自然止乎礼义，非情性之外复有礼义可止也。惟矫强乃失之，故以自然之为美耳，又非于情性之外复有所谓自然而然也。故性格清彻者音调自然宣畅，性格舒徐者音调自然疏缓，旷达者自然浩荡，雄迈者自然壮烈，沉郁者自然悲酸，古怪者自然奇绝。有是格，便有是调，皆情性自然之谓也。莫不有情，莫不有性，而可以一律求之哉！然则所谓自然者，非有意为自然而遂以谓自然也。若有意为自然，则与矫强何异。故自然之道，未易言也。

[注释]①读律肤说：有关律诗的肤浅之论。　②直则无情：过于显露就不能以情动人。　③宛转：委婉曲折。　④容冶：这里指文辞过分修饰、雕琢。　⑤沉着可思：过于深沉地思考。　⑥五音：宫、商、角、徵、羽五个音级。这里泛指声调。　⑦诗魔：诗的怪癖的格调。　⑧色：文采。　⑨声：韵律。

卷四　杂述

解经题①

　　《大佛顶》者,至大而无外,故曰大;至高而莫能上,故曰顶。至大至高,唯佛为然,故曰《大佛顶》也。夫自古自今,谁不从是《大佛顶》如如②而来乎?但鲜有知其因者耳。能知其因,如是至大,如是至高,则佛顶在我矣。然何以谓之至大?以无大之可见,故曰至大也。何以谓之至高,以无高之可象,故曰至高也。不可见,不可象,非密而何?人唯不知其因甚密,故不能以密修③,不能以密证④,而欲其决了难矣。岂知此经为了义⑤之密经,此修为证明⑥之密修,此佛为至大至高,不可见,不可象,密密之佛乎?此密密也,诸菩萨⑦万行悉从此中流出,无不可见,无不可象,非顽空无用之比也。是以谓之《首楞严》⑧。《首楞严》者,唐言⑨究竟坚固⑩也。究竟坚固不坏,则无死无生,无了不了之人矣。

　　[注释]①本文是对《大佛顶》经题的解释。《大佛顶》:佛教经典,又称

《楞严经》、《首楞严经》等,全称《大佛顶如来密因修证了义诸菩萨万行首楞严经》,唐般剌蜜谛译,共10卷。中国历代皆视此经为佛教主要经典之一。②如如:佛教语。指永恒存在的真如。亦指宇宙万有的本体。 ③密修:静谧修道。 ④密证:在默思静修中得到证果。 ⑤了义:全面、毫无保留地理解了佛经的内容。了,全面了解、毫无保留的意思。义,指佛经的内容。⑥证明:参悟。 ⑦菩萨:佛教指修行到了一定程度、地位仅次于佛的人。⑧《首楞严》:即《首楞严经》。 ⑨唐言:即汉语。 ⑩究竟坚固:佛教用语。用以表明佛教所虚构的精神本体是真实的,永恒的,不生不灭的。究竟,至极的意思,即佛典里所指最高境界。坚固,指心念不变不动。

书《决疑论》①前

经可解,不可解。解则通于意表,解则落于言诠②。解则不执一定,不执一定即是无定,无定则如走盘之珠,何所不可。解则执定一说,执定一说即是死语③,死语则如印印泥,欲以何用也?

[注释]①《决疑论》:即《华严经决疑论》,共四卷。由唐代李通玄撰。②言诠:引申指语言的迹象。 ③死语:这里指不再具有启示性。

此书千言万语,只解得《心经》①中"色即是空,空即是色"两句经耳。经中又不曰"是故空中无色②"乎?是故无色者众色③之母,众色者无色之色,谓众色即是无色则可,谓众色之外别无无色岂可哉④!由此观之,真空者众苦之母,众苦者真空之苦,谓真空能生众苦则可,谓真空不能除灭众苦又岂可哉⑤!盖既能生众苦,则必定能除灭众苦无疑也。众苦炽然生,而真空未尝生,众苦卒然灭,而真空未尝灭。是以谓之极乐法界⑥,证入此者,谓之自在菩萨⑦耳。今以厌苦求乐者谓之三乘⑧,则《心经》所云"照见五蕴皆空⑨,度一切苦厄",又云"能除一切苦,真实不虚"者,皆诳语矣。

[注释]①《心经》:见本书卷一《答焦漪园》注。 ②空中无色:真空中不存在形形色色的物质现象。 ③众色:各种物质现象。 ④"谓众"二句:各种物质现象是"真空"的显现是可以的,但是如果说在各种物质现象之外没有"真空"的存在怎么可以呢。 ⑤"真空"四句:佛教认为生老病死都是"真空"所变现的。如若悟得"真空",把世间一切事物都看成是幻相,即可除灭一切苦难。 ⑥极乐法界:脱离苦难享受极乐。法界,佛教语。梵语意译。通常泛称各种事物的现象及其本质。 ⑦自在菩萨:佛教以心离烦恼之系缚,通达无碍为自在。自在菩萨又称观世音菩萨,可以普济众生,自在无隔,故称。 ⑧三乘:即"声闻乘"、"缘觉乘"、"菩萨乘",声闻乘又名小乘,缘觉乘又名中乘、菩萨乘又名大乘。 ⑨五蕴皆空:佛教用语,指外界的事物和内在的想法都是"空",也都是"色",人对它们不可能产生什么影响,它们对于人的本性都不应该有什么影响。因此教导人们要放下一切,摆脱苦厄。五蕴:即色蕴、受蕴、想蕴、行蕴、识蕴。

十法界①以佛界与九界并称,岂可即以娑婆②世界为佛界,离此娑婆世界遂无佛界耶?故谓娑婆世界即佛世界可也,谓佛世界不即此娑婆世界亦可也。非厌苦,谁肯发心③求乐?非喜于得乐,又谁肯发心以求极乐乎?极乐则自无乐,无乐则自无苦,无罣碍④,无恐怖,无颠倒梦想。非有苦,有罣碍,有恐怖,有颠倒,而见以为无也。非有智有得,而见以为无得也。非有因有缘,有苦有集,有灭有道⑤,而强以为无苦、集、灭、道也。非有空有色,有眼耳鼻舌身意⑥，而强以为空中无色，无眼耳鼻舌身意也。故曰："但有言说，皆无实义"。

[注释]①十法界：是佛教术语，将佛和众生分为十大法界。十界分别是指：地狱、饿鬼、畜生、阿修罗、人、天、声闻、缘觉、菩萨和佛等法界。　②婆婆：梵语的音译，意为"堪忍"。　③发心：佛教语。谓发愿求无上菩提之心。亦泛指许下向善的心愿。　④罣(guà)碍：佛教语。谓凡心因迷成障，未能悟脱。罣，同"挂"。　⑤有苦有集，有灭有道：佛教认为苦、集、灭、道为四真谛。佛教的基本教义。苦谛，说明世间是苦果。集谛，是指造成时间人生痛苦的原因。灭谛，是求得解除痛苦的途径。道谛，是指脱离苦、集达到涅槃寂灭的理论说教和修行方法。　⑥眼耳鼻舌身意：佛教所说的"六根"。

夫经，言教①也。圣人不得已而有言，故随言随扫，亦恐人执之耳。苟知凡所有相②皆是虚妄，则愿力慈悲③尤相之大者，生死之甚者，而可藉之以为安，执之以为成佛之根本乎？凡有佛，即便有愿，即便有慈悲。今但恐其不见佛④耳，不患其无佛愿，无慈悲心也。有佛而无慈悲大愿者，我未之见也。故有佛，即便有菩萨。佛是体，菩萨是用，佛是主人翁，菩萨是管家人；佛是圣天子，菩萨是百执事⑤。谁能离得？若未见佛而徒兴假慈悲，殆矣！

[注释]①教：传播教义。　②相：佛教中相是指物质的形相或状态之意，相是对于物质的性质、本体来说的，即指诸法之形像状态。　③愿力慈悲：愿力，佛教语。誓愿的力量。多指善愿功德之力。慈悲，原为佛教语。谓给人快乐，将人从苦难中拔救出来，亦泛指慈爱与悲悯。　④不见佛：心不见佛，即没有佛心。　⑤执事：指供役使者，仆从。

解　经　文①

晦昧②者，不明也。不明即无明③。世间有一种不明自己心地④者,以为吾之真心⑤如太虚空⑥,无相⑦可得,祇缘⑧色想交杂⑨,昏扰不宁⑩,是以不空耳。必尽空诸所有,然后完吾无相之初,是为空也。夫使空而可为,又安得谓之真空⑪哉!纵然为得空来,亦即是掘地出土之空,如今人所共见太虚空耳,与真空总无交涉也。夫其初也,本以晦昧不明之故而为空;其既也,反以为空之故,益晦暗以不明。所谓晦暗,即是晦昧,非有二也。然是真空也,遇明白晓了之人,真空即在此明白之中,而真空未始明白也。苟遇晦暗不明之者,真空亦即在此晦暗之中,而真空未始晦暗也。故曰"空晦暗中⑫"。唯是吾心真空,特地结起一朵晦暗不明之色,本欲为空,而反为色,是以空未及为⑬,而色已暗结⑭矣。故曰"结暗为色⑮"。于是即以吾晦暗不明之妄色⑯,杂吾特地为空之妄想,而身相宛然遂具,盖吾此身原从色想交杂而后有也。

[注释]①本文是李贽对《楞严经》中第二段的解释。 ②晦昧:隐晦不明;模糊不清。也指愚昧。 ③无明:梵语的意译。谓痴愚无智慧。在小乘佛法里,无明是十二因缘的起首。 ④心地:佛教语。指心,即思想、意念等。心能生万法,如地能长万物,儒家用以指心性存养。 ⑤真心:佛教用语。谓真实无妄之心。 ⑥太虚空:佛教认为浩瀚的太空无形无相,虚空常寂,故谓之太虚空。 ⑦相:佛教中相是指物质的形相或状态之意,相是对于物质的性质、本体来说的,即指诸法之形象状态。 ⑧祇缘:只因为。 ⑨色想交杂:万物的形象和内心的意象作用交织在一起。 ⑩昏扰不宁:不断搅扰而心神不宁。 ⑪真空:佛教语。一般谓超出一切色相意识界限的境界。 ⑫空晦暗中:真空佛性就在晦暗之中。 ⑬空未及为:没有达到真空境界。 ⑭色已暗结:物相却已生成。 ⑮结暗为色:纠结各种妄想而形成了种种物相。 ⑯妄色:虚妄的物相。

既以妄色妄想相交杂而为身,于是攀缘摇动之妄心日夕屯聚于身内,望尘奔逸之妄相①日夕奔趣于身外,如冲波逐浪,无有停止,其为昏扰扰相②,殆不容以言语形状之矣。是谓心相③,非真心也,而以相为心可欤! 是自迷也。既迷为心,则必决定以为心在色身之内④,必须空却诸扰扰相,而为空之念复起矣。复从为空结色杂想以成吾身,展转受生,无有终极,皆成于为空之一念,始于晦昧之无明故耳。夫既迷为心,是一迷也。复迷谬以为吾之本心即在色身之内,必须空却此等心相乃可。

　　[注释]①妄相:虚妄的行为。　②昏扰扰相:混乱虚妄扰动不安的样子。　③心相:由心感知而形成的现象。　④心在色身之内:真心佛性在色身之内。

　　嗟嗟! 心相其可空乎! 是迷而又迷者也。故曰"迷中倍人"。岂知吾之色身洎①外而山河,遍而大地,并所见之太虚空等,皆是吾妙明真心②中一点物相耳。是皆心相自然③,谁能空之耶? 心相既总是真心中所现物,真心岂果在色身之内耶? 夫诸相总是吾真心中一点物,即浮沤④总是大海中一点泡也。使大海可以空却一点泡,则真心亦可以空却一点相矣,何自迷乎?

　　[注释]①洎(jì):及,和。　②妙明真心:本性,精神本体,即佛性真心,世界万物和主观精神都是它的幻现。　③心相自然:真心自然显现的物相。④浮沤(ōu):水泡。

　　比类①以观,则晦昧为空之迷惑,可破也已。且真心既已包却②色身,洎一切山河虚空大地诸有为相③矣,则以相为心,以心为在色身之内,其迷惑又可破也。

[注释]①比类:以此例相比照。 ②包却:包纳。 ③有为相:指一切有造作,有生灭,由因缘而生的物相。

念 佛 答 问

小大相形①,是续凫短鹤②之论也。天地与我同根,谁是胜我者;万物与我为一体,又谁是不如我者。我谓念佛即是第一佛③,更不容于念佛之外复觅第一义谛④也。如谓念佛乃释迦⑤权宜接引⑥之法,则所谓最上一乘者,亦均之为权宜接之言耳。古人谓佛有悟门,曾奈落在第二义⑦,正仰山小释迦⑧吐心吐胆之语。后来中峰和尚⑨谓学道真有悟门,教人百计搜寻,是误人也。故知此事在人真实怕死与不耳。发念苟真,则悟与不悟皆为戏论,念佛参禅总归大海,无容着唇吻处也。

[注释]①小大相形:将不同标准的事物比较大小形状。 ②续凫短鹤:比喻违失事物本性,欲益反损。 ③第一佛:佛教所说的最高境界和真理。 ④第一义谛:指至高无上圆满究竟之真理。 ⑤释迦:指释伽牟尼。 ⑥接引:佛教用语。指阿弥陀佛与观世音、大势至菩萨引导众生入西方净土。 ⑦第二义:与第一义相对,即"俗谛",指世俗的道理。 ⑧仰山小释迦:即仰山慧寂禅师。唐末五代僧。与沩(wéi)山灵祐同为沩仰宗之祖。因居仰山,故世称仰山慧寂,或仰山禅师。韶州须昌(广东曲江)人,俗姓叶。其禅学注重心性,强调自心佛性。著有《仰山慧寂禅师语录》。 ⑨中峰和尚:见本书卷二《复焦弱侯》注。

《征途与共》后语

弱侯①之言，盖为未得谓得者发耳。若方子及②犹为勇往之时，岂宜以此言进之哉？然吾闻学者未得谓得真不少也，则即进之以此言亦宜。夫世间功名富贵，最易埋没人。余老矣，死在旦夕，犹不免近名之累，况当热闹之场，擦粉涂额③以悦于人，而肯究心生死，视人世繁华极乐以为极苦，不容加乎其身，余又安所求于世也？盖生死念头尚未萌动，故世间参禅学道之夫，亦只如此而止矣。则有鼻孔辽天④者，亦足奇也，我愿弱侯勿太责之备也。姑置勿论，且摘弱侯叙中语，以与侯商何如？

［注释］①弱侯：即焦竑。见本书卷一《与焦弱侯》注。　②方子及：即方沆。　③擦粉涂额：即涂脂抹粉。　④鼻孔辽天：形容高傲自大。

侯谓声音之道可与禅通，似矣。而引伯牙①以为证，谓古不必图谱，今不必硕师，傲然遂自信者，适足以为笑，则余实不然之。夫伯牙于成连，可谓得师矣，按图指授，可谓有谱有法，有古有今矣。伯牙何以终不得也？且使成连而果以图谱硕师为必不可已，则宜穷日夜以教之操，何必移之海滨无人之境，寂寞不见之地，直与世之矇者等，则又乌用成连先生为也？此道又何与于海，而必之于海然后可得也？尤足怪矣！盖成连有成连之音，虽成连不能授之于弟子；伯牙有伯牙之音，虽伯牙不能必得之于成连。所谓音在于是，偶触而即得者，不可以学人为也。

矇者唯未尝学,故触之即契,伯牙唯学,故至于无所触而后为妙也。设伯牙不至于海,设至海而成连先生犹与之偕,亦终不能得矣。唯至于绝海之滨,空洞之野,渺无人迹,而后向之图谱无存,指授无所,硕师无见,凡昔之一切可得而传者,今皆不可复得矣,故乃自得之也。此其道盖出于丝桐②之表,指授之外者,而又乌用成连先生为耶?然则学道者可知矣。明有所不见,一见影而知渠;聪有所不闻,一击竹③而成偈:大都皆然,何独矇师④之与伯牙耶!

[注释]①伯牙:相传春秋时期人,善于弹七弦琴。 ②丝桐:指琴。 ③击竹:指弹琴。 ④矇师:这里指成连。

吾愿子及如矇师,弱侯如居海上者,于是焉敬以书其后,而题曰《征途与共》以归之。与共者,与共学也。子及以纯甫①为可与,故征途日与之共学。倘真可与共,则愿并以此语与之可。

[注释]①纯甫:即庄纯夫,李贽的女婿。

批下学上达语①

"学以求达",此语甚不当。既说"离下学无上达",则即学即达,即下即上,更无有求达之理矣,而复曰"求达",何耶?然下学自是下学,上达自是上达,若即下学便以为上达,亦不可也。而乃曰"学以求达",是果即下学以求达耶,抑别有求达之学耶?若即学求达,当如前诘②;若别有求达之学,则剜肉作疮③,尤为揠苗④之甚矣。故程伯子⑤曰:"洒扫应对,便是精义入神。"曰:"便是。"则是即学即达也。然又曰:"人须是识其真心。"夫真心不可以识识⑥,而可以学求乎?不可以学求,则又是离学而后有达也,故谓学以求达者非也。离学者亦非,即学者亦非,然则夫子⑦何自而上达乎,此颜子⑧所以终身苦孔之达矣。不曰"即学即达",不曰"离学而达",亦不曰"学以求达",而但曰"下学而上达",何其意圆语圆,令人心领神会,而自默识⑨于言意之中也。今观洒扫应对,虽下愚之人亦能之,唯不能达乎其上,是以谓之下学也,是以谓之百姓也,是以谓之鄙夫也,是以谓之凡民也,是以谓之但可使由也。至于精义入神,则自然上达矣。上达,则为聪明圣智达天德之人矣。是以谓之曰"形而上⑩"也,谓之曰"可以语上"也,谓之曰"君子上达"也。虽颜子大贤,犹曰"未达一间"⑪,曰"其殆庶几",况他人哉!则夫子之自谓莫我知,自谓唯天知者,信痛悼之极矣。盖世之学者不是日用而不知,则便是见之为仁智,而能上达者其谁也?夫学至上达,虽圣人有所不知,而凡民又可使知之乎?故曰"吾有知乎哉"。虽圣人有所不能,而凡民又可使能之乎?故曰"民鲜能久矣"。民之所以鲜能者,以中庸之不可能也,非弃之也。然则下学者,圣凡之所同。夫凡民既与圣人同其学矣,则谓满街皆是圣人,何不可也?上达者,圣人之所独,则凡见之为仁智,与日用而不知者,总是不达,则总是凡民明矣。然则自颜子而下,皆凡民也。可畏也夫!先圣虽欲不慨叹于由⑫、赐⑬之前可得耶?

[注释]①本文是李贽当时针对焦竑辩驳程颢辟佛的言论而发。下学上达：语出《论语·宪问》。 ②前诘(jié)：前文中的追问。诘，追问。 ③剜(wān)肉作疮(chuāng)：本想割肉治疮，但被割部分反成了新疮。比喻行事只顾一面，结果与预想适得其反。 ④揠苗：即揠苗助长。比喻不顾事物的发展规律，急于求成，反把事情弄坏。 ⑤程伯子：即程颢(hào)，见本书卷一《答邓明府》注。 ⑥以识识：靠知识去识别。 ⑦夫子：指孔子。 ⑧颜子：即颜回，见本书卷一《答周若庄》注。 ⑨默识：暗中记住。这里指体会的意思。 ⑩形而上：无形，抽象。语出《周易·系辞传上》："形而上者谓之道，形而下者谓之器。" ⑪未达一间(jiàn)：谓未能通达，只差一点。 ⑫由：即仲由，孔子的弟子。 ⑬赐：即子贡，孔子的弟子。

书方伯雨册叶①

楞严②，唐言③究竟坚固④也。究竟坚固者是何物？此身非究竟不坏也，败则归土矣。此心非究竟不坏也，散则如风矣。声名非究竟不坏也，天地数终，乾坤⑤易位，古圣昔贤，载籍无存矣，名于何有，声于何寄乎？切须记取此一着子⑥：何物是坚固？何年当究竟？究竟坚固不坏是真实语，是虚谬语？是诳人语，是不诳人语？若诳人，是佛自诳也，安能诳人。千万参取！

[注释]①书方伯雨册叶：写给方伯雨的字画册。方伯雨，见本书卷二《与方伯雨柬》注。册叶：分页装潢成册的字画。 ②楞严：即《楞严经》。 ③唐言：汉语。 ④究竟坚固：见本卷《解经题》注。 ⑤乾坤：《易》的乾卦和坤卦。指阴阳两种力量，引申为天地、日月、男女的代称。这里指日月。 ⑥一着子：一个道理。

读若无①母寄书

若无母书云："我一年老一年，八岁守你，你既舍我出家也罢，而今又要远去。你师当日出家，亦待终了父母，才出家去。你今要远去，等我死了还不迟。"若无答云："近处住，一毫也不曾替得母亲。"母云："三病两痛自是方便，我自不欠挂②你，你也安心，亦不欠挂我。两不欠挂，彼此俱安。安处就是静处，如何只要远去以求静耶？况秦苏哥③从买寺④与你以来，待你亦不薄，你想道情，我想世情。世情过得，就是道情。莫说我年老，就你二小孩子亦当看顾他。你师昔日出家，遇荒年也顾儿子，必是他心打不过，才如此做。设使不顾，使他流落⑤不肖，为人笑耻。当此之时，你要修静，果动心耶，不动心耶？若不动心，未有此理；若要动心，又怕人笑，又只隐忍过日。似此不管⑥而不动心，与今管他而动心，孰真孰假，孰优孰劣？如此看来，今时管他，迹若动心，然中心安安妥妥，却是不动心；若不管他，迹⑦若不动，然中心隐隐痛痛，却是动心。你试密查你心：安得他好，就是常住，就是金刚⑧。如何只听人言？只听人言，不查人心，就是被境转⑨了。被境转了，就是你不会安心处。你到⑩不去住心地⑪，只要去住境地⑫。吾恐龙潭不静，要住金刚；金刚不静，更住何处耶？你终日要讲道，我今日与你讲心。你若不信，又且证之你师，如果在境，当住金刚；如果在心，当不必远去矣。你心不静，莫说到金刚，纵到海外，益不静也。"

[**注释**]①若无:俗姓王,名世本,黄安(今湖北红安)人。 ②欠挂:同"牵挂"。 ③秦苏哥:不详。 ④买寺:建寺。 ⑤流落:穷困失意,在外漂泊。 ⑥管:观照。指刻意地去修炼内心。 ⑦迹:行动,行迹。 ⑧金刚:佛教用金刚譬喻坚固、锐利,能摧毁一切的意思。 ⑨转:左右,影响。 ⑩到:同"倒"。 ⑪住心地:将心安静。 ⑫住境地:心被客观世界所左右。

卓吾子①读而感曰:恭喜家有圣母,膝下有真佛。夙夜有心师②,所矢皆海潮音③,所命④皆心髓至言,颠扑不可破。回视我辈傍人⑤隔靴搔痒之言,不中理也。又如说食示人,安能饱人,徒令傍人又笑傍人,而自不知耻也。反思向者与公数纸⑥,皆是虚张声势,恐吓愚人,与真情实意何关乎!乞速投之水火,无令圣母看见,说我平生尽是说道理害人去也。又愿若无张挂尔圣母所示一纸,时时令念佛学道人观看,则人人皆晓然去念真佛,不肯念假佛矣。能念真佛,即是真弥陀⑦,纵然不念一句"弥陀佛",阿弥陀佛亦必接引⑧。何也?念佛者必修行,孝则百行之先。若念佛名而孝行先缺,岂阿弥陀亦少孝行之佛乎?决无是理也。我以念假佛而求见阿弥陀佛,彼佛当初亦念何佛而成阿弥陀佛乎?必定亦只是寻常孝慈之人而已。言出至情,自然刺心,自然动人,自然令人痛哭,想若无必然与我同也,未有闻母此言而不痛哭者也。

[**注释**]①卓吾子:李贽自称。 ②心师:以自己的真心为师。 ③海潮音:佛教用语。海潮按时而至,其音宏大,故以之譬喻佛、菩萨应时适机说法的声音。 ④命:告诫。 ⑤傍人:与下文的"傍人"都同"旁人"。 ⑥数纸:数封信。 ⑦真弥陀:阿弥陀佛的简称。 ⑧接引:佛教语。谓佛与观世音、大势至两菩萨引导众生入西方净土。

耿楚倥①先生传

先生讳定理,字子庸,别号楚倥,诸学士所称八先生是也。诸学士咸知有八先生,先生初不自知也。而此称《楚倥先生传》,何也?夫传者,所以传也。先生初不待传,而此复为传以传之,又何也?盖先生初不待传,而余实不容不为先生传者。按先生有德不耀②,是不欲耀③其德也;有才无官,是不欲官其才也。不耀德,斯成大德矣;不用才,始称真才矣。人又乌能为先生传乎?且先生始终以学道为事者也。虽学道,人亦不见其有学道之处,故终日口不论道,然目击而道斯存④也。所谓虽不湿衣,时时有润者也。

[注释]①耿楚倥:即耿定理,见本书卷一《答耿司寇》注。 ②耀:显露。③耀:炫耀。 ④目击而道斯存:眼光一触即便知"道"之所在。形容悟性好。

庄纯夫①曾告我曰:"八先生云:'吾始事方湛一②。湛一本不知学,而好虚名,故去之。最后得一切平实之旨于太湖③,复能收视返听④,得黑漆无入无门之旨于心隐,乃始充然自足,深信而不复疑也。唯世人莫可告语者,故遂终身不谈,唯与吾兄天台先生⑤讲论于家庭之间而已。'故亦遂以天台为师,天台亦自谓吾之问学虽有所契,然赖吾八弟之力为多。子庸曾问天台云:'《学》、《庸》、《语》、《孟》,虽同是论学之书,未审何语最切?'天台云:'圣人人伦之至一语最切。'子庸谓终不若未发之中之一言也。"余当时闻之,似若两件然者。夫人伦之至,即未发之中,苟不知未发之中,则又安能至乎?盖道至于中,斯至矣。故曰:"中庸其至矣乎。"又曰:"无声无臭至矣⑥。"

[注释]①庄纯夫:李贽的女婿。 ②方湛一:即方一麟,又名与时,号湛一,湖北黄陂(今湖北黄陂)人。 ③太湖:指邓豁渠,详见本书卷一《又答石阳太守》注。 ④收视返听:不视不听。指人对事物的看法不为外物所惊扰。⑤天台先生:即耿定向,见本书卷一《答耿中丞》注。 ⑥无声无臭至矣:没有声音,没有气味,微妙到了极点。

岁壬申①,楚倥游白下②,余时懵然③无知,而好谈说。先生默默无言,但问余曰:"学贵自信,故曰'吾斯之未能信。'又怕自是,故又曰'自以为是,不可与入尧、舜之道。'试看自信与自是有何分别?"余时骤应之曰:"自以为是,故不可与入尧舜之道;不自以为是,亦不可与入尧舜之道。"楚倥遂大笑而别,盖深喜余之终可入道也。余自是而后,思念楚倥不置,又以未得见天台为恨④。丁丑⑤入滇,道经团风⑥,遂舍舟登岸,直抵黄安见楚倥,并睹天台,便有弃官留住之意。楚倥见余萧然,劝余复入,余乃留吾女并吾婿庄纯夫于黄安,而因与之约曰:"待吾三年满,收拾得正四品禄俸归来为居食计,即与先生同登斯岸⑦矣。"楚倥牢记吾言,教戒纯夫学道甚紧;吾女吾婿,天台先生亦一以己女己婿视之矣。

[注释]①壬申:隆庆六年(1572)。 ②白下:南京市的别称,故址在今南京市北。 ③懵(měng)然:不明貌。 ④恨:遗憾。 ⑤丁丑:万历五年(1577)。 ⑥团风:镇名,今湖北团风。 ⑦同登斯岸:共同学道。

嗟嗟！余敢一日而忘天台之恩乎！既三年，余果来归，奈之何聚首未数载，天台即有内召①，楚倥亦遂终天也！既已戚戚无欢，而天台先生亦终守定"人伦之至"一语在心，时时恐余有遗弃②之病。余亦守定"未发之中"一言，恐天台或未窥物始③，未察伦物④之原。故往来论辩，未有休时，遂成扞格⑤，直至今日耳。今幸天诱我衷⑥，使余舍去"未发之中"，而天台亦遂顿忘"人伦之至"。乃知学问之道，两相舍则两相从，两相守则两相病，势固然也。两舍则两忘，两忘则浑然一体，无复事矣。余是以不避老，不畏寒，直走黄安会天台于山中。天台闻余至，亦遂喜之若狂。志同道合，岂偶然耶！然使楚倥先生而在，则片言可以折狱⑦，一言可以回天，又何至苦余十有余年，彼此不化而后乃觉耶！设使未十年而余遂死，余终可以不化耶！余终可以不与天台合耶！故至次日，遂同其子汝念⑧往拜先之墓，而先生之墓木拱⑨矣。余既痛九原之不可作，故特为此传，而连书三纸以贻之：第一纸以呈天台，志余喜也。第二纸付汝念、汝思，使告而焚之先生之坟，志余恨⑩也。第三纸特寄子健⑪于京，志余喜而且恨，恨而又喜也。盖子健推爱兄之心以及我，可谓无所不至矣。故为传，传余意以告先生云。

[注释]①内召：被皇帝召见。这里指耿定向于万历十二年(1584)三月被起用为都察院左佥都御史，不久升为左副都御史。　②遗弃：抛弃，丢弃。这里指出世。　③物始：事物的本原。　④伦物：即物伦，与"人伦"相对。⑤扞(hàn)格：互相抵触。　⑥天诱我衷：老天爷开导我。　⑦片言可以折狱：仅用只言片语话就可以解决问题。片言，这里指只言片语。折狱，断案。

⑧汝念：与下文的汝思同为耿定向之儿子。　⑨墓木拱：比喻人去世已经很久了。木拱，树木长得两手可以合围那么粗。　⑩恨：遗憾。　⑪子健：即耿定力。见本书卷一《答周友山》注。

敬①少时多病，贪生无术②，藉楚倥兄介绍，得受业于耿天台先生之门。先生虽知余学沉于二氏③，然爱余犹子也。继因往来耿宅，得与李卓吾先生游，心切师事之。两先生④以论道相左，今十余年矣。敬居其间，不能赞一辞，口含黄檗⑤，能以气⑥向⑦人乎？唯恨楚倥兄早逝耳。三日前，得楚倥长郎汝念书。汝念以送庄纯夫到九江，专人驰书白下，报喜于余云："两先生已聚首，语甚欢契。"越三日，则为十二月二十九，余初度⑧辰⑨也，得卓吾先生寄所著《楚倥先生传》，述两先生契合本末且悉。余读之，不觉泪下曰："两先生大而化⑩矣，乃适以今日至，岂非余更生辰耶，抑楚倥先生复作也！"因手书而梓⑪之。板⑫成，以付汝念及余婿汝思。周思敬跋。

[**注释**]①敬：即周思敬，见本书卷一《答周友山》注。　②贪生无术：自谦之词。意为没有什么擅长之处。　③二氏：指佛教和道教。　④两先生：指李贽与耿定向。　⑤口含黄檗（bò）：比喻有苦难言。黄檗，落叶乔木，木材坚硬，茎可制黄色染料，树皮入药。简称"檗"。　⑥气：意气。　⑦向：偏向，偏袒。　⑧初度：出生年时，后称人的生日。　⑨辰：日子。　⑩大而化：人生重大的转变。　⑪梓：刻印出版。　⑫板：木头雕刻成印刷用的木板。

附　周友山为僧明玉书法语①（周思敬）

万寿寺②僧明玉，事温陵李长者③日久矣。长者本为出世故来此,然世人方履人间世,日夜整顿人世事尚无休时,而暇求出世之旨以事出世之人乎?虽出家儿犹然,何况在家者。且长者性方行独,身世孤单,生平不爱见俗人,闻俗语,以故身世亦孤。唯爱读书。读书每见古忠臣烈士,辄自感慨流涕,故亦时时喜闻人世忠义事。不但以出世故来见长者,长者方喜之;若或有以真正的实忠义事来告,长者亦无不喜也。是故明玉和尚喜以兴福寺④开山第一祖无用⑤事告长者云:"兴福寺,古刹也。无用,方僧⑥也。无用游方来至其寺,悯寺僧之衰残,忿居民之侵害,持竹枪连结果一十七条性命,然后走县自明,诣狱请死。县令怜之,欲为出脱,无用不从,遂即自刎。寺僧感其至性,能以身护法,以死卫众,遂以此僧为开山第一祖。至今直寺⑦者守其规程,不敢少犯。"长者闻之,欢喜无量,叫明玉而言曰:"尔莫轻易说此僧也。此僧若在家,即真孝子矣,若在国,则真忠臣矣;若在朋友,则真义士矣;若肯学道参禅,则真出世丈夫,为天人师⑧佛矣。可轻易也耶!盖天地间只有此一副真骨头⑨耳。不问在世出世,但有此,百事无不成办也。"

[注释]①周友山为僧人明玉讲说佛法的话语。明玉(1524～1595):字无瑕,明代僧人。法语:佛教用语,讲说佛法的话语。 ②万寿寺:在湖北麻城西城附近。 ③温陵李长者:指李贽。 ④兴福寺:在湖北麻城南。 ⑤无用:明代游方到麻城的僧人。 ⑥方僧:游方的僧人。 ⑦直寺:主持寺院事务。 ⑧天人师:释迦牟尼佛的别号。以其为天与人之师,故名。 ⑨真骨头:真气节。

周友山为僧明玉书法语：明玉之告长者，并长者之语明玉如此。今年春，明玉为兴福寺直岁僧①来求法语于余，余因以得闻长者之语，遂语明玉曰："即此是法语矣，又何求乎？苟直岁僧闻此语，则能念祖德也，继继绳绳②，山门不坠③矣，苟合寺僧闻此语，则毋忘祖功也，岁岁年年，规程一如矣。况因此得闻长者之风，顿明出世大事乎？明玉可即以此语登之于轴，悬之于直寺方丈④之室，庶几合寺僧众，云游道侣，过而读焉。或有真正骨头者，急来报我，我将携以见长者，俾⑤长者不至孤单也。"

[**注释**]①直岁僧：佛教僧职。禅宗寺院东序六知事之一，负责耕耘、修缮等事务。　②继继绳绳：前后相承，延续不断。　③山门不坠：寺庙长盛不衰。山门：寺庙的外门。　④方丈：佛寺或道观的住持。　⑤俾(bǐ)：使。

题关公小像①

古称三杰，吾不曰萧何②、韩信③、张良④，而曰刘备⑤、张飞⑥、关公。古称三友，吾不曰直、谅⑦与多闻，而曰桃源三结义⑧。呜呼！唯义不朽，故天地同久，况公皈依三宝⑨，于金仙氏⑩为护法伽蓝⑪，万亿斯年，作吾辈导师⑫哉！某也四方行游，敢曰以公为述⑬。唯其义之，是以仪之；唯其尚之，是以像之。

[**注释**]①题关公小像：李贽借赞关羽之义和皈依佛门之举，表达自己的人生感慨。关公：即关羽，见本书卷二《复焦弱侯》注。　②萧何(前257～前193)：沛丰(今江苏沛县)人，早年任秦沛县狱吏，秦末辅佐刘邦起义。楚汉战争时，他留守关中，使关中成为汉军的巩固后方，不断地输送士卒粮饷支援作

战,对刘邦战胜项羽,建立汉代起了重要作用。萧何采撷秦六法,重新制定律令制度,作为《九章律》。　③韩信:见本书卷二《复麻城人书》注。　④张良(约前250～前186):字子房,秦末汉初杰出的谋士、大臣,与韩信、萧何并称为"汉初三杰"。曾劝刘邦在鸿门宴上卑辞言和,保存实力,并疏通项羽叔父项伯,使刘邦得以脱身。后又以出色的智谋,协助汉高祖刘邦在楚汉战争中最终夺得天下,帮助吕后扶持刘盈登上太子之位,汉朝建立后,被封为留侯。⑤刘备(161～223):字玄德,东汉末年幽州涿郡涿县(今河北省涿州市)人,西汉中山靖王刘胜的后代,三国时期蜀汉开国皇帝,政治家,史家又称他为先主。　⑥张飞(?～221):字益德,幽州涿郡(今河北省涿州市)人氏,三国时期蜀汉名将。后主时代追谥为"桓侯"。　⑦谅:诚实。　⑧桃源三结义:《三国演义》记载,刘、关、张三人在张飞的桃园里举酒结义,对天盟誓,有苦同受,有难同当,有福同享。　⑨皈依三宝:《三国演义》七十七回说,关羽死后阴魂不散,经玉泉山老僧普静指点,"稽首皈依而去"。皈依,佛教名词。信仰佛教者的入教仪式。因对佛、法、僧三宝表示归顺依附,故亦称"三皈依"。三宝,佛教称佛、法、僧为"三宝"。佛是已经开悟的人,法是佛的教法,僧是信奉佛的教法者。　⑩金仙氏:即佛。　⑪伽(qié)蓝:佛寺里的守护神。⑫导师:佛教语。导引众生入于佛道者的通称。　⑬逑(qiú):配偶,这里是思想伴侣。

三大士①像议

　　观世音②像高一尺四寸,文殊③像高一尺二寸,面俱向南,而意思实时时照观世音。独普贤④像高一尺二寸,面正向如观世音然,而趺坐⑤磐石则如文殊。普贤与文殊二大菩萨所坐石崖,比观世音坐,俱稍下三四寸,俱相去一尺九寸。罗汉⑥等像俱高六七寸,有行立起伏不同。观音坐出石崖一尺三寸,文殊、普贤坐出石崖一尺一寸。别有玲珑山石,覆罩其顶,俱出崖三尺四寸,直至横断崖遂止。高处直顶穿山穴,石崖自东来,至正中亦遂止。观世音旁有善财⑦执花奉献。崖又稍断,复起一陡崖,转向正中坐,坐文殊师利。又自西斜向东,连生两崖:一崖建塔,一崖坐普贤。即此三坐。上方,迢递逶迤⑧,或隐或现,或续或绝,俱峻险古怪,则罗汉等往来其间。用心如意塑出,用上好颜料装成,即有赏;不则明告佛菩萨,即汝罚也。

[**注释**]①三大士:指观音、文殊和普贤。 ②观世音:佛教的菩萨之一,佛教徒认为是慈悲的化身,救苦救难之神。也叫"观自在"、"观音大士"。简称"观音"。 ③文殊:佛教菩萨名。其形顶结五髻,象征大日如来的五智;持剑、骑青狮,象征智慧锐利威猛。为释迦牟尼佛的左胁侍,与司"理"的普贤菩萨相对。 ④普贤:佛教菩萨名。与文殊菩萨并称为释迦牟尼佛之二胁士。寺院塑像,侍立于释迦之右,乘白象。以"大行"著称。 ⑤趺坐:佛教徒盘腿端坐的姿势。 ⑥罗汉:佛教语。梵语 Arhat(阿罗汉)的省称。小乘的最高果位,称为"无学果"。谓已断烦恼,超出三界轮回,应受人天供养的尊者。我国寺庙中供奉者,有十六尊、十八尊、五百尊、八百尊之分。 ⑦善财:亦称"善财童子"。佛教菩萨之一。《华严经·入法界品》所说的求道者。经中说他是福生城长者之子,因文殊指点,参访了五十三个善知识而成菩萨。因其参访过观音,故观音的塑像或画像旁一般常有善财童子之像。 ⑧迢(tiáo)递逶(wēi)迤(yí):形容高远弯曲的样子。

时有众僧共见,曰:"崖上菩萨法身①莫太小么?"和尚曰:"只有山藏人,未有人包山。"后菩萨像出,和尚②立视良久,教处士③曰:"三大士总名菩萨,用处亦各不同。观音表慈,须面带慈容,有怜悯众生没在苦海之意。文殊表智,凡事以智为先,智最初生,如少儿然,面可悦泽丰满,若喜慰无尽者。普贤表行,须有辛勤之色,恰似诸行未能满足其愿。若知此意,则菩萨真身自然出现,可使往来瞻仰者顿发菩提心④矣。岂不大有功德哉!不但尔也,即汝平生塑像以来,一切欺天诳人之罪,皆得销陨⑤矣。"时有一僧对曰:"也要他先必有求忏悔之心乃可。"和尚呵之曰:"此等腐话,再不须道!"处士金姓,眇⑥一目,视瞻不甚便,而心实平稳可教。像之面目有些不平整,和尚每见,辄叹以为好,岂非以其人乎,抑所叹在骊黄之外⑦也?众僧实不知故。因和尚归方丈⑧,即指令改正。和尚大叫曰:"叫汝不必改,如何又添改也?"金处士牙颤手摇,即答云:"非某甲意,诸人教戒某也。"林⑨时亦在傍,代启⑩和尚曰:"比如菩萨鼻不对嘴,面不端正,亦可不改正乎?"和尚忻然笑曰:"尔等怎解此个道理,尔试定睛一看:当时未改动时,何等神气,何等精采。但有神则自活动,便是善像佛菩萨者矣,何必添补令好看也。好看是形,世间庸俗人也。活动是神,出世间菩萨乘⑪也。好看者,致饰于外,务以悦人,今之假名道学是也。活动者,真意实心,自能照物,非可以肉眼取也。"

[注释]①法身:佛教语。梵语意译。谓证得清净自性,成就一切功德之身。"法身"不生不灭,无形而随处现形,也称为佛身。　②和尚:李贽自称。③处士:本指有才德而隐居不仕的人,后亦泛指未做过官的士人。这里指塑像的金姓工匠。　④菩提心:帮助开悟别人的心愿。菩提,佛教名词,意译"觉"、"智"、"道"等。佛教用以指豁然彻悟的境界,又指觉悟的智慧和觉悟的途径。　⑤销陨(yǔn):消亡。　⑥眇(miǎo):瞎了一只眼,后亦指两眼俱瞎。　⑦骊黄之外:从实质看问题。骊(lí):纯黑色的马。　⑧方丈:佛寺或道观的住持。　⑨林:指林怀,龙潭湖芝佛院的和尚,常跟随李贽。　⑩代

启:代(金姓工匠)说话。　⑪菩萨乘:佛教中的"三乘"之一。"三乘"是指声闻乘、缘觉乘和菩萨乘。

适居士①杨定见②携宝石至,和尚呼侍者取水净洗,因置一茎草于净几之上,取石吸草,以辨真不。盖必真,乃可以安佛菩萨面顶肉髻③也。乃石竟不吸草。和尚乃觉曰:"宝石不吸腐草,磁石不引曲针,自古记之矣。快取一茎新草来投之!"一投即吸。和尚喜甚,曰:"石果真矣!此非我喜真也,佛是一团真者,故世有真人,然后知有真佛;有真佛,故自然爱此真人也。唯真识真,唯真逼真,唯真念真,宜哉!然则不但佛爱此真石,我亦爱此真石也。不但我爱此真石,即此一粒真石,亦惓惓④欲人知其为真,而不欲人以腐草诬之以为不真也。使此真石遇腐人投腐草,不知其性,则此石虽真,毕竟死于腐人之手决矣。"

[注释]①居士:旧时出家人对在家信佛的人的泛称。　②杨定见:李贽的学生。　③肉髻:释迦牟尼头顶有肉团隆起如髻,故称。为佛三十二相中的顶髻相。　④惓惓(quán):恳切诚挚。

佛像菩萨坯胎已就,处士长跪合掌而言曰:"请和尚看安①五脏!"和尚笑曰:"且住!我且问尔,尔曾留有后门不?若无门,即有腹脏,屎从何出?所以你们愚顽,未达古人立像之意。古人立像,以众生心散乱,欲使之睹佛皈依②耳。佛之心肝五脏,非佛罔知,岂是尔等做得出也!且夫世之塑神者,必安五脏,穿七孔③,何也?为求其灵而应也,庶几祈福得福,祈免祸得免祸也。此世人塑神事神之本意也。若我与诸佛菩萨则不然。若我以诸佛菩萨为心,则吾心灵;众僧若以诸佛菩萨为心,则众僧心灵。借佛菩萨像以时时考验自己心灵不灵而已。灵则生,不灵则死。是佛菩萨之腹脏常在吾也。"处士又曰:"某日开光④,须用活鸡一只刺血点目睛。"和尚曰:"我这里佛自解放光,不似世上一等魍魉⑤匠、魑魅⑥僧巧立名色,诳人钱财也。尔且去用心妆出,令一切人见之无不生渴仰心,顿舍深重恩爱苦海,立地欲求安乐解脱、大光明彼岸,即尔塑事毕矣,我愿亦毕矣。无多言!再无多言!"故至今未安五脏,未开光。然虽未开光,而佛光重重照耀,众僧见之,无不渴仰。

[注释]①看安:用意念安其(五脏)。 ②皈依:佛教名词。信仰佛教者的入教仪式。因对佛、法、僧三宝表示归顺依附,故亦称"三皈依"。 ③七孔:指人面部耳目口鼻等的七个孔穴。 ④开光:佛像、神像塑成后,择吉日举行仪式,画眼点睛,开始供奉。 ⑤魍魉(wǎng liǎng):传说中的一种鬼怪。 ⑥魑魅(chī mèi):古谓能害人的山泽之神怪。亦泛指鬼怪。

至五月五日,和尚闲步廊下,见妆严①诸佛菩萨及韦驮②尊者像,叹曰:"只这一块泥巴,塑佛成佛,塑菩萨成菩萨,塑尊者成尊者,欲威则威,欲慈则慈,种种变化成就俱可。孰知人为万物之灵,反不如一泥巴土块乎!任尔千言万语,千劝万谕,非聋即哑,不听之矣。果然哉,人之不如一土木也!"怀林时侍和尚,请曰:"和尚以人为土,人闻之必怒;以土比人,人闻之必以为太过。今乃反以人为不如土木,则其以和尚为胡说乱道,又当何如也?然其实真不如也,非太过之论也。记得和尚曾叹人之不如狗矣,谓狗终身不肯背主人也。又读孙坚③《义马传》,曾叹人之不如马矣,以马犹知报恩,而人则反面无情,不可信也。今又谓人更土木之不如,则凡有情之禽兽,无情之土木,皆在人上者,然则天亦何故而生人乎?""噫!此非尔所知也。人之下者,禽兽土木不若,固也;人之上者,且将咸若禽兽,生长草木,又岂禽兽草木可得同乎?我为下下人说,不为上上人说。"林复请曰:"上下亦何常之有?记得六祖大师④有云:'下下人有上上智',有上智则虽下亦上;'上上人有没意智',没意智则虽上亦下。上下之位,固无定也。""噫!以此观之,人决不可以不慎矣。一不慎即至此极,顿使上下易位。我与子从今日始,可不时时警惕乎!"沙弥⑤怀林记。

[**注释**]①妆严:妆束,打扮。 ②韦驮(tuó):梵文 Skanda(塞建陀)音译的讹略。佛教天神,传说为南方增长天王的八神将之一,居四天王三十二神将之首。唐代道宣载其事,谓佛涅槃时,捷疾鬼盗取佛牙一双,韦驮急追取还,以授道宣。后佛教因以韦驮为护法神,亦称护法韦驮,并置其像佛寺中,著武将服,执金刚杵,立于天王殿弥勒佛之后,正对释迦牟尼佛。 ③孙坚(155~191):字文台,吴郡富春(今浙江杭州富阳)人,春秋时期军事家孙武的后裔。东汉末期地方军阀,著名将领,三国中吴国的奠基人。 ④六祖大师:佛教禅宗第六祖慧能,详见本书卷一《答邓明府》注。 ⑤沙弥:意译为求寂、息慈、勤策,即止恶行慈,觅求圆寂的意思。在佛教僧团中,指已受十戒,未受具足戒,年龄在七岁以上,未满二十岁时出家的男子。

代深有告文 时深有游方在外

龙潭湖芝佛院奉佛弟子深有,谨以是年月日,礼拜梁皇经忏①以祈赦过宥愆②事。念本院诸僧虽居山林旷野，而将就度日，不免懒散苟延，心虽不敢以遂非，性或偏护而祇悔。夫出家修行者，必日乾③而夕惕，庶檀越④修供者，俱履福而有功。早夜思惟，实成虚度。纵此心凛凛，不敢有犯；而众念纷纷，能无罔知。但一毫放过，即罪同丘山；况万端起灭，便祸在旦夕乎？深有等为此率其徒若孙，敬告慈严。慈以悯众生之愚，愿弃小过而不录；严以待后日之谴，姑准自改而停威。则万历二十一年十月以前，已蒙湔刷⑤；而从今二十一年十月以后，不敢有违矣。

[注释]①梁皇经忏：又作梁武忏、梁皇宝忏。梁武帝为超度其夫人郗氏所制之慈悲道场忏法。后为佛家常用的超度忏法。共十卷。　②宥（yòu）愆（qiān）：宽恕过失。　③乾：努力不懈。　④檀越：梵语音译，翻译成汉语为施主。寺院僧人对施舍财物者的尊称。　⑤湔（jiān）刷：洗刷。

又　告

切①以诵经者，所以明心见性②，礼忏③者，所以革旧鼎新。此僧家遵行久矣。皆以岁之冬十月十五日始，以次年春正月十五日终。自有芝佛院以来，龙潭僧到今，不知凡几诵而凡几忏矣，而心地竟不明，罪过竟不免，何哉？今卓吾和尚为塔屋于兹院之山，以为他年归成之所，又欲安期④动众，礼忏诵经。以为非痛加忏悔，则诵念为虚文；非专精念诵，则礼忏为徒说。

[注释]①切：同"窃"，私下，私自。表示个人意见的谦词。　②明心见性：明本心，见不生不灭的本性。禅宗认为人心中本具佛性，只要"识其本心，

见其本性",就可当下成佛。　③礼忏:佛教徒礼拜佛菩萨,诵念经文,以忏悔所造成的罪过。　④安期:佛教语。即安居,又称坐夏或坐腊。僧徒每年在夏季有三个月的安居期,在此期间不外出,静心坐禅修学。

故此两事僧所兼修,则此会期僧家常事也。若以两者目为希奇,则是常仪翻成旷典,如何可责以寡过省愆①之道,望以明心见性之理乎?谓宜于每岁十月,通以为常。否则每一期会,必先起念;先起念已,然后举事;既举事已,然后募化;既募化已,然后成就。如此艰辛,谓之旷典,不亦宜乎!从今以后,不如先期募化有缘菩萨,随其多寡,以为资粮。但得二时无饥,即可百日聚首。于是有僧常觉②,慨然任之。不辞酷烈之暑,时游有道之门;不惮跋涉之勤,日履上圣之室③。升合不问④,随其愿力,无不顿发菩提妙心;担荷而来,因其斋粮,可使随获菩提妙果。诵经者明心,而施主以安坐自收善报;礼佛者忏罪,而施主以粒米遂广福田⑤。不唯众僧不致虚度,虽众施主亦免唐捐⑥。常觉之功,不既溥乎!但如此岁岁年年,则众僧有福,施主有福,常觉亦有福。恐以我为妄语,故告佛使明知之。

[**注释**]①省愆(qiān):反省过失。　②常觉:芝佛院僧人。　③上圣之室:指信奉佛教的人家。　④升合不问:化缘时不管多少都收。升合:借指少许米粮。　⑤福田:佛教语。佛教以为供养布施,行善修德,能受福报,犹如播种田亩,有秋收之利,故称。　⑥唐捐:落空;虚耗;虚掷。

礼诵药师告文①

余两年来,病苦甚多,通计人生大数,如我之年,已是死期。既是死期，便与以死，乃为正理，如何不赐我死，反赐我病乎？夫所以赐之病苦者，谓其数未至死，尚欲留之在世，故假病以苦之②，使之不得过于自在快活也。若我则该死之人：寿至古稀③，一可死也；无益于世，二可死也；凡人在世，或有未了业缘④，如我则绝无可了，三可死也。有此三可死，乃不即我死，而更苦我病，何也？闻东方有药师琉璃光王佛发大弘愿，救拔病苦众生，使之疾病涅槃⑤。卓吾和尚于是普告大众，趁此一百二十日期会，讽经拜忏⑥道场，就此十月十五日起，先讽《药师经》一部四十九卷，为我祈求免病。想佛愿弘深，决不虚妄也。夫以佛愿力而我不求，是我罪也。求佛而佛不理，是不慈也；求佛而佛或未必知，是不聪也：非佛也。吾知其决无是事也。愿大众为我诚心念诵，每月以朔望日⑦念此经，共九朔望，念经九部。呜呼！诵经至九部，不可谓不多矣；大众之殷勤，不可谓不虔矣。如是而不应焉，未之有也。但可死，不可病。苦口叮咛、至三再三，愿佛听之！

[注释]①礼诵药师告文：本篇是李贽为自己祈求免病的告佛文字。礼诵：礼佛诵经。药师：佛名。药师琉璃光佛的简称。这里指《药师经》。告文：祭文。　②苦之：使之痛苦。　③古稀：亦作"古希"，指人年七十。　④业缘：佛教语。谓苦乐皆为业力而起，故称为"业缘"。　⑤涅槃：作为死亡的美称。这里指消除。　⑥讽经拜忏：佛教徒念诵经文，向佛表示悔过的礼拜仪式。　⑦朔望日：朔日和望日。即农历每月的初一日和十五日。

移住上院①边厦②告文

龙湖芝佛院佛殿之后，因山盖屋，以为卓吾藏骨之室。盖是屋时,卓吾和尚往湖广③会城④,居士杨定见及常住僧常中、常通等告神为之。逮和尚归,又告神添盖两厢,及前廊边两厦。草草成屋,可居矣。和尚但念力出众人,成此大屋,宴然居之,不特心神不安,面貌且有厚颜也。屋成,遂题扁悬其额曰"阿弥陀佛殿"。中塑西方接引佛⑤一尊,高一丈二尺,以为院僧三时念佛,瞻像皈依之地。南向厢房三间,塑起普陀⑥悬崖,坐观世音菩萨于崖石波涛之上,以显急苦难大慈悲之力,使众僧有所依怙⑦,不生怖畏。前廊五间,中间塑韦驮⑧尊者金像一躯,连座高九尺,专赖其拥护僧众,使精勤者获利益,怠昏者用一杵,故扁其额曰"护法尊者之殿",而观音则直书"南无⑨观世音菩萨"七字而已。殿之东西,供养达摩⑩、伽蓝⑪二像。门楼北上,其神在上,南向,则为执金刚神⑫,专听护法尊者主使。有此种种慈悲威严佛菩萨真容,则和尚借佛背后半间丈室以藏骨,心亦安矣。今尚未塑佛,未敢入居正室,且亦未敢谢土。何也? 土木之攻未得止,则动土之事尚有劳也。但欲择日入居边厦,不得不告。

[注释]①上院:对寺院的敬称。 ②边厦:旁屋,厢房。 ③湖广:指湖广行省。为元朝和明朝时期直属中国中央政府管辖的国家一级行政区。元朝时期的一级行政区湖广等处行中书省的简称;明朝时期的一级行政区湖广承宣布政使司的简称。 ④会城:省会,指武昌。 ⑤接引佛:即阿弥陀佛。佛教称阿弥陀佛与观世音、大势至两菩萨可以引导众生入西方净土。⑥普陀:普陀山,与山西五台山、四川峨眉山、安徽九华山并称为中国佛教四大名山,是观世音菩萨教化众生的道场。 ⑦依怙(hù):依靠。 ⑧韦驮:梵文 Skanda(塞建陀)音译的讹略。佛教天神,传说为南方增长天王的八神将之一,居四天王三十二神将之首。唐道宣载其事,谓佛涅槃时,捷疾鬼盗取佛

牙一双,韦驮急追取还,以授道宣。后佛教因以韦驮为护法神,亦称护法韦驮,并置其像佛寺中,著武将服,执金刚杵,立于天王殿弥勒佛之后,正对释迦牟尼佛。 ⑨南无(nā mó):佛学用语,又作南牟。佛教徒称合掌稽首为"南无",并常用来加在佛名、菩萨名或经典名之前,表示对佛法的一种尊敬。 ⑩达摩:菩提达摩的省称,天竺高僧,本名菩提多罗。于南朝梁入中国,传法于慧可。达摩为中华禅宗初祖。 ⑪伽蓝:伽蓝神的省称。指佛寺里的守护神。 ⑫执金刚神:指手执金刚杵的神。

礼诵药师经①毕告文

和尚为幸免病喘,结经②谢佛事。念今日是正月十五之望日,九朔望至今日是为已足,九部经于今日是为已完。诵经方至两部,我喘病即减九分;再诵未及四部,我忍口便能斋素。斋素既久,喘病愈痊;喘病既痊,斋素益喜。此非佛力,我安能然?虽讽经众僧虔恪③无比,实药王菩萨④怜悯重深,和尚不胜礼谢祷告之至。和尚再告:有小僧常通见药师如来即愈我疾,亦便发心,随坛接讽,祈疮口之速合。乃肃躬⑤而致虔,以此月十六之朝,请大众讽经一部。呜呼!佛乃三界⑥之大父⑦,岂以僧无可取而遂弃之;况我实诸佛之的嗣,又岂忍不以我故而不理也!念此僧虽非克肖⑧,在僧中亦无大愆⑨。钟磬⑩齐臻,鼓钵⑪动响。经声昭彻⑫,佛力随施。两年未愈之疮,药王一旦加被,何幸如之。为此代恳,不胜瞻依!

[注释]①礼诵药师经:见《礼诵药师告文》注。 ②结经:佛教指礼拜仪式结束时念的经文。 ③虔恪(kè):虔诚恭敬。 ④药王菩萨:指药师琉璃光佛。 ⑤肃躬:端严恭敬。躬,通"恭"。 ⑥三界:佛教指众生轮回的欲

界、色界和无色界。　⑦大父：原指祖父，这里指祖宗之意。　⑧克肖：品行优秀。　⑨大愆(qiān)：大的过失。　⑩钟磬：佛寺里的乐器。　⑪鼓钵：佛寺里的乐器。　⑫经声昭彻：诵经之声明彻清亮。

代常通病僧告文

龙湖僧常通，为因病疮苦恼，礼拜水忏①，祈佛慈悲事。重念常通自从出家，即依三宝②。叵耐③两年以来，痰瘤作祟，疮疼久缠，医药徒施，岁月靡效。咸谓必有冤业④，恐非肉眼能医；倘求一时解除，须对法王⑤忏悔。第顾微末，何缘上达于彼苍？纵出至诚，未必降临于下地。历观前劫⑥，想不能如悟达师⑦之戒律精勤，重重十世以为高僧；俯念微驱，又不如歌利王⑧之割截身体，节节支解而无嗔⑨恨。举足下足，罔非愆尤⑩；日增月增，无可比喻。因忍痛以追思，或明知而故犯。此已往其奈之何，恐将来当堕无间，所赖众弟兄等：同心一意，顿兴灸艾分痛之真情；因病生怜，遂起借花献佛之妄念。以是吉日，礼拜忏文。仗诸佛为证明，一忏更不再忏；对大众而发誓，此身即非旧身。若已灭罪而更生，何异禽兽；倘再悔罪而复忏，甘受诛夷。伏愿大慈大悲，曲加湔刷；大雄大力⑪，直为洗除。法水暗消，疮口自合。此盖佛菩萨悯念保持之恩，与众弟兄殷勤礼拜之致也。

[注释]①礼拜水忏：向神行礼，念诵《水忏经》。　②依三宝：皈依佛、法、僧。　③叵(pǒ)耐：无奈。　④冤业：佛教用语。可写作"冤孽"，或单言"冤"、单言"业"，等于说"罪过"。　⑤法王：佛教对释迦牟尼的尊称。亦借指高僧。　⑥劫：佛教用语，指很长一段时间。　⑦悟达师(809～882)：唐代眉

州(今属四川眉山)洪雅(今属四川洪雅)人,法名知玄,字后觉,也叫悟达、释知玄。到十一岁时,就禀告祖父要求随法泰法师出家,研习《涅盘经》,祖父知其根器,也不加强留,他就此削发作沙弥。两年后在四川大慈寺受丞相(杜元颖)之请,升堂说法,当时缁素人众日计万余,都倾心专注听法,赞叹不已,尊称他为"陈菩萨"。知玄在净众寺从辩贞律师受具足戒,复随安国寺信法师学唯识,又研习外典,博通经籍百家之说。《宋高僧传·唐彭州丹景山知玄传》记载,广明二年(881)春天,唐僖宗到四川避难,赐知玄"悟达国师"号。
⑧歌利王:又作哥利王、羯利王、迦梨王、迦陵伽王、羯陵伽王、迦蓝浮王。意译作斗净王、恶生王、恶世王、恶世无道王。传说释迦牟尼在城外修禅,歌利王率领一批宫女到树林游玩。宫女跑到释迦牟尼身边听其说法,歌利王很反感,诬责他贪恋女色,就割下他的鼻、耳,砍断他的手。但释迦牟尼面不改色,也无怨恨之心,被残伤的身体立即复原。歌利王见此情景,十分惭愧,就归顺了佛教。　⑨嗔(chēn):怨恨。　⑩罔非愆尤:没有不是过错。　⑪大雄大力:指佛。佛教认为佛有降伏妖魔的大智慧大法力,叫大雄大力。

安期①告众文

　　一常住②中所有事务,皆是道场③;所作不苟,尽属修行。唯愚人不信,不肖者苟且,须赖师长教督之耳。今师不知教督,其徒又不畏慎,则所有事务令谁为之?必至于废弛荒散④而已。尚赖一二徒子徒孙之贤者自相协力,故龙湖僧院得以维持到今。然中间不无偷惰⑤成性,必待呼唤而后作者;或恃顽⑥不理,虽呼唤之而亦不为者。未免有三等僧众在内,则虽欲不荒散,终不可得矣。夫此间僧众约有四十余人,各人又受徒子,徒子又收徒孙,日益月增,渐久遂成大丛林⑦。而皆相看不肯作务,则虽有一二贤者,其奈之何!况今正当一百二十日长期,大众云集,十方檀越⑧,四海龙象⑨,共来瞻礼者乎?

[注释]①安期:见《代深有告文·又告》注。 ②常住:僧、道称寺舍、田地、什物等为常住物,简称常住。这里指寺院。 ③道场:释道二教称诵经礼拜的场所。 ④废弛荒散:荒废散乱。 ⑤偷惰:偷懒之性情。 ⑥恃顽:任性逞强。 ⑦丛林:这里指寺院。 ⑧十方檀越:全国施主。十方:佛教谓东南西北及四维上下。檀越:佛教称为施主。 ⑨四海龙象:全国高僧。四海:指全国各地。龙象:指高僧。

为此,将本院僧众分为三等,开列于后,庶①勤惰昭然,务化惰为勤,以成善事。报施主之德,助师长之化,结将来之果,咸在于兹矣。勤者,龙象也。懒者,无志也。若安坐而食十方之食,虽呼唤亦不作者,无耻也。皆赖贤师长委曲②劝诱之。故有师长则责师长,若师长亦无之奈何,则责韦驮尊者。尊者轻则一杵,重则三杵毕矣,尊者勿谓我太严也。唯佛至细至严,所以谓之大慈大悲。故经曰《楞严》③,又曰《华严》④。严者所以成悲⑤也,尔韦驮又不可不知也。勿太酸涩,佛法不是腐烂之物。第一等勤行僧有八。此八众,余所亲见者,其常川⑥作务,不避寒暑劳苦极矣,第二等躲懒僧众三名,第三等奸顽僧众一名。此二等三等之众,据我目见如此耳,若懒而能勤,顽而能顺,即为贤僧矣。但常住徒有人食饭,无人作务,且人数虽多,皆非是作重务之人,则此十余众者,可不加勤哉!努力向前,毋受尊者之杵可也。

[注释]①庶:但愿,或许。 ②委曲:委婉。 ③《楞严》:佛经名。见《解经题》注。 ④《华严》:佛经名。《大方广佛华严经》的简称。有三种译

本。　⑤悲：即悲悯，慈悲怜悯。　⑥常川：经常不断。

告土地①文

自庚寅②动工以来，无日不动尔土，无岁不劳尔神。唯尔有神，凡百有相，遂使群工竭力，众僧尽心，以致佛殿告成，塔屋亦就。目今趺坐③直上，则西方阿弥陀佛一躯也，金碧辉煌，宛有大人贵相矣。瞻仰而来者能无顿兴念佛念法之心乎？卓立在前，则护法韦驮尊者威容也，金甲耀光，已手降魔宝杵矣。专修净业④者能无更坚不懈不退之志乎？又况观音⑤、势至⑥咸唱导于吾前，更有文殊、普贤⑦同启迪于吾后。悬崖千丈，友罗汉⑧直抵上方；少室⑨无余，面达摩犹在东壁。谁无缓急，大士⑩即是救苦天尊⑪；孰识平生，云长⑫尤是护法伽蓝⑬。黑海⑭有门，唯法无门，现普陀于眼底；上天有路，唯道无路，睹灵山在目中。十界⑮同虚，判念便分龙虎；六牕⑯寂静，一棒打杀猢狲。从兹继继绳绳⑰，咸愿师师济济。务同一念，莫有二心。则卓吾之庐，即是极乐净土；龙湖上院，遍是华严道场矣。此虽仗佛之赐，实亦尔相之能。故特塑尔之神，使与司命并列。虔恭致斋，不酒不肉；殷勤设素，匪荤匪腥。唯茶果是陈，只疏饭以供。名香必爇⑱，愿与司命齐意；好花用献，当听韦驮指麾⑲。有恶则书，见过速录。细微毕举，毋曰我供汝也而有阿私；小大同登，毋曰众汝敬也而有偏党。幽明协赞，人神同钦。则尔土有力，帝将加升，长守此湖，永相依附矣。

[注释]①土地：即土地神。指掌管、守护某个地方的神。 ②庚寅：指万历十八年（1590）。 ③趺（fū）坐：盘腿端坐。 ④净业：又作清净业。即世福、戒福、行福之三种福业。 ⑤观音：见《三大士像议》注。 ⑥势至：大菩萨名。大势至的简称。 ⑦文殊、普贤：见本卷《三大士像议》注。 ⑧罗汉：见本卷《三大士像议》注。 ⑨少室：指少室山，在今河南登封西北，嵩山之西峰。这里的"少室"与上文的"悬崖"都是指芝佛院中塑造的假山。 ⑩大士：佛教对菩萨的通称。 ⑪天尊：佛教对佛的称呼。 ⑫云长：即关羽，见本书卷二《复焦弱侯》注。 ⑬伽（qié）蓝：伽蓝神的省称。 ⑭黑海：苦海。 ⑮十界：十界，佛教用语，天台宗合称六道（凡）四圣为十界。即地狱界、饿鬼界、畜生界、修罗界、人间界、天上界、声闻界、缘觉界、菩萨界、佛界。 ⑯六牕（chuāng）：佛教把六根（眼、耳、鼻、舌、身、意）比喻为六牕。牕，同"窗"。 ⑰继继绳绳：前后相承，延续不断。 ⑱爇（ruò）：烧。 ⑲麾：同"挥"。

告佛约束偈①

龙湖芝佛上院②，从新创立道场，上殿阿弥陀佛，下殿韦驮尊者。特地接引众生，不是等闲作伴。观音文殊普贤，悲智行愿交参。从今皈依得地，皆赖信女善男。韦驮尊者何为？宝杵当头立断。毫发分明可畏，尤勿容易等闲！为此与众约束，不紧不严不慢。四时不须起早，黎明报钟方好。清早《金刚》一卷，春夏秋冬一样。二鼓念佛一千，冬春二时为然。休夏③依时自恣，不是仿古模贤。但记诵经念佛，紧闭门户莫忽！恐若闲人杂沓，致使诵念间歇。早晨报钟甫毕，便入诸殿上香。上香必须鸣磬④，磬动知是行香。失磬定是失香，面佛罚跪半晌。大众闻钟齐起，急忙整顿衣裳。嗽洗诸事各讫，沙弥如前撞钟。

首众⑤即便领众，以次合掌致恭。前后不得参差，先行拜礼韦驮。然后观音上殿，虔恭礼拜一遍。上殿铺设经卷，高声跪诵《金刚》。诵罢斋毕何为？依旧讽读《法华》。每岁三冬无事，日日《华严》一卷。不许安期抄化⑥，扰害菩萨善良。但得二时粥饭，便当吃紧思量。如果粥饮不继，沿门持钵可也。但知听其自至，便知为僧便宜。为僧不须富贵，富贵不须为僧。为僧为己生死，人死于己何与？何必哀死吊丧，替人庆生喜旺。无故遨游街市，及自上门上户。不许赴请诵经，不许包揽经诵。不许讽诵《玉经》，公夺道人衣钵。不许私习应付，侵占万寿⑦僧饭。不许放债生利，不许买贱卖贵。一切富贵心肠，尽付龙湖流水。须知回头无多，纵使忍饥不久。不闻衣禄⑧分定，非人智力能求。何况一身一口，何必过计私忧！自谓是佛弟子，却学市井下流；自谓禅僧无比，独坐高贵上头。犹然蝇营狗苟⑨，无人替代尔羞。我劝诸人莫错，快急念佛修福。但移此心念佛，便是清凉极乐。

[注释]①偈：佛经中的唱颂词。 ②上院：对寺院的敬称。 ③休夏：佛教徒每年夏季有三个月的安居期，在此期间不外出，静心坐禅修学。安居期结束日称"休夏"。 ④磬：一种打击乐器。 ⑤首众：佛教职务，禅堂上位居上座的僧人。 ⑥抄化：即化缘，僧尼向人乞求布施。 ⑦万寿：指生日祝寿。 ⑧衣禄：衣食福分。 ⑨蝇营狗苟：比喻为追求名利而不择手段。

二十分识

有二十分见识，便能成就得十分才，盖有此见识，则虽只有五六分才料,便成十分矣。有二十分见识,便能使发得十分胆,盖识见既大,虽只有四五分胆,亦成十分去矣。是才与胆皆因识见而后充①者也。空有其才而无其胆,则有所怯而不敢;空有其胆而无其才,则不过冥行妄作②之人耳。盖才胆实由识而济,故天下唯识为难。有其识,则虽四五分才与胆,皆可建立而成事也。然天下又有因才而生胆者,有因胆而发才者,又未可以一概也。

[**注释**]①充:发挥作用。 ②冥行妄作:盲目瞎干。冥行,盲目行事。

然则识也、才也、胆也,非但学道为然,举凡出世处世,治国治家,以至于平治天下,总不能舍此矣,故曰"智者不惑,仁者不忧,勇者不惧①"。智即识,仁即才,勇即胆。蜀之谯周②,以识胜者也。姜伯约③以胆胜而无识,故事不成而身死;费祎④以才胜而识次之,故事亦未成而身死。此可以观英杰作用之大略矣。三者俱全,学道则有三教大圣人⑤在,经世则有吕尚⑥、管夷吾⑦、张子房⑧在。空山岑寂,长夜无声,偶论及此,亦一快也。

[**注释**]①智者不惑,仁者不忧,勇者不惧:有智慧的人不会迷惑,有仁德的人不会忧愁,勇敢的人不会畏惧。 ②谯周(201~270):字允南,三国时巴西郡西充国(今四川阆中南)人。官至光禄大夫。魏将邓艾伐蜀时,谯周劝蜀主刘禅要"知得失存亡"而降魏。后被魏封为阳城亭侯。 ③姜伯约:姜维(202~264),字伯约,天水冀县(今甘肃甘谷东南)人。三国时蜀汉名将,官至大将军。少年时和母亲住在一起,喜欢儒家大师郑玄的学说。因为父亲姜冏战死,姜维被郡里任命为中郎。诸葛亮北伐时,姜维被怀疑有异心,姜维不得已投降蜀汉,被诸葛亮重用。诸葛亮去世后姜维在蜀汉开始崭露头角,费祎死后姜维开始独掌军权,继续率领蜀汉军队北伐曹魏。魏灭蜀,姜维被迫向

魏将钟会投降。后钟会谋反,他伴装与其联合,拟乘机恢复蜀汉,事败被杀。④费祎(yī)(?~253):字文伟,荆州江夏鄳县(今河南罗山)人,三国时蜀汉名臣,与诸葛亮、蒋琬、董允并称为蜀汉四相。深得诸葛亮所器重,曾出使东吴,孙权、诸葛恪、羊茞等人以辞锋论难,而费祎据理以答,辞义兼至,始终不为所屈。孙权甚异其才,自礼遇之,费祎也因常使吴。北伐时为中护军,又转为司马。当时将军魏延与长史杨仪不和,坐常争论,费祎常为二人谏喻,两相匡护,以尽其用。诸葛亮死后,初为后军师,再为尚书令,再迁大将军,执行休养生息的政策,为蜀汉的发展尽心竭力。　⑤三教大圣人:指儒家创始人孔子,道教创始人老聃,佛教创始人释迦牟尼。　⑥吕尚:即姜尚,见本书卷一《复周南士》注。　⑦管夷吾:即管仲,见本书卷一《复周南士》注。　⑧张子房:即张良,见本卷《题关公小像》注。

怀林在旁,起而问曰:"和尚于此三者何缺?"余谓我有五分胆,三分才,二十分识,故处世仅仅得免于祸。若在参禅学道之辈,我有二十分胆,十分才,五分识,不敢比于释迦老子①明矣。若出词为经,落笔惊人,我有二十分识,二十分才,二十分胆。呜呼!足矣,我安得不快乎!虽无可语者,而林能以是为问,亦是空谷足音②也,安得而不快也!

[注释]①释迦老子:指佛教创始人释迦牟尼。　②空谷足音:在空旷的山谷里能听到脚步声,比喻极为难得。

因 记 往 事①

向在黄安②时,吴少虞③大头巾④曾戏余曰:"公可识林道乾⑤否?"盖道乾居闽、广之间,故凡戏闽人者,必曰林道乾云。余谓尔此言是骂我耶,是赞我耶?若说是赞,则彼为巨盗，我为清官，我知尔这大头巾决不会如此称赞人矣。若说是骂，则余是何人，敢望道乾之万一乎？

[注释]①因记往事：由于写前一篇《二十分识》而忆起了以前的事情。②黄安：今湖北红安。 ③吴少虞：即吴心学，号少虞，黄安人。因曾在黄安似马山建洞龙书院，而自称"洞龙"。著有《洞龙集》。 ④大头巾：极其迂腐的儒生。头巾：指明清时规定给读书人戴的儒巾。后来用来指迂腐的儒生。⑤林道乾：又名林悟梁。青年时代曾当府小吏，有计谋，善机智。其后从事海上反海禁活动达30余年。足迹遍及台湾、安南、吕宋、暹罗、柬埔寨等地区和国家，成为明代拓殖南洋的著名人物。

夫道乾横行海上，三十余年矣。自浙江、南直隶①以及广东、福建数省近海之处，皆号称财赋之产、人物奥区②者，连年遭其荼毒③，攻城陷邑，杀戮官吏，朝廷为之旰食④。除正刑⑤、都、总、统⑥诸文武大吏外，其发遣囚系，逮至道路而死者，又不知其几也，而林道乾固横行自若也。今幸圣明在上，刑罚得中，倭夷⑦远遁，民人安枕，然林道乾犹然无恙如故矣。称王称霸，众愿归之，不肯背离。其才识过人，胆气压乎群类，不言可知也。设使以林道乾当郡守二千石⑧之任，则虽海上再出一林道乾，亦决不敢肆。设以李卓老权替海上之林道乾，吾知此为郡守林道乾者，可不数日而即擒杀李卓老，不用损一兵费一矢为也。又使卓老为郡守时，正当林道乾横行无当之日，国家能保卓老决能以计诛擒林道乾，以扫清海上数十年之逋寇⑨乎？此皆事之可见者，何可不自量也？

[注释]①南直隶：中国明朝时期称直接隶属于京师南京的地区为直隶，

永乐初年移都北平（今北京市）后，又称直隶于北京的地区为北直隶，简称北直，相当于今北京、天津两市、河北省大部和河南的小部地区；直隶于南京的地区被称为南直隶，简称南直。　②人物隩（yù）区：人才汇集蕴藏地区。隩区：藏伏；蕴藏。　③荼（tú）毒：毒害；残害。荼：一种苦菜。毒：螫人之虫。④旰（gàn）食：晚食。指事务繁忙不能按时吃饭。　⑤正刑：谓正定刑律。这里指管刑法的官员。　⑥都、总、统：都指挥使、总督及统兵，都是官名。⑦倭夷：我国古代对日本人的称呼。　⑧郡守二千石：指知府。汉代郡守年俸二千石，明代知府相当于汉代郡守这一级。　⑨逋寇（bū kòu）：逃寇，流寇。

　　嗟乎！平居无事，只解打恭作揖①，终日匡坐②，同于泥塑，以为杂念不起，便是真实大圣大贤人矣。其稍学奸诈者，又搀入③良知讲席④，以阴博高官，一旦有警，则面面相觑，绝无人色，甚至互相推委⑤，以为能明哲。盖因国家专用此等辈，故临时无人可用。又弃置此等辈有才有胆有识之者而不录，又从而弥缝禁锢⑥之，以为必乱天下，则虽欲不作贼，其势自不可尔。设国家能用之为郡守令尹⑦，又何止足当胜兵三十万人已耶！又设用之为虎臣武将，则阃外之事⑧可得专之，朝廷自然无四顾之忧矣。唯举世颠倒，故使豪杰抱不平之恨，英雄怀罔措之戚⑨，直驱之使为盗也。余方以为痛恨，而大头巾乃以为戏；余方以为惭愧，而大头巾乃以为讥：天下何时太平乎？故因论及才识胆，遂复记忆前十余年之语。吁！必如林道乾，乃可谓有二十分才，二十分胆者也。

　　[注释]①打恭作揖：旧时礼节，弯身抱拳，上下摆动，表示恭敬。　②匡坐：正坐。　③搀入：混入，杂入。　④良知讲席：以良知为内容的讲学。良

知:儒家谓人类先天具有的道德意识。《孟子·尽心上》:"人之所不学而能者,其良能也;所不虑而知者,其良知也。"明王守仁《传习录》卷中:"若鄙人所谓致知格物者,致吾心之良知於事事物物也。吾心之良知,即所谓天理也。致吾心良知之天理於事事物物,则事事物物皆得其理矣。"　⑤推委:推卸责任。委,同"诿"。　⑥弥缝禁锢:极其严密压制。　⑦令尹:泛称县、府等地方行政长官。　⑧阃(kǔn)外之事:指驻守、保卫边防之事。阃外:指京城或朝廷以外,亦指外任将吏驻守管辖的地域,与朝中、朝廷相对。　⑨罔(wǎng)措之戚:比喻无所适从、不知所措的悲愁。

　　某①曰:"如此则林道乾无识乎?无识安能运才胆而决胜也?"夫古之有识者,世不我知②,时不我容,故或隐身于陶钓③,或混迹于屠沽④,不则深山旷野,绝人逃世而已,安肯以身试不测之渊也?纵多能足以集事⑤,然惊怕亦不少矣。吾谓当此时,正好学出世法,直与诸佛诸祖⑥同游戏⑦也。虽然,彼亦直以是为戏焉耳。以彼识见,视世间一切大头巾人,举无足以当于怀者,盖逆料其必不能如我何也,则谓之曰二十分识亦可也。

　　[注释]①某:李贽自称。　②世不我知:世人不理解我。　③陶钓:从事陶器制作与钓鱼。指脱离政事过起世俗的生活。　④屠沽:从事屠宰业和卖酒业。这里指脱离政事过起世俗的生活。　⑤集事:成就事业。　⑥诸佛诸祖:佛教指修行成道者为佛,开创宗派者为祖师,合称佛祖。　⑦游戏:这里指游戏人生。

四　　海

　　丘文庄①谓自南越入中国始有南海,而西海竟不知所在。余谓《禹贡》②言"声教讫于四海"者,亦只是据见③在经历统理之地而纪其四至耳。所云四海,即四方也。故又曰"四方风动",则可见矣,岂真有东西南北之海,如今南越之海④的然可睹者哉!

[注释]①丘文庄:丘濬,字仲深,号琼台,谥号文庄,琼山(今广东琼山)人。景泰五年(1454)进士。曾任文渊阁大学士等官职。著有《琼台汇编》、《朱子学的》等。 ②《禹贡》:《尚书》中的一篇。 ③见:同"现"。 ④南越之海:当指南海。

今据见在四方论之:四川,天下之正西也,云南则天下之西南,陕西则天下之西北。一正西,一西北,一西南,皆不见有海也。由陕西而山西,据大势则山西似直正北之域矣,而正北亦无海也,唯今蓟、辽①邻山东,始有海。从此则山东为东方之海②,山东抵淮、扬、苏、松③以至钱塘、宁、绍④等处,始为正东之海。东瓯⑤至福建,则古闽越地也,稍可称东南海矣。广东即南越地,今其治为南海郡,尽以为正南之海矣,不知闽、广壤接,亦仅可谓之东南海耳。由此观之,正西无海也,正北无海也,正南无海也,西北、西南以至东北皆无海,则仅仅正东与东南角一带海耳,又岂但不知西海所在耶!

[注释]①蓟、辽:蓟,古代州名,相当于现在河北长城内东起山海关,西至居庸关,以及天津市以北一带。辽,古郡名,即辽东郡,相当于现在辽宁省东部。 ②东方之海:当指渤海与黄海。 ③淮、扬、苏、松:指淮安、扬州、苏州、松江。 ④钱塘、宁、绍:指杭州、宁波、绍兴。 ⑤东瓯:古族名,分布在今浙江南部瓯江、灵江流域。

且今天下之水皆从西出,西水莫大于江、汉①。江有四:有从岷②来者,有从沱来者,有从黑、白③二水来者。汉有二:有从嶓冢④来者,有从西和徼外⑤来者。此皆川中之水,今之所指以谓正西是也。水又莫大于黄河,黄河经过昆仑⑥。昆仑乃西蕃地,是亦西也。虽云南之地,今皆指以为西南,然云南之水尽流从川中出,则其地高于川中可知矣。高者水之所泻,流之所始,而东南一海咸受之,则海决在下流之处,云南、四川、山、陕等去海甚远,皆可知也。云南、川、陕之外,其地更高,又可知也。不然,何以不顺流而西,往彼西海,而乃迢递逶迤⑦尽向东南行耶?则知以四川为正西者,亦就四方之势概言之耳。今云南三宣府⑧之外,有过洋阔机大布⑨道自海上来者,此布我闽中常得之,则云南旋绕而东,又与福建同海。则云南只可谓之东南,而不得谓之西南,又可知矣。

[注释]①江、汉:指长江和汉水。 ②岷:与下文的"沱"分别指岷江和沱江。 ③黑、白:黑水(即乌江)和白水(指白龙江)。 ④嶓冢:山名,在陕西宁强境。 ⑤西和徼外:今甘肃西和边界以外。 ⑥昆仑:即昆仑山,在新疆和西藏之间。 ⑦迢递逶迤:形容河流遥远弯曲。 ⑧云南三宣府:指明代在云南少数民族地区设立的南甸、干崖和陇川三个宣抚司。 ⑨阔机大布:大机器织的布。

吾以是观之,正南之地尚未载之舆图①,况西南耶?故余谓据今人所历之地势而论之,尚少正南与西南、正西与西北、正北与北东诸处者,以不见有海故卜之也。以天下三大水皆从川中出卜之,而知其难以复寻西海于今之世也。西海既不可寻,则又何名何从而祀海也?然则丘文庄欲祀北海于京之东北，杨升庵^②欲祀西海于滇之西南，皆无义矣，其谁享之？呜呼！观于四海之说，而后知世人之所见者小也，况四海之外哉！

[**注释**]①舆图：地图。　②杨升庵：即杨慎（1488～1559），明代文学家，明代三大才子之一。字用修，号升庵，后因流放滇南，故自称博南山人、金马碧鸡老兵。杨廷和之子，汉族，四川新都（今成都市新都区）人，祖籍庐陵。正德六年（1511）状元，官翰林院修撰，豫修武宗实录，禀性刚直，每事必直书。武宗微行出居庸关，上疏抗谏。世宗继位，任经筵讲官。嘉靖三年（1529），因"大礼议"受廷杖，谪戍终老于云南永昌卫。终明一世记诵之博，著述之富，慎可推为第一。其诗虽不专主盛唐，仍有拟右倾向。贬谪以后，特多感愤。又能文、词及散曲，论古考证之作范围颇广。著作达百余种。后人辑为《升庵集》。

八　　物

尝谓君子无怨，唯小人有之；君子有德必报德，而小人无之。夫君子非无怨也，不报怨也；非不报怨也，以直报怨也。苟其人可恶而可去，则报之以可恶可去之道焉；苟其人可好而可用，则报之以可好可用之道焉。其恶而去之也，好而用之也，直也，合天下之公是也。其或天下不知恶而去之、好而用之也，而君子亦必去之、必用之，是亦直也，合天下之公理也。夫是之谓"以直"。既谓之直，则虽无怨于我者，亦必如是报之矣，则虽谓圣人未尝报怨焉亦可也。若曰"以德报怨"，则有心矣，作伪矣，圣人不为也。至于人之有德于我者，则志在必报，虽以圣人为有心，为私厚^①，不计矣。何也？圣人义重者也。义重故可以托孤,而况托知己之孤乎?义重故可以寄命②,而况寄有德之命乎?故曰"以德报德"。唯其人有必报之德,此世道所以攸赖③,国家所以有托,纲常所以不坠,人伦所以不灭也。若小人非不报德也,可报则报,不可报则亦已而勿报,顾他日所值何如耳。苟祸患及身,则百计推托,逃避无影矣,虽有德,将安知乎?唯有报怨一念,则终始不替④。然苟势盛于我,财多于我,我又可藉之以行立,则怨反为德,又其常也。盖十百千万咸如斯也。此君子小人界限之所以判也。故观君子小人者,唯观其报怨报德之间而已。故余尝以此定古今君子小人,而时时对人言之不省也。除此之外,君子小人有何分别乎?吾见在小人者更为伶俐而可用也。

[注释]①私厚:偏爱。 ②寄命:以国家的命运相托。 ③攸赖:所依赖。 ④不替:不忘。

或曰:"先生既如此说矣,何先生之待小人也过严,而恶恶①执怨也反过甚乎?"余曰:"不然,我之恶恶虽严,然非实察其心术之微②,则不敢有恶也。纵已恶其人,苟其人或又出半言之善焉,或又有片行之当焉,则我之旧怨尽除,而亲爱又随之矣。若其人果贤,则初未尝不称道其贤,而欲其亟用之也。何也?天之生才实难,故我心唯恐其才之不得用也,曷敢怨也?是以人虽怨我,而欲害我报我者终少,则以我心之直故也。"

[注释]①恶(wù)恶(è):憎恶坏人。 ②微:隐约,不明。

或曰："先生之爱才诚然矣，然其始也取人太广，爱人太骤，其既也弃人太急，而终之收录人也亦太狭。曷①不论定而后赏，勿以始广而终狭乎？"吁！不然也。夫人实难知，故吾不敢以其疑似而遂忽之，是故则见以为广；而真才难得，故吾又不敢以疑似而遂信之，是故则见以为狭耳。若其人眼即得，无复疑似，则终身不贰②，如丘长孺③、周友山④、梅衡湘⑤者，固一见而遂定终身之交，不待再试也。如杨定见⑥，如刘近城⑦，非至今相随不舍，吾犹未敢信也。直至今日患难如一，利害如一，毁谤如一，然后知其终不肯畔⑧我以去。夫如是，则余之广取也固宜。设余不广取，今日又安得有此二士乎？夫近城笃实人也，自不容以有二心；杨定见有气⑨人也，故眼中亦常常不可一世之士。夫此二人，皆麻城人也。友山麻城人，而麻城人不知之也。衡湘麻城人，而麻城人不知之也。若丘长孺之在麻城，则麻城诸俗恶辈直视之为败家之子矣。吾谓周友山则世之所称布帛菽粟⑩是也，其不知也宜也。梅衡湘则古今所称伯乐之千里马，王武子⑪之八百骏⑫是也，其不知也亦宜也。若丘长孺，虽无益于世，然不可不谓之麒麟凤凰、瑞兰芝草也。据长孺之为人，非但父母兄弟靠不得，虽至痛之妻儿亦靠他不得也。非但妻儿靠不得，虽自己之身亦终靠他不得。其为无用极矣。然其人固上帝之所笃生，未易材⑬者也。观其不可得而亲疏敬慢也，是岂寻常等伦可比耶！故余每以麟凤芝兰拟之，非过也。若杨定见二子者，譬则楼台殿阁，未易动摇，有足贵者。且高明之家⑭，吉人之都⑮，是非好恶，又自明白。

[注释]①曷:何。 ②不忒(tè):不变。 ③丘长孺:即丘坦,见本书卷二《又与焦弱侯》注。 ④周友山:即周思敬。见本书卷一《答周友山》注。 ⑤梅衡湘:见本书卷二《与梅衡湘答书二首附》注。 ⑥杨定见:见本书卷一《与杨定见》注。 ⑦刘近城:麻城人,曾跟随李贽多年。 ⑧畔:通"叛",背叛。 ⑨有气:有骨气。 ⑩布帛菽粟:指日常生活用品,这里比喻平常而又不可或缺。 ⑪王武子:即王济,字武之,西晋太原晋阳(今山西太原)人。善射箭。 ⑫八百骏:好马,比喻不可多得的人才。 ⑬未易材:不可替代的人才。 ⑭高明之家:地位显贵的家庭。 ⑮吉人之都:善良人之乡。

或曰:"公之知梅衡湘,似矣,然人之所以不知者,以其权智太审①也。夫人而专任权智,则可以生人②,亦可以杀人③,如江淮河海之水然矣。"余谓衡湘虽大样④,然心实细谨,非曹孟德⑤等比也。必如曹孟德等,方可称之为江淮河海之水,如之何而遽遽以誉衡湘也哉!呜呼!此数公者,我固知之,而数公固各不相知也。非有日月星辰洞然皎然,如郭林宗⑥、许子将⑦、司马德操⑧者出,安能兼收而并用之耶?

[注释]①权智太审:过分讲究权术智谋。 ②生人:成就人。 ③杀人:损毁人。 ④大样:麻城方言,意为表面大大咧咧,实为看不起人。 ⑤曹孟德:即曹操(155~220),字孟德,谯(今安徽亳州)人。东汉末,在镇压黄巾起义中,逐步扩充军事力量,平定吕布等割据势力,统一中国北部,被封魏王。 ⑥郭林宗:即郭泰(128~169),字林宗,东汉太原郡介休(今山西平遥南)人。博通典籍,善谈论。弟子数千。 ⑦许子将:即许劭(150~195),字子将,东汉汝南平舆(今河南汝南东南)人,好品评人物。 ⑧司马德操:即司马徽(?~208),字德操,东汉末颍川阳翟(今河南禹县)人。善知人。

或曰:"如先生言,必如此数者,然后可以用于世耶?"

曰:"不然也。此其可大用者也,最难得者也,未易多有者也。子但见麻城一时有此数人,便以为易易矣,不知我费了多少心力,方得此数人乎?若其他则在在①皆有,时时可用,自不待费力以求之矣。犹之鸟兽草木之生,周遍大地,任人选取也。"

[注释]①在在:到处。

余既与诸侍者夜谈至此,次日偶读升庵《凤赋》,遂感而论之曰:"《书》①称麟凤,称其出类也。夫麟凤之希奇,实出②鸟兽之类,亦犹芝草之秀异,实出草木之类也。虽曰希奇秀异,然亦何益于人世哉!意者③天地之间,本自有一种无益于世而可贵者,如世之所称古董是耶!今观古董之为物,于世何益也?夫圣贤之生,小大不同,未有无益于世者。苟有益,则虽服箱之牛④,司晨之鸡⑤,以至一草一木,皆可珍也。"故曰《凤赋》而推广之,列为八物,而鸟兽草木与焉。呼!八物具而古今人物尽于是矣。八物伊何⑥?曰鸟兽草木,曰楼台殿阁,曰芝草瑞兰,曰杉松栝柏,曰布帛菽粟,曰千里八百,曰江淮河海,曰日月星辰。

[注释]①《书》:指《尚书》。 ②出:超出。 ③意者:大概。 ④服箱之牛:拉着车厢的牛。 ⑤司晨之鸡:报晓的公鸡。 ⑥伊何:是什么?

夫鸟兽草木之类夥①矣,然无有一羽毛一草木而不堪②人世之用者。既已堪用矣,则随所取择,总无弃物也。是一物也。

[注释]①夥(huǒ):多。　②堪:能,可以,足以。

　　夫宫寺楼阁,山舍茅庐,基址一也,而高低异;本植①一也,而小大异,居处②一也,而广狭异。同是乡人而乡不如,则以宫室产业之良矣。譬之于鸟则宾鸿③,于兽则猎犬,于草则国老④,于木则从绳⑤。同于鸟兽草木,而又不同于鸟兽草木,则以其为鸟兽草木本类之独著⑥耳。是一物也。

[注释]①本植:盖房时所竖的木柱。　②居处:住处,处所。　③宾鸿:即鸿雁。　④国老:即甘草。　⑤从绳:指笔直之木。　⑥独著:特别突出。

　　夫芝草非常,瑞兰馨香①,小人所弃,君子所喜,设于世无君子亦已。譬之玩物,过目则已,何取于温?譬之好音,过耳则已,何取于饱?然虽无取于温饱,而不可不谓之希奇也。是一物也。

[注释]①馨香:芳香。

　　夫青松翠柏,在在常有,经历岁时,栋梁遂就。噫!安可以其常有①而忽之!与果木斗春,则花不如,与果木斗秋,则实不如。吁!安可以其不如而易之!世有清节之士,可以傲霜雪而不可以任栋梁者,如世之万年青草,何其滔滔也。吁!又安可以其滔滔而拟之!此海刚峰②之徒也。是亦一物也。

[注释]①常有:日常所具有的形态。　②海刚峰:即海瑞,详见本书卷一《寄答耿大中丞》注。

夫智者好奇，以布帛菽粟为不足珍；贤者好异，以布帛菽粟为无异于人。唯大智大贤反是，故以其易饱易暖者自过吾之身，又以其同饱同暖者同过人之日。所谓易简而得理①，无为而成化②，非若人之徒欤？真若人之徒也。是亦一物也。

[注释]①易简而得理：易知简行，就能符合天下万物的规律。 ②无为而成化：顺其自然，万物而成。

夫马牛麟凤，俗眼视之，相去故甚远也。然千里之驹，一日而致；八百之牛，一日而程。麟乎凤乎，虽至奇且异，亦奚以异为也？士之任重致远者，大率类此。而世无伯乐，祗①谓之马牛而不知其能千里也，真可慨也！是又一物也。

[注释]①祗：只。

夫能生人又能杀人，能贫人又能富人，江淮河海是也。利者十五①，而害者亦十五。利害相半，而趋者不倦。今世用人者知其害不察其利，是欲堙塞②天下之江河而不用之也。宋王介甫③欲决梁山泊以为良田，而思无置水之处。刘贡父④大声叫曰："再凿一梁山泊则可置此水矣！"然则今日江淮河海之士，既以有害而不用矣，将安所置之哉？是亦一物也，今未见其人也。

[注释]①十五：十分之五。 ②堙（yīn）塞：堵塞。 ③王介甫：即王安石，见本书卷二《与焦弱侯书》注。 ④刘贡父：即刘攽（bān）(1022～1088)，字贡父，临江新喻（今江西新余）人。历官国子监直讲、襄州知州、蔡州知州、

中书舍人等。曾反对王安石变法。著有《东汉刊误》等,曾协助司马光修《资治通鉴》。

夫智如日月,皎若辰星,照见大地,物物赋成①。布帛菽粟者,决不责以霜杉雪柏之操;八百千里者,决不索以异香奇卉之呈。名川巨浸②,时或泛滥崩冲;长江大河,实藉其舟楫输灌。高楼凉殿,巍然焕然,谁不欲也,独不有鸟兽鱼鳖与之咸若,山川草木亦令多识乎?器使③之下,可使无不获之夫。则知日月星辰灼然兼照,真可贵矣。此一物者,实用八物,要当以此物为最也。今亦未见其人也。

[注释]①赋成:获得成长。 ②巨浸:大水。 ③器使:量才使用。

呜呼!此八物汤也,以为药则气血兼补,皆有益于身;以救世则百工效用①,皆有益于治。用人者其尚知此八物哉!毋曰彼有怨于我也,彼无德于我也。虽有千金不传之秘,长生不老之方,吾只知媢嫉②以恶之,而唯恐其胜己也已。吁!观于八物之说,而后知世之用人者狭也,况加以媢嫉之人欤!

[注释]①百工效用:各种人才都能发挥其效力和作用。 ②媢(mào)嫉:嫉妒。

五 死 篇①

人有五死,唯是程婴②、公孙杵臼③之死,纪信④、栾布⑤之死,聂政⑥之死,屈平⑦之死,乃为天下第一等好死。其次临阵而死,其次不屈而死。临阵而死勇也,未免有不量敌之进,同乎季路⑧。不屈而死义也,未免有制于人之恨⑨,同乎睢阳⑩。虽曰次之,其实亦皆烈丈夫之死也,非凡流也。又其次则为尽忠被谗⑪而死,如楚之伍子胥⑫,汉之晁错⑬是矣。是为不知其君,其名曰不智。又其次则为功成名遂而死,如秦之商君⑭、楚之吴起⑮、越之大夫种⑯是矣。是为不知止足,其名亦曰不智。虽又次于前两者,然既忠于君矣,虽死有荣也;既成天下之大功矣,立万世之荣名矣,虽死何伤乎?故智者欲审处死⑰,不可不选择于五者之间也。纵有优劣,均为善死。

[注释]①五死篇:李贽对五种死法的评论。 ②程婴(?～约前583):春秋时晋国义士,千百年来为世人称颂。 ③公孙杵臼:春秋时晋国人,赵盾、赵朔父子的门客。晋景公三年(前598)与程婴合谋,藏匿赵氏孤儿赵武,自己献出了生命。 ④纪信(?～前204):汉朝将军,曾参与鸿门宴,随刘邦起兵抗秦。由于身形及样貌恰似刘邦,在荥阳城危时假装刘邦的样貌,向西楚诈降,被俘。项羽见纪信忠心,有意招降,但纪信拒绝。最终被项羽用火刑处决。 ⑤栾(luán)布(?～前145):西汉梁国睢阳(今河南省商丘市睢阳区)人,西汉政治家。因为彭越收尸,据理力争而被汉高祖看重,汉景帝时吴楚七国之乱,栾布以击齐之功,封鄃侯,出任燕相。 ⑥聂政:聂政(?～前371),战国时侠客,韩国轵(今济源东南)人,以任侠著称,为春秋战国四大刺客之一。 ⑦屈平:名平,字原,楚武王熊通之子屈瑕的后代。东周战国时期楚国丹阳(今湖北省宜昌市秭归县)人。任三闾大夫、左徒,兼管内政外交大事。他主张对内举贤能,修明法度,对外力主联齐抗秦。后因遭贵族排挤,被流放沅、湘流域。公元前278年秦将白起一举攻破楚国首都郢都。忧国忧民的屈原在汨罗江怀石自杀。作品有《离骚》、《九章》、《九歌》、《天问》等。
⑧季路:即仲由,字子路,孔子得意门生。 ⑨恨:遗憾。 ⑩睢(suī)阳:地

名,在今河南商丘南。这里是指唐代睢阳守将张巡。 ⑪谗:谗言,说坏话。
⑫伍子胥(前559～前484):名员,字子胥,楚国人,春秋末期吴国大夫、军事家。吴王夫差时,劝吴王拒绝越国求和并停止伐齐,吴王不听,渐被疏远。后吴王赐剑命其自杀。 ⑬晁错(前200～前154):颍川(今河南禹县)人,西汉政治家、文学家。汉文帝时,任太常掌故,后历任太子舍人、博士、太子家令;景帝即位后,任为内史,后迁至御史大夫。 ⑭商君:即商鞅(约前395～前338),战国时期政治家、改革家、思想家,法家代表人物,卫国(今河南省安阳市内黄县梁庄镇)人,卫国国君的后裔,姬姓公孙氏,故又称卫鞅、公孙鞅。后因在河西之战中立功获封十五邑,号为商君,故称之为商鞅。 ⑮吴起:(前440～前381),中国战国初期军事家、政治家、改革家,兵家代表人物。卫国左氏(今山东省定陶县,一说山东省曹县东北)人。 ⑯大夫种:即文种(?～前472),也作文仲,字子禽,春秋末期楚之郢(今湖北江陵附近)人,后定居越国。春秋末期著名的谋略家。越王勾践的谋臣,和范蠡一起为勾践最终打败吴王夫差立下赫赫功劳。灭吴后,自觉功高。尔后,为勾践所不容。最后,被勾践赐死。 ⑰欲审处死:慎重地选择死法。

若夫卧病房榻①之间,徘徊②妻孥③之侧,滔滔者天下皆是也。此庸夫俗子之所习惯,非死所矣,岂丈夫④之所甘死乎?虽然,犹胜于临终扶病⑤歌诗,杖策辞别,自以为不怖死,无顾恋者。盖在世俗观之,未免夸之为美谈,呼之为考终。然其好名说谎,反不如庸夫俗子之为顺受其正,自然而死也。等死于牖下⑥耳,何以见其节,又何以见其烈,而徒务此虚声为耶!

[注释]①榻:床。 ②徘徊:流连,留恋。 ③妻孥(nú):妻子和儿女。 ④丈夫:犹言大丈夫。指有所作为的人。 ⑤病:病床。 ⑥牖(yǒu)下:窗下。牖:窗户。

丈夫之生,原非无故而生,则其死也又岂容无故而死乎?其生也有由,则其死也必有所为,未有岑岑寂寂①,卧病床褥间,扶柩推辇②,埋于北邙③之下,然后为得所死矣。苍梧殡虞④,会稽尸夏⑤,圣帝明王亦必由之,何况人士⑥欤!第余老矣,欲如以前五者,又不可得矣。夫如此而死既已不可得,如彼而死又非英雄汉子之所为,然则将何以死乎?计唯有做些小买卖⑦耳。大买卖如公孙杵臼、聂政者既不见买主来到,则岂可徒死而死于床褥之间乎?且我已离乡井,捐⑧童仆,直来求买主于此矣,此间既无知己,无知己又何死也?大买卖我知其做不成也,英雄汉子,无所泄怒,既无知己可死,吾将死于不知己者以泄怒也。谨书此以告诸貌称相知者,闻死来视我,切勿收我尸!是嘱。

[注释]①岑(cén)岑寂寂:寂寞冷清。 ②扶柩推辇(niǎn):扶着灵柩推着殡车。辇:古代用人拉着走的车子,后多指天子或王室坐的车子。这里指殡车。 ③北邙(máng):山名,在河南省。 ④苍梧殡虞:相传虞舜在南巡时死在苍梧之野,就葬于此。苍梧:山名,在今湖南宁远南。殡:停放灵柩或把灵柩送到墓地去。虞:即虞舜,名重华,因其祖先封国于虞,谥号舜,故称虞舜。传说中父系氏族社会后期部落联盟首领。 ⑤会稽尸夏:夏禹被葬于会稽山。会稽:山名,在今浙江绍兴东南。尸:尸体,这里指埋葬。夏:即夏禹,又称大禹。夏后氏部落首领,因治水有功,被选为舜的继承人,舜死后即位,建立夏代。相传夏禹死于东巡途中,葬于会稽山。 ⑥人士:有名望的人。 ⑦小买卖:即下文中所说的"死于不知己者以泄怒"之死。 ⑧捐:舍弃。

伤　　逝①

生之必有死也,犹昼之必有夜也。死之不可复生,犹逝之不可复返也。人莫不欲生,然卒不能使之久生;人莫不伤逝,然卒不能止之使勿逝。既不能使之久生,则生可以不欲矣。既不能使之勿逝,则逝可以无伤矣。故吾直谓死不必伤,唯有生乃可伤耳。勿伤逝,愿伤生②也!

[注释]①伤逝:为逝去的岁月而伤感。　②伤生:珍惜有生的、当下的岁月。

戒 众 僧

佛说波罗蜜①,波罗蜜有六,而持戒其一也。佛说戒、定、慧②。戒、定、慧有三,而戒行其先也。戒之一字,诚未易言。戒生定,定生慧。慧复生戒,非慧离戒;慧出于戒,非慧灭戒。然则定、慧者成佛之因,戒者又定、慧之因。我释迦老子③未成佛之先,前后苦行一十二年,其戒也如此,汝大众所知也。我释迦老子既成佛之后,前后说法四十九年,其戒也如此,亦汝大众所知也。若谓佛是戒空,戒是佛缚,既已得道成佛,不妨毁律破戒,则舍精舍,归王宫,有何不可!而仍衣破衲,重持钵,何为者哉?须知父母乳哺之恩难报,必须精进以报之。所谓一子成道,九族生天,非妄言也。十方颗粒之施难消,必须精进以消之,所谓披毛戴角,酬还信施,岂诳语耶!

[注释]①波罗蜜:经过修行而成佛。　②戒、定、慧:即佛教"三学",戒学、定学和慧学。戒学,学习防非止恶的规范。定学,学禅定,以使心思集中,专注一境而不散乱。慧学,学佛理,以获得破惑证真的智慧,从而达到解脱。③释迦老子:即释迦牟尼。

然则戒之一字,众妙之门;破戒一言,众祸之本。戒之一字,如临三军,须臾不戒,丧败而奔;戒之一字,如履深谷,须臾不戒,失足而殒。故知三千威仪,重于山岳;八万细行,密如牛毛。非是多事强为,于法不得不尔故也。毋曰"莫予觏①也",便可闲居而纵恣。一时不戒,人便已知,正目而视者,非但一目十目,盖千亿目共视之矣。毋曰"莫予指也",便可掩耳而偷铃。一念不戒,鬼将诛之,旁观而嗔者,非但一手十手,盖千亿手共指之矣。

[注释]①觏(gòu):遇见。

严而又严,戒之又戒。自今以往,作如是观:坐受斋供,如吞热铁之丸,若不胆颤心寒,与犬豕其何异!行觅戒珠,如入清凉之阁,若复魂飞魄散,等乞丐以何殊!如此用心,始称衲子。如水行舟,风浪便覆;如车行地,欹①斜即败,风浪谁作?覆没自当。欹斜谁为?颠仆自受。凡我大众,其慎之哉!除年长久参者无容赘示,间有新到比丘②未知惭愧,不得不更与申明之耳。凡此大众,幸各策厉③,庶称芝佛道场;猛著精神,共成龙谭胜会可矣。

[注释]①欹(qī):倾斜。　②比丘:指出家修苦行的男子。　③策厉:督促勉励。

六　度① 解

我所喜者,学道之人。汝肯向道,吾又何说?道从六度入。六度之中,持戒禅定其一也。戒如田地,有田地方有根基，可以为屋种田。然须忍辱。忍辱者，谦下以自持，虚心以受善，不敢以贡高②为也。如有田地，须时时浇粪灌水，方得有秋之获。不然，虽有田地何益？精进则进此持戒、忍辱两者而已。此两者日进不已，则自然得入禅定真法门矣。既禅定，不愁不生智慧而得解脱也。故知布施、持戒、忍辱真禅定之本，而禅定又为智慧、解脱之本。六者始终不舍，如济渡③然，故曰六度。此六度也，总以解脱为究竟，然必须持戒、忍辱以入禅定，而后解脱可得。及其得解脱也，又岂离此持戒、忍辱而别有解脱哉！依旧即是前此禅定之人耳。如离禅定而说解脱，非唯不知禅定，而亦不知解脱矣。以此见生死事大，决非浅薄轻浮之人所能造诣也。试看他灵山等会，四十九年犹如一日，持戒、忍辱常如一年。今世远教衰，后生小子拾得一言半句，便自猖狂，不敬十方，不礼晚末④，说道何佛可成。此与无为教何异乎？非吾类也。

[注释]①六度：即佛教所说的布施、持戒、忍辱、精进、禅定、般若。②贡高：自命高超不凡。　③济渡：渡河。　④晚末：长辈，前辈。

观　音　问①十七条

[注释]①观音问：李贽回答梅澹然、自信等人提出的关于佛学问题的一组短信。观音，即观世音，这里是对梅澹然和其他女弟子的称谓。

答澹然①师

昨来书，谓："观世音大士②发大弘愿，我亦欲如是发愿：愿得如大士圆通无障碍③。闻庵僧欲塑大士像，我愿为之，以致皈依，祇望④卓公为我作记也。"余时作笔走答云："观音大士发大弘愿，似矣。但大士之愿，慈悲为主，以救苦救难为悲，以接引念佛众生皈依西方佛为慈。彼一切圆通无障碍，则佛佛皆然，不独观音大士也。彼塑像直⑤布施功德耳，何必问余。或可或否，我不敢与。"余时作答之语如此，然尚未明成佛发愿事，故复言之。

[注释]①澹然：李贽好友梅国桢之女。　②大士：佛教对菩萨的称谓。③圆通无障碍：佛教语，自由自在。　④祇望：恭敬希望。　⑤直：就是。

盖言成佛者，佛本自成，若言成佛，已是不中理之谈矣，况欲发愿以成之哉！成佛者，成无佛可成之佛，此千佛万佛之所同也。发愿者，发佛佛各所欲为之愿，此千佛万佛之所不能同也。故有佛而后有愿，佛同而愿各异，是谓同中有异也。发愿尽出于佛，故愿异而佛本同，是谓异中有同也。然则谓愿由于佛可也，而谓欲发愿以成佛可乎？是岂中理之谈哉！虽然，此亦未易言也。大乘圣人①尚欲留惑润生②，发愿度人，况新发意菩萨③哉！然大乘菩萨实不及新发意菩萨，大愿众生④实不及大心众生⑤，观之龙女⑥、善财⑦可见矣。故单言菩萨，则虽上乘，犹不免借愿力以为重。何者？见谛未圆⑧而信心未化⑨也。唯有佛菩萨如观音、大势至⑩、文殊、普贤等，始为诸佛发愿矣。故有释迦佛，则必有文殊、普贤；释迦为佛，而文殊、普贤为愿也。有阿弥陀佛，则必有观音、势至；弥陀是佛，而观音、势至是愿也。此为佛愿，我愿澹师似之！

[注释]①大乘圣人：指菩萨。 ②尚欲留惑润生：菩萨修行已经达到完全可以摆脱世俗杂念而成佛，但还保留一些困惑，以便继续留在世间救赎众生。 ③新发意菩萨：刚刚萌发菩萨心的学佛之人。 ④大愿众生：具有愿众生成佛之心的菩萨。 ⑤大心众生：信佛之心坚定的菩萨。 ⑥龙女：菩萨名。 ⑦善财：菩萨名。 ⑧见谛未圆：没有彻底悟得佛家的真谛。 ⑨信心未化：信仰佛法的心还不坚定。 ⑩大势至：即势至。见本卷《告土地文》注。

又

佛之心法，尽载之经。经中一字透不得，即是自家生死透不得，唯不识字者无可奈何耳。若谓经不必读，则是经亦不必留，佛亦不用有经矣。昔人谓读经有三益：有起发之益，有开悟之益，又有印证之益。其益如此，曷①可不读也！世人忙忙不暇读，愚人懵懵不能读，今幸生此闲身，得为世间读经之人而不肯读，比前二辈反在其后矣。快刻期②定志，立限读之，务俾此身真实可以死乃得。

[注释]①曷：何，怎么。 ②刻期：限定日期。

又

世人贪生怕死，蝇营狗苟①，无所不至，若见此僧端坐烈焰之中，无一毫恐怖，或遂顿生念佛念法之想，未可知也。其有益于尘世之人甚大，若欲湖僧为之津送②则不可。盖凡津送亡僧者，皆缘亡者神识③飞扬，莫知去向，故藉平时持戒僧众诵念经咒以助之。今此火化之僧，必是了然自知去向者，又何用湖僧为之津送耶？且湖上僧虽能守戒行，然其贪生怕死，远出亡僧之下，有何力量可以资送此僧？若我则又贪生怕死之尤者，虽死后犹怕焚化，故特地为塔屋于龙湖之上，敢以未死之身自入于红炉乎？其不如此僧又已甚远。自信、明因④向往俱切，皆因尔澹师倡导，火力⑤甚大，故众菩萨不觉不知自努力向前也。此其火力比今火化之僧又大矣。何也？火化之僧只能化得自己，若澹师则无所不化。火化僧纵能化人，亦只化得众人念佛而已，若澹师则可以化人立地成佛，故其火力自然不同。

[注释]①蝇营狗苟：指像苍蝇那样飞来飞去地逐食腐物，像狗那样苟且偷生不知羞耻。比喻有些人像苍蝇和狗那样为了一己私利而到处投机取巧。②津送：超度亡灵。 ③神识：神魂。 ④自信、明因：李贽的女弟子。⑤火力：影响力。

又

学道人大抵要跟脚①真耳，若始初以怕死为跟脚，则必以得脱生死、离苦海、免恐怕为究竟②。虽迟速不同，决无有不证涅槃到彼岸者。若始初只以好名为跟脚，则终其身只成就得一个虚名而已，虚名于我何与也？此事在各人自查考，别人无能为也。今人纵十分学道，亦多不是怕死。夫佛以生死为苦海，而今学者反以生死为极乐，是北辕而南其辙，去彼岸愈远矣。世间功名富贵之人，以生为乐也，不待言也。欲学出世之法，而唯在于好名，名只在于一生而已，是亦以生为乐也，非以生为苦海也。苦海有八，生其一也。即今上亦不得，下又不得，学亦不得，不学亦不得，便可以见有生之苦矣。佛为此故，大生恐怖。

试看我辈今日何曾以此生身为苦为患,而决求以出离之也。寻常亦会说得此身是苦,其实亦只是一句说话耳,非真真见得此身在陷阱坑坎之中,不能一朝居者也。试验之自见。

[注释]①跟脚:出发点。 ②究竟:终极目标,即佛典里所指的最高境界。

又

闻师又得了道,道岂时时可得耶?然真正学者亦自然如此。杨慈湖①先生谓大悟一十八遍,小悟不记其数,故慈湖于宋儒中独谓第一了手好汉,以屡疑而屡悟也。学人不疑,是谓大病。唯其疑而屡破,故破疑即是悟。自信菩萨于此事信得及否?彼以谈诗谈佛为二事,不知谈诗即是谈佛。若悟谈诗即是谈佛人,则虽终日谈诗何妨。我所引"白雪阳春"之语,不过自谦之辞,欲以激厉彼,俾知非佛不能谈诗也,而谈诗之外亦别无佛可谈。自信失余之意,反以谈诗为不美,岂不误哉!历观传灯诸祖②,其作诗说偈③,超逸绝尘不可当,亦可以谈诗病之乎!唯本不能诗而强作,则不必;若真实能诗,则因谈佛而其诗益工者又何多也,何必以谈诗为病也?

[注释]①杨慈湖:即杨简(1141~1225),字敬仲,号慈湖,慈溪(今浙江慈溪)人。陆九渊弟子。官至宝谟阁学士。南宋哲学家。 ②传灯诸祖:指佛教禅宗历代祖师。 ③偈(jì):梵语"偈陀"的简称。即佛经中的唱词。

与澄然①

认不得字胜似认得字,何必认得字也?只要成佛,莫问认得字与否,认得字亦是一尊佛,认不得字亦是一尊佛。当初无认字佛,亦无不认得字佛。无认字佛,何必认字;无不认字佛,何必不认字也?大要只要自家生死切耳。我昨与丘坦之②寿诗有云:"劬劳③虽谢父母恩,扶持自出世中尊④。"今人但见得父母生我身,不知日夜承世尊恩力,盖千生万劫以来,作忘恩背义之人久矣。今幸世尊开我愚顽,顿能发起一念无上菩提之心,欲求见初生爷娘本面,是为万幸,当生大惭大愧乃可。故古人亲证亲闻者,对法师前高叫大哭,非漫然也。千万劫相失爷娘,一旦得之,虽欲不恸哭,不可得矣。慎莫草草作语言戏论,反成大罪过也!世间戏论甚多,惟此事是戏论不得者。

[**注释**]①澄然:向李贽学习佛学的麻城梅氏族中之女。 ②丘坦之:即邱长儒。见本书卷二《又与焦弱侯》注。 ③劬(qú)劳:劳苦,劳累。 ④世中尊:即世尊,佛教徒对释迦牟尼的尊称。

答自信①

既自信,如何又说放不下;既放不下,如何又说自信也?试问自信者是信个甚么?放不下者又是放不下个甚么?于此最好参取②。信者自也,不信者亦自也。放得下者自也,放不下者亦自也。放不下是生③,放下是死④;信不及是死,信得及是生。信不信,放下不放下,总属生死。总属生死,则总属自也,非人能使之不信不放下,又信又放下也。于此着实参取,便自得之。然自得亦是自,来来去去,生生死死,皆是自,可信也矣。

[注释]①自信:向李贽学习佛学的麻城梅氏族中之女。 ②参取:参酌吸取。 ③放不下是生:不排除世俗的干扰,就会有生的痛苦困惑。 ④放下是死:排除世俗的干扰,就会获得解脱。

来书"原无生死"四字,虽是诸佛现成语,然真实是第一等要紧语也。既说原无生死,则亦原无自信,亦原无不自信也;原无放下,亦原无不放下也。"原无"二字,甚不可不理会。既说原无,则非人能使之无可知矣,亦非今日方始无又可知矣。若待今日方始无,则亦不得谓之原无矣。若人能使之无,则亦不得谓之原无矣。"原无"二字总说不通也。故知原无生者,则虽千生总不妨也,何者?虽千生终不能生,此原无生也。使原无生而可生,则亦不得谓之原无生矣。故知原无死者,则虽万死总无碍也。何者?虽万死终不能死,此原无死也。使原无死而可死,则亦不得谓之原无死矣,故"原无生死"四字,不可只恁么草草读过,急着①精彩②,便见四字下落③。

[注释]①急着:重视。 ②精彩:精神实质。 ③下落:真正本意和内涵。

又

一动一静,原不是我,莫错认好。父母已生后,即父母未生前,无别有未生前消息也。见得未生前,则佛道、外道①、邪道、魔道②总无有,何必怕落外道乎?总无死,何必怕死乎?然此不怕死总自十分怕死中来。世人唯不怕死,故贪此血肉之身,卒至流浪生死而不歇;圣人唯万分怕死，故穷究生死之因，直证无生而后已。无生则无死，无死则无怕，非有死而强说不怕也。自古唯佛、圣人怕死为甚，故曰"子之所慎：斋战疾③"，又曰"临事而惧，若死而无悔者吾不与"，其怕死何如也？但记者不知圣人怕死之大耳，怕死之大者，必朝闻而后可免于夕死之怕也，故曰"朝闻道，夕死可矣"。曰"可"者，言可以死而不怕也；再不复死，亦再不复怕也。我老矣，冻手冻笔，作字甚难，慎勿草草，须时时与明因确实理会。我于诗学无分，祗缘孤苦无朋，用之以发叫号，少泄胸中之气，无"白雪阳春"事也。举世无真学道者，今幸有尔列位真心向道，我喜何如！若悠悠然唯借之以过日子，又何必乎？

[**注释**]①外道：佛教对本教以外学说的统称。　②邪道、魔道：佛教对妨害佛道的学说之称谓。　③斋战疾：斋戒、战争和疾病。

又

若无山河大地，不成清净本原①矣，故谓山河大地即清净本原可也。若无山河大地，则清净本原为顽空②无用之物，为断灭空③不能生化之物，非万物之母矣，可值半文钱乎？然则无时无处无不是山河大地之生者，岂可以山河大地为作障碍而欲去之也？清净本原，即所谓本地风光也。视不见，听不闻，欲闻无声，欲嗅无臭，此所谓龟毛兔角④，原无有也。原无有，是以谓之清净也。清净者，本原清净，是以谓之清净本原也，岂待人清净之而后清净耶？是以谓之盐味在水，唯食者自知，不食则终身不得知也。又谓之色里胶青。盖谓之曰胶青，则又是色，谓之曰色,则又是胶青。胶青与色合而为一,不可取也。是犹欲取清净本原于山河大地之中,而清净本原已合于山河大地,不可得而取矣;欲舍山河大地于清净本原之外,而山河大地已合成清净本原,又不可得而舍矣。故曰取不得,舍不得,虽欲不放下不可得也。龟毛兔角,我所说与佛不同:佛所说以证断灭空耳。

[注释]①清净本原:人的本心。 ②顽空:指一种无知无觉、无思无为的境界。 ③断灭空:佛教认为世界是幻相,假而不实,但非"虚无"。 ④龟毛兔角:比喻不存在。

又

念佛是便宜一条路,昨火化僧只是念佛得力。人人能念佛,人人得往西方①,不但此僧为然,亦不必似此火化乃见念佛功效也。古今念佛而承佛接引者,俱以无疾而化为妙。故或坐脱②,或立亡,或吉祥而逝。故佛上称十号③,只曰"善逝"而已。善逝者,如今人所言好死是也。此僧火化,虽非正法,但其所言得念佛力,实是正言,不可因其不是正法而遂不信其为正言也,但人不必学之耳。念佛须以见佛为愿,火化非所愿也。

[注释]①西方:佛教所谓的极乐佛国。 ②坐脱:即坐化,佛教传说有些名僧临终时,端坐安然而死。 ③十号:释迦牟尼的十种名号。

又

无相①、无形、无国土,与有相、有形、有国土,成佛之人当自知之,已证②涅槃之人亦自知之,岂劳问人也?今但有念佛一路最端的。念佛者,念阿弥陀佛也。当时释迦金口称赞有阿弥陀佛在西方极乐国土,专一接引念佛众生。以此观之,是为有国土乎,无国土乎？若无国土,则阿弥陀佛为假名,莲华为假相,接引③为假说。互相欺诳,佛当受弥天大罪,如今之衙门口光棍,当即时败露,即受诛夷矣,安能引万亿劫聪明豪杰同登金莲胜会乎？何以问我有无形、相、国土为也？且夫佛有三身：一者清净法身,即今问佛问法与问有无形、相、国土者也,是无形而不可见,无相而不可知者也。是一身也。二者千百亿化身,即今问佛问法问有无形、相、国土,又欲参禅,又欲念佛,又不敢自信,如此者一日十二时,有千百亿化现,故谓之化身。是又一身也。即法身之动念起意,变化施为,可得而见,可得而知,可得而状者也。三者圆满报身④,即今念佛之人满即报以极乐,参禅之人满即报以净土,修善之人满即报以天堂,作业⑤之人满即报以地狱,悭贪者报以饿狗,毒害者报以虎狼,分厘不差,毫发不爽⑥,是报身也。报身即应身,报其所应得之身也。是又一身也。今但念佛,莫愁不到西方,如人但读书,莫愁不取富贵,一理耳。但有因,即有果。但得本,莫愁末不相当；但成佛,莫愁佛不解语,不有相,不有形,不有国土也。又须知我所说三身,与佛不同。佛说三身,一时具足,如大慧⑦引儒书云："'天命之谓性',清净法身也。'率性之谓道',圆满报身也。'修道之谓教',千百亿化身也。"最答得三身之义明白。然果能知三身即一身,则知三世即一时,我与佛说总无二矣。

[注释]①相:佛教用语,指一切事物外观的形式、形态。 ②证:参悟。③接引:佛教对引导众生入西方净土的称谓。 ④圆满报身:人们的思想行为产生的后果。即因果报应。 ⑤作业:做下的恶事。 ⑥不爽:不差。⑦大慧:即南宋僧人宗杲(gǎo),详见本书卷二《复焦弱侯》注。

答明因

昨有客在,未及裁答。记得尔言"若是自己,又何须要认"。我谓此是套语,未可便说不要认也。急写"要认"数字去!夫自己亲生爷娘认不得,如何是好,如何过得日子,如何便放得下,自不容不认得去也。天下岂有亲生爷娘认不得,而肯丢手不去认乎?决无此理,亦决无此等人。故我作寿丘坦之诗有云:"劬劳虽谢父母恩,扶持自出世中尊。"尊莫尊于爷娘,而人却认不得者,无始①以来认他人作父母,而不自知其非我亲生父母也。一旦从佛世尊指示,认得我本生至亲父母,岂不畅快!又岂不痛恨昔者之不见,而自哀鸣与流涕也耶! 故临济以之筑②大愚,非筑大愚也,喜之极也。夫既认得自己爷娘,则天来大事当时成办,当时结绝矣,盖此爷娘是真爷娘③,非一向假爷娘可比也。假爷娘怕事,真爷娘不怕事:入火便入火,烧之不得;入水便入水,溺之不得。故唯亲爷娘为至尊无与对,唯亲爷娘能入于生死,而不可以生死;唯亲爷娘能生生而实无生,能死死而实无死。有此好爷娘,可不早亲识认之乎?然认得时,爷娘自在也;认不得时,爷娘亦自在也。唯此爷娘情性大好,不肯强人耳。因复走笔潦倒④如此,甚不当。

[注释]①无始：太古，很久。　②筑：指拳打。　③真爷娘：即佛性。④潦倒：随便。

又

无明"实性①即佛性②"二句，亦未易会。夫既说实性，便不可说空身；既说空身，便不宜说实性矣。参！参！"但得本，莫愁末。"我道但有本可得，即便有末可愁，难说莫愁末也。"自利利他"亦然；若有他可利，便是未能自利的矣。既说"父母未生前"，则我身尚无有；我身既无有，则我心亦无有；我心尚无有，如何又说有佛？苟有佛，即便有魔，即便有生有死矣，又安得谓之父母未生前乎？然则所谓真爷娘者，亦是假立名字耳，莫太认真也！真爷娘不会说话，乃谓能度阿难③，有是理乎？佛未尝度阿难，而阿难自迷，谓必待佛以度之，故愈迷愈远，直至迦叶时方得度为第二祖。当迦叶时，迦叶力摈阿难，不与话语，故大众每见阿难便即星散，视之如仇人然。故阿难慌忙无措，及至无可奈何之极，然后舍却从前悟解，不留半点见闻于藏识④之中，一如父母未生阿难之前然，迦叶方乃印可传法为第二祖也。设使阿难犹有一毫聪明可倚，尚贪着不肯放下，至极干净，迦叶亦必不传之矣。盖因阿难是极聪明者，故难舍也。然则凡看经看教者，只要舍我所不能舍，方是善看经教之人，方是真聪明大善知识之人。莫说看经看教为不可，只要看得瞥脱⑤乃可。

[注释]①实性：一切事物共同的本性。　②佛性：众生觉悟之性。③阿难：即阿难陀。相传为释迦牟尼的从弟，也是释迦的十大弟子之一。

④藏识:佛教用语。法相宗"八识"中第八识"阿赖耶识"的意译。 ⑤謷脱:洒脱。

明因曰:诸相原非相,只因种种差别,自落诸相中,不见一相能转诸相。

诸相原非相,是也,然怎见得原非相乎?世间凡可得而见者,皆相也,今若见得非相,则见在而相不在,去相存见,是又生一相也。何也?见即是相耳。今且勿论。经①云,"若见诸相非相,即见如来",既见了如来,诸相又向何处去乎?抑诸相宛尔在前,而我心自不见之耶,抑我眼不见之也?眼可见而强以为不见,心可见而谬以为不见,是又平地生波,无风起浪,去了见复存不见,岂不大错!

[注释]①经:即《金刚经》。

明因曰:豁达空①是落断灭见,着空弃有是着无见,都是有造作。见得真爷娘,自无此等见识。然即此见识,便是真空妙智②。

[注释]①豁达空:指否定因果,认为一切皆空、无因果的一类见解。②真空妙智:即大智慧。

弃有着空,则成顽空矣,即所谓断灭空也,即今人所共见太虚空是也。此太虚空不能生万有。既不能生万有,安得不谓之断灭空,安得不谓之顽空?顽者,言其顽状如一物然也。然则今人所共见之空,亦物也,与万物同矣,安足贵乎!六祖①当时特借之以喻不碍耳。其实我之真空岂若是耶！唯豁达空，须细加理会，学道到此，已大段②好了，愿更加火候，疾证③此大涅槃之乐。

[注释]①六祖：即慧能。　②大段：十分。　③疾证：努力悟得。

明因曰：名为豁达空者是谁，怕落豁达空者是谁，能参取豁达空者是谁。我之真空能生万法，自无莽荡①。曾有偈②云："三界③与万法，匪归何有乡，若只便恁么，此事大乖张。"此是空病，今人有执着诸祖一语修行者，不知诸祖教人，多是因病下药，如达磨见二祖种种说心说性，故教他外息诸缘，心如墙壁。若执此一语，即成断灭空。

[注释]①莽荡：辽阔无边。　②偈：佛经里的唱颂词。　③三界：佛教把众生生死往来的轮回分为欲界、色界和无色界。

真空既能生万法，则真空亦自能生罪福矣。罪福非万法中之一法乎？须是真晓得自无罪福乃可，不可只恁么说去也。二祖当时说心说性，亦只为不曾认得本心本性耳。认得本心本性者，又肯说心说性乎？故凡说心说性者，皆是不知心性者也。何以故？心性本来空也。本来空，又安得有心更有性乎？又安得有心更有性可说乎？故二祖直至会得本来空，乃得心如墙壁去耳。既如墙壁，则种种说心说性诸缘，不求息而自息矣。诸缘既自息，则外缘自不入，内心自不惴①，此真空实际之境界也，大涅槃之极乐也，大寂灭之藏海也，诸佛诸祖之所以相续慧命于不断者也，可以轻易而错下注脚乎？参！参！

[注释]①惴:恐惧。

明因云:那火化僧说话亦通,只疑他临化时叫人诵《弥陀经》①,又说凡见过他的都是他的徒弟。

[注释]①《弥陀经》:即《阿弥陀经》。

临化念《弥陀经》,此僧家常仪①也。见过即是徒弟,何疑乎?能做人徒弟,方是真佛,我一生做人徒弟到老。

[注释]①常仪:通常的仪式。

豫　　约①小引并六条

[注释]①豫约:预先立下的戒约。共八篇,除了"感慨平生"外,其余七篇皆为戒约。这七篇中,"早晚功课"没有具体列出,所以真正的戒约只有六篇。

小引①

余②年已七十矣,且暮③死皆不可知。然余四方④之人也,无家属僮仆于此,所赖以供朝夕者,皆本院之僧,是故豫为之约。

[注释]①小引:小序。引,序的一种。　②余:李贽自称。　③旦暮:早晚。这里指随时都有可能之意。　④四方:流寓四方。

约曰:我在则事体①在我,人之敬慢亦在我。我若有德,人则敬我,汝等纵不德,人亦看不见也。我若无德,人则我慢，纵汝等真实有德，人亦看不见也。所系皆在我，故我只管得我立身无愧耳。虽不能如古之高贤，但我青天白日心事，人亦难及，故此间大贤君子，皆能恕我而加礼我。若我死后，人皆唯尔辈之观矣，可复如今日乎？且汝等今日亦自不暇：终年修理佛殿，塑像请经，铸钟鞔鼓②，并早晚服事老人。一动一息，恐不得所，固忙忙然无有暇刻矣。今幸诸事粗具，塔屋③已成，若封塔之后，汝等早晚必然守塔，人不见我，只看见汝，则汝等一言一动可苟乎哉！汝等若能加谨④僧律，则人因汝敬，并益敬我，反思我矣。不然，则岂但不汝敬，将我此龙湖上院⑤即同兴福⑥等寺应付僧一样看了也，其为辱门败种，宁空此院，置此塔，无人守护可矣。

[注释]①事体：事情，事理。 ②鞔(mán)鼓：张革蒙鼓。把皮革绷紧，固定在鼓框上，做成鼓面。 ③塔屋：佛塔，指李贽在芝佛院佛殿后盖的藏骨之塔。 ④加谨：谨慎守护，敬慎守持。 ⑤龙湖上院：即李贽所在的龙潭湖芝佛院。上院，对寺院的敬称。 ⑥兴福：即兴福寺。在麻城南。

吾为此故，豫设戒约，付常融、常中、常守、怀捷、怀林、怀善、怀珠、怀玉①等。若余几众②，我死后无人管理，自宜遣之复还原处，不必强也。盖年幼人须有本师③管辖，方可成器；又我死后势益淡薄，少年人或难当抵也。若能听约忍饥和众④，则虽十方贤者，亦宜留与共聚，况此数众与下院⑤之众乎？第恐其不肯或不能，是以趁早言之。

[注释]①怀玉：芝佛院的僧人。 ②几众：为数不多的僧徒。 ③本

师:所从受业的老师。　④和众:佛教语。僧众。　⑤下院:寺院的分院。

一、早晚功课①

具上院②《约束册》③中,不复再列。

[注释]①功课:佛教语。指每日按时诵经念佛等事。　②上院:对寺院的敬称。　③《约束册》:即《告佛约束偈》。

一、早晚山门①

山门照旧关锁,非水火紧急,不得擅开;非熟客与檀樾②为烧香礼拜来者,不得擅开。若为看境而来,境在湖上之山,潭下之水,尽在上院山门之外,任意请看,不劳敲门与开门也。远者欲做饭吃,则过桥即是柳塘先生祠③,看祠有僧,来客可办柴米,令跟随人役烧茶煮饭,彼中有锅灶,亦不劳扣门矣。何也?山僧不知敬客礼数,恐致得罪耳。

[注释]①山门:佛寺的大门。这里指对佛寺大门的管理。　②檀樾:施主。寺院僧人对施舍财物者的尊敬。　③柳塘先生祠:指周思久在龙潭湖南岸建的家祠龙虎寺。

一、早晚礼仪

除挑水春米作务照常外,其余非礼佛即静坐也,非看经即经行念佛也。俱是整顿僧衣与接客等矣,岂可效乡间老以为无事,便纵意自在乎?与其嬉笑,无宁耻眈①,此实言也。其坐如山,其行如蚁,其立如柱,其止如钉,则坐止行立如法矣。我既不自慢,人谁敢谩我?有饭吃饭,无饭吃粥；有银则籴，无银则化②。化不出米，则化出饭；化不出饭，则化出粥；化不出粥，则化出菜；化不出菜，则端坐而饿死。此释迦律仪也。不法释迦而法积攒俗僧，可乎？此时不肯饿死，后日又不饱死不病死乎？总有一日死，不必怕饿死也。

[注释]①耻盹：静心养神。　②化：化缘，募化。

既不怕饿死，又胡为终日驰逐乎？是故不许轻易出门。除人家拜望礼节与僧家无干，不必出门往看外，若称要到某庵某处会我师父或师兄师弟者，皆不许。只许师父暂时到院相看，远者留一宿，近者一饭即请回。若俗家①父母兄弟，非办斋不许轻易入门相见。若无故而时常请假，欲往黄柏山②，欲往东山③，欲往维摩庵④等处者，即时驱遣之去。宁可无人守塔，不可容一不守戒约之僧；宁可终身只四五众，不可妄添不受约一人。夫既不许到师父住处矣，况俗家乎？如此则终日锁门，出门亦自希矣。不但身心安闲，志意专一，久则自觉便宜，亦不耐烦⑤见世上人矣。有何西方⑥不可到，大事不可明乎？试反而视世间僧日日遨游街市，当自汗流⑦羞耻之。化他日之钱米，养不惜羞之和尚，出入公私之门，装饰狗脸之行，与衙门口积年奚殊也！彼为僧如是，我为僧不如是，不但修行所宜，体面亦自超越，起人敬畏，何苦而不肯闭门静坐乎？

[注释]①俗家：僧道称没有出家的人。　②黄柏山：位于今河南商城县南部，大别山腹地，豫、鄂、皖三省交界处，素有"鸡鸣闻三省"之称。万历间僧人无念曾在此开山建寺。　③东山：在湖北黄梅县，上有东山寺。因五祖弘

忍创立,又名"五祖寺"。禅宗六祖慧能曾在此寺学道。 ④维摩庵:在湖北麻城县城中。由周思敬出资买下两家民居,改建成维摩庵,供李贽居住。李贽曾在此庵居住了三年多,并削发以示"异端"之名。 ⑤耐烦:烦恼。⑥西方:指西方净土。 ⑦汗流:即汗颜。因羞愧而汗发于颜面,泛指惭愧。

　　既终日闭门,亦自然无客,万一有仕人①或乡先生来,不得不开门者,彼见我如此,亦自然生渴仰矣,虽相见何妨耶!接乡士夫则称老先生,接春元及文学②则称先生,此其持之者重矣。若称之以老爹、相公,反轻之耳。且既为佛子,又岂可与奴隶辈同口称声耶?我自重,人自重我;我自轻,人亦轻我:理之所必至也。闭门静坐,寂然无声,终年如此,神犹钦仰,何况于人?太上出世为真佛,其次亦不为世人轻贱,我愿足矣。区区藏尸塔屋,有守亦可,无守亦可,何足重乎!若本县经过有公务者,自有下院众人迎接,非守塔僧所当闻。若其真实有高兴欲至塔前礼拜者,此佛子也,大圣人也,急宜开门延入,以圣人待之,烹茶而烧好香,与事佛等,始为相称。迎送务尽礼:谈佛者呼之为佛爷;讲道学者呼之为老先生;不讲学不谈佛,但其人有气概欲见我塔者,则呼之为老大人。五众③齐出与施礼,三众④即退而办茶,唯留常融、怀林⑤二人安客坐而陪之:融隅坐,林傍坐,俱用漆椅,不可用凳陪客坐也。有问乃答,不问即默,安闲自在,从容应对,不敢慢之,不可敬之。敬之,则必以我为有所求,甚不可也。

　　[注释]①仕人:为官者。 ②文学:原为官名,指各州府所设专门向读书人传授儒家经典的学官。唐初称经学博士,德宗时改称文学,宋以后废。

这里泛指从事儒学教授的教官。　③五众：佛教语。出家的五众：比丘、比丘尼、式叉摩那、沙弥、沙弥尼。比丘，指已受具足戒的男性，俗称和尚。比丘尼，指已受具足戒的女性，俗称尼姑。式叉摩那，指年满二十而未受足戒的女性。沙弥，指依照戒律出家，已受十戒的七至二十岁男性修行者。沙弥尼，指初出家的女佛教徒。　④三众：指上文"五众"中的比丘尼、式叉摩那、沙弥尼。　⑤常融、怀林：龙潭湖芝佛院的和尚。

一、早晚佛灯

夫灯者所以继明于昼夜，而并明于日月者也。故日能明于昼，而不能照重阴①之下；月能明于夜，而不能照殿屋之中。所以继日月之不照者，非灯乎？故谓之曰日月灯明佛②，盖以佛譬日月灯，称佛之如灯如日月也。日月有所不照，唯灯继之，然后无所不照，非谓日月可无而灯独不可无也。今事佛者相沿而不知其义，以为常明灯③者但是④灯光，而不复论有日月，乃昼夜然⑤灯不息，则日月俱废矣。非但月为无用之光，而日亦为无益之明矣。故今只令然灯于夜，昼则不敢然，以佛常如日也。只令然灯于晦⑥，望⑦之前后十余夜即不敢然，以佛之常如月也。唯邻晦朔⑧前后半余月，然灯彻旦，以佛之常如灯也。则允矣，足称日月灯明佛矣。

[注释]①重阴：指地下。　②日月灯明佛：又作灯明佛。演说正法，意义深远，言语巧妙，能为各种不同的生命演说妙法，使其达于无上圆满的佛陀境界。　③常明灯：即长明灯。以供在佛前昼夜不灭，故名。　④但是：只谈。　⑤然：同"燃"。　⑥晦：阴历每月的最后一天。　⑦望：月圆日，农历每月十五日前后。　⑧朔：阴历每月第一天。

一、早晚钟鼓

夫山中①之钟鼓,即军中之号令②,天中之雷霆也,电雷一奋,则百谷草木皆甲坼③;号令一宣,则百万齐声,山川震沸。山中钟鼓,亦犹是也。未鸣之前,寂寥无声,万虑俱息;一鸣则蝶梦还周④,耳目焕然,改观易听矣。纵有杂念,一击遂忘;纵有愁思,一捶便废;纵有狂志悦色,一闻音声,皆不知何处去矣。不但尔山寺僧众然也,远者近者孰不闻之?闻则自然悲仰,亦且回心易向,知身世之无几,悟劳攘⑤之无由矣。然则山中钟鼓所系匪鲜浅也,可听小沙弥⑥辈任意乱敲乎?轻重疾徐,自有尺度:轻能令人喜,重能令人惧,疾能令人趋,徐能令人息,直与军中号令、天中雷霆等耳,可轻乎哉!虽曰远近之所望而敬者僧之律行,然声音之道原与心通,未有平素律行僧宝⑦而钟鼓之音不清越而和平也。既以律行起人畏敬于先,又听钟鼓和鸣于清晨良宵之下。时时闻此,则时时熏心;朝朝暮暮闻此,则朝朝暮暮感悦。故有不待入门礼佛见僧而潜修顿改者,此钟鼓之音为之也,所系诚非细也。不然,我之撞钟击鼓,如同儿戏,彼反怒其惊我眠而聒我耳,反令其生躁心矣。

[**注释**]①山中:这里指山中寺院。 ②号令:传呼命令。 ③甲坼(chè):草木发芽时种子外皮裂开。坼:裂开。 ④蝶梦还周:睡醒后觉悟。典出《庄子·齐物论》。 ⑤劳攘:劳碌追逐。 ⑥沙弥:指依照戒律出家,已受十戒的七至二十岁男性修行者。 ⑦僧宝:佛教三宝之一。原指僧团,后泛指继承、宣扬佛教教义的僧众。

一、早晚守塔

封塔后即祀木主①,以百日为度,早晚俱烧香,唯中午供饭一盏,清茶一瓯②,豆豉③少许,上悬琉璃。我平生不爱人哭哀哀,不爱人闭眼愁眉作妇人女子贱态。丈夫汉喜则清风朗月,跳跃歌舞;怒则迅雷呼风,鼓浪崩沙,如三军万马,声沸数里,安得有此俗气,况出家人哉!且人生以在世为客,以死为归,归家则喜而相庆,亦自谓得所而自庆也,又况至七八十而后归,其为庆幸,益以无涯,若复有伤感者,是不欲我得所也,岂出家人之所宜乎?古有死而念佛相送,即今人出郭作歌送客之礼,生死一例。苟送客而哀兴,岂不重难为客耶?客既不乐,主人亦何好也?是以再四叮咛,非怕汝等哭也,恐伤我归客之心也。唯当思我所嗜者。我爱书,四时祭祀,必陈我所亲校正批点与纂集钞录之书于供桌之右,而置常穿衣裳于供桌之左,早陈设,至晚便收。每年共十三次祭祀,虽名为祭祀,亦只是一饭一茶一少许豆豉耳。但我爱香,须烧好香;我爱钱,须烧好纸钱;我爱书,须牢收我书,一卷莫轻借人,时时搬出日头晒晒,干便收讫④。虽庄纯甫⑤近来以教子故,亦肯看书,要书但决不可与之。且彼亦不知我死,纵或于别处闻知我死而来,亦不可与以我书。

[注释]①木主:木制的神位。上书死者姓名以供祭祀。又称神主。俗称牌位。 ②瓯(ōu):杯。 ③豆豉(chǐ):把黄豆或黑豆泡透蒸熟或煮熟,经过发酵而成的食品,可以调味,也可入药。 ④收讫(qì):应收钱物对方已如数交付清楚。这里指将晾晒的书收齐。 ⑤庄纯甫:即庄纯夫,李贽的女婿。

李四官①若来，叫人勿假哭作好看，汝等亦决不可遣人报我死，我死不在今日也。自我遣家眷回乡，独自在此落发为僧时，即是死人②了也，已欲他辈皆以死人待我了也。是以我至今再不曾遣一力到家者，以为已死无所用顾家也。故我尝自谓我能为忠臣者，以此能忘家忘身之人卜之也，非欺诞说大话也。不然，晋江③虽远，不过三千余里，遣一僧持一金即到矣，余岂惜此小费哉？不过以死自待，又欲他辈以死待我，则彼此两无牵挂：出家者安意出家，在家者安意做人家。免道途之劳费，省江湖之风波，不徒可以成就彼，是亦彼之所以成就我也。何也？彼劳苦则我心亦自愁苦，彼惊惧则我心亦自疑惧；彼不得安意做人家，我亦必以为使彼不得做人家者，我陷之也。是以不愿遣人往问之。其不肯遣人往问之者，正以绝之而使之不来也。庄纯甫不晓我意，犹以世俗情礼待我，今已到此三次矣。其家既穷，来时必假借路费，借倩④家人，非四十余日不得到此，非一月日不好遄⑤回，又非四五十日未易抵家。审如此，则我只宜在家出家矣，何必如此以害庄纯甫乎？故每每到此，则我不乐甚也，亦以使之不敢复来故也。既不肯使之来此，又岂肯遣人往彼乎？一向既不肯遣人往彼，今日又岂可遣人往彼报死乎？何者？总之，我死不在今日也。我死既不在今日，何谓封塔而乃以死待我也？则汝等之当如平日又可知也。待我如平日，事我如生前，言语不苟，行事不苟，比旧更加谨慎，使人人咸曰龙湖僧之守禁戒也如此，龙湖僧之不谬为卓吾侍者也又如此，其为喜悦我也甚矣，又何必以不复见我为苦而生悲怆也？我之形虽不可复见，而我心则开卷即在矣。读其书，见其人，精神且千万倍，若彼形骸外矣，又何如我书乎？况读其豫约，守其戒禁，则卓吾老子终日对面，十目视之无有如其显，十手指之无有如其亲者，又何必悲恋此一具瘦骨柴头，以为能不忘老子⑥也耶？勉之戒之！

[注释]①李四官：疑为李贽嗣子贵儿的孩子，李贽的嗣孙。　②死人：这里指与世俗不再有牵连的人。　③晋江：今福建泉州。　④借倩（qiàn）：暂借，借用。　⑤遽（jù）：遂，就。　⑥老子：老年男子的自称。这里是李贽对自己的称呼。

　　我初至麻城，曾承庵①创买②县城下今添盖楼屋所谓维摩庵者，皆是周友山③物，余已别有《维摩庵创建始末》一书寄北京与周友山矣。中间开载④布施⑤事颇详悉，其未悉者又开具缘簿⑥中，先寄周友山于川中。二项兼查，则维摩庵布施功德主，亦昭昭可案覆⑦而审，不得没其实也。《创建始末》尚有两册：一册留龙湖上院为照；一册以待笃实僧能坚守楼屋静室者，然后当友山面前给与之。世间风俗日以偷薄⑧，不守本分，虽百姓亦难，何况出家之者。谨守清规⑨，莫乱收徒众以为能！纵不能学我一分半分，亦当学我一厘两厘，何苦劳劳碌碌，日夜不止也。在家之人，尚为有妻儿亲眷等，衣食人情，逼迫无措；我出家人，一身亦不曾出一丁银米之差，若不知休，非但人祸，天必刑之，难逃免也。周友山既舍此庵，不是小事。此庵见交银七十二两与曾、刘二家矣，可轻视之欤！

[注释]①曾承庵：李贽寓居麻城后新结识的友人。　②创买：创建置

买。　③周友山：即周思敬。见本书卷一《答周友山》注。　④开载：开列记载。　⑤布施：将金钱、实物布散施舍给别人。　⑥缘簿：寺庙化缘的簿本。⑦案覆：核实。　⑧偷薄：指社会风气浇薄、不敦厚。　⑨清规：佛教中僧尼必须遵守的戒规。

夫友山之所以敬我者，以我稍成一个人也。我之所以不回家，不他往者，以友山之知我也。我自幼寡交，少知游。稍长，从薄宦于外，虽时时有敬我者，然亦皮肤粗浅视我耳，深知我者无如周友山。故我不还家，不复别往寻朋友也，想行遍天下，亦只如此已矣。且友山非但知我，亦甚重我。夫士为知己死，何也？知己之难遇也。今士子得一科第①，便以所取座主②为亲爷娘，终身不能忘；提学官③取之为案首④，即以提学官为恩师，事之如事父兄：以其知己也。以文相知，犹然如此，况心相知哉！故天下未有人而不喜人知己者，则我之不归家又可知矣。今世不察，既以不归家病我，家中乡里之人，又以不归家为我病。我心中只好自问自答，曰：“尔若知我，取我为案首，我自归矣，何必苦劝我归也！”然友山实是我师，匪但知我已也。彼其退藏之密，实老子之后一人，我自望之若跂⑤，尤不欲归也。尔等谨守我塔，长守清规，友山在世，定必护尔，尔等保无恐也。

[注释]①科第：指科举考试，因科举考试分科录取，每科按成绩排列等第。　②座主：唐宋时进士称主试官为座主。至明清，举人、进士亦称其本科主考官或总裁官为座主。或称师座。　③提学官：明清时由中央任命的省教育行政长官。提学：官名，北宋崇宁二年(1103)在各路置提举学事司，掌管州县学政。金代设置提举学校官，元代有儒学提举司，清设督学道、提学使等，

俱简称提学。　④案首:明清时科举考试,县、府及院试的第一名称案首。
⑤跂(qǐ):踮起脚后跟。

刘近城①是信爱我者,与杨凤里②实等。梅澹然③是出世丈夫④,虽是女身,然男子未易及之,今既学道,有端的知见,我无忧矣。虽不曾拜我为师,彼知我不肯为人师也,然已时时遣人走三十里问法,余虽欲不答,得乎?彼以师礼默默事我,我纵不受半个徒弟于世间,亦难以不答其请。故凡答彼请教之书,彼以师称我,我亦以澹然师答其称,终不欲犯此不为人师之戒也。呜呼!不相见而相师,不独师而彼此皆以师称,亦异矣!

[注释]①刘近城:麻城人,曾跟随李贽多年。　②杨凤里:即杨定见。③梅澹然:梅国祯之女,居家信佛。　④出世丈夫:超脱人世束缚的大丈夫。

于澹然称师者,澹然已落发为佛子①也。于众位称菩萨者,众位皆在家,故称菩萨也,然亦真正是菩萨。家殷而门户重②,即亲戚往来常礼,亦自无闲旷之期,安得时时聚首共谈此事乎?不聚而谈,则退而看经教,时时问话,皆有的据,此岂可以好名称之!夫即使好名而后为,已是天下奇男子所希有③之事,况实在为生死起念,早晚唯向佛门中勤渠拜请者乎?敬之敬之!亦以众菩萨女身也,又是有亲戚爱妒不等,生出闲言长语,不可耳闻也,犹然不一理会,只知埋头学佛道,作出世人。况尔等出家儿并无一事,安可不究心,安可不念佛耶?

[注释]①佛子:菩萨的通称。《十住毗婆沙论·入初地品》:"诸佛子者,

诸佛真实子诸菩萨是,是故菩萨名为佛子。"　②门户重:家庭的社会地位显赫。梅家是麻城的望族,故称。　③希有:不常见。希,同"稀"。

我有西方诀①,最说得亲切,念佛求生西方②者,须知此趣向,则有端的志气矣。不然,虽曰修西方,亦是一句见③成语耳。故念佛者定须看通了西方诀,方为真修西方之人。夫念佛者,欲见西方弥陀佛④也。见阿弥陀佛了,即是生西方了,无别有西方可生也。见性⑤者,见自性阿弥陀佛也。见自性阿弥陀佛了,即是成佛了,亦无别有佛可成也。故修西方者,总为欲见佛耳,虽只得面见彼佛阿弥陀,然既常在佛之旁,又岂有不得见自己佛之理耶?时时目击,时时耳闻,时时心领而意会。无杂学,无杂事,一日听之,百日亦听之;一劫伴之,百万劫亦与之伴:心志纯一,再无别有往生⑥之想矣,不成佛更何待耶?故凡成佛之路甚多,更无有念佛一件直截不磋者。是以大地众生,咸知修习此一念也。然问之最聪明灵利肯念佛者,竟无一人晓了此意,则虽念佛何益?既不以成佛为念,而妄谓佛是决不可成之物,则虽生西方,欲以奚为?纵得至彼,亦自不肯信佛言语,自然复生别想,欲往别处去矣,即见佛犹不见也。故世之念佛修西方者可笑也,决万万无生西方之理也。纵一日百万声佛,百事不理,专一如此,然我知其非往生之路也。须是发愿欲求生西方见佛,而时时听其教旨,半言不敢不信,不敢不理会,乃是求往生之本愿正经主意耳。以上虽说守塔事,而终之以修净土要诀,盖皆前贤之所未发,故详列之,以为早晚念佛之因。

[注释]①西方诀:修行西方净土的秘诀。 ②西方:指西方净土。③见:同"现",这里指表面的,现成的。 ④西方弥陀佛:即西方极乐世界的教主阿弥陀佛。 ⑤见性:佛教语。谓悟彻清净的佛性。 ⑥往生:佛教净土宗认为,具足信、愿、行,一心念佛,与阿弥陀佛的愿力感应,死后能往西方净土,化生于莲花中。

一、感慨平生

善因①等众菩萨②,见我涅槃③,必定差人来看。夫诸菩萨甚难得,若善因者,以一身而综数产④,纤悉无遗;以冢妇⑤而养诸姑⑥,昏⑦嫁尽礼。不但各无间言,亦且咸得欢心,非其本性和平,真心孝友,安能如此?我闻其才力其识见大不寻常,而善因固自视若无有也。时时至绣佛精舍⑧,与其妹澹师穷究真乘,必得见佛而后已。故我尤真心敬重之。此皆尔等所熟闻,非千里以外人,百年以远事,或出传说未可信也。尔等但说出家便是佛了,便过在家人了。今我亦出家,宁有过人者?盖大有不得已焉耳,非以出家为好而后出家也,亦非以必出家乃可修道然后出家也。在家不好修道乎?缘我平生不爱属人管。夫人生出世,此身便属人管了。幼时不必言;从训蒙师⑨时又不必言;既长而入学,即属师父与提学宗师⑩管矣;入官,即为官管矣;弃官回家,即属本府本县公祖父母⑪管矣。来而迎,去而送;出分金⑫,摆酒席;出轴金⑬,贺寿旦。一毫不谨,失其欢心,则祸患立至,其为管束至入木埋下土未已也,管束得更苦矣。我是以宁飘流四外,不归家也。其访友朋求知己之心虽切,然已亮天下无有知我者；只以不愿属人管一节，既弃官，又不肯回家，乃其本心实意。特以世人难信，故一向不肯言之。然出家遨游，其所游之地，亦自有父母公祖可以管摄得我。故我于邓鼎石⑭初履县时，虽身不敢到县庭，然彼以礼帖来，我可无名帖答之乎？是以书名帖不敢曰侍生⑮，侍生则太尊己；不敢曰治生⑯，治生则自受缚。寻思四字回答之，曰"流寓客子"。夫流寓则古今时时有之，目今郡邑志书，称名宦则必继之以流寓也。名宦者，贤公祖父母也；流寓者，贤隐逸名流也。有贤公祖父母，则必有贤隐逸名流，书流寓则与公祖父母等称贤矣。宦必有名乃纪，非名宦则不纪，故曰名宦。若流寓则不问可知其贤，故但曰流寓，盖世未有不是大贤高品而能流寓者。晦庵⑰婺源人，而终身延平；苏子瞻兄弟⑱俱眉州人，而一葬郏县⑲，一葬颍州⑳。不特是也，邵康节㉑范阳人也，司马君实㉒陕西夏县人也，而皆终身流寓洛阳，与白乐天㉓本太原人而流寓居洛一矣。孰谓非大贤上圣而能随寓皆安者乎？是以不问而知其贤也。然既书流寓矣，又书客子，不已赘耶？盖流而寓矣，非筑室而居其地，则种地而食其毛，欲不受其管束又不可得也。故兼称客子，则知其为旅寓而非真寓，如司马公、邵康节之流也。去住时日久近，皆未可知，县公虽欲以父母临我，亦未可得。既未得以父母临我，则父母虽尊，其能管束得我乎？故兼书四字，而后作客之意与不属管束之情畅然明白，然终不如落发出家之为愈。盖落发则虽麻城本地之人亦自不受父母管束，况别省之人哉！或曰："既如此，在本乡可以落发，又何必麻城？"噫！我在此落发,犹必设尽计校,而后刀得临头。邓鼎石见我落发,泣涕甚哀,又述其母之言曰:"尔若说我乍闻之,整一日不吃饭,饭来亦不下咽,李老伯决定留发也。且汝若能劝得李老伯蓄发,我便说尔是个真孝子,是个第一好官。"呜呼!余之落发,岂容易哉!余唯以不肯受人管束之故,然后落发,又岂容易哉!写至此,我自酸鼻,尔等切勿以落发为好事,而轻易受人布施也!

[注释]①善因:梅国祯之女,居家念佛,称是李贽的弟子。 ②菩萨:佛教指修行到了一定程度、地位仅次于佛的人。 ③涅槃:这里是作为死亡的美称。 ④综数产:总管数处家产。 ⑤冢妇:嫡长子之妻。《礼记·内则》:"冢妇所祭祀宾客,每事必请于姑。" ⑥诸姑:丈夫的诸位姊妹。 ⑦昏:通"婚"。 ⑧绣佛精舍:即绣佛寺,在麻城北街,为梅国祯三女梅澹然所建。 ⑨训蒙师:旧称学塾的启蒙老师。也叫塾师。 ⑩师父:学校老师。提学宗师:提学道的长官被尊称为宗师。提学道,见《早晚守塔》注。 ⑪公祖父母:旧时士绅对知府以上地方官的尊称。对地位较高者,亦称老公祖、大公祖和公祖父母,流行于明清。 ⑫分金:共同送礼时各人分摊的钱。 ⑬轴金:贺寿买幛轴的礼金。 ⑭邓鼎石:即邓应祁,详见本书卷一《答邓明府》注。 ⑮侍生:明清两代官场中后辈对前辈的自称。一般用于名帖。明代翰林后三科入馆者,清代翰林后一科入馆者,均自称侍生。平辈之间,或地方官员拜访乡绅,亦有谦称侍生的。 ⑯治生:旧时部属对长官或旅外官吏对原籍长官的自称。始于明代。 ⑰晦庵:即朱熹,见本书卷一《又答石阳太守》注。 ⑱苏子瞻兄弟:即苏轼及其弟苏辙。苏轼,见本书卷二《复焦弱侯》注。苏辙(1039~1112),字子由,自号颍滨遗老,北宋文学家、诗人,唐宋八大家之一。嘉祐二年(1057)与其兄苏轼同登进士科。神宗朝,为制置三司条例司属官。因反对王安石变法,出为河南推官。哲宗时,召为秘书省校书郎。元祐元年为右司谏,历官御史中丞、尚书右丞、门下侍郎。绍圣元年(1094)因上书言事忤逆哲宗,出知汝州,贬筠州、再谪雷州安置,移循州。徽宗立,徙永州、岳州,

复太中大夫,又降居许州,致仕,死后追复端明殿学士,谥文定。 ⑲一葬郏县:苏轼死于常州,三子苏过将其葬于汝州郏县(今河南郏县)小峨眉山。 ⑳一葬颍州:苏辙晚年居许州(今河南许昌),卒后葬于此。许州,古曾称颍州。 ㉑邵康节:即邵雍,详见本书卷一《答耿中丞论淡》注。 ㉒司马君实:即司马光(1019~1086),字君实,号迂叟,陕州夏县(今山西夏县)涑水乡人,世称涑水先生。北宋政治家、史学家、文学家。历仕仁宗、英宗、神宗、哲宗四朝,卒赠太师、温国公,谥文正。宋仁宗时中进士,英宗时进龙图阁直学士。宋神宗时,反对王安石施行变法,朝廷内外有许多人反对,司马光就是其中之一。王安石变法以后,司马光离开朝廷十五年,主持编纂了中国历史上第一部编年体通史《资治通鉴》。生平著作甚多,主要有史学巨著《资治通鉴》、《温国文正司马公文集》、《稽古录》、《涑水记闻》、《潜虚》等。 ㉓白乐天:即白居易(772~846),字乐天,号香山居士。祖籍太原(今山西太原),后迁居下邽(今陕西渭南东北)。贞元进士,历宫秘节省校书郎、刑部尚书等职。元和间任左拾遗及失赞善大夫,后因得罪权贵被贬江州(今江西九江)司马。唐代诗人。文学上倡导新乐府运动。著有《白氏长庆集》。

虽然,余之多事亦已极矣。余唯以不受管束之故,受尽磨难,一生坎坷,将大地为墨,难尽写也。为县博士①,即与县令、提学触;为太学博士②,即与祭酒③、司业④触。如秦⑤,如陈⑤,如潘⑥,如吕⑦,不一而足矣。司礼曹务⑧,即与高尚书⑨、殷尚书⑩、王侍郎⑪、万侍郎⑫尽触也。高、殷皆入阁⑬,潘、陈、吕皆入阁,高之扫除少年英俊名进士无数矣,独我以触迕得全,高亦人杰哉!最苦者,为员外郎⑭不得尚书谢⑮、大理卿董⑯并汪⑰意。谢无足言矣,汪与董皆正人,不宜与余抵。然彼二人者皆急功名,清白未能过人,而自贤则十倍矣,余安得免触耶?又最苦而遇尚书赵⑱。赵于道学有名,孰知道学益有名而我之触益又甚也!最后为郡守⑲,即与巡抚王⑳触,与守道骆㉑触。王本下流,不必道矣。骆最相知,其人最号有能有守㉒,有文学㉓,有实行㉔,而终不免与之触,何耶?渠㉕过于刻厉㉖,故遂不免成触也。渠初以我为清苦敬我,终反以我为无用而作意害我,则知有己不知有人,今古之号为大贤君子,往往然也。记余尝苦劝骆曰:"边方杂夷㉗,法难尽执㉘,日过一日,与军与夷共享太平足矣。仕于此者,无家则难住;携家则万里崎岖而入,狼狈而去,尤不可不体念之!但有一能,即为贤者,岂容备责?但无人告发,即装聋哑,何须细问?盖清谨㉙勇往㉚,只可责己,不可责人,若尽责人,则我之清能㉛亦不足为美矣,况天下事亦只宜如此耶!"嗟嗟!孰知余竟以此相触也哉!虽相触,然使余得以荐人,必以骆为荐首㉜也。此余平生之大略也。上之不能如东方生㉝之避世金马门㉞,以万乘为僚友㉟,含垢忍耻㊱,游戏仕路;最上又不能如胡广㊲之中庸,梁江总㊳之头黑㊴,冯道㊵之五代㊶。贪禄而不能忍诟,其得免于虎口,亦天之幸耳!既老而思胜算,就此一著,已非上策,尔等安得知耶!

[注释]①县博士:即县教谕,学官名,负责教育所属生员和管理文庙祭祀。李贽于嘉靖三十五年(1556)出任河南辉县教谕,嘉靖三十九年(1560)离任。 ②太学博士:负责传授知识的太学学官。 ③祭酒:国子监的主管。 ④司业:国子监的副长官。 ⑤如秦,如陈:秦,指秦鸣雷(1518～1593),字豫之,号华峰,浙江临海(今浙江临海)人。嘉靖二十三年(1544)进士第一。后任国子监祭酒,官至南京吏部尚书。著有《倚云楼稿》等。陈,指陈以勤(1511～1586),字逸甫,号松谷,一号青居山人。四川南充(今四川南充)人。嘉靖二十年(1541)进士。后任国子监祭酒。官至礼部尚书兼文渊阁大学士,

参与机务。著有《青居山房稿》等。 ⑥潘：指潘晟(1517～1589)，字思明，号水簾，浙江新昌(今浙江新昌)人。嘉靖二十年(1534)进士。后任国子监司业。万历时为武英殿大学士。 ⑦吕：即吕调阳(1516～1586)，字和卿，号豫所。广西临桂(今广西临桂)人，嘉靖二十九年(1550)进士。后任国子监司业。官至礼部尚书兼文渊阁大学士。著有《帝鉴图说》。 ⑧司礼曹务：管理礼曹的事务，即任礼部司务，负责文件收发和文书档案管理等事务。 ⑨高尚书：即高仪(1517～1572)，字子象，号南宇，谥文端。钱塘(今浙江杭州)人。嘉靖二十年(1541)进士。官至文渊阁大学士。著有《高文端奏议》等。尚书，明代朝廷吏、户、礼、兵、刑、工各部的长官。 ⑩殷尚书：指殷士儋(1522～1582)，字正甫，号文通，山东历城(今山东历城)人。嘉靖二十六年(1547)进士。隆庆二年(1568)接任高仪任礼部尚书，官至武英殿大学士。著有《金舆山房稿》。 ⑪王侍郎：指王希烈，江西南昌(今江西南昌)人。嘉靖三十二年(1553)进士，隆庆二年(1568)任礼部右侍郎，隆庆四年(1570)转礼部左侍郎。侍郎，明代各部的副长官。 ⑫万侍郎：指万士和(1516～1586)，字思节，号履庵，江苏宜兴(今江苏宜兴)人。嘉靖二十三年(1544)进士。隆庆时任礼部右侍郎、左侍郎，万历时任礼部尚书。著有《履庵集》。 ⑬入阁：明代罢宰相之名，仿宋置殿阁大学士，因阁在宫内，谓之内阁。大学士入直文渊阁，称为入阁预机务。省称"入阁"。清代因之，唯入阁办事的，专属大学士，而以尚书为协办。 ⑭员外郎：官名。员外，本指正员以外的郎官。 ⑮尚书谢：指谢登之，字汝学，号太泉，巴郡(治所在今湖南岳阳)人。嘉靖二十六年(1547)进士。隆庆五年(1571)至万历二年(1574)任南京刑部尚书。 ⑯大理卿董：指董传策，字原汉，号幼海，松江华亭(今上海松江)人。嘉靖二十九年(1550)进士。隆庆五年(1571)任南京大理寺卿。万历时官至南京礼、工二部侍郎。著有《奏疏辑稿》、《采薇集》、《幽贞集》、《奇游漫记》等。大理卿，即大理寺卿。国家最高司法长官。 ⑰汪：指汪宗伊，字子衡，号少泉。湖北崇阳(今湖北崇阳)人。嘉靖十七年(1538)进士。万历三年(1575)任南京大理寺卿。官至户部尚书、南京吏部尚书。著有《南京吏部志》等。 ⑱尚书赵：指赵锦(1516～1591)，字元朴，号麟阳，浙江余姚(今浙江余姚)人。嘉靖二十三年(1544)进士。万历二年(1574)任南京刑部尚书。 ⑲郡守：郡的长官，主一郡之政事。 ⑳巡抚王：指王凝，字道南，号毅菴。湖北宜城（今湖北宜城）人。嘉靖三十五年（1556）进士。万历初任云南巡抚，后升南京大理寺卿，官至兵部侍郎。巡抚，与总督同为地方最高长官，负责管理一省或几省的军事、吏治、刑狱等。 ㉑守道骆：指骆问礼（1527～1608），字子木，号缵亭，浙江诸暨（今浙江诸暨）人。嘉靖四十四年（1565）进士。万历五年至八年（1577～1680）任云南参议。著有《万一楼集》。参议，明代在布政使的属官中，有参政、参议二官，担任各道维持治安和州县的督察任务，称为分守道或守道，为行政之辅佐。 ㉒有能有守：有才能有操守。 ㉓文学：文章博学。 ㉔实行：德行，操行。 ㉕渠：他。 ㉖刻厉：刻薄严厉。 ㉗边方杂夷：边疆居住的少数民族。 ㉘法难尽执：法令难以完全执行。 ㉙清谨：廉洁谨慎。 ㉚勇往：奋勇前进。 ㉛清能：清正而贤能。 ㉜荐首：首先推荐的人选。 ㉝东方生：指东方朔（前154～前93），本姓张，字曼倩，西汉平原郡厌次县（今山东省德州市陵县）人。西汉时期著名的文学家。汉武帝即位，征四方士人。东方朔上书自荐，诏拜为郎。后任常侍郎、太中大夫等职。他性格诙谐，言词敏捷，滑稽多智，常在武帝前谈笑取乐，他曾言政治得失，陈农战强国之计，但当时的皇帝始终把他当俳优看待，不以重用。东方朔一生著述甚丰，有《答客难》、《非有先生论》的名篇。 ㉞避世金马门：在朝廷隐居。金马门，汉代官署名，旁有铜马，故名。 ㉟以万乘为僚友：指东方朔把汉武帝当做僚友。万乘，指天子。周制，天子地方千里，出兵车万乘，诸侯地方百里，出兵车千乘，故称天子为"万乘"。 ㊱含垢忍耻：忍受别人对自己行为的诟病和侮辱。这里指东方朔以滑稽调笑怪诞不经以求得汉武帝的欢心。 ㊲胡广（91～172）：字伯始，南郡华容（今湖南华容）人。历任司空、司徒、太尉、太傅等职。先后事安、顺、冲、质、桓、灵六帝。既与宦官通婚，又与名士交结。 ㊳梁江总：指梁代江总（519～594），著名南朝梁、陈大臣和文学家。字总持，祖籍济阳考城（今河南兰考）。出身高门，幼聪敏，有文才。年十八，为宣惠武陵王府法曹参军，迁尚书殿中郎。后又仕陈、隋。仕陈时，与陈后主游宴后宫，写艳诗，不持政务。著作今存《江令君》辑本。 ㊴头黑：年老而头发仍黑。指长寿。 ㊵冯道（882～954）：字可道，自号长乐老。五代瀛州景城（今河北交河东北）人。历仕后唐、后晋（契丹）、后汉、后周四朝十君，拜相二十余年，人称官场"不倒翁"。

好学能文,主持校订了《九经》文字,雕版印书,世称"五代监本",为我国官府正式刻印书籍之始。　㊶五代:指冯道先后任职的后唐、后晋、契丹、后汉、后周。

　　故余尝谓世间有三种人决宜出家。非三种而出家,非避难,即无计治生,利其闲散,可以成就吾之懒也,无足言也。三种者何?盖世有一种如梅福①之徒,以生为我酷,形为我辱,智为我毒,身为我桎梏,的然见身世之为赘疣②,不得不弃官而隐夫洪崖③、玉笥④之间者,一也。又有一种,如严光、阮籍、陈抟、邵雍⑤辈,苟不得比于吕尚之遇文王⑥,管仲之遇齐桓⑦,孔明之遇先主⑧,傅说之遇高宗⑨,则宁隐无出。故夫子⑩曰:"居则曰不吾知也,如或知尔,则何以哉?"又曰:"沽之哉!我待价者也。"是以孔子终身不仕而隐也。其曰"有道则仕,无道则怀。"不过以赞伯玉等云耳。若夫子苟不遇知己善价,则虽有道之世,不肯沽也。此又一种也。夫天下曷尝有知己之人哉?况真为天下知己之主欤!其不得不隐居于岩穴、钓台、苏门之山⑪,固其所矣。又有一种,则陶渊明⑫辈是也:亦贪富贵,亦苦贫穷。苦贫穷,故以乞食为耻,而曰"扣门拙言词";爱富贵故求为彭泽⑬令,因遣一力与儿,而曰"助汝薪水之劳"。然无耐其不肯折腰何,是以八十日便赋"归去"也。此又一种也。适怀林在傍研墨,问曰:"不审和尚于此三种何居?"余曰:"卓哉!梅福、庄周之见,我无是也。必遇知己之主而后出,必有盖世真才,我无是才也,故亦无是见也。其唯陶公乎?"夫陶公清风千古,余又何人,敢称庶几?然其一念真实,受不得世间管束,则偶与同耳,敢附骥⑭耶!

[注释]①梅福:字子真,汉代寿春(今安徽寿春)人。汉成帝时任南昌尉。后弃官居家,以读书养性为事。 ②赘(zhuì)疣(yóu):指附生于体外的肉瘤。比喻多余无用的东西。 ③洪崖:即洪崖山,在今江西新建县西。 ④玉笥:山名。在江西永新县。道家称为仙居之所。 ⑤严光、阮籍、陈抟、邵雍:严光(前39~41),又名遵,字子陵,东汉著名隐士。河南汝州(今河南汝州)人(一说余姚人),原姓庄,因避东汉明帝刘庄讳而改姓严。少有高名,与东汉光武帝刘秀同学,亦为好友。其后他积极帮助刘秀起兵。公元25年,刘秀即位,多次延聘他,但他隐姓埋名,退居富春山。阮籍(210~263),三国时期的魏国诗人。字嗣宗,陈留尉氏(今河南省开封市尉氏县)人。竹林七贤之一,是建安七子之一阮瑀的儿子。曾任步兵校尉,世称阮步兵。崇奉老庄之学,政治上则采取谨慎避祸的态度。蔑视礼教,以"自然"与"名教"相对抗。陈抟(871~989),字图南,号扶摇子,著有《指玄篇》、《高阳集》等。邵雍(1011~1077),北宋哲学家。字尧夫,谥号康节。著有《观物篇》、《先天图》、《伊川击壤集》、《皇极经世》等。 ⑥吕尚之遇文王:见本卷《二十分识》注。 ⑦管仲之遇齐桓:见本卷《二十分识》注。 ⑧孔明之遇先主:指诸葛亮遇见刘备这样的明主。孔明,即诸葛亮(181~234),字孔明,琅琊阳都(今山东沂南南)人。三国蜀汉政治家、军事家。曾协助刘备建立蜀国,并任丞相。先主,即刘备(161~223),三国时蜀汉政权的开拓者。 ⑨傅说之遇高宗:傅说遇见高宗这样的明君。傅说(yuè),相传是商代在傅岩(今山西平陆东)从事版筑的奴隶,后为高宗(名武丁)访贤所得,任为大臣,治理国政。 ⑩夫子:指孔子。 ⑪苏门之山:即苏门山,苏门山,位于有"中州颐和园"之称的百泉的北侧,在河南省新乡市辉县市百泉镇,属于太行山的一道支脉。此处为阮籍年轻时学道之处。邵雍也曾在苏门山下的百泉旁筑室而居。闭门修性,过着隐居生活。 ⑫陶渊明:见本书卷一《答耿司寇》注。 ⑬彭泽:今江西湖口东。 ⑭附骥(fù jì):蚊蝇叮附马尾而远行,比喻攀附权贵而成名。

以上六条,末条复潦倒哀鸣①,可知余言之不顾矣!

劝尔等勿哭勿哀,而我复言之哀哀,真情实意,固自不可强也。我愿尔等勿哀,又愿尔等心哀,心哀是真哀也。真哀自难止,人安能止?

[注释]①哀鸣:悲哀之言。

寒灯小话 计四段

第一段

九月十三夜,大人①患气急②,独坐更深,向某辈③言曰:"丘坦之④此去不来矣。"言未竟,泪如雨下。某谓大人莫太感伤,因为鄙俚之语以劝大人。语曰:"这世界真可哀:乾坤⑤如许大,好人难容载。我劝大人莫太伤怀。古来尽如此,今日安足怪!我量彼走尽天下无知己,必然有时还来。"乱曰:"此说不然。此人聪明大有才,到处逢人多相爱。只恨一去太无情,不念老人日夜难待。"十五夜,复闻人道有一老先生特地往丘家拜访荆州袁生⑥,且亲下请书以邀之。袁生拜既不答,召又不应;丘生又系一老先生通家子⑦,亦竟不与袁生商之。傍人相视,莫不惊骇,以为此皆人世所未有者。大人谓:"袁生只为不省人间礼数,取怒于人,是以邀游至此,今又责之备,袁生安所逃死耶!嗟嗟!袁生之难也,乌得无罪乎!"怀林小沙弥从旁哂⑧曰:"袁家、丘家决定是天上人⑨初来下降人世者,是以不省人世事也。若是世间人⑩,安有不省世间礼数之理?"某谓林言甚辩。大人曰:"林之言是也。夫唯真天上人,是以不知有人世事。故世间人之所能知者,天人不知；世间人之所能行者，天人不能：是以谓之天人也。夫世间人之所能知能行者，天人既已不知不能，则天人之所知者，世间人亦决不知，天人之所能者，世间人亦决不能。若慕天人以其所不知不能，而复责天人以世之所共知共能，是犹责人世以知能，而复求其如天人之不知与不能也，不亦难欤！则不惟天人失其为天人，将世间人亦失其为世间人矣，是责备之过也。吾谓不如取天人之所独知独能者，而以与之好，而略其所不知不能之不如世间人者，而不为之求备焉，则善矣。"因感而赋诗三章，以袪责备者之惑：

不是天人初下世，如何不省世人礼？省得世人礼不难，尔来我往知礼矣。

既不能知人世礼，如何敢到人间世？任尔胸藏万斛珠⑪，不如百拜头至地。

去年曾有一新郎，两处奔波苦苦忙。粪扫堆边都是也，痴人却说郎非常。

[注释]①大人：指李贽。　②气急：气喘病。　③某辈：芝佛院与李贽在一起的和尚。　④丘坦之：李贽寓居于麻城时的朋友。　⑤乾坤：指世界。　⑥荆州袁生：指公安（当时属荆州府）袁宗道、袁宏道、袁中道兄弟中的某位。　⑦通家子：世交之家的子弟。　⑧哂(shěn)：微笑。　⑨天上人：比喻当时不拘礼法的人。　⑩世间人：比喻拘泥于世俗礼数的人。　⑪胸藏万斛(hú)珠：比喻才学渊博。斛，中国旧量器名，亦是容量单位，一斛本为十斗，后来改为五斗。

第二段

是夜，怀林侍次①，见有猫儿伏在禅椅之下。林曰：

"这猫儿日间只拾得几块带肉的骨头吃了,便知痛他者是和尚③,每每伏在和尚座下而不去。"和尚叹曰:"人言最无义者是猫儿。今看养他顾他时,他即恋着不去。以此观之,猫儿义矣!"

[注释]①侍次:在房间里侍候。次,旅行所居止之处所,这里指李贽的住所。 ②和尚:这里指李贽。

林曰:"今之骂人者动以禽兽奴狗骂人,强盗骂人,骂人者以为至重,故受骂者亦自为至重。吁!谁知此岂骂人语也!夫世间称有义者莫过于人。你看他威仪礼貌,出言吐气,好不和美!怜人爱人之状,好不切至!只是还有一件不如禽兽奴狗强盗之处。盖世上做强盗者有二:或被官司逼迫,怨气无伸,遂尔遁逃;或是盛有才力,不甘人下,倘有一个半个怜才者使之得以效用,彼必杀身图报,不肯忘恩矣。然则以强盗骂人,是不为骂人了,是反为赞叹称美其人了也。狗虽人奴,义性尤重,守护家主,逐亦不去,不与食吃,彼亦无嗔①,自去吃屎,将就度日。所谓'狗不厌家贫'是也。今以奴狗骂人,又岂当乎?吾恐不是以狗骂人,反是以人骂狗了也。至于奴之一字,但为人使而不足以使人者,咸谓之奴。世间曷尝有使人之人哉!为君者,汉唯有孝高、孝文、孝武、孝宣②耳,余尽奴也,则以奴名人,乃其本等名号,而反怒人何也?"

[注释]①嗔(chēn):对人不满,怪罪。 ②孝高、孝文、孝武、孝宣:即汉高祖刘邦、汉文帝刘恒、汉武帝刘彻、汉宣帝刘询。

和尚谓:"禽兽畜生强盗奴狗既不足以骂人,则当以何者骂人乃为恰当?"林遂引数十种如蛇如虎之类,俱是骂人不得者。直商量至夜分,亦竟不得。乃叹曰:"呜呼!好看者人也,好相处者人也,只是一付肚肠①甚不可看,不可处!"林曰:"果如此,则人真难形容哉!世谓人皮包倒②狗骨头,我谓狗皮包倒人骨头。未审此骂何如?"和尚曰:"亦不足以骂人。"遂去睡。

[注释]①肚肠:内心。　②包倒:包着。

第三段

守庵僧每日斋,皆取给于城内外人家供给盏饭①,推其余乃以饭往来方僧道侣。是日,道侣中有一人再来索食,守僧怒骂不已。大人闻之,谓某辈曰:"不与食亦罢,何太辱骂也?况又盏饭之余乎!"因论及常志等,谓:"常志每借得银物,随手辄尽,此其视守僧之骂道人较胜矣。且常志等平日亦自谓能轻财好施,当过守僧十倍也。"某谓:"此说未当,要不过伯仲之间耳。此守僧之骂道人,伤于太俭者也。但知为施主惜余饭,而不知为施主广积福;但知化饭之难,欲以饱其徒,不知受骂之苦,反以伤佛心:是太俭之故也。若常志辈,但见假借名色以得人之银,若甚容易,而不知屡借名色以要人之银,人实难堪。况慷他人之慨,费别姓之财,于人为不情②,于己甚无谓乎?是太奢之过也。奢俭俱非,何以称常志之胜?"大人曰:"若如子言,则轻财之名不美乎?彼固慕轻财之名而后为之者也。"某曰:"嗟哉!是何言欤!夫古之言轻财者必曰重义,未有无故而轻财者也。故重义者必轻财,而轻财者以重义故,是以有轻财重义之说,有散财结客之说。是故范纯佑③麦舟之予,以石曼卿④故;非石曼卿则一麦⑤不肯妄费矣。鲁子敬⑥有一囷三千米之予,以周公瑾⑦故;非公瑾则一粒不肯妄费矣。为公瑾是以结客故散财,为石曼卿是以重义故轻财。今得人钱财,视同粪土,岂为谋王图霸,用之以结客乎?抑救灾恤患,而激于义之不能以已也?要不过纵酒色之欲,滋豪奴⑧之贪,乱而不理,懦而不敢明耳,何曾有一文施及于大贤之待朝餔者⑨。此为浪费纵欲,而借口轻财,是天下之浪子皆轻财之夫也,反不如太俭者之为得?,故曰'与其奢也宁俭'⑩。"

[注释]①供给盏饭:供奉神明的小碗饭。 ②不情:不合情理。 ③范纯佑:系范纯仁之误。范纯仁(1027～1101),字尧夫,谥忠宣,范仲淹次子。宋仁宗皇佑元年(1049)进士。曾从胡瑗、孙复学习。父亲殁后才出仕知襄城县,累官侍御史、同知谏院,出知河中府,徙成都路转运使。宋哲宗立,拜官给事中,元佑元年(1086)同知枢密院事,后拜相。宋哲宗亲政,累贬永州安置。范纯仁于宋徽宗立后,官复观文殿大学士,后以目疾乞归。著有《范忠宣公集》。 ④石曼卿:即石延年(994～1041),字曼卿,又字安仁,别号葆老子。北宋初年著名文学家和书法家,祖籍幽州(今河北省涿县),晋代以幽州遗契丹,后举家迁居宋州宋城(今河南省商丘市睢阳区)。石曼卿尤工诗,善书法,著有《石曼卿诗集》行世。 ⑤一麦:一粒麦子。同下文的"一粒"都形容极少。 ⑥鲁子敬:即鲁肃(172～217),字子敬,临淮东城(今安徽定远)人,东汉末年杰出战略家、外交家。 ⑦周公瑾:即周瑜,详见本书卷二《与友朋书》注。 ⑧豪奴:借助主人之势横行霸道的奴仆。 ⑨待朝餔(bū)者:等待救济的人。朝餔,早餐。 ⑩与其奢也宁俭:与其奢侈,不如节俭。

第四段

九月二十七日,林①随长者②游至西城③,发足④欲往万寿寺⑤。寺有僧,长者每游必至方丈⑥。是日忽逢暴雨,势似天以同来,长者避雨于秀士⑦门下。不一盏茶,雨过,然平地皆水,可以行舟矣。林启长者曰:"此骤雨,水未退,不如升堂一坐,稍待水退乃往。"长者登堂,坐于中堂之上。时有老仆即欲入报,长者遽止之曰:"勿报,我躲雨至此,权坐一时,切勿报! 不报,我尚多坐一时;若报,主人出,我不过一茶即起矣。"偶宅中有老姆从内出,见是长者,不觉发声曰:"是卓吾老爹,何不速报!"便番身入内,口中道:"卓吾老爹在堂,快报知! 快报知!"于时主人出,安座已。坐未一茶,长者果起。

[注释]①林:指龙潭湖芝佛院和尚怀林。 ②长者:指李贽。 ③西城:指湖北麻城城西。 ④发足:启程,出发。 ⑤万寿寺:在麻城西城。 ⑥方丈:佛寺或道观中住持住的房间,因住持的居室四方各为一丈,故名。 ⑦秀士:即秀才,也泛指读书人。

至道中,问林曰:"何此家妇人女子尽识李卓吾耶?"林曰:"偏是妇人女子识得,具丈夫相者反不识也。此间男子见长者个个攒眉①。"长者曰:"如尔言,反比不得妇人耶?"林曰:"不然。男于惯见长者,故作寻常看,此老妇人乍见耳,乍见是以生希有想、欢喜想也。长者但自念果寻常乎,希有乎,不必问林也。若说男子不如妇人,非矣。"长者曰:"尔言是! 尔言是!"

[注释]①攒眉:皱眉。

疾行至万寿寺,会其僧。其僧索书①。书数纸已,其徒又索联句②。联句曰:"僧即俗,俗即僧,好个道场;尔为尔,我为我,大家游戏。"是夜雨不止,雨点大如车轮。长者肩舆③淋漓带雨而归,大叫于舆上曰:"子看我与尔共作雨中游,何如?"林对曰:"真可谓游戏三昧④,大神通自在长者矣!"

[注释]①索书:要求写字留作纪念。 ②联句:作诗方式之一。由两人或多人各成一句或几句,合而成篇。这里指对联。 ③肩舆:乘坐的轿子。 ④三昧:佛教用语,意思是止息杂念,使心神平静,是佛教的重要修行方法。借指事物的要领,真谛。

玉 合①

此记②亦有许多曲折,但当要紧处却缓慢,却泛散,是以未尽其美,然亦不可不谓之不知趣③矣。韩君平④之遇柳姬⑤,其事甚奇,设使不遇两奇人⑥,虽曰奇,亦徒然耳。此昔人所以叹恨⑦于无缘也。方君平⑧之未得柳姬也,乃不费一毫力气而遂得之,则李王孙⑨之奇,千载无其匹也。迨君平之既失柳姬也,乃不费一时力气而遂复得之,则许中丞⑩之奇,唯有昆仑奴⑪千载可相伯仲也。呜呼!世之遭遇奇事如君平者,亦岂少哉!唯不遇奇人,卒致两地含冤,抱恨以死,悲矣!然君平者唯得之太易,故失之亦易,非许俊奇杰,安得复哉?此许中丞所以更奇也。

[注释]①玉合:即《玉合记》,传奇剧本,明代梅鼎祚作。剧本取材于唐代许尧佐的《柳氏传》,描写唐天宝年间诗人韩翃(hóng)和柳姬相爱、离散又

相聚的故事。剧中主人公韩翃与友人李王孙之爱姬柳氏相爱,友人便将柳氏赠予韩翃为妻。后来,韩、柳二人在战乱中失散,柳氏落入蕃将沙吒利之手。中丞许俊单枪匹马入沙宅将柳氏救出,归于韩翃,使二人玉离而合。玉合,即玉盒,古代妇女盛香膏的一种玉做的盒子,是韩翃、柳姬二人的信物。《玉合记》取名有此含义,同时也有玉虽分离而又合聚之意。 ②记:即《玉合记》。 ③知趣:领悟情味。 ④韩君平:即韩翃,字君平。唐代南阳(今河南南阳)人,有诗名。曾在节度使侯希逸府下当书记官。 ⑤柳姬:即柳氏,长安(今陕西西安)人,原为李王孙之爱姬。 ⑥两奇人:指李王孙和中丞许俊。 ⑦叹恨:感叹遗憾。 ⑧君平:即韩翃。 ⑨李王孙:李翼,长安人,唐代皇族后裔。 ⑩许中丞:许俊,侯希逸府下的虞侯。虞侯,本为春秋时期掌管山泽的职官。西魏和隋朝以后用作军官称号。宋代的军事编制单位"都"一级,设置将虞候一职,地位较低,属于节级。此外,还设有大量的都虞候一职。明代亦置虞候一职,军中警戒巡查安全等行政事务由虞候负责。 ⑪昆仑奴:唐代昆仑族人流亡到中国,卖身为奴的,成为昆仑奴。这里指明代梅鼎祚的杂剧《昆仑奴》中的主人公。

昆 仑 奴①

　　许中丞片时计取柳姬,使玉合重圆;昆仑奴当时力取红绡,使重关不阻:是皆天地间缓急有用人也,是以谓之侠耳。忠臣侠忠,则扶颠持危,九死不悔;志士侠义,则临难自奋,之死靡他②。古今天下,苟不遇侠而妄委③之,终不可用也。或不知其为侠而轻置之,则亦不肯为我死,为我用也。

　　[注释]①昆仑奴:这里指明代梅鼎祚的杂剧《昆仑奴》中的主人公。杂剧《昆仑奴》取材于唐代裴铏(xíng)的《昆仑奴》,剧中郭子仪的歌妓红绡与郭子仪同僚子弟崔生相爱,但不能如愿。崔家昆仑奴为了"成主之事",便飞跃

高墙,从郭家将红绡背出,使二人成婚。两年后,崔生夫妇同游曲江,被郭家人发现。昆仑奴挺身而出,承担了所有责任。郭派四五十名家丁包围崔生书院,要缉捕昆仑奴。昆仑奴言词驳斥他们后,飞出书院飘然而去。　②之死靡他:没有其他可说的。之,到。靡,没有。他,另外,其他。　③妄委:随意委任。妄,随便,轻易。

侠士之所以贵者,才智兼资①,不难于死事②,而在于成事也。使死而可以成事,则死真无难矣!使死而不足以成事,则亦岂肯以轻死哉!贯高③之必出张王④,审出张王而后绝吭⑤以死者是也。若昆仑奴既能成主之事,又能完主之身,则奴愿毕矣,纵死亦有何难?但郭家自无奈昆仑奴何耳。剑术纵精,初何足恃。设使无剑术,郭家四五十人亦能奈之何乎?观其酬对之语可见矣。况彼五十人者,自谓囊中之物,不料其能出此网矣。一夫敢死,千夫莫当,况仅仅五十人,而肯以活命换死命乎?直溃围出,本自无阻,而奈何以剑术目之!谓之剑术且不可,而乃谓之剑侠,不益伤乎!剑安得有侠也?人能侠剑,剑又安能侠人?人而侠剑,直匹夫之雄耳,西楚霸王⑥所谓"学剑不成,去,学万人敌"者是也。夫万人之敌,岂一剑之任耶!彼以剑侠称烈士者,真可谓不识侠者矣。

[注释]①资:具备。　②死事:轻生。　③贯高:汉代赵王张敖的丞相。　④张王:指汉代赵王张敖。　⑤绝吭:刎颈自杀。吭,喉咙。　⑥西楚霸王:指项籍,字羽,下相(今江苏宿迁)人。楚国名将项燕之孙,中国古代的农民起义领袖,著名军事家,史上最强武将,号西楚霸王。

呜呼!侠之一字,岂易言哉!自古忠臣孝子,义夫节妇,同一侠耳。夫剑之有术,亦非真英雄者之所愿也。何也?天下无不破之术也。我以术自圣,彼亦必以术自神,术而逢术,则术穷矣。曾谓荆卿①而未尝闻此乎?张良之击秦皇②也,时无术士,故子房得以身免;使遇术者,立为齑粉③矣。故黄石老大嗔怪④于圯桥⑤之下也。嗣后不用一术,只以无穷神妙不可测识之术应之。灭秦兴汉,灭项兴刘,韩⑥、彭⑦之菹醢⑧不及,萧何⑨之械系⑩不及,吕后⑪之妒悍不及,功成名遂而身退,堂堂大道,何神之有,何术之有,况剑术耶?吾是以深悲鲁勾践之陋也,彼其区区,又何足以知荆卿哉!荆卿者,盖真侠者也,非以剑术侠也。

[注释]①荆卿:指荆轲(?~前227),姜姓,战国末期卫国朝歌(今河南鹤壁淇县)人,战国时期著名刺客,也称庆卿、荆卿、庆轲,是春秋时期齐国大夫庆封的后代。喜好读书击剑,为人慷慨侠义。 ②张良之击秦皇:张良在秦灭韩以后,曾结交刺客,在博浪沙狙击秦始皇但未遂。张良,见本卷《题关公小像》注。 ③齑(jī)粉:细粉;粉末;碎屑。 ④嗔怪:责怪。 ⑤圯(yí)桥:即桥。 ⑥韩:指韩信,见本书卷二《复麻城人书》注。 ⑦彭:即彭越(?~前196),昌邑(今山东成武)人。西汉开国功臣、著名将领,秦末聚兵起义,初在魏地起兵,后率兵归刘邦,拜魏相国、建成侯,与韩信、英布并称汉初三大名将,西汉建立后封为梁王。后因被告发谋反,被刘邦以"反形已具"的罪名诛灭三族,枭首示众。 ⑧菹醢(zǔ hǎi):剁成肉酱。 ⑨萧何:汉初政治家,见本卷《题关公小像》注。 ⑩械系:带上刑具被囚禁。 ⑪吕后:指吕雉(前241~前182),刘邦妻。曾助刘邦平安天下,西汉统一后,又助刘邦杀害了韩信、彭越。

拜　月①

　　此记关目②极好,说③得好,曲④亦好,真元人手笔也。首似散漫,终致奇绝,以配《西厢》⑤,不妨相追逐也。自当与天地相终始,有此世界,即离不得此传奇。肯以为然否?纵不以为然,吾当自然其然。详试读之,当使人有兄兄妹妹,义夫节妇之思焉。兰⑥比崔⑦重名,尤为闲雅,事出无奈,犹必对天盟誓,愿终始不相背负,可谓贞正之极矣。兴福⑧投窜林莽,知恩报恩,自是常理。而卒结以良缘,许之归妹,兴福为妹丈,世隆为妻兄,无德不酬,无恩不答。天之报施善人,又何其巧欤!

[注释]①拜月:即《拜月亭记》,又名《拜月记》、《拜月亭》,根据关汉卿所作杂剧《闺怨佳人拜月亭》杂剧改编。剧本描写书生蒋世隆与兵部尚书之女瑞兰相爱的悲欢离合,具有一定反封建礼教的倾向。 ②关目:戏剧中的重要情节。 ③说:指剧中的道白。 ④曲:唱词。 ⑤《西厢》:即《西厢记》,全名《崔莺莺待月西厢记》,元代王实甫作。剧中写张生与崔莺莺历经曲折,终成眷属的爱情故事。 ⑥兰:指《拜月亭记》中的女主人公王瑞兰。 ⑦崔:指《西厢记》中的女主人公崔莺莺。 ⑧兴福:指《拜月亭记》中的人物。

红　　拂①

此记关目好,曲好,白②好,事好。乐昌③破镜重合,红拂④智眼无双⑤,虬髯⑥弃家入海⑦,越公⑧并遣双妓⑨,皆可师可法,可敬可羡。孰谓传奇不可以兴⑩,不可以观,不可以群,不可以怨乎?饮食宴乐之间,起义动慨多矣。今之乐犹古之乐,幸无差别视之其可!

[注释]①红拂:即《红拂记》,传奇剧本,明代张凤翼作。 ②白:说白、对话。 ③乐昌:南朝陈后主陈叔宝的妹妹乐昌公主。 ④红拂:杨素府中的歌妓张出尘。 ⑤智眼无双:指红拂与才貌双全的李靖私奔并结为夫妇

事。　⑥虬髯：即虬髯客张仲坚。　⑦弃家入海：指虬髯客结实了李靖夫妇，将其家产全部赠给他们，而后自携家眷奔向海外一事。　⑧越公：即杨素。隋文帝时以功封杨素为越国公，故称。　⑨并遣双妓：指杨素先后遣送红拂予李靖、乐昌予徐德言之事。　⑩兴：与下文的"观"、"群"、"怨"都指文学作品的社会作用。兴，指启发鼓舞的作用。观，指考察社会现实的作用。群，指文学作品有教育团结人，聚拢人心的作用。怨，指批评政治、表达民情的作用。

卷五　读史

曹　公二首

　　曹公①欲以爱女嫁丁仪②,五官中郎将③曰:"妇人观貌④,而丁仪目眇⑤,恐爱女不悦。"后公与仪会,因坐而剧谈⑥,勃然起曰:"丁掾⑦好士,即使其两目盲,犹当嫁女与之,何况但眇。是儿⑧误我!"呜呼!曹公爱才而忘其眇,爱才而忘其爱,爱才而忘其女之所不爱,若曹公真可谓爱才之极矣!然丁掾亦何可当也?夫人以目眇为病,而丁掾独以目眇见为奇,吾是以知曹公之具眼矣。是故独能以双眼视丁掾也。是故丁掾可以失爱女,而不可以失岳翁!纵可以不称岳翁,而不得不称以知己之主!

　　[注释]①曹公:即曹操,见本书卷四《八物》注。　②丁仪:字正礼,三国时魏国沛州(今江苏沛县、丰县一带)人。因支持曹植,曹丕即位后将其杀害。③五官中郎将:官名。秦置中郎,西汉时分五官、左、右三署,各署置中郎将以统领皇帝的侍卫,属光禄勋。东汉以后,统兵将领多用此名,其上再加称号,介于将军和校尉之间。　④观貌:指看人时注重人的相貌。　⑤眇(miǎo):瞎了一只眼。　⑥剧谈:畅谈。　⑦丁掾(yuàn):指丁仪。掾,原为佐助的意

思,后为副官佐或官署属员的通称。丁仪为曹操的属官,故称之。　⑧是儿:此处指曹丕。曹操曾想把女儿嫁给丁仪,被曹丕阻止。

又

魏武病头风①,方伏枕时,一见陈琳檄②,即跃然起曰:"此愈我疾!此愈我疾!"夫文章可以起③病,是天下之良药不从口入而从心授④也。病即起于见文章,是天下之真药不可以形求,而但可以神领也。夫天下之善文章,如良医之善用药,古今天下亦不少矣。故不难于有陈琳,而独难于有魏武。设使呈陈琳之檄于凡有目者之前,未必不皆以为好,然未必遽皆能愈疾也。唯愈疾,然后见魏武之爱才最笃,契慕独深也。故吾不喜陈琳之能文章,而喜陈琳之遇知己。盖知己甚难,虽琳亦不容不怀知己之感矣。唐之明皇⑤,岂不是能文章者?然杜甫《三大礼赋》⑥,浩然"不才"诗⑦,已弃之如秦、越人⑧矣,况六朝之庸主哉!况沈、谢⑨引短推长⑩,僧虔秃笔自免⑪,孝标空续《辨命》⑫哉!

[注释]①魏武病头风:魏武,即魏武帝曹操。病,患……病。头风,中医学病症名。　②陈琳檄:陈琳所写的檄文。陈琳,字孔璋,广陵(今江苏江都东北)人,建安七子之一,擅长书写檄文。檄,文体的一种,古代官府用以征召或声讨的文书。　③起:此处指治愈之意。　④心授:精神上治疗。　⑤唐之明皇:即唐玄宗李隆基,因谥号为至道大圣大明孝皇帝,故又称唐明皇。⑥杜甫《三大礼赋》:杜甫写的《朝献太清宫赋》、《朝飨太庙赋》和《有事于南郊赋》。　⑦浩然"不才"诗:是指唐代诗人孟浩然,年轻时隐居,直到四十岁时才到长安求仕,但并不得志。郁郁中写下了《岁暮归南山》一诗。　⑧弃之如秦、越人:暗指唐玄宗对杜甫、孟浩然才华的不重视。　⑨沈、谢:沈,指沈约,

字休，吴兴武康(今浙江武康)人，南朝文学家。谢，指谢朓，字玄晖，陈郡阳夏(今河南太康)人，和谢灵运同族，被称为"小谢"。 ⑩引短推长：以己之短，显人之长，比喻才不外露。 ⑪僧虔秃笔自免：僧虔，即王僧虔，琅琊临沂(今山东临沂)人，南朝宋、齐书法家。王僧虔为了不在宋孝武帝面前显示自己的书法才能，故意常常用秃笔写字，这样才免于被害，保得其身。 ⑫孝标空续《辨命》：孝标，指刘峻，平原(今山东平原)人，南朝梁文学家、哲学家，所注《世说新语》为后世所重。他因"疏十余事"而遭到梁武帝忌恨，后来作《辨命论》，以表明自己的真正用心，但终生不被重用。空续，白白撰写。

杨　修

史称丞相主簿①杨修谋立曹植为魏嗣，曹丕患之，以车载废簏②，内吴质与之谋。修以白操，丕大惧，质曰："无害也。"明日复以簏载绢而入，推验无人，操由是疑。又修每当就植，虑有关白③，忖度操意，豫作答教十余条，敕④门下随问应答。于是教裁⑤出，答即入，操怪之，乃收杀修。此为实录矣。或以修聪敏异常，又与袁氏⑥为婚，故曹公忌之。

[注释]①主簿：官名。汉代中央及郡县官署多置之。其职责为主管文书，办理事务。　②废簏(lù)：废旧的箩筐。　③关白：报告。　④敕：告诫。　⑤裁：古同"才"，仅，方。　⑥袁氏：指袁绍。

夫曹公爱才，今古所推，虽祢正平之无状①，犹尔相容，陈孔璋②之檄辱及父祖，且收以为记室③，安得有此？且有此，安得兼群雄而并天下也？其欲谋立临淄④，为丕等所谮⑤是的，盖临淄本以才捷爱幸，秉意投修，故修亦自以植为知己。植既数与修书,无所避忌,修亦每于操前驰骋聪明,则修之不善韬晦⑥,自宜取败。修与祢正平、孔北海⑦俱相知,俱是一流人,故俱败。

[注释]①无状:无礼。 ②陈孔璋:即陈琳。 ③记室:官名,东汉置,掌章表书记文檄。 ④临淄:古邑名,在今山东临淄北。此处指被封为临淄侯的曹植。 ⑤谮(zèn):说别人的坏话,诬陷,中伤。 ⑥韬晦:收敛锋芒,隐藏不露。 ⑦孔北海:即孔融。见本书卷二《寄答京友》注。

反 骚①

朱子②曰:"雄③少好辞赋,慕司马相如④之作,怪屈原⑤文过相如,至不容,作《离骚》,自投江而死,悲其文,读之未常不流涕焉。以为君子得时则大行,不得则龙蛇⑥,遇不遇,命也,何必湛身⑦哉!乃作书,往往摭⑧《骚》文而反之,自岷山投诸江以吊屈原云。"

[注释]①反骚:汉末扬雄仿屈原《离骚》而作《反离骚》,此篇是李贽就扬雄的《反离骚》而进行的评议。 ②朱子:即朱熹,见本书卷一《又答石阳太守》注。 ③雄:即扬雄。字子云,西汉蜀郡成都(今四川成都郫县)人。少好学,口吃,博览群书,长于辞赋。年四十余,始游京师长安,以文见召,奏《甘泉》、《河东》等赋。成帝时任给事黄门郎。王莽时任大夫,校书天禄阁。西汉后期著名辞赋家。曾着有《太玄》、《法言》及《方言》等。 ④司马相如:见本书卷二《答邓鼎石》注。 ⑤屈原:见本书卷四《五死篇》注。 ⑥龙蛇:语出《易·系辞下》:"龙蛇之蛰,以存身也。"意思是在得不到重用时就要像龙蛇那样潜隐蛰居,以保全自己。后因以"龙蛇"喻隐退。 ⑦湛(zhàn)身:沉身。这里指屈原投江而死。 ⑧摭(zhí):拾取,摘取。

李生①曰:《离骚》,离忧也;《反骚》,反其辞,以甚忧也,正谓屈子②翻愁结③耳。彼④以世不足愤,其愤世也益甚;以俗为不足嫉,其嫉俗愈深。以神龙之渊潜为懿⑤,则其卑鄙世人⑥,驴骡下上⑦,视屈子为何物,而视世为何等乎?盖深以为可惜,又深以可怜,痛原转加,而哭世转剧也。夫有伯夷之行,则以饿死为快;有士师⑧之冲⑨,则以不见羞汙⑩为德:各从所好而已。若执夷之清而欲兼柳之和,有惠之和又欲并夷之清,则惠不成惠,夷不成夷,皆假焉耳。屈子者夷之伦,扬雄者惠之类,虽相反而实相知也,实未常不相痛念也。彼假人者岂但不知雄,而亦岂知屈乎?唐柳柳州⑪有云:"委⑫故都⑬以从利兮,吾知先生之不忍。立而视其颠覆兮,又岂先生之所志?穷与达其不渝⑭兮,夫唯服道而守义。吁嗟先生之貌不可得兮,犹仿佛其文章。托遗编而叹喟⑮兮,涣余涕其盈眶。哀今之人兮,庸有虑时之否臧⑯?退默然以自服兮,曰吾言之而不行!"其伤今念古,亦可感也!独太史公《屈原传》最得之。

[**注释**]①李生:李贽自称。 ②屈子:指屈原。 ③翻愁结:更加忧愁郁结。 ④彼:指扬雄。 ⑤懿:美好的德行。 ⑥卑鄙世人:以世人为卑鄙,轻视、看不起世人。 ⑦驴骡下上:(使之)如驴骡不相上下。 ⑧士师:亦作"士史"。古代执掌禁令刑狱的官名。这里指春秋时鲁国大夫柳下惠。柳下惠,见《答耿中丞》注。 ⑨冲:谦和。 ⑩羞汙(wū):玷污。羞,羞耻。汙,同"污",行为污浊。 ⑪柳柳州:指柳宗元(773～819),字子厚,河东人(今山西永济)。贞元九年(793)进士。后任集贤殿正字、京兆府蓝田县尉、监察御史里行等职。后被贬为永州司马。之后,迁为柳州刺史,故又称"柳柳州"。著有《柳河东集》。柳宗元是古文运动的主要倡导者之一,并列"唐宋八

大家"之一。　⑫委:抛弃,舍弃。　⑬故都:指国家。　⑭不渝:不改变(志向)。　⑮叹喟(kuì):叹息。　⑯否臧:国家的兴亡。

史 记 屈 原

夫为井者,泄淤泥而莹清泉,可以汲矣,而乃不汲,真不能不令人心恻①也。故知王明则臣主并受其福,不明则臣主并受其辱,又何福之能得乎？然则怀王客死于秦②,屈原沉没于渊,正并受其辱者耳,曷足怪也！张仪侮弄楚怀③,直似儿戏,屈原乃欲托之为元首,望之如尧、舜、三王,虽忠亦痴。观者但取其心可矣。昏愚庸主有何草制可定,左右近侍绝无与原同心者,则原亦太孤子而无助矣。且所草稿既未定,上官大夫④等安得见之？既得而见,则是吾示天下以公也。公则无有我人,又何待夺,又何夺之而不与乎？即推以为上官大夫之能可也,不待彼有夺意斯善矣。此以人事君之道,臣之所以广忠益者,真大忠也,甚不可以不察也。

[注释]①心恻:痛心叹息。　②怀王客死于秦:怀王,即楚怀王(前360~前296),名熊槐,战国时楚国国君,公元前328年至公元前299年在位。在位时贪令智昏,任用佞臣令尹子兰、上官大夫靳尚,宠爱南后郑袖,排斥左徒大夫屈原,致使国事日非。公元前299年入秦被扣,死于秦。　③张仪侮弄楚怀:张仪戏弄楚怀王。张仪(？~前310),魏国人。公元前328年任秦相,曾以"连横之策"游说六国(韩、赵、魏、楚、燕、齐)以事秦。后入魏国为相。公元前313年,秦惠王想攻齐,瓦解齐楚联盟,派张仪出使楚国,劝楚怀王与齐断交。答应秦国给楚国"商、於"(今陕西商县至河南内乡一带)六百里作为报酬。楚怀王因贪心而信了张仪,与齐国断交。事后,张仪却说只答应给楚

国六里，而非六百里。如同儿戏一样，戏弄了楚怀王，使楚怀王受了骗。④上官大夫：指上官靳尚，楚国人，楚怀王、顷襄王身边的保守派代表人物。上官，复姓。大夫，古代官名。西周以后的诸侯国中，国君下有卿、大夫十三级，"大夫"世袭，且有封地。后来大夫成为一般任官职者的称呼。

渔　父①

细玩此篇，毕竟是有此渔父，非假设之辞也。观其鼓枻之歌②，迥然清商③，绝不同调，末即顿显拒绝之迹，遂去不复与言，可以见矣。如原决有此见，肯沉汨罗乎？实相矛盾，各执一家言也。但为渔父则易，为屈子则难，屈子所谓邦无道则愚以犯难④者也。谁不能智，唯愚不可及矣。渔父之见，原亦知之，原亦能言之，则谓为屈原假设之词亦可。

[**注释**]①渔父（fǔ）：渔翁，捕鱼的老人。　②鼓枻（yì）之歌：见《渔父》篇。其歌词说："沧浪之水清兮，可以濯（zhuó 洗涤）吾缨（系帽子的丝带）。沧浪之水浊兮，可以濯吾足。"表现出随和处世的态度和思想。鼓枻，划船。枻，船桨。　③迥然清商：显然是不同于一般的清高之音。迥然，卓越不群貌。清商：商声，古代五音之一。古谓其调凄清悲凉，故称。　④犯难：不怕危险，不畏祸患的勇气。

招　魂①

朱子②曰："古者人死，则以其上服升屋履危③，北面而号曰'皋某复'④。遂以其衣三招之而下以覆尸。此礼所谓复⑤也。说者以为招魂复魂，有祷祠之道⑥，尽爱之心,盖犹冀其复生耳。如是而不生,则不生矣,于是乃行死事。而荆楚之俗,乃或以施之生人,故宋玉⑦哀闵屈原放逐,恐其魂魄离散,遂因国俗,托帝命,假巫语以招之。其尽爱致祷,犹古遗意。是以太史公读之而哀其志焉。"

[注释]①招魂:《楚辞》篇名。 ②朱子:指朱熹。 ③履危:站在高危之处。 ④皋(háo)某复:拖着长音呼唤回来。皋,通"嗥",号叫。复,转回来。 ⑤复:复魂。 ⑥有祷祠之道:符合于向天向神告事求福及得福后报以祭祀的道理。 ⑦宋玉:战国时楚国辞赋,或称是屈原弟子,曾为楚顷襄王大夫。其流传作品以《九辩》最为可信。

李生①曰:上帝命巫阳②占筮③屈平所在,与之魂魄。巫阳谓屈原放逐江南,魂魄不复日久,不待占而后知,筮而后与也。但宜即差掌梦之官④往招其魂,速之来归耳。夫返魂还魄,生死肉骨⑤,天帝专之,乃使阳筮之,帝之不足为明矣。故阳谓帝命难从,而自以己情来招引之也。天帝亦遂辞巫阳,而谢⑥不能复用屈原焉。盖玉⑦自比巫阳,而以上官、子兰⑧等比掌梦之官,以怀、襄⑨比天帝,辞意隐矣。其招之辞,只述上下四方⑩之不可久处,但道故国土地、饮食、宫室、声妓、宴游之乐,宗族之美,绝不言当日事,可谓至妙至妙。善哉招也!痛哉招也!乐哉招也!同时景差⑪亦有《大招辞》。至汉时淮南小山⑫作《招隐士》。朱子曰:"淮南王安⑬好招致宾客,客有'八公⑭'之徒,分造词赋,以类相从,或称大山,或称小山,汉《艺文志》有淮南王群臣赋四十四篇是也。"王逸⑮云:"小山之徒,闵伤屈原身虽沉没,名德显闻,与隐处山泽无异,故作

《招隐士》之赋以彰其志。"

[注释]①李生：李贽自称。　②巫阳：古代神话中善于占卜的巫人。③占筮(shì)：占卜。筮，古代用蓍草占卦。　④掌梦之官：掌管占梦（因梦而占其吉凶）。　⑤生死肉骨：使骨肉生或死。　⑥谢：谢绝。　⑦玉：指宋玉。⑧上官、子兰：指上官靳尚、令尹子兰。　⑨怀、襄：指楚怀王和顷襄王。顷襄王是楚怀王长子，名相。昏庸无能，曾把屈原放逐到长江以南的荒野。⑩上下四方：天地与东南西北。　⑪景差：战国末期楚国人，与宋玉同时。⑫淮南小山：与下文的大山都是指西汉淮南王刘安的一部分门客的共称。⑬淮南王安：即刘安（前179～前122），汉高祖之孙。袭其父刘长的封号。刘安好文学，喜神仙之术，传说甚多，故一般所称淮南王多指刘安。　⑭八公：汉淮南王刘安门客。他们奉刘安之招，和诸儒大山、小山相与论说，著《淮南子》。　⑮王逸：东汉著名文学家，《楚辞章句》作者。字叔师，南郡宜城（今湖北襄阳宜城）人。

诫　子　诗①

"明者处世，莫尚于中。优哉游哉，于道相从。首阳②为拙，柳惠③为工④。饱食安步，以仕代农；依隐玩世，诡时不逢⑤。才尽身危，好名得华。有群累生，孤贵失和⑥。遗余不匮，自尽无多。圣人之道，一龙一蛇⑦。形见神藏，与物变化，随时之宜，无有常家⑧。"

[注释]①诫子诗：东方朔的一篇作品。　②首阳：首阳山，这里代指伯夷、叔齐。　③柳惠：即柳下惠。　④工：正直敬事，不论治世乱世都不改态。指高明之意。　⑤诡时不逢：虽违背时宜，却也不会遭到祸害。诡时，违背时宜。　⑥孤贵失和：自命清高，失去人和。　⑦一龙一蛇：比喻时显时隐，能伸能屈。　⑧常家：固定的住所。这里指固定的处世方法。

卓吾子曰：既云随时之宜，则首阳非拙；既云无有常家，则何必柳下而后为工？班固赞①曰："刘向②言少时，数问长老贤人通于事及朔时者，皆曰'朔口谐倡辩，不能持论③，喜为庸人诵说。'故令后世多传闻者。而扬雄亦以朔'言不纯师④，行不纯德⑤，其流风遗书⑥蔑如'也。然朔名过实者，以其诙达多端，不名一行⑦，应谐似优⑧，不穷似智，正谏似直，秽德⑨似隐。非夷、齐而是柳下惠，戒其子以尚容⑩。……其滑稽之雄乎！"卓吾子曰：向既称朔口谐辩倡，则是论胜也，而曰"不能持论"何哉？向之所谓论者，向去朔未远，千载而上，恍然犹将见之，而问于长老之在朔时者，向可知也。当朔时，朝野无半人知朔，唯武帝知朔，故朔有谏必听。彼同时诸长老，谁是知朔者而问朔也？不见设客难⑪乎？吁！"言不纯师，行不纯德，其流风遗书蔑如"乎不⑫也？雄之为人益可知矣。卑卑弄其唇吻⑬，欲以博万世之名，视朔奚啻⑭霄壤！余此参驳，当为朔、雄实录。

[注释]①班固赞：指班固在《汉书·东方朔传》后的赞语。赞，一种文体，用于颂扬人物。　②刘向：见本书卷三《战国论》注。　③持论：提出自己的主张，持有主见。　④言不纯师：观点缺少纯一不杂的师传。　⑤行不纯德：行为缺乏纯一不杂的道德标准。　⑥流风遗书：留下的品行影响和作品。⑦不名一行：不局限于一种德行。　⑧应谐似优：对答诙谐像在演戏。优，倡优，旧时指演戏的人。　⑨秽德：不符常规的行为，即放荡不羁的行为。⑩尚容：崇尚保身避害。容，容身，保身避害。　⑪设客难：指东方朔的《答客难》。难，是西汉东方朔首创的一种古文体。据《汉书》本传，东方朔向武帝上书，"陈农战强国之计"，遭到冷遇，他便作《答客难》，用来自我安慰。　⑫不：相反。　⑬唇吻：口舌，嘴皮子。　⑭奚啻（chì）：亦作"奚翅"。何止；岂但。

非有先生论①

遇得其人,则一言以兴;遇不得其人,则一言遂死。千载遇少而不遇多,此志士所以在山,仁人所以尽养寿命也。唯其不忍为,是以莫肯为,歌咏弹琴,乐而忘死,宜矣。然则东方生②盖亦幸而遭遇汉武者也。人谓大隐③居市朝,以东方生为朝隐④。噫!使非武帝爱才知朔如此,敢一日而居市朝之间哉?最先避世而歌德衰者朔也。

[注释]①非有先生论:东方朔所作,本文是李贽借东方朔的《非有先生论》表达自己的君臣论。　②东方生:即东方朔。　③大隐:指身居朝市而志在玄远的人。　④朝隐:旧谓虽居位在朝,而淡泊恬退与隐居无异。

子　　虚①

班固②曰:"史迁③称《春秋》④推见至隐⑤,《易》本隐以之显⑥,《大雅》⑦言王公大人而德逮黎庶⑧,《小雅》⑨讥小己之得失,其流及上:所言虽殊,其合德一也。相如⑩虽多虚辞滥说,然其要归⑪,引之节俭,此与《诗》之讽谏何异?扬雄以为靡丽之赋劝百而讽一⑫,犹骋郑、卫之音⑬,曲终而奏《雅》,不已戏乎!"余谓扬雄此言非但不知人,亦且不知文;非但不知文,亦且不知言;非但不知言,亦且不知讽矣。既不知讽,宜其剧秦而美新⑭也。

[注释]①子虚:指汉司马相如作《子虚赋》,假托子虚、乌有先生、亡是公三人互相问答。　②班固:见本书卷二《别刘肖川书》注。　③史迁:即司马

迁,见本书卷二《别刘肖川书》注。　④《春秋》:指《春秋经》,编年体春秋史,儒家经典之一。相传由孔子据鲁国史官所编《春秋》加以整理修订而成,记载自公元前722年至前481年共二百四十一年间的史事,是中国最早的编年体史书。　⑤推见至隐:从显现的文义中推论出幽深的隐事,即"春秋笔法"。⑥本隐以之显:《周易》语言表达很隐晦,但却显现着社会人事的道理。⑦《大雅》:《诗经》的组成部分之一。《大雅》多为西周王室贵族的作品,主要歌颂周王室祖先乃至武王、宣王等之功绩,有些诗篇也反映了厉王、幽王的暴虐昏乱及其统治危机。　⑧德逮黎庶:德教普及到百姓。　⑨《小雅》:《诗经》组成部分之一。七十四篇。大抵产生于西周后期和东周初期。其中诗篇较多的是指斥朝政缺失,反映社会动乱,表现周室与西北戎狄部族以及东方诸侯各国之间的矛盾;也有少数是统治阶级宴会的乐歌。　⑩相如:即司马相如,见本书卷二《复邓鼎石》注。　⑪要归:要点所在。　⑫劝百而讽一:鼓励成百而讽谏只有一。　⑬郑、卫之音:春秋战国时期郑国和卫国的民间音乐。因不同于雅乐,曾被儒家斥为"淫音"。　⑭剧秦而美新:即扬雄写的《剧秦美新》。抨击秦政的酷暴,称赞王莽新政的美好。

贾　　谊

　　班固赞曰:"刘向称'贾谊言三代与秦治乱之意,其论甚美,通达国体①,虽古之伊、管②未能远过也。使时见用,功化必盛,为庸臣所害,甚可悼痛!'追观孝文玄默躬行③,以移风俗,谊之所陈略施行矣。及欲改定制度④,以汉为土德⑤,色上黄⑥,数用五⑦,及欲试属国,施五饵三表以系单于⑧,其术固以疏矣。谊亦天年早终,虽不至公卿,未为不遇也。凡所著述五十八篇,掇⑨其切要于事者著于《传》⑩云。"

　　[注释]①通达国体:通晓国家大事。国体,国之大体,这里指国家大事。

②伊、管:即伊尹和管仲。伊尹,见本书卷一《答耿司寇》注。管仲,见本书卷一《复周南士》注。 ③孝文玄默躬行:汉文帝深沉静默,注重亲身实践。孝文,即汉文帝刘恒,详见本书卷二《与梅衡湘》注。 ④改定制度:指贾谊任太中大夫时,上书汉文帝建议制定新的礼仪制度。 ⑤以汉为土德:古代阴阳家以五行相生相克附会王朝命运,谓土胜者为得土德。认为周是火德;因水克火,秦灭周,所以秦应是水德;土又克水,汉灭秦,所以汉朝应该是土德。 ⑥色上黄:崇尚黄色。上,通"尚"。因汉朝为土德,土为黄色,故色尚黄。汉朝国家举行礼仪活动时,车马服饰一律用黄颜色。 ⑦数用五:阴阳家认为"土"在"五行"中居第五位,所以加以主张汉朝用数时崇尚五。 ⑧施五饵三表以系单于:实施五饵三表等怀柔政策使匈奴顺服(于汉)。五饵,指衣服车马、山珍海味、音乐美女、室宇奴隶,以及来降者由皇帝亲自接待。三表,指喜爱匈奴人的形貌,爱好匈奴人得技艺,并对之讲信义,以示对匈奴的友好。系,笼络。单(chán)于,汉时匈奴人对其君主的称呼。后泛指外族首领。 ⑨掇:选择。 ⑩《传》:即《汉书·贾谊传》。

李卓吾曰:班氏文儒耳,只宜依司马氏例以成一代之史,不宜自立论也。立论则不免搀杂别项经史闻见,反成秽物矣。班氏文才甚美,其于孝武①以前人物,尽依司马氏之旧,又甚有见,但不宜更添论赞②于后也。何也?论赞须具旷古只眼③,非区区有文才者所能措④也。刘向亦文儒也,然筋骨胜⑤,肝肠胜,人品不同,故见识亦不同,是儒而自文⑥者也。虽不能超于文之外,然与固远矣。

[注释]①孝武:即汉武帝刘彻。 ②论赞:附在史传后面的评语。 ③旷古只眼:即超越前人的独到见解。 ④措:胜任。 ⑤筋骨胜:与下文的"肝肠胜",都是指刘向有骨气,品格不同寻常。 ⑥儒而自文:虽是儒生但著文能有自己的见解。

汉之儒者咸以董仲舒①为称首，今观仲舒不计功谋利之云，似矣。而以明灾异下狱论死②，何也？夫欲明灾异，是欲计利而避害也。今既不肯计功谋利矣，而欲明灾异者何也？既欲明灾异以求免于害，而又谓仁人不计利，谓越无一仁又何也？所言自相矛盾矣。且夫天下曷尝有不计功谋利之人哉！若不是真实知其有利益于我，可以成吾之大功，则乌用正义明道为耶？其视贾谊之通达国体，真实切用何如耶？

[注释]①董仲舒：董仲舒（前179～前104）西汉哲学家，今文经学大师，广川人（今河北枣强）。专治《春秋公羊传》。曾任博士、江都相和胶西王相，汉武帝举贤良文学之士，他对策建议"诸不在六艺之科，孔子之术者，皆绝其道，勿使并进。"为武帝所采纳，使儒学成为中国社会的正统思想，影响长达2000多年。其学以儒家宗法思想为中心，杂以阴阳五行说，把神权、君权、父权、夫权贯串在一起，形成帝制神学体系。从而他提出了天人感应、三纲五常等重要儒家理论。 ②以明灾异下狱论死：汉武帝建元六年（前135）四月，辽东高庙、长陵高原殿先后失火，董仲舒以"天人感应"的理论写了篇奏章，以示火灾的发生是上天对汉朝政策的不满。草稿被主父偃发现，偷偷交给了汉武帝刘彻。武帝就此事让大臣们讨论，结果董仲舒以诽谤朝廷罪被判下狱并获死刑，后获释。见《汉书·董仲舒传》。

班氏何知，知有旧时所闻耳，而欲以贬谊，岂不可笑！董氏章句之儒①也，其腐固宜。虽然，董氏特腐耳，非诈也，直至今日，则为穿窬之盗②矣。其未得富贵也，养吾之声名以要朝廷之富贵，凡可以欺世盗名者，无所不至。其既得富贵也，复以朝廷之富贵养吾之声名，凡所以临难苟免者，无所不为。岂非真穿窬之人哉！是又仲舒之罪人，班固之罪人,而亦敢于随声雷同以议贾生,故余因读贾、晁③二子经世论策,痛班氏之溺于闻见,敢于论议,遂为歌曰:驷不及舌④,慎莫作孽!通达国体,刘向自别。三表五饵,非疏匪拙⑤。彼何人斯?千里之绝⑥。汉廷诸子,谊实度越。利不可谋,何其迂阔!何以用之?皤须鹤发⑦。从容庙廊⑧,冠冕佩玦⑨。世儒拱手,不知何说。

[注释]①章句之儒:指落入拘泥于儒家经典的章句辨析之窠臼,而不能与现实结合的儒生。 ②穿窬(yú)之盗:打洞穿墙行窃的盗贼。 ③晁:即晁错,详见本书卷四《五死篇》注。 ④驷不及舌:话说出后,四匹马拉的车也追不回来。指说话应当慎重。语出《论语·颜渊》:"子贡曰:'惜乎!夫子之说君子也,驷不及舌。'驷,一车四马。度越:超越。 ⑤非疏匪拙:既不粗疏也不拙劣。匪,同"非"。 ⑥千里之绝:(贾谊)像千里马一样卓越。绝,绝足,喻指千里马。 ⑦皤(pó)须鹤发:白须白发。指老朽不堪。皤:形容白色。 ⑧庙廊:指朝廷。 ⑨冠冕佩玦:官员所带的礼貌和腰间佩戴的玉饰。指官员的威仪。

晁　　错

班固赞曰:"晁错锐①于为国,远虑而不见身害。其父睹之,经于沟渎②,亡益救败,不如赵母指括以全其宗,悲夫!错虽不终③,世哀其忠,故论其施行之语④著于篇⑤。"

[注释]①锐:勇猛坚决,如锋刃之锐利。 ②其父睹之,经于沟渎(dú):晁错的父亲看到晁错不听他的劝告,坚持削藩,怕牵连遭祸,便自杀于山沟中。经,上吊自杀。在沟壑中上吊自杀。沟渎,沟壑,山沟。 ③不终:不得善终,不能终其天年。 ④施行之语:指晁错有关施政的奏疏。 ⑤篇:指

《汉书·晁错传》。

卓吾曰：晁错对策①，直推汉文于五帝②，非谀也，以其臣皆莫及也。故曰："五帝神圣，其臣莫及，而自亲事。"亲事则不可不知术数③矣。今观其时在廷诸臣，仅贾生④耳。贾生虽千古之英，然与文帝远矣，是岂文帝咸有一德之臣乎？夫既不得如五霸之佐⑤，贤于其主；又不得如三王之臣⑥，与主而俱贤：则孝文真孤立无辅者矣。是故晁错伤之，而推之以与五帝并也。然谓汉文无辅则可，谓其不知术数则不可。夫治国之术多矣，若谓人尽不知术数，必欲其皆就己之术数，则亦岂得谓之知术数哉？汉文有汉文之术数也，汉高⑦有汉高之术数也，二五帝霸又自有二五帝霸之术数也。以至六家九流⑧，凡有所挟以成大功者，未常不皆有真实一定之术数。唯儒者不知，故不可以语治。虽其间亦有一二偶合，然皆非性定神契，心融才会，真若执左券⑨而后为之者也。是故因其时，用其术，世无定时，我无定术，是之谓与时消息而己不劳，上也。执其术⑩，驭其时⑪，时固无常，术则有定，是之谓执一定以应于无穷，次也。若夫不见其时，不知其术，时在则术在，而术不能违时；术在则时在，而时亦不能违术。此则管夷吾诸人能之，上之上也。若晁错者，不过刑名⑫之一家，申、商⑬之一术，反以文帝为不知学术，而欲牵使从己，惑矣！

［注释］①对策：亦作"对册"。古时就政事、经义等设问，由应试者对答，称为对策。自汉起作为取士考试的一种形式。　②直推汉文于五帝：晁错在

《贤良对策》中把汉文帝推崇到与五帝并列的地位。五帝,传说中的五个古代帝王。通常指黄帝、颛顼(zhuān xū)、帝喾(kù)、唐尧、虞舜。　③术数:治理国家的方法和谋略。　④贾生:即贾谊。　⑤五霸之佐:五位霸主的辅佐者。五霸,春秋时期五个霸主。其说法不一,一般指春秋时的齐桓公、晋文公、宋襄公、秦穆公、楚庄王。他们在诸侯中势力强大,称霸一时。佐,辅佐者。⑥三王之臣:三王的臣僚。三王,夏、商、周三代之君。其说法不一,一种认为是指夏禹、商汤、周武王。一种认为是夏禹、商汤、周文王。　⑦汉高:指汉高祖刘邦。　⑧六家九流:指先秦至汉初学术的六大派别。六家,即阴阳家、儒家、墨家、名家、法家、道德家。汉司马谈有《论六家之要指》,见《史记·太史公自序》。九流,先秦的九个学术流派。　⑨执左券:即"操左券",古代称契约为券,用竹做成,分左右两片,左片叫左券,是索取偿还的凭证。后来说有把握叫"操左券"。　⑩执其术:持有一定的手段和方法。　⑪驭其时:应付不断变化的时势。　⑫刑名:战国时以申不害为代表的学派。主张循名责实,慎赏明罚。后人称为"刑名之学",亦省作"刑名"。韩非子亦尚"刑名"。⑬申、商:指申不害和商鞅。申不害(约前385～前337),郑国京(今荥阳市豫龙镇京襄城)人,是与商鞅同时著名的政治家、思想家。是先秦以重"术"著称的法家代表人物,世人尊称他为申子。他在韩国为相15年,帮助韩昭侯推行术治,使韩国成为战国七雄之一。其著作《申子》,已失传。商鞅,详见本书卷四《五死篇》注。

夫申、商之术,非不可平均①天下,而使人人视之尽如指掌也,然而祸患则自己当之矣。故错②以其残忍刻薄之术,辅成太子;而太子亦卒用彼残忍刻薄之术,还害其身。呜呼!孰知错伤文帝之无辅,而其父反以伤晁错之无父乎!是故国尔忘家,错唯知日夜伤刘氏之不尊也。公尔忘私,而其父又唯知日夜伤晁氏之不安矣。千载之下,真令人悲伤而不可已,乃班固反讥其父不能学赵母,谬哉!

[注释]①平均:齐一,平定治理。 ②错:指晁错。

绝 交 书①

此书若出相知者代康②而为之辞则可;若康自为此词,恐无此理。涛③之举④康,盖所谓真相知者;而康之才亦实称所举。康谓己之情性不堪做官,做官必取祸,是也;谓涛不知己而故欲贻⑤之祸,则不是。以己为鸳雏⑥,以涛为死鼠⑦,又不是。以举我者为不相知,而直与之绝,又以己为真不爱官,以涛为爱官者,尊己卑人,不情实甚,则尤为不是矣。鸣呼!如康之天才,稍加以学,抑又何当也,而肯袭前人之口吻,作不情之遁辞乎?然此书实峻绝⑧可畏,千载之下,犹可想见其人。毋曰余贬康也,全为上上人说耳。

[注释]①绝交书:指嵇康写的《与山巨源绝交书》。本篇是李贽就嵇康的《与山巨源绝交书》而发表的自己的看法。嵇康,详见本书卷二《又书》注。②康:即嵇康。 ③涛:即山涛。 ④举:举荐。 ⑤贻(yí):遗留,留下。⑥鸳雏:传说中的凤属之鸟。常用以比喻高贤之人。 ⑦死鼠:比喻贪图高官厚禄。 ⑧峻绝:严厉。

养 生 论①

嵇、阮②称同心,而阮则体妙心玄③,一似有闻者④,观其放言⑤与孙登之啸⑥可睹也。若向秀⑦注《庄子》,尤为已见大意⑧之人,真可谓庄周⑨之惠施⑩矣。康与二子⑪游,何不就彼问道?今读《养生论》,全然不省神仙中事,非但不识真仙,亦且不识养生矣。何以当面蹉过⑫如此耶?以此聪明出尘好汉,虽向、阮亦无如之何,真令人恨恨⑬。虽然,若其人品之高,文辞之妙,则岂"七贤"⑭之所可及哉!

[注释]①养生论:嵇康作。是我国古代养生论著中较早的名篇。②嵇、阮:即嵇康、阮籍。 ③体妙心玄:指体态超凡,思想玄远。心,思想。 ④有闻:指闻道。 ⑤放言:放纵其言,不受拘束。 ⑥孙登之啸:音响舒展悠长,传达了至真至纯的信息。孙登,字公和,三国魏汲郡共人(今河南辉县)。隐士,好读《周易》,善啸歌弹琴,曾与嵇康、阮籍相识。 ⑦向秀:见本书卷二《又见从吾孝廉》注。 ⑧大意:指《庄子》所体现的主要思想。 ⑨庄周:即庄子。见本书卷二《答周二鲁》注。 ⑩惠施:惠施(前390~前317)即惠子,战国中期宋国(今河南商丘)人,战国时期著名的政治家、辩客和哲学家,是名家思想的开山鼻祖和主要代表人物。惠施是合纵抗秦的最主要的组织人和支持者,他主张魏国、齐国和楚国联合起来对抗秦国,并建议尊齐为王。 ⑪二子:指阮籍和向秀。 ⑫蹉(cuō)过:错过,错失。 ⑬恨恨:遗憾不已。 ⑭七贤:指魏晋时嵇康、阮籍、山涛、向秀、刘伶、阮咸、王戎七位名士。

琴　　赋

《白虎通》①曰:"琴者禁也。禁人邪恶,归于正道,故谓之琴。"余谓琴者心②也,琴者吟也,所以吟其心也。人知口之吟,不知手之吟;知口之有声,而不知手亦有声也。如风撼树,但见树鸣,谓树不鸣不可也,谓树能鸣亦不可。此可以知手之有声矣。听者指谓琴声,是犹指树鸣也,不亦泥③欤!

[注释]①《白虎通》：书名。东汉章帝建初四年(79年)，朝廷召开白虎观会议，由太常、将、大夫、博士、议郎、郎官及诸生、诸儒陈述见解，意图弥合今、古文经学异同。汉章帝亲自裁决其经义奏议，会议的成果由班固写成《白虎通义》一书，简称《白虎通》。　②心：真情实感。　③泥：拘泥。

《尸子》①曰："舜作五弦之琴，以歌南风②，曰：'南风之薰③兮，可以解吾民之愠④兮。'"因风而思民愠，此舜心也，舜之吟也。微子⑤伤殷⑥之将亡，见鸿雁高飞，援琴作操，不敢鸣之于口，而但鸣之于手，此微子心也，微子之吟也。文王⑦既得后妃，则琴瑟以友之，钟鼓以乐之，向之展转反侧，寤寐⑧思服者，遂不复有，故其琴有《关雎》。而孔子读而赞之曰："《关雎》乐而不淫⑨。"言虽乐之过矣，而不可以为过也。此非文王之心乎？非文王其谁能吟之？汉高祖以雄才大略取天下，喜仁柔之太子既有羽翼，可以安汉，又悲赵王母子属⑩在吕后，无以自全，故其倚瑟而歌鸿鹄⑪，虽泣下沾襟，而其声慷慨，实有慰藉之色，非汉高之心乎？非汉高又孰能吟之？

[注释]①尸子：名佼，鲁国人，商鞅的师傅。他的思想，融合了儒、墨、道、法各家。　②歌南风：唱《南风》之歌。　③薰：古书上说的一种香草，又泛指花草的香气。这里指舒适。　④愠(yùn)：怒，怨恨。　⑤微子：名启(汉代因避景帝刘启之讳，改启为开)，殷商贵族，殷商帝乙的长子，初封于微地(今山东省微山县一带)，后世因之称为微子启(或微子开)。殷商末年，纣王无道，微子屡谏，不被采纳，乃惧祸出走。周武王姬发灭商，微子自缚衔璧乞降。周公旦平定管蔡武庚叛乱后，成王封微子于商族发祥地商丘，以示不绝殷商之祀，国号为宋，爵位为公，准用天子礼乐祭祀祖先。　⑥殷：指殷商。是中国古代历史上的第二个朝代，商朝国都频繁迁移，至其后裔盘庚迁殷(今

安阳)后,国都才稳定下来,在殷建都达二百七十三年,所以商朝又称为"殷"或"殷商"。　⑦文王:即周文王(前1152～前1056),周季历之子,姬姓,名昌,生于西岐(今宝鸡市岐山县)。西周奠基者。其子武王姬发有天下后,追尊他为文王。传他在羑里(今河南安阳汤阴县)根据伏羲氏(人皇始祖)的研究成果继续演绎易经八卦。　⑧寤寐(wù mèi):日夜。　⑨乐而不淫:语出《论语·八佾》:"《关雎》,乐而不淫,哀而不伤。"意为《关雎》这诗快乐而不放荡,悲伤而不痛苦。淫,放纵,沉溺。　⑩属:从属,受管制。　⑪鸿鹄:琴曲名。

　　由此观之,同一心也,同一吟也,乃谓"丝不如竹①,竹不如肉②",何也?夫心同吟同,则自然亦同,乃又谓"渐近自然",又何也?岂非叔夜③所谓未达礼乐之情者耶!故曰:"言之不足,故歌咏之;歌咏之不足,故不知手之舞之。"康亦曰:"复之不足,则吟咏以肆志④;吟咏之不足,则寄言以广意⑤。"傅仲武⑥《舞赋》云:"歌以咏言,舞以尽意。论其诗不如听其声,听其声不如察其形。"以意尽于舞,形察于声也。由此言之,有声之不如无声也审⑦矣,尽言之不如尽意又审矣。然则谓手为无声,谓手为不能吟亦可。唯不能吟,故善听者独得其心⑧而知其深也,其为自然何可加者,而孰云其不如肉也耶?

　　[注释]①丝不如竹:弦乐不如管乐。丝,指弦乐器,如琴瑟之类。竹,指管乐器,指箫笛之类。　②竹不如肉:管乐器奏出的音乐不如人嗓子唱出的音乐。　③叔夜:即嵇康。　④肆志:纵情,快意。　⑤寄言以广意:把某种思想感情寄托在诗文之中以扩大其意。寄言,某种思想感情寄托在诗文之中。广意,推广以扩大其意。　⑥傅仲武:即傅毅(?～约90),字武仲,东汉扶风茂陵(今陕西兴平)人。东汉辞赋家。　⑦审:明白,明晰。　⑧心:内心情感。

吾又以是观之，同一琴也，以之弹于袁孝尼①之前，声何夸②也？以之弹于临绝之际，声何惨也？琴自一耳，心固殊也。心殊则手殊，手殊则声殊，何莫非自然者，而谓手不能二声可乎？而谓彼声自然，此声不出于自然可乎？故蔡邕③闻弦而知杀心，钟子④听弦而知流水，师旷⑤听弦而识南风之不竞⑥，盖自然之道，得手应心。其妙固若此也。

[注释]①袁孝尼：(约225～?)，三国魏人，名准，字孝尼，入晋后，官至给事中。　②夸：优美动听。　③蔡邕(133～192)：字伯喈，陈留(今河南省开封市陈留镇)人，东汉文学家、书法家。　④钟子：即钟子期，名徽，字子期。春秋楚国(今湖北汉阳)人。一日晋臣俞伯牙在汉江弹琴，钟子期听到声音说："巍巍乎若高山，荡荡乎若流水。"两人结为金兰，相约翌年中秋节再见。届时，俞伯牙依期赴约，但钟子期已去世。俞伯牙得知钟子期死后，俞伯牙认为世间再无知音，一生不再鼓琴。　⑤师旷：字子野，山西洪洞人，春秋时著名乐师。他生而无目，故自称盲臣、瞑臣。博学多才，尤精音乐，善弹琴，辨音力极强。以"师旷之聪"闻名于后世。　⑥不竞：温和不争。

幽　愤　诗

康①诣②狱明③安④无罪，此义之至难者也，诗中多自责之辞，何哉？若果当自责，此时而后自责，晚矣，是畏死也。既不畏死以明友之无罪，又复畏死而自责，吾不知之矣。夫天下固有不畏死而为义者，是故终其身乐义而忘死，则此死固康之所快也，何以自责为也？亦犹世人畏死而不敢为义者，终其身宁无义而自不肯义而为朋友死也，则亦无自责时矣。朋友君臣，莫不皆然。世未有托孤寄命⑤之臣既许以死，乃临死而自责者。"好善闇人"⑥之云，岂别有所指而非以指吕安乎否耶？当时太学生三千人，同日伏阙⑦上书，以为康请⑧，则康益可以死而无责矣。钟会⑨以反谮乘机害康，岂康尚未之知，而犹欲颐性养寿⑩，改弦易辙于山阿岩岫⑪之间耶？此岂嵇康颐性养寿时也？余谓叔夜⑫何如人也，临终奏《广陵散》⑬，必无此纷纭自责，错谬幸生之贱态，或好事者增饰于其间耳，览者自能辩之。

[注释]①康：指嵇康。　②诣：到。　③明：证明。　④安：即吕安，字中悌，东平（今山东东平人）。　⑤托孤寄命：语出《论语·泰伯》："可以托六尺之孤，可以寄百里之命。"意为可以把幼少的孤儿和国家的命脉托付给他。后以"托孤寄命"指受遗命托付辅助幼主；或君主居丧时，受命摄理朝政。⑥好善闇(àn)人：好做好事，而不懂得人情世故。闇，通"暗"。　⑦伏阙：跪伏于皇宫门前台。多指直接向皇帝上书奏事。　⑧请：请命。　⑨钟会（225～264）：字士季，颍川长社（今中国河南省长葛东部）人，三国后期灭蜀的曹魏重要智将，历来曾在魏国官居要职。曾想拉拢嵇康，却遭到嵇康的冷遇拒绝，因之怀恨在心。后诬陷嵇康，致使嵇康被判死罪。　⑩颐性养寿：涵养性情，保全寿命。　⑪山阿岩岫：山的边角和洞穴。　⑫叔夜：指嵇康。　⑬《广陵散》：琴曲名。嵇康善弹此曲，秘不授人。后亦称事无后继、已成绝响者为"广陵散"。

酒　德　颂①

《法言》②曰："螟蛉③之子，蜾蠃④祝之曰：'类我类我'，久则肖之矣。速哉七十子之肖仲尼也。"李轨⑤曰："螟蛉桑虫，蜾蠃峰虫。蜂虫无子，取桑虫蔽而殪之⑥，幽⑦而养之,祝曰'类我',久则化成蜂虫矣。"此颂唯结语独新妙,非《法言》引用意,读者详之!今人言养子为螟岭子即此。然则道学先生、礼法俗士,举皆蜂虫之螟蛉子哉!犹自谓二豪⑧,悲欤!

[注释]①酒德颂:西晋刘伶抨击当时名教礼法的一篇作品。刘伶,西晋沛国(今安徽宿县)人,字伯伦。"竹林七贤"之一。晋武帝泰始初,对朝廷策问,强调无为而治,以无能罢免。平生嗜酒,曾作《酒德颂》,宣扬老庄思想和纵酒放诞之情趣,对传统"礼法"表示蔑视。 ②《法言》:西汉末扬雄所撰。共十三篇,尊圣人,谈王道,旨在捍卫和发扬儒家学说。 ③螟蛉:螟蛾的幼虫。这里比喻养子。 ④蜾蠃(guǒ luǒ):寄生蜂的一种。 ⑤李轨:字弘范,东晋人,任尚书郎,著有《齐都赋》等。曾为《法言》作过注。 ⑥蔽而殪(yì)之:把(桑虫)储藏在窝里,弄得好像死了一样。蔽,掩盖,这里指储藏。殪,死,这里指像死了一样。 ⑦幽:封闭。 ⑧二豪:指"贵介公子"与"搢绅处子"。

思 旧 赋①

向秀②《思旧赋》,只说康③高才妙技而已。夫康之才之技,亦今古所有;但其人品气骨,则古今所希④也。岂秀方图自全,不敢尽耶?则此赋可无作也,旧亦可无尔思矣。秀后康死,不知复活几年,今日俱安在也?康犹为千古人豪所叹,而秀则已矣,谁复更思秀者,而乃为此无尽算计也耶!且李斯叹东门⑤,比拟⑥亦大不伦⑦。"竹林七贤",此为最无骨头者,莫曰先辈初无臧贬⑧"七贤"者也。

[注释]①思旧赋:魏晋时期文学家向秀为怀念故友嵇康和吕安所作。

②向秀：见本书卷二《又与从吾孝廉》注。　③康：即嵇康。　④希：同"稀"。稀罕，少有。　⑤李斯叹东门：李斯为赵高所忌，把他和他的儿子腰斩在咸阳。临刑前，李斯对其儿子说："吾欲与若复牵黄犬俱出上蔡东门逐狡兔，岂可得乎！"李斯（前284～前208），李氏，名斯，战国末年楚国上蔡（今河南上蔡西南）人。秦代著名的政治家，文学家和书法家。协助秦始皇帝统一天下。秦统一之后，参与制定了法律，统一车轨、文字、度量衡制度。秦始皇死后与赵高合谋立少子胡亥为二世皇帝。后为赵高所忌，腰斩于市。　⑥比拟：拿李斯与嵇康作类比。　⑦不伦：不属同类，没有可比性。　⑧臧贬：指评价。臧（zāng），善，好，指称赞。贬，贬低，否定。

杨升庵①集

余读先生文集，有感焉。夫古之圣贤，其生也不易，其死也不易。生不易，故生而人皆仰；死不易，故死而人尔思。于是乎前而生者，犹冀有待于后世；后而生者，又每叹恨②于后时；同时而生者，又每每比之如附骥③，比之如附青云。则圣贤之生死固大矣。

[注释]①杨升庵：即杨慎，见本书卷四《四海》注。　②恨：遗憾。　③附骥：与后面的"附青云"都是谦称，意为依附他人而成名。

余读先生文集，欲求其生卒之年月而不得也。遍阅诸序文，而序文又不载。彼盖以为序人之文，只宜称赞其文云耳，亦犹序学道者必大其道，叙功业者必大其功，叙人品者必表扬其梗概，而岂知其不然乎？盖所谓文集者，谓其人之文的然必可传于后世，然后集而传之也。则其人之文当皎然如日星之炳焕①，凡有目者能睹之矣，而又何籍于叙赞乎？彼叙赞不已赘乎？况其人或未必能文，则又何以知其文之必可传，面遂赞而序之以传也？故愚尝谓世之叙文者多，其无识孙子欲借他人位望以光显其父祖耳。不然，则其势之不容以不请，而又不容以不文辞者也。夫文而待人以传，则其文可知也，将谁传之也？若其不敢不请，又不敢辞，则叙文者亦只宜直述其生卒之日，与生平之次第，使读者有考焉斯善矣。

[注释]①炳焕：光明，光亮。

吁！先生人品如此，道德如此，才望如此，而终身不得一试①，故发之于文，无一体不备②，亦无备不造③，虽游其门者尚不能赞一辞，况后人哉！于是以窃附景仰之私④，欲考其生卒始末，履历之详，如昔人所谓年谱者，时时置几案间，俨然如游其门，蹑而从之⑤。而序集皆不载，以故恨也。况复有矮子者⑥从风吠声⑦，以先生但可谓之博学人焉，尤可笑矣！

[注释]①不得一试：不被重用。试，用。　②无一体不备：没有一种体裁的文章不具备。　③无备不造：没有一种体裁的文章没有达到很深的造诣。　④以窃附景仰之私：暗自怀着敬仰的心情。景仰，仰慕。　⑤蹑(niè)而从之：追随跟从他。蹑，追踪，跟随，轻步行走的样子。　⑥矮子者：比喻见识低下，评论事物无主见，人云亦云。　⑦从风吠声：比喻不辨是非，盲目附和。

蜻蛉谣①

古今人情一也，古今天下事势亦一也。某也从少至老,原情论势②,不见有一人同者,故余每每惊讶,以为天何生我不祥如此乎!夫人性不甚相远,而余独不同,非不祥而何?余初仕时,亲见南倭、北虏之乱③矣;最后入滇,又熟闻土官④、猺、獞⑤之变矣。大概读书食禄之家,意见皆同,以余所见质之,不以为狂,则以为可杀也。今读先生集,记姜公事。姜公之心正与余合,而先生取之如此,则知先生唯不用,用必为姜公无疑矣。生虽后时,见符前哲⑥,亦可以证余生之非不祥也。因喜录此。

[注释]①蜻蛉谣:即明代文学家杨慎写的一首乐府诗。蜻蛉,即大姚县。 ②原情论势:根据实际情况对情势作出判断。 ③南倭、北虏之乱:指明代嘉靖年间侵扰我国东南沿海的日本海盗和活动在河套一带的我国鞑靼族俺答部。 ④土官:是相对于"流官"而言,是封建王朝封赐的独霸一方能世袭的官员或统治者。 ⑤猺、獞:居住在我国西南地区的少数民族。 ⑥见符前哲:见解与前贤相符。

唐贵梅传

升庵①先生《孝烈妇唐贵梅传》曰:"烈妇②姓唐,名贵梅,池州贵池③人也。笄年④适⑤朱,夫贫且弱。有老姑⑥悍⑦而淫⑧,少与徽州⑨富商有私。弘治⑩中,富商复至池,见妇悦之,密以金帛赂姑。姑利其有,诲⑪妇淫者以百数,弗听;迫之,亦弗听,加以箠楚⑫,又弗听;继以炮烙⑬,体无完肤,终不听。姑乃以妇不孝讼于官。通判⑭慈谿毛玉受赂,倍加刑焉。妇几死,然终不听也。商犹慕其色,令姑保出之。亲党咸劝妇曰:'何不吐实?'妇曰:'若然,全吾名而污吾姑乎？'乃夕易袿襡⑮，雉经⑯于后园古梅树下。姑不知也。及旦，手持桑杖，将入室挞之。且骂且行，曰：'恶奴！早从我言，得金帛享快乐，今定何如也？'入室无见，寻至树下，乃知其死，因大恸哭。亲党咻⑰曰：'生既以不孝讼，死乃称妪⑱心，何以恸哭为？'姑曰：'妇在，吾犹有望；妇死，商人必倒赃。吾是以哭，非哭恶奴也。'尸悬于树三日，颜如生，樵夫牧儿见者咸堕泪。每岁梅月之下，隐隐见其形。有司以府官故，终不敢举节。余舅氏喻士积薄游至池，闻其事，作诗吊之，归属⑲慎为传其事。呜呼！妇生不辰⑳，遭此悍姑。生以梅为名，死于梅之株。冰操霜清，梅乎何殊！既孝且烈，汗青宜书。有司失职，咄哉可吁！乃为作传，以附露筋碑之趺㉑。"

[注释]①升庵：即杨慎。见本书卷四《四海》注。 ②烈妇：古指重义守节的妇女。 ③池州贵池：今安徽贵池。 ④笄（jī）年：谓女子成年。笄，一种簪子，古代女子十五岁可以盘发插笄，作为成年的标志。 ⑤适：旧称女子出嫁。 ⑥老姑：旧时指丈夫的母亲。 ⑦悍：凶暴。 ⑧淫：在男女关系上态度或行为不正当。 ⑨徽州：府志在今安徽歙（shè）县。 ⑩弘治：明孝宗朱佑樘（chēng）的年号，弘治年间是1488年至1505年。 ⑪诲：教唆。 ⑫箠（chuí）楚：用棍杖打。箠，同"棰"，用棍子打。楚，古代的刑杖。 ⑬炮烙（páo luò）：指用烧红的铁烙人的刑罚。 ⑭通判：官名。宋初始于诸州府设置，即共同处理政务之意。地位略次于州府长官，但握有连署州府公事和监察官吏的实权，号称监州。明清设于各府，分掌粮运及农田水利等事务，职务远较宋初为轻。清代另有州通判，称州判。 ⑮袿（guī）襡（dú）：衣服。袿，衣袖。襡：长襦，即较长的上衣。 ⑯雉（zhì）经：自缢。 ⑰咻（xiū）：吵，乱说话。 ⑱妪（yù）：年老的女人。 ⑲属：同"嘱"，嘱咐，嘱托。 ⑳不辰：不得其时。 ㉑以附露筋碑之趺（fū）：以此（指传文）附在《露筋碑》的下方。露筋碑，即贞节碑。

卓吾子曰：先王教化，只可行于穷乡下邑，而不可行于冠裳①济济之名区；只可行于三家村里②不识字之女儿，而不可行于素读书而居民上者之君子。池州通判毛玉，非素读书而居民上之君子乎？慈谿为县，又非毛玉所产之巨邑名区乎？今通判贪贿而死逼孝烈以淫，素读书而沐教化者如此；孝烈唐贵梅宁死而不受辱，未曾读书而沐圣教者如彼：则先王之教化亦徒矣。"孝烈"二字，杨太史③特笔也。夫贵梅之死烈矣，于孝何与？盖贵梅所以宁死而不自白者，以姑之故也。不然，岂其不切齿痛恨于贿嘱之商，而故忍死以为之讳哉？书曰"孝烈妇"，当矣。死三日而尸犹悬，颜如生，众人虽知而终不敢举，每岁之暮，白月照梅，隐隐如见，犹冀④有知者乎？吁！今之官府，不但此等之死不肯代白，纵有别项容易表白者，亦必有势与力而后肯。孰知数千里之外，无干与之人，不用请求而遂以孝烈传其事也？杨太史当代名流，有力者百计欲借一言以为重而不得，今孝烈独能得太史之传以自昭明于百世，孝烈可以死矣。设使当其时贵池有贤者果能慨然白之于当道，亦不过赐额挂匾，了一故事耳矣，其谁知重之乎？自此传出，而孝烈之形，吾知其不复重见于梅月之下也！升庵之闻，闻于其舅喻士积。士积夙游贵池，亲见其事，曾为诗以吊之，故升庵作传，具载士积见闻始末，以士积可信也。然则此传不但孝烈藉以章显，士积亦附以著名矣，传岂徒作耶！

[注释]①冠裳：指官宦士绅。　②三家村里：偏僻的小乡村。　③杨太史：即杨慎。　④冀：希望。

嗟嗟！毛通判当日之为，亦只谓贪其贿而人莫知也。贵梅已死，而谁为白也。孰知不白于贵池①而卒白于新都②乎？今《升庵文集》盛行于世，夫谁不知传其事于此集之中者？贵池人士咸知有赃吏毛玉受贿而死逼孝烈以淫也，慈谿人士亦咸知有乡官毛玉受贿而死逼孝烈以淫也。毛玉唯无孙子则已，苟有子，则必不敢认毛玉以为父；苟有孙，则必不敢认毛玉以为祖矣。盖同乡少年倾慕太史之日久矣，读其书，阅其事，则必私相告语。私相告语，未有不窃笑而背骂者。夫毛玉之心，本欲多积金钱以遗其孙子，使孙子感己也，又安知反使孙子不敢认己也哉！太史之传，严于先王之教化明矣。余谓此传有裨于世教者弘也，故复亟读③而详录之，以为孝烈之外传云。

[注释]①贵池：指贵池人士。　②新都：代指杨慎。　③亟（qì）读：多次读。亟，屡次。

茶夹铭①

唐右补阙②綦毋旻③著《代茶饮序》云："释滞消壅④，一日之利暂佳；瘠气耗精⑤，终身之害斯大。获益则归功茶力，贻害则不谓茶灾。"余读而笑曰："释滞消壅，清苦之益实多，瘠气耗精，情欲之害最大。获益则不谓茶力，自害则反谓茶殃。"吁！是恕己责人之论也。乃铭曰：我老无朋，朝夕唯汝。世间清苦，谁能及子？逐日子饭⑥，不辨几钟；每夕子酌，不问几许。夙兴夜寐，我愿与子终始。子不姓汤，我不姓李，总之一味清苦到底。

[**注释**]①茶夹铭:茶夹,一种供煎饮之用的茶器。铭,中国古代用于铭刻的文字逐步形成的一种文体,多用于规诫、褒赞的韵文。 ②右补阙:官名。唐武则天垂拱元年(685)置,职务为对皇帝进行谏及举荐人才,与拾遗同掌供奉讽谏。 ③綦(qí)毋(wú)旻(mín):姓綦毋,名旻,生平不详。 ④释滞消壅:消化积食。释,消除。滞、壅:堵塞。 ⑤瘠(jí)气耗精:消耗精力,损伤元气。瘠:瘦弱,这里指损伤,损害。 ⑥子饭:即"饭子",喝茶。

李白①诗题辞

升庵②曰:"白慕谢东山③,故自号东山李白。杜子美④云'汝与东山李白好'是也。刘昫修《唐书》⑤,乃以白为山东人,遂致纷纷耳。"因引曾子固⑥称白蜀郡人,而取《成都志》谓白生彰明县之青莲乡以实之。卓吾曰:蜀人则以白为蜀产,陇西人则以白为陇西产,山东人又借此以为山东产,而修入《一统志》⑦,盖自唐至今然矣。今王元美⑧断以范传正《墓志》为是,曰:"白父客西域,逃居绵之巴西⑨,而白生焉。是谓实录。"呜呼!一个李白,生时无所容入,死而千百余年,慕而争者无时而已。余谓李白无时不是其生之年,无处不是其生之地。亦是天上星,亦是地上英。亦是巴西人,亦是陇西人,亦是山东人,亦是会稽⑩人,亦是浔阳⑪人,亦是夜郎⑫人。死之处亦荣,生之处亦荣,流之处亦荣,囚之处亦荣,不游不囚不流不到之处,读其书,见其人,亦荣亦荣!莫争莫争!

[**注释**]①李白,见本书卷一《答耿司寇》注。 ②升庵:即杨慎。见本书卷四《四海》注。 ③谢东山:字阳升,号高泉,射洪县谢家坝太和镇南郊(今属城南王爷庙村)人。嘉靖七年(1528)考中举人,嘉靖二十年(1541)登辛丑

科进士及第,授兵部主事,后迁郎中,累官至右金都御史,山东巡抚。 ④杜子美:即杜甫。见本书卷一《答耿司寇》注。 ⑤刘昫修《唐书》:刘昫等人撰写《唐书》。刘昫(887~946),字耀远,中国五代时涿州归义(今属河北)人,官至司空、平章事。 ⑥曾子固:即曾固(1019~1083),北宋建昌军南丰县(今江西南丰)人,嘉祐进士,唐宋散文八大家之一,有《元丰类稿》传世。 ⑦《一统志》:是指封建王朝由官方组织编纂、审定认可并发行的地理类志书。它是这一个时期内官方记载的地理文献。也是后世学者用以研究历史地理沿革的重要工具书。 ⑧王元美:即王世贞(1526~1590),字元美,号凤洲,又号弇州山人,太仓(今江苏太仓)人,明代文学家、史学家。"后七子"领袖之一,力主诗必盛唐。官刑部主事,累官刑部尚书,移疾归,卒赠太子少保。好为古诗文,始于李攀龙主文盟,攀龙死,独主文坛二十年。有《弇山堂别集》、《弇州山人四部稿》等。 ⑨绵之巴西:唐代四川绵州,又称巴西。 ⑩会稽:郡名。秦置,今江苏省东部及浙江省西部地。 ⑪浔阳:江名。长江流经江西省九江市北的一段。 ⑫夜郎:中国古族名和古国名。战国至汉时主要分布在今贵州西部、北部及云南东北部、四川南部。经营农业。已进入奴隶制社会。汉武帝时,大臣唐蒙上书武帝修治夜郎道路,用夜郎精兵征服南越,元鼎六年(前111),汉武帝破南越后置牂牁(zāng kē)郡,封夜郎侯为王,授王印。

伯 夷 传①

真西山②云:"此传姑以文取。"杨升庵③曰:"此言甚谬。若道理有戾④,即不成文,文与道岂二事乎?益见其不知文也。本朝又有人补订《伯夷传》者,异哉!"又曰:"朱晦翁⑤谓孔子言伯夷'求仁得仁,又何怨',今太史公作《伯夷传》满腹是怨,此言殊不公也。"

[注释]①伯夷:见本书卷二《答周二鲁》注。 ②真西山:即真德秀(1178~1235),字景元,后更为希元,福建浦城人(今浦城县晋阳镇),本姓慎,

因避孝宗讳改姓真。曾在浦城县西的西岩山构筑西山精舍,从事讲学,故称西山先生。真德秀是南宋后期与魏了翁齐名的一位著名理学家,也是继朱熹之后的理学正宗传人。　③杨升庵:即杨慎。见本书卷四《四海》注。　④戾(lì):背离,违反。　⑤朱晦翁:指朱熹。本书卷一《又答石阳太守》注。

卓吾子曰:"'何怨'是夫子说,'是怨'是司马子长说。翻不怨以为怨①,文为至精至妙也。何以怨?怨以暴之易暴②,怨虞、夏之不作③,怨适归之无从④,怨周土之薇之不可食⑤,遂含怨而饿死。此怨曷可少也?今学者唯不敢怨,故不成事。"

[**注释**]①翻不怨以为怨:指司马迁把孔子的"何怨"说成是"是怨"。②以暴之易暴:以暴力代替暴力。指周武王用暴力推翻商纣王的暴虐统治。③虞、夏之不作:虞夏时代不能重视。　④适归之无从:不知道该归附谁。适,往。归,归依。　⑤周土之薇之不可食:指不食周粟。

岳王并施全①

宋赠鄂王岳飞谥忠武,其文曰:"李将军口不出辞②,闻者流涕;蔺相如身虽已死,凛然犹生。"又曰:"易名之典③虽行,议礼之言未一④。始为忠愍之号,旋更武穆之称。获睹中兴之旧章,灼知皇祖⑤之本意。爰取危身奉上之实,仍采戡定祸乱之文。合此两言,节其一惠。昔孔明⑥之志兴汉室,子仪⑦之光复唐都,虽计效以或殊,在秉心⑧而弗异。垂之典册?,何嫌今古之同辞;赖及子孙,将与山河而并久。"杨升庵曰:"今天下岳祠皆称武穆,此未定之谥也。当称忠武为宜。"又曰:"朱文公云:'举世无忠义,这些正气忽自施全身上发出来。'故《续纲目》⑨书施全刺秦桧不克而死,亦文公遗意也。近有人云:'今之岳祠多铸贼桧像,跪缚门外。当更铸施全像,立在左,持刀砍桧乃得。'"

[注释]①岳王并施全:岳王,即岳飞(1103~1142),字鹏举,宋代相州汤阴人,南宋杰出的军事家、战略家,抗金英雄。施全(?~1156),南宋刺秦桧而闻名于世的义士。 ②李将军口不出辞:李广将军不善言辞。李广(?~前119),西汉名将,陇西成纪人。公元前166年,匈奴大举入侵边关,李广少年从军,抗击匈奴。他作战英勇,杀敌颇众,使汉文帝大为赞赏。九年后,汉景帝即位,李广升为骑郎将,成为景帝身边的禁卫骑兵将军。汉武帝元狩四年(前119),随大将军卫青击漠北匈奴时,因迷道而贻误战机,在审问前不甘受辱而自杀。 ③易名之典:南宋朝廷已经下令追谥岳飞。 ④议礼之言未一:议论追封什么谥号,大臣们意见不一。 ⑤皇祖:指第一个追封岳飞谥号的南宋孝宗赵昚(shèn)。 ⑥孔明:即诸葛亮,见本书卷四《豫约》注。 ⑦子仪:郭子仪(697~781),华州郑县(今陕西华县)人。唐代著名的军事家。武举出身。安史之乱时任朔方节度使,在河北打败史思明。后联回纥收复洛阳、长安两京,功居平乱之首,晋为中书令,封汾阳郡王。 ⑧秉心:持心,用心。 ⑨《续纲目》:明代商辂(lù)续朱熹的《通鉴纲目》而编撰的《通鉴纲目续编》。

李卓吾曰:此论甚当,甚有益风教①。倘礼官言官肯上一疏②,则忠武之谥,晓然于百世;施全之忠,暴白③于圣朝矣。不然,人人未得知也。

[注释]①风教:风俗教化。 ②疏:奏章,奏疏。递交给皇室或皇帝的备忘录。 ③暴白:显扬。

张 千 载①

庐陵②张千载,字毅甫,别号一鹗,文山③之友也。文山贵时,屡辟④不出。及文山自广败还⑤,至吉州⑥城下,千载潜出相见,曰:"丞相往燕⑦,千载亦往。"往即寓⑧文山囚所近侧,三年供送饮食无缺。又密造一椟⑨,文山受命⑩日,即藏其首,访知夫人欧阳氏在俘虏中,使火其尸,然后拾骨寘⑪囊,舁⑫椟南归,付其家安葬。是日,文山之子梦其父怒曰:"绳诟⑬未断!"其子惊觉,遽启视之,果有绳束其发。李卓吾既书其事,遂为之赞曰:不食其禄,肯受其缚!一绳未断,如锥刺腹。生当指冠,死当怒目。张氏何人,寘囊舁椟。生死交情,千载一鹗⑭!

[注释]①张千载:南宋人,文天祥之友。 ②庐陵:今江西吉安。 ③文山:即文天祥。 ④辟:荐举。 ⑤自广败还:指文天祥与张世杰等坚持抗元,曾进兵江西,恢复州县多处。后被元兵所败,退入广东被俘。 ⑥吉州:今江西吉安。 ⑦燕:燕京,今北京。 ⑧寓:暂时住。 ⑨椟:木匣。 ⑩受命:牺牲生命。 ⑪寘:同"置",放置。 ⑫舁:抬,举。 ⑬诟:怎么。 ⑭千载一鹗:双关语。千载,既是张千载之名,也指历时之久。一鹗,一只鹗鸟,既指张千载的别号,又比喻非凡之意。

李 涉 赠 盗①

唐李涉《赠盗》诗曰:"相逢不用相回避,世上如今半是君。"刘伯温②《咏梁山泊分赃台》诗云:"突兀高台累土成,人言暴客此分赢。饮泉清节今寥落,何但梁山独擅名!"《汉书》云:"吏皆虎而冠③。"《史记》云:"此皆劫盗而不操戈矛者。"李卓吾曰:此皆操戈矛而不畏官兵捕盗者。因记得盗赠官吏亦有诗一首,并录附之:

[注释]①李涉赠盗:唐代李涉的《赠盗》诗。李涉,号清溪子,洛阳人,唐末诗人。 ②刘伯温:即刘基(1311~1375),字伯温,青田(今浙江青田县)人,故称刘青田,元末明初的军事家、政治家、文学家,明朝开国元勋。辅佐朱元璋完成帝业、开创明朝并尽力保持国家的安定,在文学史上,刘基与宋濂、高启并称"明初诗文三大家"。 ③吏皆虎而冠:官吏都是戴着官帽的老虎。

未曾相见心相识,敢道相逢不识君?一切萧何①今不用,有赃抬到后堂分。肯怜我等夜行苦,坐者十三②行十五③。若谓私行不是公,我道无私公奚取?君倚奉公戴虎冠,谁得似君来路宽?月有俸钱日有廪④,我等衣食何盘桓⑤!君若十五十三俱不许,我得持强分廪去,驱我为盗宁非汝!

[注释]①萧何:见本书卷四《题关公小像》注。 ②坐者十三:指坐在公堂里的官吏分得赃物的十分之三。 ③行十五:夜行的盗分得赃物的十分之五。 ④廪:粮仓,这里指俸米。 ⑤盘桓:这里指没有着落。

封 使 君

古传记言汉宣城①郡守封邵,一日化为虎,食郡民。民呼曰封使君②,即去不复来。其地谣曰:"莫学封使君,生不治民死食民!"张禹山③有诗云:"昔日封使君,化虎方食民;今日使君者,冠裳④而吃人。"又曰:"昔日虎使君,呼之即惭止;今日虎使君,呼之动牙齿。"又曰:"昔时虎伏草,今日虎坐衙。大则吞人畜,小不遗鱼虾。"或曰此诗太激。禹山曰:"我性然也。"升庵戏之曰:"东坡⑤嬉笑怒骂皆成诗,公诗无嬉笑,但有怒骂耶?"李卓吾复谑⑥之曰:果哉怒骂成诗也! 升庵此言,甚于怒骂。

[注释]①宣城:汉代郡名,治所在今安徽宣城。 ②使君:汉代以后对州郡长官的称谓。 ③张禹山:即张含(1479~1565),字愈光,号禹山,明代保山(今云南保山)人。善诗,有《禹山诗选》、《禹山七言律诗》等。 ④冠裳:穿着人穿的衣服,这里指活着的人。 ⑤东坡:即苏轼,见本书卷二《复焦弱侯》注。 ⑥谑(xuè):戏谑,开玩笑。

宋统似晋

先生①谓宋统似晋,余谓宋多贤君,晋无一主,即宋艺祖②以比司马炎③何如也? 唯其仁柔,是以怯弱,然爱民好士之报,天亦不爽矣。徽、钦虽北辕④,与怀、愍⑤青衣行酒⑥,跣足执盖⑦,实大迳庭。天之厚宋,亦可知也。唐虽稍得,然无主不乱,个个出走。自五丁开道以来,巴蜀遂为唐帝逃窜后户,与汉已大不侔⑧矣。故谓宋比汉不得则可,谓比唐不得则不可,况比晋乎? 晋之司马懿⑨,一名柔奸家奴也,更加以司马师⑩之强悍,马司昭⑪之弑⑫夺,而何可以比艺祖? 司马炎一名得志狭邪⑬也,更济以贾南风⑭之淫妒,问公私之虾蟆⑮,而何可以比太宗⑯? 况仁宗⑰四十年恭俭⑱哉,神宗⑲励精有为哉! 所恨宋主无一刚耳。故余谓唐、宋一也,比之晋则已甚。若康节⑳不答国祚之问,唯取架上《晋纪》㉑以示,见徽、钦事符怀、愍,南渡事似江东㉒,非以是遂为晋比也。

[注释]①先生:指杨慎。 ②宋艺祖:即宋太祖赵匡胤(927～976),北宋王朝的建立者,庙号太祖,汉族,涿州(今河北)人。建隆元年(960),发动陈桥兵变,黄袍加身,代周称帝,建立宋朝,定都开封,结束了五代十国的分裂割据局面。艺祖,指一朝开国的帝王。 ③司马炎(236～290):晋武帝,字安世,河内温人(今河南省焦作市温县),晋朝开国君主。 ④徽、钦虽北辕:宋徽宗和宋钦宗虽然被女真贵族俘虏到北方。北辕,车向北驶;北行。 ⑤怀、愍:晋怀帝、晋愍帝。晋怀帝,司马炽(284～313),字丰度,是西晋的第三代皇帝。晋愍帝,司马邺(300～317),字彦旗,西晋第四任皇帝。 ⑥青衣行酒:穿着奴隶等卑贱者才穿的"青衣"给匈奴贵族斟酒。 ⑦跣足执盖:光着脚为(刘聪)拿便桶盖。 ⑧侔:相同。 ⑨司马懿(179～251):字仲达,司州河内郡温县孝敬里舞阳村(今河南省温县招贤镇)人,出身士族家庭,三国时期魏国大臣,政治家、军事家,西晋王朝的奠基人。 ⑩司马师(208～255):司马炎的伯父。三国时期曹魏大臣。字子元。河内温县(今河南温县西)人。司马懿长子。西晋奠基人之一。晋朝建立后,追尊为景皇帝,庙号世宗。 ⑪马司昭(211～265):字子上,河内温人(今河南温县)。三国时期曹魏权臣,西晋王朝的奠基人之一。 ⑫弑:古时称臣杀君、子杀父母。 ⑬狭邪:指小街曲巷,娼妓居住的地方。这里指浪荡子。 ⑭贾南风(256～300):即惠贾皇后,小名旹(shí),平阳襄陵人(今山西襄汾东北)。貌丑而性妒,因惠帝懦弱而一度专权,是西晋时期"八王之乱"的始作俑者之一。后死于赵王司马伦之手。 ⑮问公私之虾蟆:是说晋惠帝昏庸白痴。 ⑯太宗:即宋太宗赵光义(939～997),宋朝的第二位皇帝。结束了五代十国的分裂割据局面。并且进一步加强中央集权,在位期间,改变唐末以来重武轻文陋习。 ⑰仁宗:即宋仁宗赵祯,真宗子。乾兴元年(1022)即位,初由刘太后垂帘听政,明道二年(1033)太后死,始亲政。在位42年,知人善用,因而其在位时期名臣辈出,国家安定太平,经济繁荣。 ⑱恭俭:恭谨谦逊。 ⑲神宗:即宋神宗赵顼(1048～1085),宋朝第六位皇帝,神宗在位十七年,致力于实现富国强兵的目标。 ⑳康节:即邵雍,见本书卷一《答耿中丞论淡》注。 ㉑《晋纪》:指房

玄龄编写的《晋书》。　㉒江东：指西晋灭亡后，司马睿南迁建康（今南京）后建立的东晋王朝。

逸少经济①

先生②谓逸少"识虑精深，有经济才，而为书名③所盖，后世但以翰墨称之，艺之为累大哉！"卓吾子曰：艺又安能累人？凡艺之极精者，皆神人也，况翰墨之为艺哉！先生偏矣！或曰：先生盖自寓也。

　　[注释]①逸少经济：王羲之经世济民之才能。逸少，即王羲之，字逸少，琅琊临沂（今山东临沂）人。官至右军将军，故又称王右军。东晋书法家。②先生：即杨慎。　　③书名：书法的名声。

孔北海①

"北海大志直节②，东汉名流，而与'建安七子③'并称；骆宾王④劲辞忠愤⑤，唐之义士，而与'垂拱四杰⑥'为列。以文章之末技⑦而掩其立身之大闲⑧，可惜也！"卓吾子曰：文章非末技，大闲岂容掩？先生⑨差矣！或曰：先生皆自况也。

　　[注释]①孔北海：见本书卷一《寄答京友》注。　㉒大志直节：有远大的志向和守正不阿的操守。　③建安七子：指东汉末年汉献帝年间的七位文学家：孔融、陈琳、王粲、徐干、阮瑀、应玚、刘桢。七子中除了孔融因反对曹操而被杀外，其他六人都为曹氏效力，形成曹魏文学集团。　④骆宾王（约640～684）：婺州义乌（今属浙江省）人，唐代文学家，"初唐四杰"之一。有《骆宾王文集》遗世。　⑤劲辞忠愤：用刚劲（jìng）的文辞表达忠义愤激之情。

⑥垂拱四杰:指初唐文学家王勃、杨炯、卢照邻、骆宾王。垂拱,唐武则天年号。四人皆生活于武则天当政时期,故称。　⑦末技:谓不足道的技艺;小技。　⑧大闲:基本的行为准则。　⑨先生:指杨慎。

经史相为表里

经、史一物①也。史而不经②,则为秽史③矣,何以垂戒鉴④乎?经而不史⑤,则为说白话矣,何以彰事实乎?故《春秋》⑥一经,春秋一时之史也。《诗经》⑦、《书经》⑧,二帝三王⑨以来之史也。而《易经》则又示人以经之所自出,史之所从来,为道屡迁,变易匪常,不可以一定执也。故谓六经皆史可也。

[注释]①经、史一物:经和史是一个事物,一回事儿。经:作为思想、道德、行为等标准的书,这里指儒家经典著作。史:史学著作。　②不经:没有根据。　③秽史:歪曲历史本来面目的史书。　④垂戒鉴:流传并引以为戒。垂,流传。　⑤不史:不符合历史事实。　⑥《春秋》:编年体史书名。相传孔子据鲁史修订而成。　⑦《诗经》:中国古代第一部诗歌总集。收集了周朝初年(公元前11世纪)到春秋中期(公元前6世纪)的诗歌305篇。分"风"、"雅"、"颂"三大类。　⑧《书经》:即《尚书》,我国最早的政事史料汇编,真实地反映了这一历史时期的天文、地理、哲学思想、教育、刑法和典章制度等,对后世产生过重要影响。　⑨二帝三王:二帝是指唐尧、虞舜。三王是指夏禹、商汤、周文王。

钟馗①即终葵

杨升庵②曰:"《考工记》③云:'大圭首终葵④。'注:'终葵,椎也。齐人名椎曰终葵。'盖言大圭之首似椎也。

《金石录》⑤以为晋、宋人名。夫以终葵为名矣,后又讹为钟馗。俗又画一神像帖于门首,执椎以击鬼。好怪者便傅会⑥说钟馗能啖⑦鬼。画士又作《钟馗元夕出游图》,又作《钟馗嫁妹图》。文士又戏作《钟馗传》,言钟馗为开元进士,明皇梦见,命工画之。按孙逖⑧、张说⑨文集有《谢赐钟馗画表》,先于开元久矣,亦如石敢当⑩,《急就章》⑪中虚拟人名也。俗便立石于门,书'太山⑫石敢当',文人亦作《石敢当传》。昧者相传,便谓真有其人矣。"

[注释]①钟馗:中国民间传说中能打鬼驱除邪祟的神。旧时民间常挂钟馗的像。 ②杨升庵:即杨慎。 ③《考工记》:作者不详。据传西汉时《周官》缺《冬官》篇而以此补入。书中分别介绍了车舆、宫室、兵器以及礼乐之器等的制作工艺和检验方法,涉及数学、力学、声学、冶金学、建筑学等方面的知识和经验总结。该书在中国科技史、工艺美术史和文化史上都占有重要地位。 ④大圭首终葵:大圭的头部像终葵。圭,一种玉器。 ⑤《金石录》:中国宋代金石学著作。是北宋以前传世钟鼎碑版等金石文字比较全面的集录和研究专著,在中国金石学史上占有重要地位。 ⑥傅会:同"附会"。 ⑦啖(dàn):吃。 ⑧孙逖(tì)(696~761):博州武水(今湖南临武)人。唐朝大臣、史学家,今东昌府区沙镇人。自幼能文,才思敏捷。曾任刑部侍郎、太子左庶子、少詹事等职。有作品《宿云门寺阁》等传世。 ⑨张说(667~730):字道济,原籍范阳(今河北涿州市)。世居河东(今山西永济),后徙洛阳,封燕国公,擅长文学,当时朝廷重要辞章多出其手,尤长于碑文墓志。 ⑩石敢当:旧时家门口或街衢巷口常立一小石碑或石雕武士像,上刻"石敢当"三字,民间以为可禁压不祥。 ⑪《急就章》:又名《急救篇》,字书,主要用于教学童识字,西汉史游撰。 ⑫太山:即泰山。

卓吾子曰:莫怪他谓真有其人也,此物比真人还更长久也。且先生①又安知不更②有钟馗其人乎?终葵二字,亦是后人名之耳。后人可以名终葵,又后人独不可以名钟馗乎?假则皆假,真则皆真,先生勿太认真也!

[注释]①先生:指杨慎。 ②更:确实。

先生又曰:"苏易简①作《文房四谱》②云:'虢州岁贡③钟馗二十枚。'慎按④:砚以钟馗名,亦即《考工记》终葵大圭之义,盖砚形如大圭耳。"

[注释]①苏易简(958～997):字太简,梓州铜山(今属四川)人。以文章知名,有《文房四谱》、《续翰林志》及文集。 ②《文房四谱》:宋苏易简著。记载被称为"文房四宝"的笔、墨、纸、砚四种文具的来历、制作、品类及有关情况。 ③岁贡:古代诸侯或属国每年向朝廷进献礼品。 ④按:(编者、作者等)在正文之外所加的说明或论断。

李卓吾曰:苏易简又以进士钟馗①而讹呼石②为钟馗矣。砚石为钟馗,钟馗为进士,进士为大圭首,大圭首为椎,总之一椎而已,先生勿劳也!

[注释]①进士钟馗:钟馗是进士的说法。 ②呼石:称呼石砚为(钟馗)。

段善本①琵琶

唐贞元②中,长安大旱,诏移两地祈雨。街东有康昆仑③,琵琶号为第一手,自谓街西无己敌也。登楼弹新翻调《绿腰》④。及度曲⑤,街西亦出一女郎,抱乐器登楼弹之,移在枫香调中,妙技入神。昆仑大惊,请与相见,欲拜之为师。女郎更衣出,乃庄严寺段师善本也。德宗闻知,召加奖赏,即令昆仑弹一曲。段师曰:"本领何杂耶?兼带邪声。"昆仑拜曰:"段师神人也。"德宗诏授康昆仑。段师奏曰:"请昆仑不近乐器十数年,忘其本领,然后可授。"

[注释]①段善本:唐代长安庄严寺僧,俗姓段,人称"段师",擅长琵琶。②贞元:唐德宗年号(785~805)。 ③康昆仑:唐代西域康国(今乌兹别克共和国撒马尔罕一带)人。善于弹奏琵琶,后师从段善本。 ④《绿腰》:琵琶曲名。 ⑤度曲:按曲谱弹奏。

卓吾子曰:至哉言乎!学道亦若此矣,凡百①皆若此也。读书不若此,则不如不读;作文不若此,则不如不作;功业不若此,则未可言功业;人品不若此,亦安得谓之人品乎?总之鼠窃狗偷②云耳。无佛处称尊,康昆仑之流也。何足道!何足道!

[注释]①凡百:一切。 ②鼠窃狗偷:原指小偷小摸。这里指识见、才能低浅。

樊敏①碑后

镌石,技也,亦道也。文惠君曰:"嘻!技盖至此乎?"庖丁②对曰:"臣之所好者道也,进③乎技矣。"是以道与技为二,非也。造圣则圣,人神则神,技即道耳。技至于神圣所在之处,必有神物护持,而况有识之人欤!且千载而后,人犹爱惜,岂有身亲为之而不自爱惜者?石工书名,自爱惜也,不自知其为石工也,神圣在我,技不得轻矣。

否则,读书作文亦贱也,宁独镌石之工乎?虽然,刘武良④以精镌书名可也,今世镌工,又皆一一书名碑阴⑤何哉?学步失故,尽相习以为当然,可笑矣!故雕镌者工,则书镌者姓名,碑盖藉镌而传也。镌者或未甚工,而所镌之字与其文,或其文之贤,的然必传于世,则镌石之工亦必镌石以附之。所谓交相附而交相传也。盖技巧神圣,人自重之。能为人重,则必借重于人。然元祐奸党碑,石工常安民乃恳求勿镌姓名于其后,又何耶?

[**注释**]①樊敏(120〜203):字升达,东汉巴郡(郡治在今四川南充县北)太守。为赞颂樊敏事迹,立一石碑,称"樊敏碑"。 ②庖丁:一说是名叫丁的厨师,一说就是厨师。 ③进:超出。 ④刘武良:《樊敏碑》的雕刻者。 ⑤碑阴:石碑背后。

诗　　画

东坡①先生曰:"论画以形似,见与儿童邻。作诗必此诗,定知非诗人。"升庵②曰:"此言画贵神,诗贵韵也。然其言偏,未是至者。晁以道③和之云:'画写物外形,要物形不改;诗传画外意,贵有画中态。'"其论始定。

[**注释**]①东坡:即苏轼,见本书卷二《复焦弱侯》注。 ②升庵:即杨慎。 ③晁以道:即晁说之(1059〜1129),字以道,号景迂,巨野(今山东巨野)人。北宋文人。著有《儒言》等。

卓吾子谓改形不成画,得意非画外,因复和之曰:"画不徒写形,正要形神在;诗不在画外,正写画中态。"杜子美①云:"花远重重树,云轻处处山。"此诗中画也,可以作画本矣。唐人画《桃源图》,舒元舆②为之记云:"烟岚③草木,如带香气。熟视详玩,自觉骨戛④青玉,身入镜⑤中。"此画中诗也,绝艺入神矣。

[注释]①杜子美:即杜甫,见本书卷一《答耿司寇》注。 ②舒元舆:唐婺州东阳(今浙江东阳)人。历官监察御史、刑部员外郎、著作郎等。 ③烟岚:云气。 ④戛(jiá):独特,出众。 ⑤镜:同"境",境界。

吴道子①始见张僧繇②画,曰:"浪得名耳。"已而坐卧其下,三日不能去。庾翼③初不服逸少④,有家鸡野鹜之论⑤,后乃以为伯英⑥再生。

[注释]①吴道子(约680~759):唐朝著名画家,汉族,阳翟(今河南禹州)人。画史尊称吴生,因其深信黄老道学,后改名为"道玄"。被后世尊称为"画圣"。 ②张僧繇:南朝梁画家,吴(郡治今江苏苏州)人。梁天监中为武陵王侍郎,直秘阁知画事,历右军将军、吴兴太守。苦学成才,长于写真,并擅画佛像、龙、鹰,多作卷轴画和壁画。唐朝画家阎立本和吴道子都远师于他。此外,他还善于雕塑,有"张家样"之称。 ③庾翼(305~345):字稚恭。颍川鄢陵(今河南鄢陵)人。东晋中期将领、外戚、书法家,庾亮之弟。庾翼外表风仪秀伟,年轻时便有经世大略。历任参军、从事中郎,后任振威将军、鄱阳太守,转任建威将军、西阳太守。 ④逸少:即王羲之。见本卷《逸少经济》注。 ⑤家鸡野鹜之论:晋人庾翼以家鸡喻自己的书法,以野雉喻王羲之的书法。比喻不同的书法风格。也比喻人喜爱新奇,而厌弃平常的事物。 ⑥伯英:即张芝(?~192),字伯英,敦煌酒泉(今甘肃酒泉)人。东汉书法家。擅长草书,被称为"草圣"。

然则入眼便称好者,决非好也,决非物色之人也,况未必是吴之与庾,而何可以易识。噫!千百世之人物,其不易识,总若此矣。

党　籍　碑①

"安石②误国之罪,本不容诛③;而安石无误国之心,天地可鉴。主意于误国而误国者,残贼之小人也,不待诛也。主意利国而误国者,执拗之君子也,尚可怜也。"

[注释]①党籍碑:即"党人碑"。宋哲宗元祐元年,司马光为相,尽废神宗熙宁、元丰间王安石新法,恢复旧制。绍圣元年章惇为相,复熙丰之制,斥司马光为奸党,贬逐出朝。徽宗崇宁元年,蔡京为宰相,尽复绍圣之法,并立碑于端礼门,书司马光等三百零九人之罪状,后因星变而毁碑。其后党人子孙更以先祖名列此碑为荣,重行摹刻。　②安石:即王安石,见本书卷二《与焦弱侯书》注。　③不容诛:死有余辜。不容,没有容身之地。

卓吾①曰:"公②但知小人之能误国,而不知君子之尤能误国也。小人误国犹可解救,若君子而误国,则未之何矣。何也?彼盖自以为君子而本心无愧也。故其胆益壮而志益决,孰能止之。如朱夫子③亦犹是矣。故余每云贪官之害小,而清官之害大;贪官之害但及于百姓,清官之害并及于儿孙。余每每细查之,百不失一也。"

[注释]①卓吾:指李贽。　②公:指杨慎。　③朱夫子:疑指朱熹,详见本书卷一《又答石阳太守》注。

无 所 不 佩①

王逸②曰:"行②清洁者佩芳③,德光明者佩玉,能解结者佩觿④,能决疑者佩玦⑤。故孔子无所不佩也。"

[注释]①无所不佩:即"去丧无所不佩"。意为服丧期满以后,什么都可以佩带。 ②王逸:见本卷《招魂》注。 ②行:品行。 ③芳:香草。 ④觿(xī):古代一种解结的锥子。 ⑤玦:有缺口的环形佩玉。常用作表示决断的象征物。

李卓吾曰:道学原重外饰,盖自古然矣,而岂知圣人之不然乎?古者男子出行不离剑佩,远行不离弓矢,日逐①不离觿玦。佩玉名为随身之用,事亲之物②,其实思患豫防③,文武兼设,可使由而不可使知之道也,与井田寓兵④同括矣。意不在文饰,特假名为饰耳。后人昧其实也,以是为美饰而矜之。务内者从而生厌曰:"是皆欲为侈观者,何益之有!"故于今并不设备,而文武遂判。非但文士不知武备,至于武人居常走谒⑤,亦效文装矣:宽衣博带,雍雍如也,肃肃如也。一旦有警,岂特文人束手,武人亦宁可用耶?

[注释]①日逐:每天,经常。 ②事亲之物:古代礼制,儿子晨起去侍奉父母,必须佩带些供父母随时使用的用具,包括一些玉制品。 ③豫防:即预防。 ④井田寓兵:李贽认为上古时代的井田制就包含了武备的用意,同时也起到了武备的作用。 ⑤居常走谒:平时在家和外出访客。

荀卿李斯吴公①

升庵先生②曰:"以荀卿大儒,而弟子有焚书坑儒之李斯;以李斯为师,而弟子有治行③第一之吴公。人之贤否,信在自立,不系师友也。"卓吾子曰:能自立者必有骨④也。

有骨则可藉⑤以行立。苟无骨,虽百师友左提右挈⑥,其奈之何?一刻无人,一刻站不得矣。然既能行立,则自能奔走求师,如颜、曾⑦辈之于孔子然,谓其不系师友,亦非也。

[注释]①荀卿李斯吴公:荀卿,即荀况(前313～前238),名况,时人尊而号为"卿";因"荀"与"孙"二字古音相通,故又称孙卿。战国时期赵国人,著名思想家,教育家,儒家代表人物之一,对儒家思想有所发展,提倡性恶论,常被与孟子的性善论比较。荀况对重整儒家典籍也有相当的贡献。李斯,见本卷《思旧赋》注。　②升庵先生:即杨慎。　③治行:为政有政绩。　④骨:骨气,气节。　⑤藉:依赖,依靠。　⑥左提右挈(xié):左右辅佐。　⑦颜、曾:指孔子的弟子颜渊和曾参。

宋人讥荀卿①

宋人谓卿之学不醇,故一传于李斯,即有坑儒焚书之祸。夫弟子为恶而罪及师,有是理乎?若李斯可以累荀卿,则吴起亦可以累曾子矣。《盐铁论》②曰:"李斯与苞丘子③同事荀卿,而苞丘子修道④白屋之下⑤。"卓吾子曰:使李斯可以累荀卿,则苞丘子亦当请封荀子矣。

[注释]①宋人讥荀卿:宋代学者批评荀子的言论很多。荀卿,见本卷《荀卿李斯吴公》注。　②《盐铁论》:西汉桓宽编著。记录汉昭帝时盐铁会议的文献。　③苞丘子:《盐铁论》作包丘子,即浮丘伯,齐(今山东临淄)人。曾游师于荀子。　④修道:研修儒家之道。　⑤白屋之下:指条件简陋。

季文子三思①

文子相三君②,其卒也无衣帛之妾,食粟之马,无重器备,左氏③侈然④称之。黄东发⑤曰:"行父⑥怨归父谋去三家,至扫四大夫之兵以攻齐。方公子遂弑君立宣公,行父之不能讨,反为之再如齐纳赂焉。又帅师城莒⑦之诸、郓⑧二邑以自封殖⑨,其为妾马金玉也多矣,是即王莽⑩之谦恭也。时人皆信之,故曰'季文子三思而后行。'夫子⑪不然之,则曰'再思可矣'。若曰:'再尚未能,何以云三思也?'使能再思,不党篡⑫而纳赂,专权而兴兵,封殖以肥己矣。文公⑬不得其辞,乃云'思至于三,则私意起而反惑'。诚如其言,则《中庸》所谓'思之不得弗措也',管子⑭所谓'思之思之又重思之,思之不通,鬼神将通之',吴臣⑮劝诸葛恪⑯十思者,皆非矣。"

[**注释**]①季文子三思:季文子每件事考虑多次才行动。语出《论语·公冶长》。季文子(？～前568),即春秋时鲁国大夫季孙行父。谥号"文",故称季文子。 ②三君:即鲁宣公、成公、襄公。 ③左氏:即左丘明。春秋晚期鲁国史官,双目失明。 ④侈然:夸诞的样子。 ⑤黄东发:黄震,字东发,南宋慈溪(今浙江慈溪)人。理宗宝祐进士。学宗朱熹。著有《古今纪要》、《黄氏日钞》等。 ⑥行父:即季文子。 ⑦城莒:派兵驻防在莒。莒,春秋诸侯国名。故址在今山东莒县。 ⑧诸、郓:古邑名,均为鲁地。诸,在今山东诸城西南。郓,在今山东沂水北。 ⑨封殖:这里指扩大势力。 ⑩王莽(前45～23):字巨君。西汉末以外戚掌握政权。改国号为"新"。公元8～23年在位。 ⑪夫子:即孔子。 ⑫党篡:结党篡权。 ⑬文公:即朱熹。 ⑭管子:即管仲。见本书卷一《复周南士》注。 ⑮吴臣:即吕岱(161～256),字定公,广陵海陵(今江苏泰州)人。 ⑯诸葛恪(203～253):字元逊,三国时琅琊阳都(今山东沂南南)人。诸葛亮之侄。

卓吾曰:周公①之圣,唯在于思兼,思而不合,则夜以继日。一夜一日,思之又何止三也?朱子盖惑于圣人慎思之说,遂以三思为戒。唯其戒三思,是以终身不知圣人之慎思也。我愿学者千思万思,以思此"慎思"二字。苟能得慎思之旨于千思万思之中,则可以语思诚之道矣,区区一季文子何足以烦思虑乎!

[注释]①周公:即周公旦。

陈恒①弑君②

升庵先生③曰:"孔子沐浴而朝,于义尽矣。胡氏乃云'仲尼此举,先发后闻可也'。是病④圣人之未尽也。果如胡氏之言,则不告于君而擅兴甲兵,是孔子先叛矣,何以讨人哉!胡氏释之于《春秋》,朱子引之于《论语》,皆未知此理也。岳飞金牌之召,或劝飞勿班师。飞曰:'此乃飞反,非桧反也。'始为当于义矣。"

[注释]①陈恒:名恒,又名常,春秋末期齐国大夫。杀掉齐简公,掌握了齐国政权。 ②弑君:杀掉君主。弑,古代卑幼杀死尊者为弑。 ③升庵先生:即杨慎。 ④病:责备。

李卓吾曰:世固有有激而为者,不必问其为之果当也;有有激而言者,不必问其能践言与否也。哀其志可也,原其心可也,留之以为天下后世之乱臣贼子惧可也。何必说尽道理,以长养乱贼之心乎?若说非义,则孔子沐浴之请亦非义矣。何也?齐人弑君,与鲁何与也?鲁人尚无与,又何与于家居不得与闻政事之孔子也?不得与而与,是出位之僭也。明知哀公三子皆不可与言而言,是多言之穷也。总之为非义矣。总之为非义,然总之为出于义之有所激也,总之为能使乱臣贼子惧也,即孔子当日一大部《春秋》也,何待他日笔削《鲁史》①而后谓之《春秋》哉!先正②蔡虚斋③有《岳飞班师》一论,至今读之,犹令人发指冠④,目裂眦,欲代岳侯杀秦桧、灭金虏而后快也,何可无此议论也?明知是做不得,说不得,然安可无此议论乎?安得无此议论乎?

[注释]①《鲁史》:鲁国官方记载当时历史的史书。 ②先正:先贤。③蔡虚斋(1452～1503):即蔡清,字介夫,号虚斋,明代福建晋江(今福建泉州)人。以善《周易》著名。著有《四书蒙引》等。 ④发指冠:与下文中的"目裂眦",都是形容非常愤怒的样子。

王 半 山①

半山谓荆轲②豢③于燕④,故为燕太子丹⑤报秦。信斯言也,亦谓吕尚⑥豢于周,故为周伐纣乎?相知在心,岂在豢也,半山之见丑矣。且荆卿亦何曾识燕丹哉!只无奈相知如田光⑦者荐之于先,又继以刎颈送之于后耳。荆卿至是,虽欲不死,不可得矣。故余有《咏荆卿》一首云:"荆卿原不识燕丹,祇⑧为田光一死难。慷慨悲歌为击筑⑨,萧萧易水⑩至今寒。"又有《咏侯生》二首云:"夷门⑪画策却秦兵,公子⑫夺符⑬出魏城。上客⑭功成心遂死,千秋万岁有侯嬴。"又:"晋鄙合符果自疑,挥锤运臂有屠儿⑮。情知不是信陵客,刎颈迎风一送之。"盖朱亥于公子相知不深，又值侯生功成名立之际，遂以死送之耳。虽以死送公子，实以死送朱亥也。丑哉宋儒之见，彼岂知英雄之心乎！盖古人贵成事，必杀身以成之；舍不得身，成不得事矣。

[**注释**]①王半山：即王安石，见本书卷二《与焦弱侯书》注。 ②荆轲（？～前227）：姜姓。战国末期卫国人，战国时期著名刺客，受燕太子丹之托入刺秦王，被秦王拔剑所杀。 ③豢（huàn）：喂养，特指喂养牲畜。这里是指王安石认为荆轲在燕国地位低下。 ④燕：即战国时诸侯国之一燕国，在今天的河北、辽宁一带，公元前222年被秦国所灭。 ⑤燕太子丹：即燕丹（？～前226），战国末期燕王喜的儿子。曾被作为人质送往秦国，后逃归。因患秦军攻打燕国，公元前227年派荆轲入秦刺杀秦王政，失败。次年秦军攻破燕国，燕丹逃奔辽东，被燕王喜斩首献给秦国。 ⑥吕尚：即姜尚，详见本书卷一《复周南士》注。 ⑦田光：燕国处士，学识渊博，智勇双全，素称燕国勇士。 ⑧祗（zhī）：通"只"。 ⑨筑：古代弦乐器，形似琴，有十三弦。演奏时，左手按弦的一端，右手执竹尺击弦发音。 ⑩易水：水名。在河北省西部。源出易县境，入南拒马河。荆轲入秦行刺秦王，燕太子丹饯别于此。 ⑪夷门：魏都城大梁（今河南开封）东门。这里指侯嬴，因其当时是那里守门的役吏。 ⑫公子：指信陵君魏无忌。 ⑬符：古代朝廷传达命令或征调兵将用的凭证。 ⑭上客：指侯嬴。 ⑮屠儿：指朱亥，他在魏国以屠宰为业，侯嬴推荐他随信陵君前往晋鄙处，准备在晋鄙生疑而不交兵权时击杀之，后来朱亥果然挥起袖子中藏着的铁锤击杀晋鄙。

为赋而相灌输①

"为赋"二字甚明，何说未明也？盖为赋而相灌输，非为商而相灌输也。为赋而相灌输，即如今计户纳粮运租②之类；为商而相灌输，乃是驱农民以效商贾之为。夫既驱农民以效商矣，又将驱何民以事农乎？若农尽为商，则田尽不辟，又将以何物为赋而相输灌也？曷不若令商自为之，而征其税之为便乎？农有租赋之入，商有征税之益，两利兼收，愚人亦知，而谓武帝③不知耶？盖当时霍子孟④辈，已不晓桑大夫⑤均输之法⑥之善矣，何况班孟坚⑦哉！俗士不可语于政，信矣。

[注释]①为赋而相灌输：（把农民的可卖物资）作为赋税参与商品流通。这是司马迁在《史记》卷三〇《平准书》中，对桑弘羊所推行的均输法政策的概括。赋，税。灌输，商品流通买卖。　②运租：上缴租赋。　③武帝：即汉武帝刘彻。　④霍子孟：霍光（？～前68），字子孟，河东平阳（今山西临汾）人，西汉权臣、政治家，麒麟阁十一功臣之首，汉将霍去病异母弟，汉昭帝皇后上官氏外祖父，汉宣帝皇后霍成君之父。历经汉武帝、汉昭帝、汉宣帝三朝，期间曾主持废立昌邑王。汉宣帝地节二年（前68），霍光去世，过世后第二年霍家因谋反被族诛。　⑤桑大夫：即桑弘羊（？～前80），西汉洛阳（今河南洛阳东）人，西汉政治家、财政大臣，事汉武帝、汉昭帝两朝，任御史大夫等职，因功赐爵。在武帝大力支持下，先后推行算缗、告缗、盐铁官营、均输、平准、币制改革、酒榷等经济政策，同时组织六十万人屯田戍边，防御匈奴。　⑥均输之法：各郡置均输官，其贡品除品质特优者仍须运送京师外，一般贡品不再运送，或由当地均输官运往邻近高价地区售卖，或将贡品按当地售价折成现金，再另购丰产而廉价的商品运往高价地区发售。这样，既可减少以往贡品运送造成的损失，又可相对减轻民户负担，同时还增加了财政收入。　⑦班孟坚：即班固。

文公①著书

"朱文公谈道著书，百世宗之。然观其评论古今人品，诚有违公是而远人情者。王安石引用奸邪，倾覆宗社②也,乃列之《名臣录》而称其道德文章;苏文忠③道德文章,古今所共仰也,乃力诋之,谓得行其志,其祸又甚于安石。夫以安石之奸,则未减其已著之罪;以苏子之贤,则巧索④其未形之短。此何心哉?"卓吾子曰:文公非不知坡公也。坡公好笑道学,文公恨之,直欲为洛党⑤出气耳,岂其真无人心哉!若安石自宜取。

[注释]①文公:指朱熹。 ②倾覆宗社:使国家亡绝。宗社,宗庙和社稷,泛指国家。 ③苏文忠:即苏轼,号东坡,见本书卷《复焦弱侯》注。 ④巧索:费尽心机地搜索。 ⑤洛党:宋哲宗元佑年间,反对王安石新法的朝臣三党之一,以程颐为首,主要成员有朱光庭、贾易等。因程颐是洛阳人,故称。

先生①又曰:"秦桧之奸,人皆欲食其肉,文公乃称其有骨力②;岳飞之死,今古人心何如也,文公乃讥其横,讥其直向前厮杀。汉儒如董如贾③,皆一一议其言之疵,诸葛孔明名之为盗,又议其为申、韩④;韩文公⑤则文致其大颠⑥往来之书,亹亹⑦千余言,必使之不为全人而后已。盖自周、孔⑧而下,无一人得免者。忆文公注《毁誉章》云:'圣人善善速,而恶恶则已缓矣。'又曰:'但有先褒之善,而无预诋之恶。'信斯言也,文公于此,恶得为缓乎?无乃自蹈于预诋人之恶也?"卓吾子曰:此俱不妙,但要说得是耳。一苏文忠尚不知,而何以议天下之士乎?文忠困厄一生,尽心尽力干办国家事一生。据其生平,了无不干之事,亦了不见其有干事之名,但见有嬉笑游戏⑨、翰墨⑩满人间耳。而文公不识,则文公亦不必论人矣。

[注释]①先生:指杨慎。 ②骨力:骨气,气节。 ③如董如贾:如董仲

舒和贾谊。　④申、韩：指申不害和韩非。申不害，见本卷《晁错》注。韩非（约前280～前233），韩国公子（即国君之子），战国末期韩国（今河南省新郑）人。是中国古代著名的哲学家、思想家，政论家和散文家，法家思想的集大成者，后世称"韩子"或"韩非子"，中国古代著名法家思想的代表人物。著《孤愤》、《五蠹》、《说难》等十余万言。　⑤韩文公：指韩愈（768～824），字退之，出生于河南河阳（今河南孟县），祖籍郡望昌黎郡（今河北省昌黎县），自称昌黎韩愈，世称韩昌黎。晚年任吏部侍郎，又称韩吏部。卒谥文，世称韩文公。唐代文学家，与柳宗元共同倡导中国唐代古文运动，合称"韩柳"。苏轼称赞他"文起八代之衰，道济天下之溺，忠犯人主之怒，勇夺三军之帅"（八代：东汉、魏、晋、宋、齐、梁、陈、隋）。其散文及诗，均有名。著作有《昌黎先生集》。　⑥大颠（732～824）：颍川（今河南许昌）人，唐代著名高僧，俗名陈宝通（一说姓杨）。德宗贞元时，在潮州创灵山禅院，四方学者会集于此。著有《心经释义》、《金刚经释义》等。　⑦亹亹(wěi wěi)：无休无止。　⑧周、孔：指周公和孔子。　⑨嬉笑游戏：犹戏谑，用诙谐有趣的话开玩笑。　⑩翰墨：笔墨，指文章。

《闇然堂类纂》①引

《闇然堂类纂》者何？潘氏所纂以自为鉴戒之书也。余读而善之，而目力②竭于既老，故复录其最者以自鉴戒焉。

[注释]①《闇然堂类纂》：明代潘士藻著，共六卷。　②目力：视力。

夫余之别潘氏多年矣，其初直谓是木讷①人耳，不意其能刚也。大抵二十余年以来，海内之友寥落如晨星，其存者或年往志尽，则日暮自倒，非有道而塞变，则盖棺犹未定也。其行不掩言，往往与卓吾子相类。乃去华之于今日,其志益坚,其气益实,其学愈造②而其行益修,断断乎可以托国托家而托身也。非其暗室屋漏③,暗然自修,不忘鉴戒,安能然乎?设余不见去华,几失去华也。余是以见而喜,去而思,思而不见则读其书以见之,且以示余之不忘鉴戒,亦愿如去华也。

[注释]①木讷:质朴而不善言辞。 ②造:造诣,学业达到的境界。③暗室屋漏:这里指虽处偏僻之处,而不忘追求进步。

夫鉴戒之书,自古有之,何独去华?盖去华此纂皆耳目近事,时日尚新,闻见罕接①,非今世之士人所常谈。譬之时文,当时则趋,过时则顽②。又譬之于曲则新腔,于词则别调③,于律则切响④,夫谁不侧耳而倾听乎?是故喜也。喜则必读,读则必鉴必戒。

[注释]①闻见罕接:人们不常听说看见的事情。 ②顽:老旧。 ③别调:别具一格的格调。 ④切响:重浊的字音。古人写诗讲究字音的轻重、清浊搭配得当,以求音节和谐。

朋　友　篇

去华①友朋之义最笃,故是纂②首纂《笃友谊》③。夫天下无朋久矣。何也?举世皆嗜利,无嗜义者。嗜义则视死犹生,而况幼孤之托,身家之寄,其又何辞也?嗜利则虽生犹死,则凡攘臂④而夺之食,下石⑤以灭其口,皆其能事矣。今天下之所称友朋者,皆其生而犹死者也。此无他,嗜利者也,非嗜友朋也。今天下曷尝有嗜友朋之义哉！既未尝有嗜义之友朋，则谓之曰无朋可也。以此事君，有何赖焉？

[注释]①去华：即潘士藻。　②是纂：即潘士藻编纂的《闇然堂类纂》。③首纂《笃友谊》：《闇然堂类纂》第一卷首先是关于友谊的内容。　④攘臂：撸起袖子，伸出胳膊。形容激奋之貌。　⑤下石：往井下丢石块。比喻乘人之危加以陷害。

阿寄传①

钱塘田豫阳汝成②有《阿寄传》。阿寄者，淳安③徐氏仆④也。徐氏昆弟⑤别产而居：伯得一马，仲得一牛，季寡妇得寄。寄年五十余矣，寡妇泣曰："马则乘，牛则耕，踉跄老仆，乃费吾藜羹⑥！"阿寄叹曰："噫！主谓我力不牛马若耶？"乃画策营生，示可用状。寡妇悉簪珥之属⑦，得金一十二两畀⑧寄，寄则入山贩漆，期年⑨而三其息，谓寡妇曰："主无忧，富可立至矣。"又二十年而致产数万金，为寡妇嫁三女，婚两郎，赍聘⑩皆千金。又延师教两郎，皆输粟入太学，而寡妇阜然财雄一邑矣。顷之，阿寄病且革⑪，谓寡妇曰："老奴马牛之报尽矣。"出枕中二楮⑫，则家计巨细悉均分之，曰："以此遗两郎君！"言讫而终。徐氏诸孙或疑寄私蓄者，窃启其箧⑬，无寸丝粒粟之储焉。一妪一儿，仅敝缊⑭掩体而已。余盖闻之俞鸣和。又曰："阿寄老矣，见徐氏之族，虽幼必拜，骑而遇诸途，必控勒将数百武以为常。见主母⑮不睇视⑯，女虽幼，必传言，不离立也。"若然，则缙绅读书明礼义者，何以加诸？以此心也，奉其君亲，虽谓之大忠纯孝可也。

[注释]①阿寄传：《醒世恒言》卷三十五中有之，题为《徐老仆义愤成家》。 ②田豫阳汝成：田汝成(1503～1557)，字叔禾，原为钱塘(今杭州)人，因与诗人蒋灼交厚，移家居余杭方山。明嘉靖五年(1526)进士。曾任南京刑部主事、礼部主事等职。曾因违忤帝意遭贬谪。以后又擢为贵州佥事。再调任广西右参军，分守右江。 ③淳安：今浙江淳安。 ④徐氏仆：徐氏的仆人。 ⑤昆弟：兄弟。 ⑥藜(lí)羹：用藜菜作的羹。泛指粗劣的食物。 ⑦簪珥之属：簪子耳饰之类。泛指金银首饰。珥，用珠子或玉石做的耳环。 ⑧畀(bì)：给与。 ⑨期(jī)年：亦作"朞年"。一年。 ⑩赍(jī)聘：这里指聘礼。赍，把东西送给别人。 ⑪革(jí)：急切，加剧。 ⑫楮(chǔ)：纸的代称。 ⑬箧(qiè)：箱子一类的东西。 ⑭敝缊(yùn)：破旧的袍子。缊，缊袍，以乱麻为絮的旧袍子。 ⑮主母：主家的女性长辈。 ⑯睇(dì)视：斜着眼睛看。表示不礼貌的样子。

去华①曰："阿寄之事主母，与李元之报主父②何以异？余尤嘉其终始以仆人自居也。三读斯传，起爱起敬，以为臣子而奉君亲③者能如是，吾何忧哉？"

[注释]①去华：即潘士藻。 ②李元之报生主父：据《后汉书》卷八一《独行列传》，李元当为李善之误。李善，字次孙，东汉南阳(今河南南阳)人。原为同县富翁李元的奴仆。当时疫疾流行，李元家人相继而死，只留下刚刚几个月大的孤儿李续。其他奴婢共计商议，欲谋杀李续，分其财产。李善得知后带着李续外逃，亲自哺养遗孤，生活相当艰难。后终于带李续回南阳，整理李家旧业。并得到统治者的褒奖，先后被召拜为太子舍人，后又官日南郡(今越南南部)太守。李续则官至河间国(今河北文安、河间、交河一带)相。 ③君亲：君主和父母。

李卓吾曰：父子天性也。子而逆天①，天性何在？夫儿尚不知有父母，尚不念昔者乳哺顾复②之恩矣，而奴反能致孝以事其主。然则其天定③者虽奴亦自可托，而况友朋；虽奴亦能致孝，而况父子。彼所谓天性者，不过测度④之语；所谓读书知孝弟⑤者，不过一时无可奈何之辞耳。奴与主何亲也？奴于书何尝识一字也？是故吾独于奴焉三叹，是故不敢名之为奴，而直曰我以上人。且不但我以上人也，彼其视我正如奴矣。何也？彼之所为，我实不能也。

[注释]①逆天：违背天性。　②顾复：反复回视，形容父母对子女爱护有加。后来因以用来指父母的养育之恩。　③天定：天然生成，秉持天性。④测度：大致揣度。　⑤孝弟：即孝悌，孝顺父母，敬爱兄长。

孔明为后主写申韩管子六韬①

唐子西②云："人君不论拨乱③守文④，要以制略⑤为贵。《六韬》⑥述兵权，多奇计，《管子》⑦慎权衡，贵轻重；《申》、《韩》⑧覈名实⑨，攻事情⑩。施之后主，正中其病。药无高下，要在对病。万全良药，与病不对，亦何补哉？"又观《古文苑》⑪载先主⑫临终敕⑬后主之言曰："申、韩之书，益人意智，可观诵之！"《三国志》⑭载孟孝裕⑮问郤正太子⑯，正以虔恭仁恕答。孝裕曰："如君所道，皆家门⑰所有耳。吾今所问，欲知其权略知调⑱何如也。"

[注释]①孔明为后主写申韩管子六韬：孔明即诸葛亮，见本卷《岳王与施全》注。后主指三国时蜀汉后主刘禅（shàn），字公嗣，或字升之，小名阿斗，刘备之子。刘备去世后继位成为蜀汉皇帝。刘禅初为皇帝时，对诸葛亮非常

信任,军国大事全权委任于诸葛亮。诸葛亮、蒋琬等贤臣相继去世后,刘禅自身无力把持国政,宦官黄皓开始专权,迫使姜维外出屯田避乱,蜀汉逐渐衰败。后魏国大举征伐蜀汉,刘禅投降,汉朝灭亡。刘禅举家迁往洛阳,被封为安乐公。写:抄写,誊录。 ②唐子西:即唐庚(1070～1120),北宋诗人。字子西。眉州丹棱(今属四川)人。绍圣进士,为宗子博士。经宰相张商英推荐,授提举京畿常平。商英罢相,庚亦被贬,谪居惠州。后遇赦北归,复官承议郎,提举上清太平宫。后于返蜀道中病逝。 ③拨乱:即拨乱世,治理乱世,指封建君主开国创业。 ④守文:遵循先王法度。指继位的国君要保持继承的事业。 ⑤制略:讲求法制和策略。 ⑥《六韬》:又称《太公六韬》、《太公兵法》,旧称周初太公望(即吕尚、姜子牙)所著,普遍认为是后人依托,作者已不可考。现在一般认为此书成于战国时代。全书以太公与文王、武王对话的方式编成。 ⑦《管子》:以中国春秋时代政治家、哲学家管仲命名,其中也记载了管仲死后的事情,并非管仲所著,但绝大部分的思想资料是属于管仲学派的,它所体现的政治、经济和哲学思想,是中国古代杰出的思想成就。 ⑧《申》、《韩》:《申》即《申子》,战国中期申不害著。内容多刑名权术之学,属于法家著作。已失传,我们所能看到的只是别人引用的零章断句,比较完整的只有《群书治要》卷三六所引《大体篇》。《韩》即《韩非子》,是中国先秦时期法家代表思想家人物韩非的论著,为先秦法家集大成的思想作品,内容充满批判与汲取先秦诸子多派的观点。同时也是中国历史上第一部对《道德经》加以论注的思想著作。 ⑨覈(hé)名实:核实名称与实际是否一致。覈,核的异体字,核实,检验。 ⑩攻事情:研究事物的实际情况。攻,研究。情,实情,真相。 ⑪《古文苑》:古诗文总集。编者不详。 ⑫先主:即三国时期蜀汉昭烈帝刘备(161～223),字玄德,涿郡涿县(今河北涿县)人。蜀汉政权的开创者。 ⑬敕(chì):帝王的诏书、命令。 ⑭《三国志》:西晋陈寿著,共六十五卷,分《魏书》、《蜀书》、《吴书》。 ⑮孟孝裕:孟光,字孝裕,河南洛阳(今河南洛阳)人。刘备时为议郎,刘禅时为大司农。 ⑯问郤正太子:向郤正问太子刘禅的为人。郤正:字令先,河南偃师(今河南偃师)人。刘禅时为秘书令。 ⑰家门:古时称卿大夫的家为家门。这里指一般贵族人家的子弟。 ⑱知(zhì)调:智慧,才干。"知"通"智"。

由此观之，孔明①之喜申、韩审矣。然谓其为对病之药，则未敢许。夫病可以用药，则用药以对病为功，苟其用药不得，则又何病之对也？刘禅之病，牙关紧闭，口噤不开，无所用药者也，而问对病与否，可欤？且申、韩何如人也？彼等原与儒家分而为六。既分为六，则各自成家；各自成家，则各各有一定之学术，各各有必至之事功。举而措之，如印印泥，走作②一点不得也。独儒家者流，泛滥而靡所适从，则以所欲者众耳。故汲长孺③谓其内多欲而外施仁义，而论六家要指者，又以"博而寡要，劳而少功"④八字盖之，可谓至当不易之定论矣。孔明之语后主曰："苟不伐贼，王业⑤亦亡。与其坐而待亡，孰与伐之？"是孔明已知后主之必亡也，而又欲速战以幸其不亡，何哉？岂谓病虽进不得药，而药终不可不进，以故犹欲侥幸于一逞乎？吾恐司马懿⑥、曹真⑦诸人尚在，未可以侥幸也。六出祁山⑧，连年动众，驱无辜赤子转斗⑨数千里之外，既欲爱民，又欲报主，自谓料敌之审，又不免幸胜之贪，卒之胜不可幸，而将星⑩于此乎终陨矣。盖唯多欲，故欲兼施仁义；唯其博取，是以无功徒劳。此八字者，虽孔明大圣人不能免于此矣。

[注释]①孔明：指诸葛亮，见本卷《岳王并施全》注。　②走作：走样，偏差。　③汲长孺：汲黯（？～前112），西汉濮阳（今濮阳西南）人，字长孺。汉景帝时汲黯为太子洗马（太子家宦，太子出入时为先导），汉武帝时任中大夫；因常规劝武帝，武帝不耐烦，调为东海郡太守，继为主爵都尉，是汉代著名的直谏之臣。　④博而寡要，劳而少功：意为儒家学说内容庞杂而缺乏要旨，费力大收效甚微，所以他们所说的事情很难全都做到。　⑤王业：帝王的事业。

这里指蜀汉政权。　⑥司马懿:见本卷《宋统似晋》注。　⑦曹真(？～230)：字子丹,曹操族子,被曹操待若亲子,曾统领虎豹骑,征战有功,封侯。　⑧六出祁山:传说三国时诸葛亮曾六出祁山攻魏。　⑨转斗:转战。　⑩将星:古人认为帝王将相与天上星宿相应,将星即象征大将的星宿。

　　愚①尝论之,成大功者必不顾后患,故功无不成,商君之于秦②,吴起之于楚③是矣。而儒者皆欲之,不知天下之大功,果可以顾后患之心成之乎否也,吾不得而知也。顾后患者必不肯成天下之大功,庄周之徒是已。是以宁为曳尾之龟④,而不肯受千金之币;宁为濠上之乐⑤,而不肯任楚国之忧⑥。而儒者皆欲之,于是乎又有居朝廷则忧其民,处江湖则忧其君之论。不知天下果有两头马⑦乎否也,吾又不得而知也。墨子⑧之学术贵俭,虽天下以我为不拔一毛不恤也,商子⑨之学术贵法,申子之学术贵术,韩非子之学术兼贵法、术,虽天下以我为残忍刻薄不恤也。曲逆⑩之学术贵诈,仪⑪秦之学术贵纵横⑫,虽天下以我为反覆不信不恤也。不惮五就之劳⑬,以成夏、殷之绩,虽天下后世以我为事两主⑭而兼利,割烹要而试功⑮,立太甲而复反可也。此又伊尹之学术以任,而直谓之能忍诟焉者也。以至谯周⑯、冯道⑰诸老宁受祭器归晋⑱之谤,历事五季之耻,而不忍无辜之民日遭涂炭,要皆有一定之学术,非苟苟者。各周于用,总足办事,彼区区者欲选择其名实俱利者而兼之,得乎？此无他,名教⑲累之也。以故瞻前虑后,左顾右盼。自己既无一定之学术,他日又安有必成之事功耶？而又好说"时中"⑳之语以自文,又况依仿陈言，规迹往事，不敢出半步者哉！故因论申、韩而推言之，观者幸勿以为余之言皆经史之所未尝有者可也。

[注释]①愚：李贽自己的谦称。 ②商君之于秦：商鞅辅助秦孝公变法，奠定了秦国富强的基础。商君，即商鞅。 ③吴起之于楚：吴起辅佐楚悼王实行变法，促进了楚国富强。 ④曳尾之龟：拖着尾巴在泥巴里爬的乌龟。 ⑤濠上之乐：在濠水里自由游乐。 ⑥楚国之忧：去楚国做官。 ⑦两头马：长着两个头的马。这里借此讽刺儒家学者既想成大功又顾后患之思想和行为。 ⑧墨子（约前468~前376）：春秋战国之际思想家、政治家，墨家的创始人，名翟。相传原为宋国人，后长期住在鲁国，收徒讲学，成为儒家的反对派。主张"兼爱"，即天下人应相爱互利，不应有亲疏贵贱之别。著作编入《墨子》。 ⑨商子：指商鞅。 ⑩曲逆：指陈平（？~前178）汉初大臣，阳武（今河南原阳东南）人。陈胜起义后，先投魏王咎，后又随项羽入关。不久归刘邦，任护军中尉，建议用反间计使项羽去谋士范增，并以爵位笼络大将韩信，被刘邦采纳。汉朝建立后封曲逆侯。惠帝、吕后时任丞相，因吕氏专权而不治事。吕后死，与周勃定计诛杀吕产、吕禄等，迎立文帝，任丞相。 ⑪仪：指张仪。 ⑫纵横：指合纵连横。 ⑬不惮五就之劳：指伊尹曾五次找到夏桀，后又五次找到商汤，要求为他们效劳。惮，害怕，担心。 ⑭两主：指夏桀和商汤。 ⑮割烹要而试功：以割烹之技求得功业。 ⑯谯周（201~270）：三国时蜀汉巴西郡西充国县（县治在今阆中市天宫乡宝珠村）人，字允南。通经学，善书札。诸葛亮领益州牧，任为劝学从事，后任中散大夫、光禄大夫。炎兴元年（263），魏军攻蜀，兵临城下，谯周认为"分久必合"，劝蜀主刘禅降魏，以免成都百姓受戮，于是刘禅出降，为结束三国纷争走出了重要一步。谯周因此受魏封为阳城亭侯。著有《五经论》等著作。 ⑰冯道：冯道历五代十帝，中国历史上唯一的"十朝元老"。 ⑱祭器归晋：指人们对谯周劝刘禅降魏的非议。祭器，祭祀祖先的礼器，这里代指国家政权。 ⑲名教：指以正名定分为主的封建礼教。 ⑳时中：儒家谓立身行事，合乎时宜。

参考书目

杨建业、张岱注:《焚书注》(上、下),社会科学文献出版社2013年版。
[明]李贽著,张建业、张幼生主编:《李贽文集》,中国社会科学文献出版社2000年版。
[明]李贽著,陈仁仁校释:《焚书·续焚书校释》,岳麓书社2011年版。
厦门大学历史系编:《李贽研究参考资料》(第一辑、第二辑、第三辑),福建人民出版社1976年版。
许苏民、匡亚明:《李贽评传》(上、下),南京大学出版社2011年版。
容肇祖:《李卓吾评传》,商务印书馆1936年版。
吴泽:《儒教叛徒李卓吾》,华夏书店1949年版。
敏泽:《李贽》,上海古籍出版社1984年版。
杨建业:《李贽评传》,福建人民出版社1981年版。
嵇文甫:《晚明思想史论》,北京出版社2014年版。
许建平:《李贽思想演变史》,人民出版社2005年版。
司马朔:《李贽评传——一个异端思想家的心灵史》,广西师范大学出版社2010年版。
黄仁宇:《万历十五年》,中华书局1982年版。
何心隐:《何心隐集》,中华书局1960年版。
袁宗道著、孟祥荣笺校:《袁宗道集笺校》,湖北人民出版社2003年版。

袁宏道:《袁宏道集笺校》,上海古籍出版社1981年版。

袁中道:《珂雪斋集》,上海古籍出版社1989年版。

钱谦益:《列传诗集小传》,古典文学出版社1957年版。

严复:《严复集》,中华书局1986年版。

吴虞:《吴虞集》,四川人民出版社1985年版。

侯外庐、邱汉生等:《宋明理学史》出版社1984年版。

[意]利玛窦著、[比]金尼阁整理,何高济、王遵仲、李申译,何兆武校:《利玛窦中国札记》,中华书局1983年版。

[日]沟口雄三著,陈耀文译:《中国前近代思维的曲折与展开》,上海人民出版社1997年版。

[日]岛田虔次著,甘万萍译:《中国近代思维的挫折》,江苏人民出版社2005年版。

近期国学读物要目

国学新读本

诗经　梁锡锋　注说
论语　臧知非　注说
尚书　姜建设　注说
国语　曹建国　张玖青　注说
孔子家语　杨朝明　注说
山海经　郑慧生　注说
墨子　苏凤捷　程梅花　注说
孟子　何晓明　周春健　注说
庄子　曹础基　注说
荀子　杨朝明　注说
韩非子　赵沛　注说
孙子兵法　赵国华　注说
楚辞　李中华　邹福清　注说
潜夫论　王健　注说
文心雕龙　戚良德　注说

礼记　杨天宇　注说
老子　曹峰　注说
吕氏春秋　张富祥　注说
商君书　徐莹　注说
战国策　张彦修　注说
淮南子　杨有礼　注说
春秋繁露　曾振宇　注说
世说新语　赵成林　注说
史通　李振宏　注说

周易　龚留柱　注说
新语　李振宏　注说
新书　徐莹　注说
新论　臧知非　注说
说苑　赵国华　范正娥　注说
搜神记　王利锁　注说
颜氏家训　郭宝军　注说

文中子　王路曼　池桢　注说
潜书　池桢　王路曼　注说
六祖坛经　姚彬彬　注说
韩愈集　刘真伦　注说
柳宗元集　岳珍　注说
贞观政要　苏士梅　注说
通书　张文瀚　注说
正蒙　李峰　注说
王弼集　党圣元　注说
欧阳修集　杨亮　注说
王安石集　张富祥　李玉诚　注说
容斋随笔　张富祥　注说
论语集注　梁振杰　注说
大学中庸集注　梁振杰　注说
孟子集注　赵庆伟　注说
近思录　路新生　注说
传习录　岳淑珍　注说
焚书　李竞艳　注说
明夷待访录　赵轶峰　注说
闲情偶寄　惠萍　注说
龚自珍集　曹志敏　注说
校邠庐抗议　刘克辉　戴宁淑　注说
劝学篇　马小泉　注说

百年河大国学旧著新刊

河洛方言诠诂　王广庆　著
三统历表　邵瑞彭　著
中国戏剧概论　卢前　著
晚明思想史散论　嵇文甫　著
论语新探　赵纪彬　著
天问研究　孙作云　著
汉魏六朝文学史　李嘉言　著
金艺文志　金登科记考　万曼　著
唐集叙录　万曼　著
中国文学史新编　张长弓　著
汉碑集释　高文　著
袁中郎研究　任访秋　著
东夷杂考　李白凤　著
宋会要辑稿考校　王云海　著
长江集新校　李嘉言　著

高适岑参选集　高　文　王刘纯　选著
花间集注　华锺彦　著
庆湖遗老诗集校注　王梦隐　著
曾瑞散曲集校注　李春祥　著
辛弃疾选集　佟培基　选著
汉魏六朝韵谱　于安澜　著
毡推闲话　武慕姚　著
中国救荒史　邓云特　著
红学二百年　李春祥　著
文心雕龙选讲　温绎之　著

于安澜书画学四种
画论丛刊
画史丛书
画品丛书
书学名著选

元典文化丛书
中华第一经——《周易》与中国文化　宋会群　苗雪兰　著
教化百科——《诗经》与中国文化　孙克强　张小平　著
经国治民之典——《周礼》与中国文化　郝铁川　著
哲人的智慧——《老子》与中国文化　高秀昌　龚　力　著
圣人箴言录——《论语》与中国文化　李振宏　著
武学圣典——《孙子兵法》与中国文化　龚留柱　著
亚圣思辨录——《孟子》与中国文化　何晓明　著
逍遥之祖——《庄子》与中国文化　白本松　王利锁　著
外王之学——《荀子》与中国文化　张曙光　著
中国帝王术——《韩非子》与中国文化　王宏斌　著
史家绝唱——《史记》与中国文化　邓鸿光　著
诸经总龟——《春秋》与中国文化　涂文学　周德钧　著
管理宝典——《管子》与中国文化　袁　闿　著
纵横家书——《战国策》与中国文化　张彦修　著
人仙之间——《抱朴子》与中国文化　徐仪明　冷天吉　著
医学圣典——《黄帝内经》与中国文化　王庆宪　梁晓珍　著
礼乐渊薮——《礼记》与中国文化　黄宛峰　著
词章之祖——《楚辞》与中国文化　李中华　著
星学宝典——《历书天官书》与中国文化　郑慧生　著
天人衡中——《春秋繁露》与中国文化　曾振宇　范学辉　著
王政全书——《吕氏春秋》与中国文化　张富祥　著
神话之源——《山海经》与中国文化　高有鹏　孟　芳　著

新道鸿烈——《淮南子》与中国文化　杨有礼　著
史家龟鉴——《史通》与中国文化　曾凡英　著
政事纲纪——《尚书》与中国文化　姜建设　著
春秋弦歌——《左传》与中国文化　龚留柱　著
平民理想——《墨子》与中国文化　苏凤捷　程梅花　著
人伦本原——《孝经》与中国文化　臧知非　著
法典之王——《唐律疏议》与中国文化　徐永康　吉霁光　郑取　著
文论巨典——《文心雕龙》与中国文化　戚良德　著

宋代研究丛书

北宋诗学　张海鸥　著
宋代东京研究　周宝珠　著
宋代地域经济　程民生　著
宋代监察制度　贾玉英　著
宋代官员选任和管理制度　苗书梅　著
宋代地域文化　程民生　著
宋代文学通论　王水照　主编
宋代司法制度　王云海　主编
宋代教育　苗春德　主编
清明上河图与清明上河学　周宝珠　著
宋代文化史　姚瀛艇　主编
黄庭坚与宋代文化　杨庆存　著
宋代交通管理制度研究　曹家齐　著
岳飞和南宋前期政治与军事研究　王曾瑜　著
成圣之道——北宋二程修养工夫论之研究　温伟耀　著
宋代绘画研究　邓乔彬　著

汉语史专书语法研究丛书

《三朝北盟会编》语法研究　刁晏斌　著
《荀子》虚词研究　黄珊　著
《晏子春秋》词类研究　姚振武　著
《聊斋俚曲》语法研究　冯春田　著
《孟子》词类研究　崔立斌　著
《朱子语类辑略》语法研究　吴福祥　著
敦煌变文12种语法研究　吴福祥　著
《吕氏春秋》句法研究　殷国光　著
《尚书》语法论稿　钱宗武　著
《左传》语法研究　何乐士　著
《元典章·刑部》语法研究　李崇兴　祖生利　著
汉语语法史断代专书比较研究　何乐士　著

图书在版编目(CIP)数据

焚书/李竞艳注说．—郑州：河南大学出版社，2016.9
（国学新读本）
ISBN 978-7-5649-2577-2

Ⅰ．焚…　Ⅱ．①李…　Ⅲ．①古典哲学－中国－明代　Ⅳ．①B248.911

中国版本图书馆 CIP 数据核字（2016）第 227721 号

责任编辑　解远文
责任校对　张晓瑞
封面设计　马　龙

出版发行	河南大学出版社
	地址：郑州市郑东新区商务外环中华大厦 2401 号　邮编：450046
	电话：0371－86059701（营销部）　网址：www.hupress.com
排　版	郑州市今日文教印制有限公司
印　刷	河南新华印刷集团有限公司
版　次	2016 年 10 月第 1 版
开　本	650mm×960mm　1/16
字　数	448 千字
印　次	2016 年 10 月第 1 次印刷
印　张	35.75
定　价	72.00 元

（本书如有印装质量问题请与河南大学出版社营销部联系调换）